Intensivierung
und ökonomische Reserven

AUTORENKOLLEKTIV

Intensivierung und ökonomische Reserven

AKADEMIE-VERLAG · BERLIN
1972

Russischer Originaltitel:
Интенсификация и резервы экономики, Москва 1970

Verantwortlicher Redakteur:
Dr. sc. Krasovskij, V. P.
Ins Deutsche übersetzt von Dr. habil. Gerhard Krupp, Berlin
Wissenschaftlich bearbeitet durch Dr. habil. Alfred Tomm, Berlin

Erschienen im Akademie-Verlag GmbH Berlin, Leipziger Str. 3–4

Lektor: Dieter Graf
Lizenznummer: 202 · 100/208/72
Umschlaggestaltung: Nina Striewski
Herstellung: IV/2/14 VEB Druckerei »Gottfried Wilhelm Leibniz«, 445 Gräfenhainichen/DDR · 3863
Bestellnummer: 6008 · ES 5 B 2
EDV-Nr.: 752 188 2
19,50

Inhalt

Vorwort 7

I. Teil
Reserven bei der Nutzung natürlicher Ressourcen 11

Kapitel 1
Chačaturov, T. S., Über die ökonomische Bewertung natürlicher Ressourcen 13

Kapitel 2
Fejtelmann, N. G., Reserven zur Senkung der Fondsintensität in der gewinnenden Industrie 26

Kapitel 3
Žaronkova, I. P., Wege zur besseren komplexen Nutzung der Ressourcen an mineralischen Rohstoffen 42

Kapitel 4
Lojter, M. N., Reserven zur Effektivitätssteigerung bei der Nutzung der Wasserressourcen 60

Kapitel 5
Varankin, V. V., Die komplexe Nutzung der Waldressourcen 78

II. Teil
Reserven zur Steigerung der Effektivität der Produktion im Ergebnis des technischen Fortschritts 97

Kapitel 6
Salibekov, G. S., Volkov, O. I., Die Vervollkommnung der Struktur des Ausrüstungsparks und die Automatisierung der Produktion 99

Kapitel 7
Vilenskij, M. A., Elektrifizierung der Volkswirtschaft 112

Kapitel 8
Bobrovskij, P. A., Rachlin, I. V., Kul'bovskaja, N. K., Prokof'ev, N. S., Einführung chemischer Werkstoffe in technologische Prozesse 120

Kapitel 9
Klimenko, K. I., Inbetriebnahmefristen der neuen Technik 153

III. Teil
Reserven bei der Nutzung des Produktionsfonds 159

Kapitel 10
Smyšljaeva, L. M., Die Fondsintensität der Produktion und Wege zu ihrer Senkung 160

Kapitel 11
Kvaša, Ja. B., Nutzung und Reserven der Produktionskapazitäten . . . 187

Kapitel 12
Poljak, A. M., Die Verbesserung der Metallausnutzung als Faktor zur Steigerung der Effektivität des Produktionsfonds 215

IV. Teil
Reserven der Investitionstätigkeit 241

Kapitel 13
Krasovskij, V. P., Reserven bei den Investitionen im neuen Fünfjahrplan 243

Kapitel 14
Budnizkij, I. M., Verkürzung der Anlaufzeiten neuer Kapazitäten 260

Kapitel 15
Lukina, G. V., Netzwerkverfahren bei der Perspektivplanung von Industrieknotenpunkten und Investitionskomplexen 274

V. Teil
Levin, G. I., Osmakov, I. L., Reserven der Bauproduktion 285

VI. Teil
Petrova, E. V., Fejgin, Ja. G., Reserven zur Steigerung der Effektivität bei der territorialen Anordnung der Produktion 307

VII. Teil
Lojter, M. N., Erfahrungen der Mitgliedsländer des RGW bei der Steigerung der Effektivität von Investitionen 333

Personenregister 347

Sachregister 348

Vorwort

Unter heutigen Bedingungen ist die Steigerung der Effektivität der gesellschaftlichen Produktion zum Schlüsselproblem der sozialistischen Wirtschaft geworden. Die Hauptfaktoren des ökonomischen Wachstums haben sich verändert. Während sich die Volkswirtschaft früher hauptsächlich durch quantitative Faktoren, das heißt durch Steigerung der Anzahl von Arbeitern und durch ein hohes Tempo der Investitionen, entwickelte, muß man sich in der Zukunft vor allem auf qualitative Faktoren der ökonomischen Entwicklung, auf die Steigerung der Effektivität, auf die Intensivierung der Volkswirtschaft orientieren. Es geht darum, die Produktion zu steigern und die Qualität der Erzeugnisse zu erhöhen, indem die vorhandenen Produktionskapazitäten vollständiger und rationeller genutzt werden, indem die Ausrüstung erneuert wird, neue Errungenschaften der modernen Wissenschaft und Technik eingeführt werden und ein ökonomisches Verhältnis zu jeder Minute Arbeitszeit, zu jeder Maschine und zu jedem Mechanismus, zu jedem Gramm Rohstoff und Brennstoff durchgesetzt wird. Es geht um einen ständigen Vergleich der Aufwendungen mit den Ergebnissen, es geht darum zu erreichen, daß jeder neu investierte Rubel einen maximalen Nutzen bringt.

In der vorliegenden Monographie ist den Fragen der *Steigerung der Effektivität und der Intensivierung der gesellschaftlichen Produktion* bei der Verbreitung neuer Planungsmethoden und neuer Methoden der ökonomischen Stimulierung das Hauptaugenmerk geschenkt. Unter Berücksichtigung der neuen Aufgaben der sowjetischen Wirtschaft an der Grenze der 70er Jahre werden in der Monographie solche Probleme erörtert, wie die rationelle Nutzung der natürlichen Reserven, die Beschleunigung des technischen Entwicklungstempos, die Intensivierung des vorhandenen Produktionsapparates, die Steigerung der Effektivität der Investitionen und – auf der Grundlage der Konzentration und der Beschleunigung der Baufristen – die Verwirklichung langfristiger Bauprogramme, des optimalen Verhältnisses der intensiven und der extensiven Investitionen, die Vervollkommnung der Leitung und Planung des Bauwesens als eines Zweiges der materiellen Produktion und andere.

Eine der wichtigsten Fragen bei der Steigerung der Effektivität der gesellschaftlichen Produktion ist die *rationelle Nutzung der natürlichen Ressourcen.* Die Sowjetunion verfügt über reiche Vorkommen an Bodenschätzen, an Wald und Wasser. Diese Schätze sind jedoch nicht unbegrenzt und meistens nicht reproduzierbar, was dazu zwingt, sie sparsam zu verwenden. Um den rationellen Umgang mit den natürlichen Ressourcen, im besonderen mit Boden und Wasser, unter den heutigen Bedingungen anderen Produktionsfaktoren gleichzustellen, sind bestimmte ökonomische Maßnahmen erforderlich. Zu diesem Zweck erscheint es sinnvoll, eine ökonomische Bewertung der natürlichen Resourcen in und Praxis einzuführen. Eine solche ökonomische Bewertung gestattet es, richtige Entscheidungen bei der Projektierung und Planung von Varianten zu treffen und damit die Investitionen am effektivsten einzusetzen.

Die Steigerung der Effektivität der Investitionen ist in der UdSSR in hohem Maße mit der *Beschleunigung des wissenschaftlich-technischen Fortschritts* und mit dem Tempo der technischen Umrüstung der Volkswirtschaft verbunden.

Die Maßnahmen der Mechanisierung und Automatisierung der Produktion, der Elektrifizierung des Landes, zur Vergrößerung des Umfangs bei der Nutzung chemischer Grundstoffe und Verfahren und zur Einführung der elektronischen Rechentechnik gestatten es, bedeutende Reserven der Intensivierung der Wirtschaft zu erschließen.

Bei dem hohen Entwicklungstempo der modernen Technik und Technologie der Produktion ist die lange Dauer der Errichtung und Inbetriebnahme neuer Produktionskapazitäten, das heißt des Zyklus des Investitionsbaues, mit einer schnellen ökonomischen Veralterung der Grundfonds und mit einer Verkürzung ihrer effektiven Nutzbarkeit verbunden. Die verbesserte *Auslastung der Grundfonds* und der Kapazitäten und die Senkung der Fondsintensität der Produktion sind eine reale Reserve für die Steigerung des Nationaleinkommens, die es möglich macht, ohne zusätzliche Investitionen die Produktion zu steigern und den Konsumtionsfonds zu vergrößern. In diesem Zusammenhang verdienen die Fragen der Nutzung von Produktionskapazitäten der Industrie der UdSSR die größte Aufmerksamkeit.

Eine Analyse der tatsächlichen Auslastung der Produktionskapazitäten der sowjetischen Industrie und eine entsprechende Gegenüberstellung mit der Praxis einer Reihe ökonomisch entwickelter Länder zeigt, daß hier wesentliche Reserven vorhanden sind, die vor allem in der intensiveren Nutzung der Anlagen liegen. Es ist möglich, auf dieser Grundlage den Ausnutzungsgrad der Anlagen in der Industrie der UdSSR auf 80 Prozent, das heißt wesentlich über den erreichten Stand, zu heben.

Bei der Intensivierung der gesellschaftlichen Produktion spielt die *Erhöhung der Effektivität der Investitionen* eine wesentliche Rolle. Vor allem ist ihre Konzentration eine zwingende Notwendigkeit. Die Konzentration der Investitionen wird in der Monographie auf der Grundlage des Studiums der unvollendeten Bauten, der Titellisten und des Zusammenhanges des Investitionsbaues mit vorangegangenen Entscheidungen untersucht. Im Ergebnis der wissenschaftlichen Analyse werden eine gleichzeitige Inventarisierung der Objekte des Investitionsbaues und eine ökonomische Klassifizierung nach der volkswirtschaftlichen Bedeutung und Effektivität vorgeschlagen. Dieses Vorgehen hat den Sinn, vor Beginn des 9. Fünfjahrplanes die vorhandenen Objekte und Vorhaben von veralteten Bauten zu bereinigen, die unsere zukünftigen Entscheidungen und unsere Manövrierfähigkeit beschränken.
Außergewöhnlich wichtig sind die komplexen langfristigen Investitionsprogramme. Die großen Projekte zur Entwicklung ganzer Zweige von Industrieknotenpunkten, Transport- und Energiesystemen, Städten und Gebieten müssen komplex verwirklicht werden und nicht über einzelne Aufzählungen verschiedener Bauvorhaben und der Aufeinanderfolge verschiedener Etappen und dergleichen.
Sehr effektiv sind die Investitionen zur Intensivierung der Produktion. Umfangreiche Ergebnisse zeigen, daß die spezifischen Fondsaufwendungen, die zur Nutzung zum Beispiel sekundärer Energieressourcen angewandt werden, ein Drittel bis ein Viertel und manchmal nur ein Achtel bis ein Zehntel der Aufwendungen zur Gewinnung und zum Transport zusätzlicher Brennstoffe erfordern. Nach Berechnungen von A. E. Probst betragen die Fondsaufwendungen zur Gewinnung und zum Transport einer Tonne Primärbrennstoff im europäischen Teil der UdSSR im Mittel 50–75 Rubel. Gleichzeitig erfordert die Umstellung von Siemens-Martin-Öfen auf Verdampfungskühlung im Mittel 7 Rubel zusätzlicher Investitionen für eine Tonne eingesparten Brennstoff.
Die vollständige Erschließung neuer Produktionsfonds und Produktionskapazitäten ist ein wichtiger Weg zur Mobilisierung der großen Reserven der sowjetischen Wirtschaft.
Die Forschungsergebnisse zeigen, daß in den traditionellen Zweigen, wo bereits erfahrene Projektierungskader und spezialisierte Bauorganisationen vorhanden sind und die Einsatzerfahrung vorhandener Werke vorliegt, die Inbetriebnahme verhältnismäßig normal vonstatten geht. In vielen Fällen übersteigt der Produktionszuwachs (im Maßstab ganzer Zweige) den Umfang der neu in Betrieb genommenen Kapazitäten. Das ist der Fall in der Schwarzmetallurgie, in der Zementindustrie usw.
Demgegenüber gibt es in den neuen Zweigen mit noch nicht eingefahrenen

technologischen Verfahren, neuen komplizierten Anlagen usw. in der Mehrzahl der Fälle Abweichungen von der Norm.

Man kann unterstreichen, daß die Ursachen für die Mängel bei der Inbetriebnahme neuer Fabriken in der unzureichenden Organisation des Investitionsbaues bestehen. Das ist die tiefere Ursache der Unzulänglichkeiten bei der Arbeit neuer Werke. Wenn der Investitionsbau in Ordnung gebracht wird, so verbessert das merklich die Inbetriebnahme neuer Produktionskapazitäten und steigert die Effektivität der gesellschaftlichen Produktion.

Die Intensivierung der Produktion und der Investitionen ist gegenwärtig der Hauptweg zur Entwicklung unserer Wirtschaft mit hohem Tempo und zur Lösung solcher grundlegenden sozial-politischen Aufgaben wie des Aufbaus der materiell-technischen Basis des Kommunismus, der Erhöhung des Lebensniveaus der Werktätigen und des Sieges im ökonomischen Wettstreit der zwei Weltsysteme.

Akademiemitglied T. S. Chačaturov

I. TEIL

Reserven bei der Nutzung natürlicher Ressourcen

Die Steigerung der Effektivität der gesellschaftlichen Produktion ist untrennbar verbunden mit der Intensivierung bei der Nutzung von natürlichen Ressourcen.

Immer häufiger spricht man von der Notwendigkeit, die Natur zu schützen und sorgfältiger mit den natürlichen Reichtümern unserer Heimat umzugehen. Die kommunistische Partei und die Sowjetregierung haben wiederholt Beschlüsse gefaßt, die auf die verbesserte Nutzung der natürlichen Ressourcen und auf den Kampf gegen deren Verschwendung gerichtet sind.

Mit fortschreitender Entwicklung der Produktivkräfte werden diese Fragen immer dringlicher. Mit jedem Jahr wächst die Produktion, die den Prozeß der Wechselwirkung des Menschen mit der Natur darstellt. Es wächst die Bevölkerung und deren Mobilität. Es steigt der materielle Wohlstand der Werktätigen. Unsere Gesellschaft verfügt über riesige Ressourcen: die Bodenschätze, die Energie der Flüsse, die Reichtümer der Wälder, den fruchtbaren Boden. Bezüglich der Vorkommen an Kohle, Gas, Erdöl, Eisen- und Manganerz, Nickel, Kupfer, Molybdän und Kalisalz befindet sich die UdSSR auf einem der ersten Plätze in der Welt und bezüglich der Vorräte an Wald, Wasserkräften und landwirtschaftlicher Nutzfläche auf dem ersten Platz.

Die Reichtümer der Natur sind groß, aber nicht unbegrenzt, und sie sind – vor allem die Bodenschätze – praktisch nicht reproduzierbar. Andere, wie zum Beispiel der Wald, reproduzieren sich zwar, jedoch nur sehr langsam. Die Anforderungen an die natürlichen Ressourcen wachsen jedoch schnell. Bezüglich des Wachstums der Produktion macht sich die Begrenztheit der natürlichen Ressourcen, über die die Gesellschaft für die weitere Entwicklung der Volkswirtschaft verfügt, immer stärker bemerkbar. Deshalb muß man sie sorgsam nutzen und nicht nur den heutigen, sondern auch den zukünftigen Bedarf im Auge haben. Das letztere ist besonders wichtig. Wenn wir die Nutzung der natürlichen Ressourcen nicht wirksam kontrollieren, das heißt das, was uns die Natur gibt, nicht klug bewerten, so können wir unserer Generation und der nachfolgenden Generation unkorrigierbare Schäden zufügen. Im Zusammenhang damit hat die ökonomische Bewertung der natürlichen Ressourcen eine besondere Aktualität. Das gleiche gilt für die Maßnahmen zur Erhöhung der ökonomischen Effektivität bei ihrer Nutzung (in erster Linie durch Verbesserung der Komplexität) für die Aufdeckung von Reserven zur Verringerung der Fondsintensität und der Fondsaufwendungen für die extraktive Industrie sowie die Senkung ökonomischer Verluste, die mit der Verschmutzung von Wasser und Luft verbunden sind.

KAPITEL 1

Über die ökonomische Bewertung natürlicher Ressourcen

Die Durchführung der Wirtschaftsreform führt logisch zur Notwendigkeit einer ökonomischen Bewertung der natürlichen Ressourcen bei der Planung und bei der Anwendung der wirtschaftlichen Rechnungsführung zwischen den Betrieben und dem Staat als Monopoleigentümer der natürlichen Ressourcen sowie zwischen den Betrieben. Bei den Ware-Geld-Beziehungen, unter denen die Arbeit des Betriebes, der die natürlichen Ressourcen nutzt, nach den Normativen des Gewinns und der Rentabilität bewertet wird, führt die kostenlose Bereitstellung der natürlichen Ressourcen dazu, daß zu diesen ein anderes Verhältnis besteht als zu den Grundfonds, für die bezahlt werden muß.

Die natürlichen Ressourcen werden vielfach unökonomisch genutzt. Oft verbleiben nach der Nutzung der Lagerstätten in diesen bis zu 40 und 50 Prozent (und mehr) der erkundeten Vorräte an Kohle, Erdöl und Kalisalz. Ein großer Teil der Begleitgase wird in die Atmosphäre gelassen oder abgefackelt. Ein wesentlicher Anteil der Buntmetalle und der seltenen Metalle geht bei der Gewinnung, bei der Anreicherung und bei der Bearbeitung verloren. Die Halden an der Oberfläche der Erzbergwerke, der Anreicherungsbetriebe und der metallurgischen Werke enthalten so viel wertvolle Komponenten, daß man sie mit Recht als „Oberflächen-Erzvorkommen" bezeichnet. In einzelnen Gebieten wird ein systematisches Kahlschlagen des Waldes zugelassen, was sich auf das Klima auswirkt, die Erosion des Bodens und die Bildung von Schluchten nach sich zieht. Die Holzabfälle, die verfaulen und fast nicht als Rohstoff verwertet werden, erreichen die Hälfte des jährlichen Aufkommens. Die Vorkommen an reinem Süßwasser verringern sich. In vielen industriell entwickelten Kreisen ist ein starker Mangel fühlbar. Gleichzeitig werden die Flüsse in unzulässiger Weise verschmutzt. Drei Viertel der Industrieabwässer werden ohne jede Reinigung in die Gewässer geleitet. Die Verschmutzung der Gewässer führt zur Vernichtung des Fischbestandes und anderer biologischer Ressourcen der Seen und Flüsse. Millionen Hektar Boden, darunter Hunderttausende Hektar landwirtschaftlicher Nutzfläche, werden jährlich

nichtlandwirtschaftlichen Zwecken zugeführt oder bei der Bildung von Wasserbecken überflutet.
Wie kann man die Verluste an natürlichen Ressourcen senken und deren rationelle Nutzung erreichen?
Eine gewisse Bedeutung haben die gesetzgeberischen und administrativen Maßnahmen zum Schutze der natürlichen Ressourcen. Sie haben jedoch bedauerlicherweise bisher nicht den hinreichenden Effekt. Die Betriebe der extraktiven Industrie tragen keine Verantwortung für die nicht genutzten Mineralien. Niemand ist für die wertvollen Rohstoffe verantwortlich, die auf Halde geschüttelt werden, niemand für die Holzabfälle, die nicht genutzt werden. Die Sanktionen für die Verschmutzung der Gewässer und der Luft werden gegen Betriebe verhängt und praktisch aus staatlichen Mitteln bezahlt. Die für die Vernichtung natürlicher Ressourcen Verantwortlichen werden nur in seltenen Fällen bestraft. Der Kaderbestand an Inspektoren des sanitär-technischen Dienstes und des Schutzes der Naturreichtümer ist unzureichend. Die administrativen Maßnahmen müssen offenbar verstärkt werden. Die Verantwortlichkeit für Verstöße muß erhöht werden. Es sind Strafen zu suchen, die nicht nur aus dem Gewinn der Betriebe, sondern aus den Einkünften der Leiter von Betrieben gezahlt werden müssen, unter deren Leitung nicht gereinigtes Wasser abgelassen oder die Atmosphäre verunreinigt wird. Es müssen auch die Untersuchungsarbeit und die Propaganda für die sorgfältige Behandlung der Natur verstärkt werden.
Große Bedeutung haben solche gesetzgeberischen Maßnahmen wie das vom Obersten Sowjet in der fünften Sitzung (1968) der 7. Legislaturperiode verabschiedete Gesetz „Grundlagen der Bodengesetzgebung der Union der Sozialistischen Sowjetrepubliken und der Unionsrepubliken". Dieses Gesetz sieht neben anderen Maßnahmen die Ausarbeitung eines Bodenkatasters vor, nach dem die Qualität jedes Bodenstückes und dessen Produktionsmöglichkeiten bestimmt werden können.
Sehr wichtig ist es auch, die übrigen natürlichen Ressourcen genau zu kennen und zu bewerten. Und zwar nicht isoliert jede für sich, sondern in ihrer Wechselwirkung. Mit dem Studium der natürlichen Ressourcen muß man bestimmen, in welchem Umfang sie gegenwärtig und zukünftig gebraucht werden, was das Aufstellen einer Bilanz möglich macht. Gegenwärtig wird die Ausarbeitung eines Generalschemas für die Nutzung der Wasserressourcen beendet. Analoge Schemata muß man auch für andere Ressourcen ausarbeiten, um das Defizit des einen oder des anderen Vorkommens und die Möglichkeiten zum Austausch festzustellen und deren planmäßige Nutzung zu ermöglichen.
Die Praxis hat jedoch gezeigt, daß eine generelle Verbesserung der Nutzung

natürlicher Ressourcen nicht mit gesetzgeberischen und administrativen Maßnahmen allein erzielt werden kann. Damit im Zuge der Wirtschaftsreform gleichzeitig mit anderen Bedingungen der Produktion der Faktor „natürliche Ressourcen“ vollständig berücksichtigt wird, muß man ökonomische Maßnahmen anwenden. Die effektive Nutzung der natürlichen Ressourcen muß ökonomisch stimuliert werden. Zu diesem Zweck muß eine ökonomische Bewertung der natürlichen Ressourcen in die Praxis eingeführt werden und für einige (darunter Erze, Wasser, Wald) auch die Zahlung für deren Nutzung.[1]

Es muß unterstrichen werden, daß die Ausarbeitung einer Methodik für die ökonomische Bewertung der natürlichen Ressourcen und für deren Nutzung in der Wirtschaftspraxis durchaus nicht die Abkehr vom Staatseigentum an natürlichen Ressourcen und die Einführung des Verkaufs dieser Ressourcen usw. bedeutet. Die ökonomische Bewertung der natürlichen Ressourcen ist die Voraussetzung für die rationelle und sorgfältige Nutzung in Übereinstimmung mit den volkswirtschaftlichen Interessen in jedem sozialistischen Betrieb.

Die ökonomische Bewertung der natürlichen Ressourcen hat großen Einfluß auf die richtige Lösung bei der Auswahl von Varianten. So wird die ökonomische Bewertung des Bodens effektivere Lösungen bei der Projektierung von Wasserkraftwerken hervorbringen und die Überflutung von Bodenflächen einschränken. Es kann ökonomisch zweckmäßig sein, Staubecken einzudeichen, um große Seichtwasserflächen zu vermeiden, die oft ein bedeutendes Territorium einnehmen. Beim Aufbau von Bergwerken wird es unvorteilhaft sein, große Flächen durch Halden zu bedecken. Für den Industriebau werden vorzugsweise die für landwirtschaftliche Zwecke nicht gut nutzbaren, wenig fruchtbaren Böden verwendet.

Die Einführung einer ökonomischen Bewertung der Mineralressourcen und von Zahlungen der Rohstoff gewinnenden Industrie wird eine vollständige Nutzung der Bodenschätze aus den Lagerstätten stimulieren. Die Bergbaubetriebe werden berechnen müssen, ob es zweckmäßig ist, in den Lagerstätten Rohstoffe zurückzulassen. von denen sie jede Tonne bezahlen müssen, auch wenn sie sie nicht gewinnen.

Die ökonomische Bewertung wird der rationelleren Verwendung des Waldes dienen, wenn sie zusätzliche Stimuli für die Nutzung der Holzabfälle als Rohstoff für die chemische Industrie und für die Produktion von Baustoffen schafft. Das Ablassen von Abwässern in die Flüsse wird unvorteilhaft sein, weil man für das ungereinigt abfließende Wasser zahlen muß.

[1] Isvestia, 25. Juli 1968.

In den Jahren 1967 bis 1969 wurde in der Zeitschrift „Fragen der Ökonomie" eine Diskussion über die Probleme der ökonomischen Bewertung der natürlichen Ressourcen geführt. Alle Autoren, die an dieser Diskussion teilnahmen, waren sich darin einig, daß eine nachlässige Einstellung zu den natürlichen Ressourcen nicht zu einer Senkung (wie das beim Fehlen einer ökonomischen Bewertung der natürlichen Ressourcen der Fall ist), sondern zu einer Erhöhung der Produktionsaufwendungen, zu einer Abnahme des Gewinns der Betriebe und damit zu einer Minderung des Arbeitseinkommens führen muß.

Es ist aber notwendig, die natürlichen Ressourcen zu erhalten. Das hat besonders große Bedeutung für die Zukunft. Sobald die Rede jedoch auf die Prinzipien kommt, die man einer Bewertung der natürlichen Ressourcen zugrunde legen muß, und auf das Herangehen an diese Bewertung und ihre Begründung, entstehen Meinungsverschiedenheiten und werden die verschiedensten Vorschläge gemacht. Wir unterstellen durchaus nicht, daß im Ergebnis der Diskussion jetzt schon alle Fragen richtig gelöst werden können, halten es jedoch für zweckmäßig, die weitere Richtung der Untersuchungen auf diesem Gebiet festzulegen.

Vor allem muß unterstrichen werden, daß die theoretische Grundlage für die Preisbildung und insbesondere für die Bewertung der natürlichen Ressourcen nur die marxistisch-leninistische politische Ökonomie des Sozialismus sein kann. Zur wissenschaftlich begründeten Bewertung der natürlichen Ressourcen muß man von der Theorie des Wertes der Arbeit ausgehen.

Im Kapitalismus wird der Preis der natürlichen Ressourcen, ausgehend von der jährlichen Rente, bestimmt, die der Eigentümer bekommt, und vom Zins, den die Bank für langfristige Einlagen zahlt. So ist der Bodenpreis zum Beispiel die kapitalisierte Bodenrente. Je höher die Rente, das heißt das Einkommen des Grundbesitzers, und je niedriger der Zinssatz, um so höher ist der Preis für das Kapital, und um so höher ist der Bodenpreis. Das Niveau der Rente wiederum, und zwar der absoluten Rente und der Differentialrente, steigt mit dem Wachstum der Produktion und der Einbeziehung aller schlechteren Bodenstücke, wobei der Gesamtbodenfonds begrenzt ist und das Monopol des Privateigentums an Grund und Boden besteht. Gleichzeitig sinkt der Zinssatz für das Kapital mit der weiteren Entwicklung des Kapitalismus. Das alles führt zu einem systematischen Ansteigen des Bodenpreises. In den USA stieg der mittlere Bodenpreis von Beginn des Jahrhunderts bis heute ungefähr auf das Neunfache.

Ausgehend von den möglichen Einkünften und dem Zinssatz für Einlagen, wird im Kapitalismus analog auch der Wert des Wassers, der Bodenschätze in den Lagerstätten und anderer natürlicher Ressourcen bestimmt.

Wie kann man unter den Bedingungen der sozialistischen Wirtschaft an die Bewertung der natürlichen Ressourcen herangehen?
S. G. Strumilin schlägt vor, die natürlichen Ressourcen auf Grund der gesamten Gewinnungskosten zu bewerten. Indem er die „bereits erschlossenen und in Erschließung befindlichen Naturschätze" im Auge hat, schreibt er, daß „man sie keinesfalls als Geschenke ansehen kann. Alle haben einen Preis für ihre Gewinnung. Die Preise werden durch die gesellschaftlichen Kosten für die Erschließung dieser Güter bestimmt."[2] Davon ausgehend werden die Aufwendungen für die Erschließung und auf dieser Grundlage der mittlere Preis bestimmt. Nach Angaben von S. G. Strumilin beträgt er zum Beispiel für einen Hektar Boden 177 Rubel. Der Autor sieht jedoch selbst, daß es mit einem solchen Mittelwert nicht getan ist, weil man nicht von den individuellen Erschließungsaufwendungen ausgehen kann. Die besten und leicht zu erschließenden Böden werden niedriger bewertet als die schlechteren, für deren Erschließung bedeutende Aufwendungen erforderlich sind. Die Höhe des Gebrauchswertes natürlicher Ressourcen erweist sich als umgekehrt proportional den Aufwendungen für ihre Erschließung. Deshalb schlägt S. G. Strumilin vor, bei der Bewertung eines konkreten Bodenstückes von den Erschließungsaufwendungen abzugehen und statt dessen den Ertrag des gegebenen Stückes und die laufenden Aufwendungen für die Produktion zugrunde zu legen. Der Preis des Bodenstückes soll um so höher sein, je höher der Ertrag und je geringer die laufenden Aufwendungen sind. Natürlich können die individuellen Aufwendungen für die Erschließung nicht als Grundlage dieses Preises dienen.
Der Wert der Erzeugnisse wird nicht durch den individuellen, sondern durch den gesellschaftlich notwendigen Arbeitsaufwand bestimmt.
Aus den individuellen Arbeitsaufwendungen setzt sich der summarische gesellschaftliche Arbeitsaufwand für die Produktion zusammen, und diese Größe hat wesentliche Bedeutung. Von ihr hängt das allgemeine Preisniveau ab. Je günstiger die natürlichen Bedingungen eines Landes sind, um so geringer sind die Aufwendungen für die Erschließung natürlicher Ressourcen. Das bedeutet, daß das allgemeine Preisniveau der Produkte der Arbeit, die das Ergebnis der Nutzung natürlicher Ressourcen sind, geringer ist. In einem Land (Wirtschaftsgebiet) mit fruchtbaren Böden und warmem Klima ist der Preis der landwirtschaftlichen Produkte im allgemeinen geringer als in einem Land (Gebiet) mit schlechten Böden und kaltem Klima. Wenn Bodenschätze von hoher Qualität sind und nicht tief in der Erde lagern, werden die Aufwendungen für ihre Gewinnung gering sein. Folglich

[2] Strumilin, S. G., O cene „darovich blag" prirody [Über den Preis der „Gaben" der Natur], in: Voprosy èkonomiki, 8/1967, S. 60.

ist der Rohstoff selbst billig. Die natürlichen Ressourcen nehmen verschiedene Mengen gesellschaftlicher Arbeit auf, die darauf gerichtet sind, sie für die Produktion zugänglich zu machen. Diese akkumulierte Arbeit wird in die landwirtschaftliche Produktion und in die extraktive Industrie übertragen.

Für die Bestimmung von Preisen der landwirtschaftlichen Produktion und der extraktiven Industrie hat nicht nur das allgemeine Qualitätsniveau der natürlichen Ressourcen wie zum Beispiel die Bodenfruchtbarkeit, der Kaloriengehalt der Kohle usw. Bedeutung, sondern auch deren Differenzierung. Von dieser Differenzierung hängen der Wert und der Preis der Produktion ab, weil diese durch die ungünstigsten Produktionsbedingungen bei der Gewinnung von Ressourcen bestimmt wird.

Die natürlichen Ressourcen selbst bestimmen natürlich nicht den Wert. Den Wert bestimmt nur die Arbeit. Von den natürlichen Ressourcen, ihrer Qualität und den objektiven Produktionsbedingungen in den entsprechenden Zweigen hängt jedoch die Arbeitsproduktivität der Werktätigen ab. Die gleichen Aufwendungen an Arbeit gleicher Qualifikation bringen bei gleichen Arbeitsmitteln völlig verschiedene Produktionsergebnisse bei der Nutzung qualitativ unterschiedlicher natürlicher Ressourcen. Eine höhere Arbeitsproduktivität, die durch die Qualität der natürlichen Ressourcen bedingt ist, ist die Quelle für die Bildung der Differentialrente, die in dieser oder jener Form über das System der Aufkaufpreise, von Abzügen vom Gewinn oder über Steuern für die Bedürfnisse der gesamten Gesellschaft nutzbar gemacht werden muß.

Auf der Grundlage der Differentialrente kann man eine ökonomische Bewertung der Lagerstätten von Bodenschätzen und der Bodenstücke geben. Die Differentialrente ist der Effekt aus der Nutzung von Ressourcen höherer Qualität. Dieser Effekt drückt sich in der Steigerung der Arbeitsproduktivität aus. Hier gibt es eine bekannte Ähnlichkeit mit vollkommeneren Arbeitsmitteln. Der von vollkommeneren Arbeitsmitteln erzielte Effekt zeigt sich ebenfalls in der Steigerung der Arbeitsproduktivität. Damit rechtfertigt sich deren Anwendung, die Investitionen voraussetzt. Zur Bestimmung der Größe von Investitionen, die für einen bestimmten Effekt notwendig ist, verwendet man einen normativen Effektivitätskoeffizienten. Beträgt dieser Koeffizient zum Beispiel 0,12 und der jährliche Effekt 1000 Rubel, dann dürfen die Investitionen 8300 Rubel nicht übersteigen $\left(\frac{1000}{0{,}12}\right)$.

Zur ökonomischen Bewertung eines Bodenstückes wäre es möglich, eine analoge Rechnung auf der Grundlage des im gegebenen Zweig gültigen Effektivitätsnormativs durchzuführen. Durch Teilung der Differentialrente durch das Effektivitätsnormativ erhalten wir eine Bewertung der Ressourcen, die die Größe an Investitionen angibt, mit deren Hilfe in einem anderen Objekt der Volkswirtschaft ein gleicher Effekt erzielt werden könnte. Die ökonomische Bewertung der Ressourcen erfolgt auf diese Weise durch den Ausdruck $S = \frac{R}{E_n}$, wobei R die Differentialrente darstellt, die bei der Nutzung der vorhandenen Ressourcen entsteht und E_n das Effektivitätsnormativ.

Die Bestimmung der Größe R ist mit einer Reihe von Schwierigkeiten verbunden. Es wäre nicht richtig, die Differentialrente mit einem zusätzlichen Reineinkommen zu vermischen, das durch bessere Produktionsorganisation, durch die Senkung von Verlusten und Stillstandzeiten, durch die Anwendung fortschrittlicher Arbeitsmethoden, durch verantwortungsvollere Arbeit, durch bessere oder vorteilhaftere Realisierung der Produktion, durch effektiveren Handel und durch die Nutzung der Realisierungsbedingungen entsteht. Offenbar muß man zur Bestimmung der Differentialrente Bodenstücke oder Lagerstätten mit verschiedenen natürlichen Bedingungen, aber mit für die gegebene Gesellschaft und für die gegebene Periode der Produktionsbedingungen gleichen Bedingungen, in Beziehung setzen. Außerdem muß man vorübergehende Veränderungen der Rente zum Beispiel durch geringe Erträge oder andere ähnliche Ursachen ausschließen. Die Größe R muß eine beständige Differentialrente für eine Reihe von Jahren darstellen.

Diese Bedingungen sind nicht leicht zu realisieren. Das betrifft zum Beispiel den Vergleich von Bodenstücken, die sich nur durch natürliche Werte unterscheiden, aber vollständig gleiche Produktionskennwerte haben. Zum erfolgreichen Vergleich muß man solche großen Untersuchungen durchführen wie zum Beispiel die Ausarbeitung des Bodenkatasters, der durch die „Grundlagen der Bodengesetzgebung der Union der Sozialistischen Sowjetrepubliken und der Unionsrepubliken“ vorgesehen ist. Nach der Ausarbeitung des Katasters hätte man genaue qualitative Charakteristika der Bodenstücke, was ihren Vergleich wesentlich erleichtern würde.

Im Verlauf der Diskussion in der ökonomischen Presse wurde auch die Frage der Bodenbewertung nach der Differentialrente untersucht.[3] Die Grundidee ruft hier keine besonderen Widersprüche hervor. Die vorgeschlagene Berechnungsmethode ist jedoch strittig. Das trifft vor allem die Frage, ob die Berechnung der Rente vom Preis des Endproduktes her beginnen kann. Der Preis selbst hängt von der Rente ab, und um den Preis richtig zu bestimmen, muß man die Größe der Rente kennen. Es entsteht so etwas wie ein Teufelskreis: Die Rente hängt vom Preis ab und der Preis von

3 Voprosy èkonomiki, 8/1968.

der Rente. Es ruft auch Zweifel hervor, ob es richtig wäre, die Berechnung nach einem Produkt – nach dem Getreide – durchzuführen.
In der Landwirtschaft wird in einem Sowchos oder Kolchos nicht nur Getreide produziert, sondern auch Gemüse und Früchte, technische Kulturen, Produkte der Viehwirtschaft und ähnliches, wobei der Rentabilitätsgrad ganz unterschiedlich ist.
Wäre es nicht richtiger, die Berechnung nicht nach einem Produkt, sondern nach dem gesamten Reineinkommen durchzuführen, wobei man von der zweckmäßigsten Spezialisierung des Betriebes für die gegebene Zone und den gegebenen Kreis unter Berücksichtigung der Qualität und der Eigenschaften der Bodenstücke ausgeht? Wir glauben, daß diese Fragen weiter untersucht werden müssen.
Wenn man die Bodenstücke unter Berücksichtigung der Differentialrente bewertet, dann werden die schlechtesten, die keine Differentialrente bringen, mit Null bewertet. Ist das richtig? Zur Erschließung des schlechtesten Bodenstückes ist Arbeit verbraucht worden, und zwar nicht wenig. In jedem Falle unvergleichlich mehr als für die Erschließung des besten Bodenstückes. Außerdem ist dieses schlechteste Bodenstück notwendig, denn ohne dasselbe wird der Produktionsumfang nicht für die Befriedigung der gesellschaftlichen Bedürfnisse ausreichen. Das bedeutet: Wenn man dieses schlechteste Bodenstück aus der Produktion nimmt, muß die Gesellschaft gleichzeitig neue Aufwendungen tätigen, um den Bedarf zu befriedigen, und zum Beispiel zusätzliche Investitionen auf anderen Bodenstücken zur Steigerung der Erträge durchführen. Schließlich muß auch berücksichtigt werden, daß die Gesellschaft – der Staat –, der Eigentümer des Bodens, der Lagerstätten, des Wassers und anderer natürlicher Ressourcen ist, was ihr das Recht gibt, nicht nur die relativ besten, sondern auch die schlechtesten Teilstücke als notwendige Produktionsmittel zu bewerten. Offensichtlich verdient die Bewertung der schlechtesten Bodenstücke ebenso Aufmerksamkeit, Diskussion und Untersuchung.
Die Bewertung der natürlichen Ressourcen nach dem Einfluß ihrer Qualität auf das Niveau der Arbeitsproduktivität, das heißt nach der Differentialrente, kann nach einer anderen Methode geprüft und korrigiert werden. Das ist die vergleichende Analyse der Arbeitsaufwendungen der Gesellschaft bei verschiedenen Methoden zur Lösung wirtschaftlicher Aufgaben. Der vorhandene Bedarf der Gesellschaft kann mit verschiedenen Methoden befriedigt werden, die verschiedene Aufwendungen an gesellschaftlicher Arbeit erfordern. Die Aufgabe des Volkswirtschaftsplanes besteht darin, die effektivste von ihnen, die die geringsten Aufwendungen an gesellschaftlicher Arbeit nicht nur im gegebenen Moment, sondern auch in der geplanten Perspektive erfordert, auszuwählen. Wenn die ausgewählte effektivste Methode

sich aus irgendwelchen Gründen als nicht realisierbar erweist (zum Beispiel durch Ausfall von Ressourcen), muß die Gesellschaft die bezüglich der günstigeren Effektivität nächste Methode anwenden. Nach diesen Vorstellungen muß man die natürlichen Ressourcen ausgehend von den gesellschaftlich notwendigen Aufwendungen werten, die erforderlich sind, um eine bestimmte Erzeugung zu sichern oder einen äquivalenten Effekt mit ihrer Hilfe zu erzielen.

Um ein Bodenstück zu bewerten, das für nichtlandwirtschaftliche Zwecke genutzt werden soll, muß man vor allem dessen Qualität in Übereinstimmung mit dem Kataster kennen und feststellen, welche Menge landwirtschaftlicher Produkte, die für das Gebiet typisch sind, von diesem Teilstück bei mittleren gesellschaftlichen Produktionsbedingungen gewonnen werden kann. Danach muß berechnet werden, welche Aufwendungen zur Gewinnung der gleichen Produktion mit einem anderen – bezüglich der Effektivität nächsten – Verfahren notwendig sind – entweder mit einem neuen (gewöhnlich schlechteren) Bodenstück oder mit einem bereits im Anbau befindlichen Bodenstück, dessen Ertragsfähigkeit entsprechend gehoben werden muß. Dabei muß der Umfang der Investitionen für das notwendige Wachstum der Produktion bestimmt werden. Diese Investitionen können der Bewertung des Bodenstückes zugrunde gelegt werden, wenn die laufenden Anfwendungen für die Produktion der zusätzlichen Menge an Produkten den früheren Aufwendungen gleichbleiben. Bei gleichzeitiger Veränderung auch der laufenden Aufwendungen muß diese Bewertung berichtigt werden, indem man den Unterschied zwischen den laufenden Aufwendungen unter Berücksichtigung des einschlägigen Effektivitätsnormativs zugrunde legt. Analoge Berechnungen kann man auch mit mineralischen Ressourcen anstellen.

Die Grundlage für die genannten Berechnungen sind die gesellschaftlich notwendigen Aufwendungen für die Produktion und die Auswahl der effektivsten Varianten für die Lösung der qualitativen Aufgaben wie auch bei der Auswahl von Investitionsvarianten. Die Bewertungen der natürlichen Ressourcen (im vorliegenden Fall des Bodens) nach der Differentialrente oder nach dem neuen Verfahren für die Erzielung der gleichen Produktion können unterschiedlich sein, wenn die Preise, mit denen die Rente berechnet wird oder die verschiedenen Produktionsverfahren, die verglichen werden, von den tatsächlichen Arbeitsaufwendungen abweichen. Das kompliziert auch die Bewertung und erfordert eine vergleichende ökonomische Analyse der ermittelten Daten nach ihren Elementen, um die zuverlässigste von ihnen auszuwählen.

Die ermittelten Werte können nach summarischen volkswirtschaftlichen Kenngrößen kontrolliert werden. Eine überhöhte Bewertung eines Boden-

stückes führt bei Multiplikation mit der Gesamtfläche zu einer übermäßigen Größe des Bodenwertes im Nationalreichtum. Die durch einige Berechnungen gewonnene Bewertung von einem Hektar landwirtschaftlicher Nutzfläche mit 1000 Rubel führt bei 609 Mio Hektar landwirtschaftlicher Nutzfläche zu 609 Md. Rubel, während die gesamten Produktionsfonds der Volkswirtschaft der UdSSR am Ende des Jahres mit 346 Md. Rubel bewertet wurden. Zum Vergleich kann man bemerken, daß die Bewertung der landwirtschaftlichen Fläche 1958 in den USA 88 Md. Dollar bei einem Nationalreichtum von 1791 Md. Dollar (in laufenden Preisen) betrug. Im vorrevolutionären Rußland wurde der Boden mit 44 Md. Goldrubel bewertet.
Offensichtlich ist die Bewertung der landwirtschaftlichen Nutzfläche, die S. G. Strumilin gefunden hat, mit 82 Md. Rubel wesentlich näher an der Wirklichkeit als die oben angeführte. Diese Frage hat nicht nur große ökonomische, sondern auch große politische Bedeutung und erfordert eine weitere Untersuchung. Die Bewertung des Bodens müßte man in die Berechnungen des Nationalreichtums der UdSSR einfügen und auch in Projektberechnungen aufnehmen, ebenso wie möglicherweise den Wert der Produktionsgrundfonds sowohl der landwirtschaftlichen als auch der industriellen Betriebe.
Die Bewertung des Bodens bei ökonomischen Berechnungen hätte große Bedeutung, um die Nutzung der Bodenressourcen in Ordnung zu bringen. Man kann mit der Meinung einiger Juristen[4] nicht einverstanden sein, die auf der einen Seite die Notwendigkeit erkennen, „im Gesetz solche Maßnahmen vorzusehen, die das Verschleudern der Bodenressourcen ausschließen", und auf der anderen Seite aus irgendwelchen Gründen davor zurückschrekken, daß solche Maßnahmen sich „auf das Tempo der industriellen Entwicklung des Landes" auswirken könnten. Sie schlagen etwas völlig Unbestimmtes in der Art „einer wissenschaftlich begründeten strengen Normierung, Beachtung wissenschaftlich-technischer Normen und Regeln" bei der Bereitstellung von Bodenflächen für die Nutzung vor, das heißt nicht ökonomische, sondern organisatorische Maßnahmen, die unter den Bedingungen der vervollkommneten wirtschaftlichen Rechnungsführung kaum ihr Ziel erreichen würden.
Die ökonomische Bewertung der Lagerstätten von Bodenschätzen hat – wie bereits oben gesagt – viel Gemeinsames mit der ökonomischen Bewertung des Bodens. Die Unterschiede im Niveau der Arbeitsproduktivität, die von der Qualität und der Lage der Bodenschätze bestimmt werden, liegen auch hier zugrunde. Es gibt jedoch auch wesentliche Unterschiede.

[4] Ivanov, G., Kazancev, N., Pavlov, I., Normy i mnenija [Normen und Meinungen], in: Isvestia, 16. Oktober 1968.

Erstens gehören zu den Produktionsaufwendungen nicht nur die Aufwendungen für die Erschließung, wie das in bezug auf den Boden der Fall ist, sondern auch die Aufwendungen für die Erkundungen. Diese Aufwendungen sind nicht selten sehr hoch und betragen bei einzelnen Bodenschätzen 25 Prozent und mehr den Selbstkosten ihrer Gewinnung. Es muß gesagt werden, daß gegenwärtig die Aufwendungen für die geologische Erkundung teilweise in die Selbstkosten der Gewinnung von Bodenschätzen integriert werden. Der Umfang der Abgaben kompensiert diese Aufwendungen jedoch bei weitem nicht.
Zweitens kann die Produktion landwirtschaftlicher Erzeugnisse durch Verbesserung der Qualität des Bodens gesteigert werden, und die Bodenflächen können durch Trockenlegung von Mooren oder durch Gewinnung von Land aus dem Meer, wie das in Holland und Japan der Fall ist, vergrößert werden. Die Bodenschätze sind jedoch streng begrenzt, weil sie sich in unterirdischen Lagern befinden und nicht reproduzierbar sind. Die Lagerstätte wird ausgebeutet und die Gewinnung eingestellt. Für die Bewertung einer Lagerstätte ist es wichtig, den Umfang des Vorrats zu ergründen und die Fristen für seine Bearbeitung festzustellen. Erst danach kann die Höhe der Rente berechnet werden, die während der gesamten Ausbeutungszeit unter Berücksichtigung des Zeitfaktors gewonnen werden kann. Die Berechnung muß für einige Jahre im voraus erfolgen und die Rente erfassen, die in der Zukunft erzielt werden kann.
Man muß auch den Umfang der Rohstoffgewinnung nach Jahren kennen. Die Ausbeutung einer bestimmten Lagerstätte kann zum Beispiel 20 Jahre andauern. Der Umfang der Gewinnung wächst in den ersten fünf Jahren, bleibt in den darauffolgenden 10 Jahren konstant und sinkt in den letzten fünf Jahren. Entsprechend verändert sich auch die Größe der Rente, die summiert und auf eine mittlere Jahresrente zurückgeführt werden muß.
Diese ist für ein gegebenes Jahr $\frac{1}{(1+E_n)^t}$, wobei E_n das Effektivitätsnormativ und t die Anzahl von Jahren vom Anfang der Berechnung bis zum Berechnungsjahr ist. Danach kann die erhaltene mittlere Rente kapitalisiert werden, indem man vom Effektivitätsnormativ für die Bewertung der Lagerstätte nach der oben angegebenen Formel ausgeht. Die errechneten Bewertungen können unter Berücksichtigung des Preises der Bodenschätze, die aus dem gegebenen Vorkommen gewonnen werden sollen, und der Selbstkosten der Gewinnung korrigiert werden. Dabei werden sowohl der Preis der Bodenschätze als auch deren Selbstkosten unter Berücksichtigung der zu verschiedenen Zeiten notwendigen Aufwendungen bestimmt.
Der Berechnung der Rente wird wie in der Landwirtschaft der Unterschied zwischen dem Reineinkommen des gegebenen und dem des in der Qualität

schlechteren Vorkommens (einschließlich der Lagerungstiefe) zugrunde gelegt. Alle übrigen Bedingungen müssen gleich sein, weil diese Unterschiede der natürlichen Faktoren das Niveau der Arbeitsproduktivität bestimmen.
Die Bewertung reproduzierbarer Ressourcen ist wesentlich einfacher als die nichtreproduzierbarer Ressourcen. Die Bewertung der Waldbestände kann nach den gesellschaftlich notwendigen Aufwendungen für die Reproduktion des Waldes erfolgen. Nach einigen Berechnungen betragen die Aufwendungen für einen Kubikmeter Holzzuwachs in den Gebieten des Zentrums, des Westens und des Südens ungefähr 2 bis 3 Rubel und erreichen in einigen Gebieten 20 Rubel. Diese Zahlen müssen überprüft werden. Es genügt nicht, die Investitionen für die Reproduktion des Waldes zu bestimmen, sondern man braucht auch die laufenden Aufwendungen. Dabei muß auch der Zeitfaktor beachtet werden, das heißt die Festlegungszeit der Investitionen und der laufenden Aufwendungen bis zur Nutzung des Waldes. Für diese Berechnungen muß man eine komplizierte Prozentrechnung anwenden, die von einem Normativ ausgeht, das für ähnliche Berechnungen empfohlen wird. Mit anderen Worten: Die Investitionen, die heute für die Reproduktion des Waldes verausgabt werden, und die laufenden Ausgaben müssen unter Einschluß der Zinsen für die gesamte Wachstumsperiode des Waldes berechnet werden, das heißt für eine lange Zeit. Außerdem müssen die Qualität und das Alter des Waldes sowie dessen Lage berücksichtigt werden, Faktoren, die große Bedeutung für die Bestimmung der Transportkosten haben.
Die Bewertung der Wasserressourcen kann ebenfalls unter Berücksichtigung der realen Investitionen und der laufenden Aufwendungen für die Wasserversorgung und für die Reinigung des Wassers von Verunreinigungen durch die Industrie erfolgen. Auf der Grundlage dieser Bewertung muß ein Preis festgesetzt werden, der hoch genug ist, die industriellen und anderen Betriebe an der sparsamen Wasserverwendung zu interessieren. Dabei kann man auch möglicherweise vorsehen, daß der Betrieb für das in einen Fluß oder in ein anderes Gewässer abgeleitete gereinigte Industrieabwasser vom Staat einen Teil der Summe zurückbekommt, die er für das Wasser bezahlt hat. Gleichzeitig müssen fühlbare Sanktionen für die Verunreinigung der Gewässer festgelegt werden.
Beim Abführen von schmutzigem Wasser in Gewässer wäre es zweckmäßig, nicht nur die Reinigungskosten vom Gewinn abzuziehen, sondern auch eine gewisse Summe vom Einkommen der Leiter der betreffenden Betriebe.
Für trockene und wasserarme Gebiete, deren künstliche Bewässerung erforderlich ist, muß die Bezahlung des Wassers unter Berücksichtigung der Aufwendungen für die Wasserversorgung und unter Berücksichtigung der

Rente festgelegt werden, die auf der Grundlage analoger Verfahren, wie der Bodenrente, berechnet werden kann. Der Wasserpreis muß so hoch sein, daß er die Wassereinsparung stimuliert und die Verwendung des Wassers in erster Linie für die effektivste Produktion sichert (zum Beispiel in der Landwirtschaft für solche Kulturen wie Baumwolle und Reis, die hauptsächlich in Gebieten mit künstlicher Bewässerung angebaut werden).

Die ökonomische Bewertung der natürlichen Ressourcen ist ein wichtiges Mittel für deren sorgfältige Nutzung und Erhaltung sowohl für die heutige als auch für die künftigen Generationen. Je schneller diese Bewertung eingeführt wird, desto besser.

KAPITEL 2

Reserven zur Senkung der Fondsintensität in der gewinnenden Industrie

Einer der wichtigsten Faktoren zur Steigerung der Effektivität in der gesellschaftlichen Produktion ist die Proportionalität der Entwicklung zwischen der extraktiven und der verarbeitenden Industrie.
Im Zusammenhang damit ist eine Analyse des spezifischen Anteils der gewinnenden Industrie an der Industrie der UdSSR insgesamt nach grundlegenden technisch-ökonomischen Kennwerten von besonderem Interesse.
Diese Analyse zeigt die hohe Fondsintensität in den extraktiven Zweigen der Industrie. Die extraktive Industrie, die einen wesentlichen Teil der Investitionen und der Produktionsgrundfonds erhält, erbringt nicht einmal ein Zehntel der industriellen Bruttoproduktion.
Der vergleichsweise geringe Anteil der extraktiven Industrie an der Bruttoproduktion der gesamten Industrie erklärt sich in hohem Maße durch die wiederholte Berechnung der Kosten der Ausgangsproduktion in jedem folgenden Stadium der Bearbeitung (in jedem Zweig, der das jeweils nächste Glied in der Kette der Bearbeitungen des Ausgangsrohstoffes darstellt). In die Bruttoproduktion geht die Summe der Kosten aus den laufenden Warenverkäufen der nach wirtschaftlicher Rechnungsführung arbeitenden Betriebe ein.
Während in der Bruttoproduktion der extraktiven Industrie Rohstoff und Materialkosten fast nicht vorkommen, nehmen sie bei der Bruttoproduktion der verarbeitenden Industrie einen bedeutenden Anteil ein.
Die Rohstoff- und Materialkosten betrugen 1967 in der UdSSR 69 Prozent der Aufwendungen für die industrielle Produktion. In der extraktiven Industrie betrug die Spanne von 38 Prozent in der Kohleindustrie bis 6,9 Prozent in der Erdölindustrie und in der verarbeitenden Industrie von 90 Prozent in der Leicht- und Lebensmittelindustrie bis 60 Prozent im Maschinenbau.
Die wiederholte Berechnung des gleichen Wertes von Rohmaterial und Halbfabrikaten beobachtet man in allen Zweigen, wo das Ausgangsmaterial oder die Halbfabrikate einige Stufen der Verarbeitung in Betrieben mit wirtschaftlicher Rechnungsführung durchlaufen.

Angesichts dessen, daß der spezifische Anteil der extraktiven Industrie am Gesamtumfang der industriellen Produktion durch die wiederholte Berechnung in der Bruttoproduktion der verarbeitenden Zweige verzerrt wird, ist dieser Kennwert nicht als repräsentativ anzusehen.[1]
Dennoch ist die hohe Investitions- und Fondsintensität der extraktiven Zweige nicht nur scheinbar und nicht nur durch die Überlagerung der Kosten an Rohstoff und Material in der Kennziffer Bruttoproduktion der Industrie erklärbar. Eine Berechnung in Einheiten der reinen Produktion, frei von diesen Überlagerungen, zeigt, daß die Investitionsintensität und die Fondsintensität der gewinnenden Zweige wesentlich höher sind als die der verarbeitenden.
Nach Ergebnissen von Ja. B. Kvaša[2] ist die Grundfondsintensität der ex-

1 Es ist interessant festzustellen, daß der spezifische Anteil der extraktiven Industrie am Gesamtumfang der Industrieproduktion nach überschläglichen Berechnungen in den Jahren des ersten Fünfjahrplanes 8,5 bis 9 Prozent, im zweiten Fünfjahrplan 7,5 bis 8 Prozent betrug.
(*Š. Ja. Tureckij*, O sootnošenii tempov i proporcii razvitija dobyvajuščich i obrabatyvajuščich otraslej [Über das Verhältnis des Tempos und der Proportionen bei der Entwicklung der gewinnenden und der verarbeitenden Zweige], in: Voprosy èkonomiki, 1/1964, S. 59.)
Dagegen betrug er von 1960 bis 1968 entsprechend den Berechnungen des Autors 9,5 bis 10 Prozent. Damit ist der Anteil der extraktiven Zweige am Gesamtumfang der Bruttoproduktion der Industrie etwas gewachsen, wenn er auch theoretisch bei sonst gleichen Bedingungen hätte sinken müssen: Mit der Vergrößerung der Anzahl von Verarbeitungsstadien der Ausgangsstoffe vergrößert sich die Anzahl der Berechnungsstufen. Ein gewisses Ansteigen des Anteils der extraktiven Industrie am gesamten Umfang der Bruttoproduktion erklärt sich in erster Linie durch die vergrößerten Kosten für die Bodenschätze im Zusammenhang mit dem Übergang auf die Gewinnung aus ärmeren Lagerstätten, die in entfernten und schwer zugänglichen Gebieten und unter schwierigen geologischen Bedingungen gelegen sind.
Außerdem muß man zur Gewinnung einer Tonne nutzbarer Bodenschätze beim heutigen Zustand der Rohstoffwirtschaft (Senkung des Prozentgehaltes an nützlichen Komponenten) bis zu Hunderten von Tonnen taubes Gestein gewinnen.
Andererseits dient der schnelle technische Fortschritt der Senkung der Kosten für die Bearbeitung. Es verringern sich die Verluste und Rückstände, und die Masse der Fertigerzeugnisse nähert sich der Masse der Ausgangsrohstoffe an. Das führt zu einer gewissen Senkung der laufenden materiellen Aufwendungen in der Zusammensetzung der Bruttoproduktion der verarbeitenden Industrie.

2 Kvaša, Ja. B., Otraslevaja struktura materialnogo proizvodstva i fondoemkost' nacionalnogo dochoda [Zweigstruktur der materiellen Produktion und Fondsintensität], in: Struktur der Volkswirtschaft der UdSSR, Moskau 1967, S. 72.

traktiven Industrie der USA in Einheiten der reinen Produktion[3] mit 2,7 Dollar anzusetzen und die der verschiedenen Zweige der verarbeitenden Industrie mit 1,37 bis 0,47 Dollar.

Die relativ hohe Investitionsintensität und Fondsintensität erklären sich durch die Spezifik der extraktiven Industrie, die sich aus der Ortsveränderung der Arbeitsmittel ergibt. Während der Vorbereitung der einen Lagerstätte beginnt schon die Ausbeutung einer anderen. Der Übergang zur Ausbeutung neuer Lagerstätten zum Zwecke sowohl der erweiterten als auch der einfachen Reproduktion ist mit umfangreichen Straßen-, Wohn- und Kulturbauten zur Erschließung neuer Erzlager, Schächte und dergleichen verbunden, die in verhältnismäßig großer Entfernung von besiedelten Punkten gelegen sind. Außerdem sind noch große Investitionen für die Erhaltung der laufenden Produktion erforderlich.

Der Anteil an Investitionen für den Ersatz der Grundfonds in der chemischen Industrie beträgt 3 bis 4 Prozent, in der Lebensmittelindustrie 8 bis 14 Prozent, in der Schwarz- und Buntmetallurgie 8 bis 19 Prozent, in der Erdöl- und Gasindustrie 15 bis 19 Prozent und in der Kohleindustrie 40 bis 60 Prozent.

Berechnungen ergaben, daß die einfache Reproduktion in der gewinnenden Industrie ein mittleres Jahreswachstum der Grundfonds von 1 bis 4 Prozent erfordert (in verschiedenen Zweigen). In der Kohleindustrie sank der Anteil an Investitionen für die Gewährleistung des Zuwachses an Bruttoproduktion in den Jahren 1959 bis 1967 ungefähr auf 10 bis 12 Prozent gegenüber 48,4 Prozent in den Jahren 1952 bis 1958.

Die extraktive Industrie wird außerdem im Vergleich zur verarbeitenden Industrie durch eine hohe Fondsausstattung der Arbeit und durch deren geringe Produktivität gekennzeichnet.

Mit der Gewinnung von Roh- und Brennstoffen sind ungefähr 15 Prozent der Werktätigen der Industrie beschäftigt. Unter Berücksichtigung der Erkundungsarbeiten sind es 16 bis 17 Prozent. Auf sie entfallen mehr als 20 Prozent des gesamten Lohnfonds und ungefähr 25 Prozent der Produktionsgrundfonds[4].

Das zeigen die vergleichsweise hohe Fondsausrüstung der Arbeit in der extraktiven Industrie (ungefähr das 1,5fache vom Mittel der anderen Zweige)

[3] Berechnet als das Verhältnis des Grundkapitals in seinem vollen Bilanzwert (Restwert + Amortisationsfonds) zur abstrakten Nettoproduktion (value added), das heißt zum Wert der verladenen Erzeugnisse unter Abzug der Kosten für die verwendeten Rohstoffe, Halbfabrikate, Hilfsmaterialien und Brennstoffe.

[4] Die Berechnungen wurden ausgeführt auf der Grundlage der statistischen Jahrbücher Die Volkswirtschaft der UdSSR 1965 bis 1968; Die Struktur der Investitionen in der UdSSR und in den USA, Moskau 1965, S. 67.; Š. Ja. Turecki, a. a. O.

und die relativ hohe Entlohnung (ungefähr um 18 Prozent höher als im Mittel der anderen Zweige).
Besonders hoch ist der Arbeitslohn in der Kohleindustrie. Hier sind 35 Prozent der in der extraktiven Industrie beschäftigten Arbeiter konzentriert, und auf diesen Anteil entfallen ungefähr 50 Prozent des Lohnfonds aller in diesen Zweigen Beschäftigten, was mit den schweren Arbeitsbedingungen in diesem Zweig begründet ist.
Eine hohe Fondsausstattung der Arbeit hat auch die Erdölindustrie. Sie beschäftigt etwa 3 Prozent der Arbeiter und hat 19 Prozent aller Produktionsgrundfonds der gewinnenden Industrie.
Nach Orientierungsberechnungen betrug die Fondsausrüstung der Arbeit in den Jahren 1963 bis 1967 in verschiedenen Zweigen im Vergleich zur Industrie insgesamt (rel. 100) folgende Werte:

Schwarzmetallurgie	225
darunter Gewinnung von Schwarzmetallerzen	348
übrige Rohstoffe für die Schwarzmetallurgie	176
Brennstoffindustrie	238
darunter Kohlegewinnung	149
Erdölgewinnung	1187
Erdgasgewinnung	730
Torfgewinnung	121
Gewinnung von Buntmetallerzen	203
Maschinenbau und Metallbearbeitung	57

Das Wachstumstempo der Fondsausstattung der Arbeit in den Zweigen mit einem hohen Anteil an Rohstoffgewinnung (Schwarzmetallurgie, Brennstoffindustrie) war in den Jahren 1958 bis 1967 höher als in der Industrie insgesamt und als in solchen Zweigen wie Maschinenbau, Elektroenergetik und Leichtindustrie. Ungeachtet der hohen Fondsausstattung war das Wachstumstempo der Arbeitsproduktivität in einer Reihe von Zweigen der extraktiven Industrie in der betrachteten Periode geringer als in der Schwerindustrie und in der Industrie insgesamt. 1967 betrug die Arbeitsproduktivität im Vergleich zu 1940 (in Prozenten) in der Industrie insgesamt 417, in der Erdölindustrie 416, in der Kohleindustrie 170, im Maschinenbau 798, in der Baustoffindustrie 592.
Einer der objektiven Faktoren dafür ist der hohe spezifische Anteil des passiven Teils der Grundfonds in der extraktiven Industrie im Verhältnis zur verarbeitenden.
Nach orientierenden Berechnungen ist der Ausrüstungsanteil an der Struktur der Investitionen nach einzelnen Industriezweigen der UdSSR von 1961 bis 1965 durch folgende Zahlen charakterisiert:

(in Prozent vom Ausrüstungsanteil der gesamten Industrie)

Zweige	1961	1962	1963	1964	1965
Schwarzmetallurgie	85,4	86,5	88,5	88,1	90,2
Buntmetallurgie	81,0	77,5	75,1	74,6	72,1
Erdöl- und Gasindustrie	52,6	50,8	56,4	51,9	53,9
Kohleindustrie	88,6	87,6	91,3	90,4	89,0
Maschinenbau	127,9	125,4	125,4	126,2	128,2

Damit ist der Ausrüstungsanteil in den Zweigen mit hohem Anteil gewinnender Industrie (Schwarz- und Buntmetallurgie, Brennstoffindustrie) wesentlich geringer und der Anteil an Bau- und Montagearbeiten höher als in der Industrie insgesamt und um so mehr im Vergleich zu den Zweigen der verarbeitenden Industrie wie zum Beispiel zum Maschinenbau.
In den Erzanreicherungswerken der Buntmetallurgie beträgt der spezifische Anteil des aktiven Teils des Grundfonds 43 Prozent und im Maschinenbau 69 Prozent.
Infolge der relativ hohen Investitionsintensität, der hohen Fondsintensität und der niedrigen Arbeitsproduktivität bei hoher Fondsausstattung der Arbeit in der extraktiven Industrie wirkt die Steigerung des spezifischen Anteils der obengenannten Zweige in Richtung auf eine Senkung der allgemeinen ökonomischen Kennziffern bei der Entwicklung der Industrie. In der Zukunft wird sich der Einfluß dieses Faktors verstärken (bei sonst gleichen Bedingungen), weil in der Weltwirtschaft ein beständiges Wachstum des Bedarfs an mineralischen Rohstoffen und Brennstoffen besteht. In den Jahren 1950 bis 1967 wuchs der Weltbedarf an Kohle je Einwohner ungefähr um 50 Prozent, an Eisenerz mehr als um 60 Prozent, an Erdöl und Erdgas um das Zwei- bis Dreifache.[5]
In der UdSSR ist der Anteil der extraktiven Zweige an den Gesamtinvestitionen der Industrie in der Nachkriegsperiode systematisch gewachsen. So betrug 1946 bis 1950 der Anteil der Investitionen im Erzbergbau 16,5 Prozent der Investitionen in der Schwarzmetallurgie und 1959 bis 1967 bereits über 30 Prozent.
Im Zusammenhang mit der Kapitalaufwendigkeit der extraktiven Industrie erweitern die industriell entwickelten kapitalistischen Länder ihren Import an mineralischen Rohstoffen und Brennstoffen und begrenzen die Entwicklung der gewinnenden Industrie im Inland.[6]

5 Umgerechnet auf Einheitsbrennstoff.

6 Bei Untersuchung der Effektivität von Export und Import an Rohstoffressourcen muß berücksichtigt werden, daß eine Steigerung des Arbeitsaufwandes je Tonne gewonnener Rohstoffe und Brennstoffe auch zu einem Anwachsen des

Der Anteil der extraktiven Zweige an den industriellen Investitionen der USA beträgt ungefähr 35 Prozent der Investitionen in den verarbeitenden Zweigen oder ungefähr 25 Prozent der Investitionen in der Industrie insgesamt.
Der Anteil der extraktiven Zweige an den industriellen Investitionen der BRD ist geringer als in den USA (im Mittel in den letzten Jahren 9 bis 10 Prozent). Nach einzelnen Industriezweigen erreicht der spezifische Anteil der extraktiven Industrie an den Investitionen der USA und der BRD im Mittel in der Schwarzmetallurgie 4 bis 10 und 2 bis 3 Prozent und in der Buntmetallurgie 38 bis 43 Prozent und 3 bis 4 Prozent.[7]
Der Bedarf der USA an mineralischen Rohstoffen und Brennstoffen wurde im Jahre 1965 durch Erdölimporte zu 14 Prozent, Importe von Eisenerz zu 33 Prozent, von Kupfer zu 25 Prozent, von Zink zu 40 Prozent gedeckt. Der Bauxitimport überstieg 1965 die Inlandsgewinnung um das 7fache.
Weil die gewinnende Industrie in den industriell entwickelten Ländern durch eine hohe Kapital- und Fondsintensität charakterisiert ist, ist die Beschränkung ihrer Entwicklung im Lande einer der Faktoren für die Senkung des Kapitalaufwandes und des Fondsaufwandes der Industrie der USA.
Ausgehend von der Erfahrung des zweiten Weltkrieges, als die USA ungefähr 65 Arten von Bodenschätzen aus 53 Ländern importierten, schenkt die Regierung der USA heute den Fragen der Versorgung der Volkswirtschaft mit mineralischen Ressourcen für den Fall eines neuen Krieges große Aufmerksamkeit. Das widerspiegelt sich in einer bedeutenden Ausweitung der geologischen Erkundungsarbeiten auf dem eigenen Territorium und in einer systematischen Anhäufung von strategischen Reserven an mineralischen Roh- und Brennstoffen, deren Vorräte das festgelegte Limit bei weitem übersteigen.
Die UdSSR mußte von den ersten Jahren ihrer Existenz an großen Wert auf die Entwicklung der eigenen Industrie legen, was durch die Vorkommen der verschiedensten Bodenschätze begünstigt wurde. Die Befriedigung der ständig wachsenden Bedürfnisse der Volkswirtschaft an mineralischen Roh- und Brennstoffen durch eigene Vorkommen war eine der wichtigsten Voraussetzungen für die schnelle industrielle Entwicklung, die es der

Nationaleinkommens, berechnet auf eine Tonne gewonnener Rohstoffe, führt, das heißt zu einem höheren Tempo des Nationaleinkommens im Vergleich zum Entwicklungstempo der extraktiven Zweige. Das bedeutet: Je höher im Lande die extraktive Industrie entwickelt ist und je mehr Erzeugnisse der extraktiven Industrie exportiert werden, um so geringer sind das Endprodukt und das Nationaleinkommen bezogen auf eine Tonne Rohstoffe, und um so geringer ist das Wachstumstempo des Nationaleinkommens.

7 Die Struktur der Investitionen in der UdSSR und in den USA, a.a.O., S. 66 bis 67.

UdSSR gestattete, in kürzester Frist auf den zweiten Platz der Weltindustrieproduktion aufzurücken.

Gegenwärtig verfügt die Sowjetunion über alle Arten von mineralischen Rohstoffen, die für die Befriedigung der Bedürfnisse der Volkswirtschaft notwendig sind, und solche geologischen Voraussetzungen für deren Erweiterung, die bei entsprechendem Tempo der geologischen Erkundungsarbeiten die Entwicklung der Volkswirtschaft in der Perspektive vollständig gewährleisten können.

Die Möglichkeit, die Anforderungen der eigenen Volkswirtschaft und der Volkswirtschaften der sozialistischen Länder mit eigenen mineralischen Ressourcen vollständig zu befriedigen, ist einer der großen politischen, ökonomischen und militärischen Vorteile der UdSSR.[8]

Die extraktive Industrie der UdSSR hat sich in der letzten Periode besonders schnell entwickelt. 1950 erzeugte die Sowjetunion ungefähr 10 Prozent und 1967 schon ungefähr 20 Prozent des Wertes der Bergbauproduktion der Welt, während in den USA ein Absinken von 38 bis 40 Prozent auf 20 bis 25 Prozent vonstatten ging. In der Welt werden jährlich fast 5 Milliarden Tonnen Bodenschätze gewonnen. Davon entfallen auf die UdSSR 1,5 Md. t oder 30 Prozent.

Da sich die Sowjetunion im wesentlichen auf die Entwicklung der eigenen Rohstoffbasis orientieren wird, muß man sich ganz klar darüber werden, daß in den ökonomischen Berechnungen die einfache Frage nach dem Um-

[8] In den kapitalisiischen Ländern sind auch wesentliche Rohstoffressourcen für die Mehrzahl der wichtigsten mineralischen Rohstoffe konzentriert, die zusammengenommen beim heutigen modernen Niveau der Gewinnung den Bedarf für viele Jahre decken. Durch die außerordentliche Ungleichmäßigkeit in der geographischen Anordnung der entdeckten Lagerstätten gibt es jedoch nicht ein einziges entwickeltes Industrieland, das vollständig mit seinen eigenen mineralischen Rohstoffen auskommt. Alle befinden sich in größerem oder geringerem Maße in Abhängigkeit von anderen Ländern. Die kapitalistischen Länder Europas können in ihrer Gesamtheit ihren Bedarf nur für wenige der hauptsächlichen mineralischen Rohstoffe vollständig selbst befriedigen: Kohle, Eisenerz, Quecksilber, Kalisalz, Magnesiumrohstoffe und in bedeutendem Maße Aluminiumrohstoffe. Selbst in den Grenzen dieser beschränkten Liste haben verschiedene Länder Europas, für sich genommen, eine negative Bilanz. Sogar die USA, die die größte Rohstoffbasis im Rahmen der kapitalistischen Welt haben, hängen in bedeutendem Maße vom Import einer ganzen Reihe wichtiger Erzeugnisse der Bergbauindustrie ab, besonders von Zinn, Nickel, Kobalt, Platin, Tantal, Manganerz, Chromiten, Rutil, Bauxid, Antimon, Graphit, Asbest, qualitativ hochwertigem Glimmer, Diamanten, piezoptischen Rohstoffen und anderen. (N. A. Bychover, Èkonomika mineralnogo syrija [Ökonomik der mineralischen Rohstoffe], Moskau 1967, S. 37–39.)

fang der erforderlichen Ressourcen eine entscheidende Bedeutung hat (Umfang der tatsächlichen Rohstoffressourcen). Ebenso wichtig sind die Berechnung der für die Erkundung und die Aufarbeitung dieser Ressourcen notwendigen Aufwendungen und die Bestimmung der ökonomisch zugänglichen Vorräte in jeder gegebenen Teilperiode.
Der Umfang der ökonomisch zugänglichen Vorräte wird im Unterschied zu ihrem physischen Umfang durch die Bedingungen bestimmt, unter denen die Nutzung alter Lagerstätten und die Erkundung und Vorbereitung neuer ökonomisch möglich und effektiv sind. Das bedeutet: Wenn die Vorräte an bestimmten Bodenschätzen für die Volkswirtschaft nicht mehr ausreichen, daß nicht die darauf aufbauende Industrie eingestellt wird, sondern daß das Problem auftaucht, mit erhöhten Aufwendungen für Erkundung und Erschließung neue Bodenschätze zu gewinnen.
Im Maße des Übergangs zur Erschließung von Lagerstätten geringeren Gehalts an nützlichen Komponenten sinkt auch die ökonomische Vorteilhaftigkeit der Erschließung. Das führt dazu, daß die höheren Aufwendungen bezüglich des Materials, der Arbeitskräfte und der finanziellen Mittel in den extraktiven Zweigen auch eine Erhöhung der Fondsaufwendungen und der Investitionsaufwendungen in der Industrieproduktion insgesamt nach sich ziehen.
Deshalb hat die Verringerung des Anteils der extraktiven Industrie am Gesamtumfang der Investitionen und der Grundfonds immer größere aktuelle volkswirtschaftliche Bedeutung.
Die durch den wissenschaftlich-technischen Fortschritt bedingte Vertiefung der gesellschaftlichen Arbeitsteilung, durch die die Häufigkeit der Bearbeitung der mineralischen Ressourcen bedingt wird, ist einer der wichtigsten Faktoren, die in Richtung auf eine Senkung des spezifischen Anteils der extraktiven Industrie am Gesamtumfang der Investitionen und der Produktionsgrundfonds wirken. Im Zusammenhang mit dem wissenschaftlich-technischen Fortschritt und dem Auftreten neuer Zweige der Wirtschaft werden immer neue Arten mineralischer Rohstoffe gebraucht, und die Anzahl der notwendigen Bodenschätze steigt. Gleichzeitig erfolgt eine Spezialisierung der extraktiven Zweige. Es entstehen Zweige zur Gewinnung neuer Arten von Bodenschätzen, und die Entwicklungsstufen Erkundung und Gewinnung entwickeln sich zu selbständigen Zweigen.
Die Entwicklung neuer Zweige in der extraktiven Industrie ist jedoch wesentlich langsamer als der gleiche Prozeß in der verarbeitenden Industrie.
Eine Analyse des Entwicklungstempos der Primärproduktion (Produktion der gewinnenden Zweige) und der Finalproduktion (im wesentlichen die Produktion der verarbeitenden Zweige) über einen längeren Zeitraum kennzeichnet, daß das Wachstum der Finalproduktion das Wachstum der Pri-

märproduktion systematisch überholt hat und auch weiterhin schneller steigt.

Der dynamische Koeffizient des Entwicklungstempos der Industriezweige der UdSSR betrug[9]:

	1928	1940	1960	1966	1967
Im Vergleich zum Wachstumstempo der Industrieproduktion insgesamt (= 1)					
Produktion von Produktionsmitteln (Gruppe A)	1,2	1,7	2,2	2,3	2,3
Maschinenbau- und Metallbearbeitung	1,4	3,8	6,6	8,2	8,3
Brennstoffindustrie	0,8	0,8	0,55	0,49	0,48
Eisenerzindustrie	0,5	0,4	0,3	0,3	0,25
Im Vergleich zum Entwicklungstempo der Produktionvon Produktionsmitteln (= 1)					
Maschinenbau und Metallbearbeitung	1,1	2,2	3,0	3,5	3,5
Brennstoffindustrie	0,7	0,49	0,25	0,2	0,2
Eisenerzindustrie	0,4	0,2	0,1	0,1	0,1

Das Wachstumstempo der Brennstoffindustrie sank von 1928 bis 1967 im Vergleich zum Entwicklungstempo der Bruttoproduktion der gesamten Industrie von 0,8 auf 0,48 Prozent. Bei der Eisenerzindustrie fiel es von 0,5 auf 0,25 Prozent, und im Verhältnis zum Wachstumstempo der Produktion von Produktionsmitteln sank das Entwicklungstempo dieser Zweige entsprechend von 0,7 auf 0,2 Prozent und von 0,4 auf 0,1 Prozent.

Das gleiche Bild ergibt sich bei einer Analyse des Verhältnisses im mittleren Jahrestempo der Produktion bei der extraktiven Industrie und bei der verarbeitenden Industrie in den entwickelten kapitalistischen Ländern.

Das höhere Wachstumstempo der Bruttoproduktion in der Industrie erklärt sich, wie bereits gesagt, durch den wissenschaftlich-technischen Fortschritt, der eine weitere Vertiefung der gesellschaftlichen Arbeitsteilung mit sich bringt, die zu mehr Verarbeitungsstufen in der gewinnenden Industrie führt.

Dieser Prozeß wird dadurch verstärkt, daß die maschinelle Großindustrie Widersprüche hervorgebracht hat, die mit den beschränkten Möglichkeiten der natürlichen Werkstoffe in bezug auf deren Eigenschaften und deren technische Charakteristika sowie mit dem Umfang ihrer Gewinnung in Zusammenhang stehen.

Der steigende Rohstoffbedarf führt dazu, daß man immer mehr qualitativ ungünstigere Erze und Erze komplizierter Zusammensetzung zu verwenden beginnt. Gegenwärtig überwiegen diese Erze in der Rohstoff-

[9] Das Entwicklungstempo der Produktion ist im Vergleich zu 1913 berechnet.

bilanz der Schwarzmetallurgie und der meisten Zweige der Buntmetallurgie. Von 1955 bis 1970 sank der Prozentgehalt an Eisen im Eisenerz im Mittel des Zweiges auf 16 bis 18 Prozent. Eisenhaltige Quarzite mit einem Eisengehalt bis 35 Prozent wurden in der Vorkriegsperiode nicht gewonnen. 1955 betrug deren Gewinnung 3,4 Mio t und 1967 fast 80 Mio t. Von 1948 bis 1968 sank der mittlere Gehalt nützlicher Komponenten in den gewonnenen Erzen auf die Hälfte und darunter.

Die typischen Erze in der modernen Industrie für schwere Buntmetalle (Kupfer, Zink, Blei und andere) enthalten gewöhnlich nur wenige Prozent oder auch nur den Bruchteil eines Prozents des betreffenden Metalls, und das sogenannte taube Gestein (Quarz, Quarzit und anderes) übersteigt nicht selten 90 Prozent der Gesamtmasse.

Das trifft in noch stärkerem Maße für die Industrie edler und seltener Metalle zu (Wolfram, Molybdän) sowie für die Zinnindustrie, wo der Metallgehalt im Erz in Zehntel oder sogar Hundertstel Prozent gemessen wird.[10]

Die unergiebigeren Erze decken mehr als 80 bis 90 Prozent der Jahreserzeugung an Kupfer, Blei, Zink und fast 100 Prozent der Gewinnung von Zinn und Nickel.

Neben dem riesigen Wachstum des Rohstoffbedarfs, der zum Übergang auf unergiebigere Lagerstätten geführt hat, steigen auch die Anforderungen an die Qualität der Warenproduktion in den gewinnenden Zweigen. Die moderne Technik und besonders die Technik der Zukunft begrenzen die zulässigen Abweichungen der hauptsächlichen Charakteristika des Materials von den technischen Bedingungen. Die Lösung des Problems wird behindert durch die begrenzten Möglichkeiten der natürlichen Werkstoffe.

Die steigenden Qualitätsanforderungen und die gleichzeitige Senkung des Gehaltes der Erze führen zu der Anreicherung von Erzen und zu einer Vermehrung der Verarbeitungsstufen.

Es entwickeln sich in schnellem Tempo spezialisierte Industriezweige, die einander Warenproduktion zur weiteren Verarbeitung bereitstellen.

Die Schaffung und Entwicklung neuer Zweige der bearbeitenden Industrie sind ein kontinuierlicher Prozeß. Er hängt mit dem Aufkommen neuer chemischer Werkstoffe und Rohstoffe, neuer ökonomischer, hitzebeständiger und fester Metalle, neuer Baustoffe und ähnlichem zusammen.

Nach überschlägigen Berechnungen wuchs die Anzahl der Arbeitsverrichtungen an dem Arbeitsgegenstand von 1913 bis 1967 ungefähr auf das

[10] Eine Ausnahme macht der Aluminiumrohstoff, wo in den typischen Lagerstätten der Aluminiumgehalt, umgerechnet auf Metall, bis 20 und 25 Prozent und mehr beträgt.

1,5 bis 2fache. In der Schwerindustrie entfallen auf eine Arbeitsstunde in den extraktiven Zweigen 5 bis 6 Arbeitsstunden in den bearbeitenden.[11] Dieser Prozeß wird durch das wachsende Nationaleinkommen je Produktionseinheit der gewinnenden Industrie widergespiegelt.
Im Jahre 1913 entfielen auf eine Mio t Produkte der extraktiven Industrie ungefähr 59 Mio Rubel Nationaleinkommen, 1940 über 70 Mio, 1958 etwa 100 Mio und 1967 ungefähr 118 Mio Rubel, das heißt das Zweifache von 1913 und das 1,7fache von 1940.
Ein anderer und nicht weniger wichtiger Grund für die Verringerung des Anteils der extraktiven Industrie am Gesamtumfang der Investitionen und der Grundfonds ist die vollständigere und effektivere Ausnutzung der mineralischen Ressourcen.
Die Effektivität der Nutzung von Material wird in bestimmtem Umfang durch das Masseverhältnis von Ausgangsrohstoff und Endproduktion gekennzeichnet.
Mit der besseren technologischen Nutzung der neuesten Erkenntnisse der Wissenschaft ist eine Annäherung der Masse der Endproduktion an die Masse an Ausgangsrohstoff verbunden. Das wird erstens durch den veränderten Charakter der Nutzung natürlicher Ressourcen, und zwar in erster Linie durch eine Erweiterung ihrer chemischen Bearbeitung, und der Herstellung neuer Arten von Produkten erzielt, wozu die Verwandlung eines immer größeren Anteils der Rohstoffe durch Einschränkung der Abfälle in nutzbare Stoffe gehört. Dazu gehört ferner die komplexe Nutzung der Rohstoffe und Rückstände. Die energochemische Nutzung der Brennstoffe führt zu neuen Zweigen (Prozessen) der Verarbeitung, die nicht mit einer Steigerung des Bedarfs an Rohstoffen und nicht mit zusätzlichen Arbeitsaufwendungen verbunden sind. Dieser Prozeß ist zweitens bedingt durch die Senkung der technischen Materialverbrauchsnormen (Ein-

[11] Bei der Bestimmung der quantitativen Verhältnisse im Entwicklungstempo der extraktiven und der verarbeitenden Zweige ist es erforderlich, neben der bereits obengenannten Tendenz zur Vermehrung der Anzahl von Bearbeitungsstufen auch die entgegengesetzte Tendenz zu berücksichtigen, die in der Verminderung und völligen Abschaffung ganzer Stadien der Verarbeitung im Zusammenhang mit dem technischen Fortschritt und hauptsächlich mit der Entwicklung von Physik und Chemie zusammenhängt.
Im Laufe einer langen Periode und bis zur heutigen Zeit herrschte die erste Tendenz vor, was zur Vergrößerung des Anteils der verarbeitenden Industrie an der gesamten Industrieproduktion führte. Diese Tendenz der Vermehrung der Anzahl von Verarbeitungsstufen im Prozeß der weiteren Entwicklung der Spezialisierung und der Arbeitsteilung wird auch in der Zukunft in einer Reihe von Zweigen herrschen.

führung des Präzisionsgusses, Nutzung speziellen Walzmaterials, Ersatz der spanabhebenden Verformung durch plastische Deformation).

Die Praxis zeigt, daß aus jeder Tonne Erdöl, Gas, Kohle, Erz und aus jeder Einheit gewonnener Elektroenergie, Schiefer, Diamanten und anderer Produkte der extraktiven Industrie jährlich immer mehr Produkte der verarbeitenden Zweige gewonnen werden. So sank der Aufwand an Einheitsbrennstoff (bezogen auf eine Md. Rubel gesellschaftliches Bruttoprodukt) von 1960 bis 1967 von 2,3 Mio auf 1,9 Mio t. Der Verbrauch von Eisenerz je t verarbeiteten Roheisens sank in der gleichen Zeitspanne um 18 kg (0,9 Prozent) von Koks um 94 kg (13,0 Prozent) und für eine Tonne Gußstahl entsprechend um 73 kg (3,7 Prozent) und um 181 kg (18,5 Prozent).

Damit steigt die Menge an Finalprodukten, die von jeder Einheit gewonnener mineralischer Rohstoffe und Brennstoffe erzeugt wird. Folglich kann man beim gleichen Umfang der Gewinnung wesentlich mehr Endprodukte erzeugen.

Große volkswirtschaftliche Bedeutung hat die Untersuchung der Koeffizienten, die das Verhältnis des Endproduktes zum Ausgangsprodukt insgesamt in der Volkswirtschaft und nach einzelnen Gruppen gegeneinander austauschbarer und nach ihrem gesellschaftlichen Gebrauchswert einheitlicher Produkte charakterisieren.

Dabei ist zu beachten, daß die Einsparung einer bestimmten Menge an Roh- und Brennstoffen auf verschiedenen Stufen ihres Kreislaufs in der Volkswirtschaft verschiedene Einsparungen an gesellschaftlicher Arbeit zur Folge hat. In höheren Stufen der Verarbeitung ist der Anteil der in der gleichen Gewichtseinheit vergegenständlichten Arbeit größer.

Nimmt man vereinfachend an, daß die Arbeitsmenge, die in einer Gewichtseinheit Eisenerz vergegenständlicht ist, durch die Selbstkosten ausgedrückt werden kann, dann ist in der gleichen Menge Eisen in Form von Guß ungefähr 2,6mal mehr gesellschaftliche Arbeit enthalten und in Kohlenstoff-Stahlbarren 3,4mal mehr, in Walzmaterial 7mal mehr, in Stahlguß 10mal mehr und in Maschinen und Anlagen 50mal mehr.

Solche Kennziffern können dazu dienen, die volkswirtschaftliche Bedeutung der Ausgangsrohstoffe objektiv zu messen. Sie widerspiegeln die Tatsache, daß im Prozeß der Be- und Verarbeitung der Rohstoffe effektivere Arten von Endprodukten entstehen, die die wachsenden gesellschaftlichen Bedürfnisse befriedigen.

Die Aufdeckung von Reserven zur Einsparung von Rohstoffen und Material hat große Bedeutung in allen Zweigen der Industrie, sowohl der extraktiven als auch der verarbeitenden. Der volkswirtschaftliche Wert von Maßnahmen zur Einsparung wächst in jedem Bearbeitungsstadium, das dem Endprodukt näherkommt.

Eine große Reserve zur Senkung des Anteils der extraktiven Industrie am Gesamtumfang der Investitionen ist die Herstellung von produktiveren, zuverlässigeren und langlebigeren Produkten aus der gleichen Menge von Rohstoffen, was letzten Endes gleichbedeutend ist mit einer Vergrößerung des Produktionsvolumens je Einheit gewonnener Rohstoffe.
Schließlich kann der Anteil der extraktiven Industrie am Gesamtumfang der Investitionen und der Grundfonds durch eine Steigerung der Effektivität der Produktion in den extraktiven Zweigen selbst gesenkt werden. Das betrifft die Senkung der Fondsintensität und der Investitionskosten durch verbesserte Nutzung der Produktionsgrundfonds auf Grund einer vervollkommneten wirtschaftlich-finanziellen Tätigkeit und der Vervollkommnung der wirtschaftlichen Rechnungsführung sowie der Verbesserung der vorhandenen und der Einführung neuer fortschrittlicher Technik und Technologie.
Der Kampf um die steigende Effektivität der Produktion, um die Senkung der Fondsaufwendungen und der Investitionskosten, um die Steigerung der Arbeitsproduktivität und um eine bessere Nutzung der Ressourcen muß auf allen Stufen des Produktionsprozesses, beginnend mit den geologischen Erkundungsarbeiten, geführt werden.
In der Bilanz der erkundeten Vorräte gibt es Hunderte von Lagerstätten, die nicht erschlossen werden. Der Hauptgrund für diese Lage besteht darin, daß Lagerstätten, die für die Ausbeutung unrentabel sind, detailliert untersucht werden. Für die Lagerstätten hingegen, deren Erschließung volkswirtschaftlich effektiv wäre, beträgt die Zeitspanne zwischen der Vorbereitung und der Inbetriebnahme häufig Jahre, sogar Jahrzehnte. In dieser Zeit erfolgt eine wesentliche und manchmal sogar vollständige Entwertung der Bohrungen, Gebäude, Ausrüstungen und Transportwege.
Die wichtigste Grundlage für eine schnelle Übernahme genau erkundeter Lagerstätten in die Nutzung ist ein komplexer Plan für die Entwicklung des Gebietes. Der enge Zusammenhang bei der Entwicklung der verschiedenen Zweige im Querschnitt des Zweiges nach Umfang und Zeit kann mit Hilfe der Netzwerkplanung dargestellt werden.
Zu den wichtigsten Aufgaben bei der Steigerung der Effektivität von Investitionen in der gewinnenden Industrie gehört die Verbesserung des Ausnutzungskoeffizienten der erkundeten Vorräte.
Die Verluste an erkundeten Vorräten sind sehr fühlbar. Sie erreichen nach überschläglichen Berechnungen annähernd 600 Mio t bei der Gewinnung und annähernd 350 Mio t bei der Verarbeitung von Bodenschätzen. Das systematische Ansteigen dieser Verluste ist besorgniserregend. So wuchsen die mittleren Verluste von 1940 bis 1967 bei der Steinkohlegewinnung von 18 bis 20 auf 30 Prozent, bei der Eisenerzgewinnung von 12 bis 15 auf

25 Prozent, bei der Gewinnung von Erzen für Bunt- und seltene Metalle von 10 bis 12 auf 15 bis 20 Prozent, bei der Gewinnung von Kalisalzen auf 50 bis 60 Prozent und bei der Gewinnung von Glimmer auf 90 Prozent.
Groß sind auch die Verluste an Erdöl und Erdgas. Der tatsächliche Koeffizient der Erdölförderung ist in einer Reihe von Lagerstätten geringer als der berechnete. Wir betrachteten 18 ausgewählte Lagerstätten in verschiedenen Gebieten der UdSSR. Der mittlere berechnete Koeffizient beträgt 0,5 und der mittlere tatsächliche 0,37. Die Erdölverluste in den Bohrungen der von uns untersuchten 18 Vorkommen betragen allein dadurch 450 Mio t.
Die Verluste an Begleitgasen betragen Milliarden Kubikmeter im Jahr. Die Aufwendungen für deren Verwertung wären nach unseren überschläglichen Berechnungen wesentlich geringer als die Aufwendungen für die Gewinnung einer äquivalenten Menge von Kohle.
Wenn man die Verluste in den Bohrungen im Durchschnitt mit 20 bis 50 Prozent der erkundeten Vorräte aller Bodenschätze annimmt, kann man unterstellen, daß die Einsparung von 1 Prozent dieser Verluste eine Einsparung von Aufwendungen für die Erkundung von ungefähr 5,6 bis 14 Mio Rubel im Jahr bedeutet.
Wenn man berücksichtigt, daß die Schaffung neuer Bergwerke mit großen Aufwendungen an Mitteln für die geologische Erkundung, für die Vorbereitung der Lagerstätten zur Ausbeutung und für deren Erschließung verbunden ist, kann man verstehen, welche bedeutsame Einsparung eine Senkung der Verluste an Bodenschätzen in den Lagerstätten mit sich bringt.
Die Verbesserung des Ausbeutungskoeffizienten ist ein wichtiger und nicht so investitionsaufwendiger Faktor (im Vergleich zu den geologischen Erkundungsarbeiten) zur Ausweitung der mineralischen Rohstoffbasis für die Volkswirtschaft. Damit können die Anforderungen des Landes an mineralische Rohstoffe und Brennstoffe bei einem geringeren Umfang geologischer Erkundungsarbeiten befriedigt, die Zeiträume für die Arbeit gewinnender Betriebe verlängert und die Selbstkosten der Gewinnung und Verarbeitung gesenkt werden.
Bei der Ausarbeitung von Maßnahmen zur Steigerung des Ausbeutungskoeffizienten muß jedoch beachtet werden, daß die Verlustsenkung in den Lagerstätten kein Selbstzweck ist, der unter allen Bedingungen erreicht werden muß. Unter volkswirtschaftlichen Gesichtspunkten ist dies nur in dem Grade sinnvoll, in dem die Effektivität der gesellschaftlichen Produktion und die Arbeitsproduktivität gesteigert würden. Die Größe der Verluste kann ohne Berücksichtigung der ökonomischen und technischen Möglichkeiten zu ihrer Senkung und ohne eine Gegenüberstellung der Auf-

wendungen für die Verlustsenkung mit den ökonomischen Ergebnissen bei der Nutzung zusätzlicher Ressourcen in der Volkswirtschaft nicht als Kriterium für die ökonomische Effektivität des Produktionsprozesses bei der Gewinnung und bei der Anreicherung von Bodenschätzen dienen.[12] Deswegen kann man nicht von der völligen Liquidierung, sondern nur von der ökonomisch zweckmäßigen Begrenzung der Verluste an Bodenschätzen sprechen, für die eine Gegenüberstellung der ökonomischen Aufwendungen maßgebend ist. Die ökonomisch nicht gerechtfertigten Verluste betragen beim heutigen Niveau der Technik und Technologie bei der Gewinnung nicht weniger als 100 Mio t im Jahr (bei insgesamt 600 Mio t, das heißt ungefähr 17 Prozent) und bei der Verarbeitung 50 Mio t (bei Gesamtverlusten von 350 Mio t, das heißt ungefähr 14 Prozent).
Weil es keine ökonomische Bewertung der erkundeten Vorräte gibt und weil man sie als „Gaben der Natur" ansieht, gibt es keine hinreichende Interessiertheit an einer rationellen Nutzung der Quellen bei der Vorbereitung der Lagerstätten. Maßnahmen zur Verlustsenkung bei der Gewinnung und Anreicherung werden nicht stimuliert.
Zu den wichtigsten Voraussetzungen für eine Steigerung der ökonomischen Effektivität der Arbeit von Betrieben gehören die folgerichtige Entwicklung der wirtschaftlichen Initiative, die vollständige Nutzung der Rechte, die den Betrieben unter den Bedingungen des neuen Systems der Planung und der ökonomischen Stimulierung gegeben sind, und die Erhöhung ihrer Verantwortlichkeit für die ökonomische Effektivität der Produktion.
Unserer Meinung nach ist es zweckmäßig, direkte wirtschaftliche Beziehungen zwischen der geologischen Erkundung und der gewinnenden Industrie auf der Ebene der entsprechenden Ministerien herzustellen und dazu eine spezielle Berechnungsmethodik für die erkundeten Vorräte an Bodenschätzen auszuarbeiten, die in die Bilanz der gewinnenden Betriebe eingefügt werden. Die Vorräte können auf der Grundlage der ökonomischen Bewertung der Bodenschätze in den Vorkommen, das heißt der Bergbaurente, bewertet werden. Die Bergbaurente wird bestimmt durch eine Gegenüberstellung mit den Grenzaufwendungen für Erkundung, Gewinnung (unter Berücksichtigung dessen, daß mit der vollendeten Ausbeutung einer Lagerstätte die Selbstkosten steigen), für die Anreicherung und den Transport sowie unter Berücksichtigung der Qualität und des Effekts des gegebenen oder eines Austauschrohstoffes beim Verbraucher.

[12] Große Verluste an mineralischen Rohstoffen und Brennstoffen gibt es bei der Gewinnung und Verarbeitung auch in den kapitalistischen Ländern. So erreichen die Verluste an Kohle bei der Gewinnung in den USA 50 Prozent, und der mittlere Ausnutzungskoeffizient des Erdöls übersteigt 33 bis 35 Prozent nicht.

Bei der Übergabe der erkundeten Vorräte in die Bilanz der gewinnenden Betriebe ist es deshalb zweckmäßig, die Arbeit der Organisationen für die geologische Erkundung nicht nur auf der Grundlage der mittleren Aufwendungen für die Erkundung des gegebenen Bodenschatzes (unter Berücksichtigung des Risikos) zu bewerten, sondern auch unter Berücksichtigung der ökonomischen Wertigkeit der erkundeten Lagerstätte durch einen Anteil, der dem spezifischen Anteil der Aufwendungen an vergegenständlichter und lebendiger Arbeit für die Erkundung an der Summe des Arbeitsaufwandes in der obengenannten Gruppe vertikal verbundener Zweige proportional ist. Die veränderte Bewertungsmethodik für die Arbeit der Organisationen zur geologischen Erkundung und das Berechnungssystem zwischen dem Ministerium für Geologie und den Ministerien der extraktiven Industrie werden einer besseren Verwirklichung der Prinzipien der wirtschaftlichen Rechnungsführung in der geologischen Erkundung dienen. Sie gestatten es, von der Haushaltsfinanzierung zum System der staatlichen Kreditierung der geologischen Erkundungsarbeiten überzugehen. Das führt zu einem wirklichen ökonomischen Interesse der Erkundungsorganisationen an der vorrangigen Erkundung der für die Volkswirtschaft rentabelsten Lagerstätten und folglich zur Verringerung der in der Bilanz erkundeter Lagerstätten aufgeführten Anzahl, die in absehbarer Zeit nicht in Betrieb genommen werden wird. Auf der anderen Seite werden eine ökonomische Bewertung der erkundeten Lagerstätten und die Übernahme der Aufwendungen für die geologische Erkundung in die Selbstkosten der Gewinnung von mineralischen Rohstoffen und Brennstoffen eine Senkung der Verluste in den Lagern stimulieren und die Zuverlässigkeit der vergleichenden Analyse über die ökonomische Effektivität ihrer Nutzung verbessern.

KAPITEL 3

Wege zur besseren komplexen Nutzung der Ressourcen an mineralischen Rohstoffen

Die rationelle Nutzung der Ressourcen an mineralischen Rohstoffen ist eine der wichtigsten Quellen für die Einsparung laufender und einmaliger Aufwendungen, für das Wachstum des Nationaleinkommens und für die weitere Entwicklung der Volkswirtschaft des Landes.
Auf der Grundlage mineralischer Rohstoffe arbeiten heute viele Zweige der Industrie. Sie nutzen 72 von 104 bekannten chemischen Elementen des periodischen Systems von D. J. Mendeleev. Der Bedarf an mineralischen Rohstoffen wächst ständig. In einem Jahrzehnt ist er ungefähr auf das 1,5fache gewachsen. Die Gewinnung aller Primärrohstoffe und Werkstoffe stieg von 1913 bis 1960 auf das Vierfache (von 0,77 Md. t auf 3,1 Md. t) und wird bis zum Jahre 2000 10 Md. t übersteigen. Die Gewinnung mineralischer Rohstoffe und Brennstoffe vergrößerte sich in dieser Zeitspanne auf mehr als das 20fache. Entsprechend stieg auch der Anteil der Ressourcen an mineralischen Rohstoffen an der gesamten Gewinnung natürlicher Produkte von 11,3 auf 56,6 Prozent.
Bei der rationellen Nutzung mineralischer Rohstoffe kommt es in erster Linie auf die komplexe Verarbeitung an. Die Entwicklung dieser Richtung bestimmt den Fortschritt der Zweige und Betriebe, die Rohstoffe verarbeiten. Besonders groß ist deren Bedeutung für die Zweige, in denen der Anteil an Rohstoffkosten sehr hoch ist. In der Buntmetallurgie betragen diese über 90 Prozent der Gesamtaufwendungen und sind deshalb die wesentlichste Position für die Suche nach Wegen zur Steigerung der ökonomischen Effektivität dieses Industriezweiges.
Die komplexe Nutzung der Rohstoffe hängt zusammen mit der Einführung der gesamten Nomenklatur der in ihnen enthaltenen nutzbaren Komponenten in den volkswirtschaftlichen Reproduktionsprozeß. Die ökonomische Effektivität der Ausnutzung aller Komponenten wird nicht nur durch die vorherrschende Praxis, sondern auch durch die Prognose der weiteren Entwicklung begründet. Die Notwendigkeit, die Aufmerksamkeit auf dieses Problem zu konzentrieren, wird durch eine Menge von Faktoren und vor allem durch den großen Wert der Nebenprodukte, die in dem

Rohstoff enthalten sind, bedingt. Die Verluste an Nebenprodukten steigen mit wachsendem Volumen des verarbeiteten Rohstoffes und mit der Inbetriebnahme von Lagerstätten, die durch einen geringeren Gehalt an dem Hauptinhaltsstoff des Rohstoffes gekennzeichnet sind. Damit wird die Erschließung dieser Lagerstätten nur bei gleichzeitiger Nutzung der Nebenprodukte rentabel. In 15 Jahren (1950 bis 1965) nahm der Gehalt an Blei in dem gewonnenen Erz im Mittel der Lagerstätten der UdSSR um 40 Prozent ab, beim Zink um 48 Prozent und beim Kupfer um 53 Prozent. Zu diesen Faktoren gehört auch die Befriedigung der Versorgung der Volkswirtschaft mit einer ganzen Reihe chemischer Elemente, die durch die komplexe Verarbeitung der Rohstoffe möglich ist. Ferner gehört dazu die Verbesserung der sanitären und hygienischen Bedingungen für die Städte und Industriesiedlungen, wo Betriebe zur Verarbeitung mineralischer Rohstoffe gelegen sind.
Betrachten wir die Begrenzung der Verluste an mineralischen Rohstoffen bei deren komplexer Ausnutzung, und zwar hauptsächlich unter dem Gesichtspunkt der Kombination der Betriebe und der Schaffung wirtschaftlicher Stimuli.
Die Hauptaufmerksamkeit wird den Erzen bei der Betrachtung dieser Fragen geschenkt, weil sie die meisten Komponenten enthalten.

Verluste an mineralischen Rohstoffen und Wege zur Verlustsenkung

Der Umfang der Verarbeitung mineralischer Rohstoffe wächst ständig. Das erklärt sich durch zwei Faktoren: durch die Vergrößerung des Umfanges der volkswirtschaftlichen Produktion und durch die intensive Einbeziehung ärmerer Erze und anderer Arten mineralischer Rohstoffe in die Verarbeitung. In nur 4 Jahren (1967 bis zum Ende des Jahres 1970) nahm der Umfang der Bergbauarbeiten in der Buntmetallurgie auf das 1,4fache zu (von 500 Mio m^3 auf 700 Mio m^3). Dadurch wachsen die Verbrauchskoeffizienten für Erz zur Gewinnung einer Produktionseinheit stark an. 1967 mußten für die Gewinnung einer Tonne Metall in der Buntmetallurgie 150 bis 2000 t Erz verarbeitet werden. Besonders stark wächst die zu verarbeitende Masse bei der Aluminiumproduktion im Zusammenhang mit der Einbeziehung von Nephelinerzen, die gegenüber dem Bauxit einen geringeren Aluminiumgehalt haben.
In der Eisenerzindustrie stieg im Jahre 1966 der mittlere Aufwand an Roherz für eine Tonne Ware auf 1,64 t im Vergleich zu 1,34 t im Jahre 1965. Durch die weitere Einbeziehung unergiebiger Erze und die Notwendigkeit zu deren Anreicherung ist in der Gegenwart der spezifische Erzaufwand

wesentlich gewachsen. Dadurch werden größere Investitionen nicht nur für die Erzbasis, sondern auch für die verarbeitenden Werke, vor allem für die Ausreicherung notwendig. Die bedeutenden Verluste an mineralischen Rohstoffen in den Lagern und das Anwachsen des Gewinnungsumfanges erfordern zur vollständigen Gewinnung aller enthaltenen Komponenten eine verbesserte Nutzung der Rohstoffe im Verarbeitungsprozeß. Es muß beachtet werden, daß bei dem heutigen Produktionsumfang ein Prozent Minderausnutzung 2000 bis 5000 t Metall bedeutet, und zwar ohne Berücksichtigung der Verluste an allen begleitenden Komponenten, deren Umfang zum Beispiel in der Buntmetallurgie 50 bis 60 Prozent des Gesamtwertes der Erze ausmacht.
In der Verarbeitungspraxis von mineralischen Rohstoffen sind wesentliche Erfolge, die eine vollständigere Nutzung zulassen, erzielt worden. Dies sowohl in betreff der Vollständigkeit der Ausnutzung einzelner Komponenten als auch bezüglich der Einführung einer immer größeren Anzahl nützlicher Komponenten, die in dem Erz enthalten sind, in den industriellen Kreislauf. Das senkt in bestimmtem Maße die Materialaufwendigkeit der Produktion, ungeachtet der gegenläufigen Tendenzen, und wird widergespiegelt durch die Steigerung der Finalproduktion (bezogen auf die Einheit des eingesetzten Rohstoffs). In der Kupferindustrie zum Beispiel stieg die Ausbeute an Fertigprodukten in 20 Jahren von 1945 bis 1965 auf das Dreifache und betrug in einigen Betrieben 600 kg/t. Unter Berücksichtigung der Perspektiven des technischen Fortschritts bei der Verarbeitung und der Nutzung des kupferhaltigen Rohstoffes der UdSSR und des Auslandes kann die Ausbeute an Fertigprodukten von jeder Tonne dieses Rohstoffes noch auf das Zwei- bis Dreifache gesteigert werden, was ungefähr 1 bis 2 t ausmacht. Die Gesamtverluste an den wichtigsten nützlichen Komponenten sind jedoch im Prozeß der Anreicherung und der metallurgischen Verarbeitung sehr hoch. Einer der Gründe dafür besteht in der unzureichenden Nutzung der Rückstände, die im Verarbeitungsprozeß der Bodenschätze in Gestalt von Flotationsrückständen, Schlacken, Staub und Gasen entstehen.
Nach Angaben von W. N. Leksin und A. E. Tokareva[1] werden in der Blei- und Zinkindustrie folgende Mengen an Abfällen zur komplexen Nutzung der nützlichen Komponente verarbeitet (in Prozent der erzeugten Menge): Bleischmelzschlacken 19, Staub aus den Bleifabriken 45, Schwefel aus Abgasen 70. Die Aufarbeitung dieser Rückstände und Halbfabrikate kann allein an Zink und Schwefel über 50 Mio Rubel ergeben. Besonders

[1] Leksin, V. N., Tokareva, A. G., Èkonomika kompleksnogo ispolsovanija polimetalličeskogo syrja [Ökonomie der komplexen Nutzung von Rohstoffen, die mehrere Metalle enthalten], Moskau 1968.

große materielle Werte sind in den Schlackenhalden totgelegt. In einem Werk der Kupferindustrie erreichten die Kupferverluste in Schlacken in einzelnen Perioden 1000 t im Jahr, was 700000 Rubel ausmacht. Allein in den Kupfer-, Blei- und Nickelwerken fallen im Jahr bis 11 Mio t Schlacken an, die mitunter von bedeutendem Wert sind. Das Problem der Schlackenverarbeitung ist besonders aktuell in den Zweigen, in denen die Rohstoffbilanz sehr angespannt ist. So werden in der Blei- und Zinkindustrie fast 30 Prozent der Schlacken verarbeitet. In den Zweigen mit geringerer Anspannung der Rohstoffbilanz, in denen kein starkes Interesse an der Rückgewinnung der wertvollen Komponenten besteht, die Rohstoff für andere Zweige sind, verläuft die Suche nach Verfahren zur Nutzung der Schlacken sehr langsam. Letzten Endes führt das auch zur unvollkommenen Nutzung der Hauptkomponente. Der Kupfergehalt in den Schlacken einiger Kupferschmelzbetriebe unterscheidet sich nur wenig von einer Reihe von Kupfererzlagerstätten. Nur weil die Bedeutung der anderen Komponenten für die ökonomische Effektivität der Verarbeitung nicht berücksichtigt wird, spricht man von der „Unvorteilhaftigkeit“ dieses Verarbeitungsprozesses.
Wenn man berücksichtigt, daß 65 bis 70 Prozent aller Aufwendungen für die Verarbeitung von Rohstoffen für die Gewinnungs- und Anreicherungsprozesse verbraucht werden, dann sind die Schlacken bei der gegenwärtigen Bewertung der Bodenschätze ein fast kostenloser Rohstoff, der keine Investitionen in der Erz- und Anreicherungsindustrie notwendig macht.
In den letzten Jahren wurden wegen der erweiterten Metallproduktion und des damit verbundenen stärkeren Schlackenanfalls mehr halbindustrielle und industrielle Experimente zur Nutzung von Schlacken durchgeführt. Die Versuche zeigen, daß die Nutzung der Hauptkomponenten der Schlacken um ein Viertel bis ein Fünftel billiger ist als die Erzverarbeitung, wobei die Freisetzung von Arbeitskräften aus dem Bergbau und aus der Anreicherungsindustrie noch nicht berücksichtigt ist.
Bei den Berechnungen zur ökonomischen Effektivität der Schlackenverarbeitung und bei der Ausarbeitung technologischer Schemata wird jedoch die Gewinnung von Bunt- und Edelmetallen aus Schlacken vornehmlich berücksichtigt. Unzureichend berücksichtigt wird dagegen die Gewinnung von Eisen- und Silikatbestandteilen. Die physikalische Wärme flüssig gewonnener Feuerschlacken wird überhaupt nicht berücksichtigt. Deren Nutzung wäre besonders wichtig unter den Bedingungen des Nordens. Es werden jedoch nicht in zureichendem Maße Versuche zur Anwendung der Schlacken als Dämmstoff durchgeführt. Die für die Verarbeitung von Schlacken in einer Reihe von Kupferkombinaten ausgearbeiteten Verfahren wurden nur deshalb als unökonomisch angesehen, weil die Anwendbarkeit der Rückstände im Bauwesen nicht berücksichtigt

wurde. Demgegenüber zeigt eine Reihe von Materialien aus den USA, aus Finnland und der BRD, daß die Schlacken der kupferschmelzenden Betriebe dort nicht nur zur Gewinnung von Buntmetall und Eisen, sondern auch für die Produktion von Baumaterial verwendet werden.
Die Nutzung von Schlacken aus dem Hochofenprozeß und aus Eisenschmelzbetrieben als Baumaterial und Dünger bei gleichzeitiger Nutzung der noch enthaltenen Metalle ist gegenwärtig hinreichend ökonomisch und praktisch begründet. In der Buntmetallurgie kommt dieser Weg der Schlackennutzung im Laufe vieler Jahre aus dem Stadium der halbindustriellen Untersuchung nicht heraus, wenngleich besonders in diesem Industriezweig viel Schlacke anfällt. Während bei Hochofenverfahren, bei den Stahlgießverfahren und bei der Herstellung von Eisenlegierungen der Schlackenanfall je t zwischen 0,1 und 0,8 t schwankt, beträgt er in der Buntmetallurgie 2 bis 122 t.
Dieser Unterschied im Schlackenaufkommen zwischen der Schwarz- und der Buntmetallurgie erklärt sich vor allem dadurch, daß im Ausgangsrohstoff bei den Buntmetallen gegenüber der Eisenverhüttung nur ein Fünftel bis ein Vierzigstel des Metallgehaltes vorhanden ist.
Die Erfahrungen des Auslandes sprechen von einer vollständigen Nutzung der Schlacken im Vergleich zu unseren Verhältnissen. In den USA wird die Hochofenschlacke fast vollständig genutzt. In Frankreich erreicht die Nutzung der Schlacken 67 Prozent. In der BRD werden die Schlacken sowohl der laufenden Produktion als auch der Halden verarbeitet.
In der UdSSR werden gegenwärtig von den metallurgischen Schlacken der laufenden Hochofenproduktion 60 bis 65 Prozent und von denen der strahlschmelzenden Betriebe 10 bis 12 Prozent genutzt. Die Schlacken der Buntmetallurgie und die Halden werden praktisch nicht verwendet. Nach Angaben des Forschungsinstitutes der staatlichen Plankommission übersteigen die Vorräte an Buntmetallschlacken 300 Mio t. Berücksichtigt man den jährlichen Anfall aller Schlacken der chemischen und metallurgischen Industrie, der ungefähr 70 Mio t beträgt, und den fast ebenso hohen Anfall an Asche und Schlacke der Wärmekraftwerke durch die Verwendung von Kohle geringerer Qualität und durch das Wachstum der Werke, dann müssen Maßnahmen zu deren Nutzung und zur Wiedergewinnung der landwirtschaftlichen Nutzflächen erdacht werden, auf denen die Schlackenhalden liegen.
Benutzt man nur 50 bis 60 Prozent dieser Abfälle als Baumaterial, dann kann im Bauwesen ein jährlicher ökonomischer Effekt von ungefähr 300 Mio Rubel erzielt werden.
Aus dem Obengesagten folgt, daß beim heutigen Niveau der Technik und Technologie für die Gewinnung von Rückständen der Metallurgie diese

nicht mehr als Abfallprodukte bezeichnet werden können. Sie müssen zu den Rohstoffressourcen gerechnet werden, die sowohl bei der Entwicklung der Wirtschaft einzelner Republiken als auch im Zweigquerschnitt berücksichtigt werden müssen. Bei der Auswahl der optimalen Varianten für die Entwicklung der mineralischen Rohstoffbasis muß neben den Lagerstätten auch das Vorhandensein der reichen Schlackenhalden berücksichtigt werden, deren Verarbeitung keine großen Investitionen erfordert, neue Möglichkeiten zur Erweiterung der vorhandenen Werke erschließt und Produktionsfläche frei macht. Die Notwendigkeit dazu wächst mit der Entwicklung der Verfahren zur Auslaugung verschiedener Erze aus Halden, die in der UdSSR und im Ausland immer größere Aufmerksamkeit erlangen. Die Einführung dieses Prozesses für die unterirdischen und die oberflächlichen Bedingungen kann die Metallressourcen etwa verdoppeln.
Damit man die Schlackenhalden als zusätzliche Rohstoffquellen betrachten kann, muß eine Reihe von Unzulänglichkeiten bei der Berechnung, bei der Lagerung und bei der Untersuchung überwunden werden. Im allgemeinen wird die Gesamtmasse der Schlacken nicht gewogen. Ihre Masse wird durch rechnerische Methoden bestimmt oder auf der Grundlage wenig repräsentativer Probewägungen. Die Proben entsprechen meist nicht der Masse, die ausgestoßen wird, und charakterisieren diese deshalb nicht richtig. Bei Störungen im Hochofenprozeß werden reiche Schlacken abgegeben, die im allgemeinen nicht untersucht werden.
Deshalb sind die vorliegenden Berechnungen über die Verluste in den Schlackenhalden nur sehr grob und deren Ergebnisse meist zu gering. Um Verluste auszuschalten, muß die Probenahme an den flüssigen Feuerschlacken mechanisiert werden. Damit können Verluste einzelner Komponenten genauer bestimmt und eine objektive Vorstellung über die „abgelagerten" Ressourcen gewonnen werden. Besondere Aufmerksamkeit muß der Ausarbeitung von Schnellmethoden zur Analyse der geringen Mengen einzelner Metalle in den Schlacken geschenkt werden.
Die Erfahrungen solcher großen einheimischen Werke wie des Blei-Zink-Kombinats Ust-Kamenogorsk, wo der Schlackenanfall von 1957 bis 1967 um 40 Prozent gesenkt wurde, was eine jährliche Einsparung von etwa 2 Mio Rubel bedeutet, müssen weiter verbreitet werden. Man darf nicht übersehen, daß in unseren einheimischen Werken im Vergleich zu den ausländischen ein höherer Schlackenanfall bei etwa gleichem Umfang verarbeiteter Rohstoffe beobachtet werden muß. Das wird in bestimmtem Umfang durch eine geringere Aufmerksamkeit gegenüber der Qualität der Vorbereitung der Rohstoffe zum Schmelzen erklärt. So wird in kanadischen Anreicherungsfabriken, die Nickelerze verarbeiten, am Beginn des Prozesses eine Reihe von Bestandteilen (zum Beispiel Eisen) ausgeschieden,

was den Gehalt an Hauptkomponenten steigert und den Materialfluß wesentlich vermindert, wodurch auch die Menge der Abfallschlacken und der damit abgehenden Metallverluste gesenkt wird.
Die Einführung neuer technologischer Prozesse der Schlackenverarbeitung eröffnet zusätzliche Rohstoffressourcen unter anderem für seltene Metalle. In der ausländischen Praxis wird für diese Zwecke immer mehr Schlacke eingesetzt. Der spezifische Anteil der Schlacke an der Niobium- und Tantalproduktion wuchs in den USA 1965 auf fast 37 Prozent im Vergleich zu 11,5 Prozent im Jahre 1961. Die Schlacke verdrängte das für diese Zwecke eingesetzte Kolumbit und andere natürliche Ressourcen.[2]
Das Ministerium für Geologie und das Staatliche Komitee für Vorräte stehen vor der Aufgabe, einen Unionskataster der Halden nicht nur der gewinnenden Industrie, sondern auch der Anreicherungsfabriken und der metallurgischen Industrie auszuarbeiten, und zwar mit einer Klassifikation nach dem in ihnen enthaltenen Rohstoff. Eine solche Maßnahme würde die Aufwendungen für die geologischen Erkundungsarbeiten und für die Gewinnung von mineralischen Rohstoffen senken und es gestatten, die räuberische Verwendung von Schlacken bei der Auswahl von Baugelände zu bekämpfen. Solche Kataster wären eine Grundlage für die rationelle Nutzung von Rohstoffen und dienten der Objektivierung des Charakters von Bilanzen für mineralische Rohstoffe. Zur periodischen Vervollständigung der Bilanzen im Laufe von 5 bis 10 Jahren müssen die nützlichen Rückstände berechnet werden, die in der Industrie anfallen. Es muß der Grad ihrer Nutzbarkeit als technologischer Rohstoff festgestellt werden.
Dieses Problem hat in der heutigen Etappe für die Kasachische SSR besondere Bedeutung, wo die Investitionen in der Rohstoffbasis (zusammen mit der Anreicherung) im laufenden Fünfjahrplan ungefähr die Hälfte der Gesamtinvestitionen der Republik erreichen. Die in der Bleifabrik Čimkent in den Jahren ihrer Arbeit angesammelten Schlacken sind ein wertvoller Rohstoff, dessen Verarbeitung keine großen Investitionen erfordern würde. Im Zusammenhang damit müssen die Investitionen für die Republik überarbeitet und muß große Aufmerksamkeit der Nutzung vorhandener Ressourcen geschenkt werden. Das ergibt sich auch aus der beabsichtigten Rekonstruktion und Erweiterung des Bleiwerkes Čimkent und folglich aus

2 Promyšlemost' redkich metallov kapitalističeskich stran 1966 [Die Industrie seltener Metalle in den kapitalistischen Ländern 1966], Konjunkturelle Übersicht des Ministeriums für Buntmetalle der UdSSR. Zentrales Forschungsinstitut für technisch-ökonomische Untersuchungen in der Buntmetallurgie, Moskau 1967.

der Steigerung des Schlackenanfalls, denn dessen Ressourcen sind nach ihrer Wichtigkeit einem mittleren Erzvorkommen gleichwertig.
Die Effektivität der Schlackenverarbeitung in dem betreffenden Zweig wird durch die Erfahrungen des Blei-und-Zink-Kombinates Ust-Kamenogorsk bewiesen, wo beträchtliche Einsparungen auf diesem Wege erzielt wurden.
Ein nicht weniger wichtiges Problem im bevorstehenden Fünfjahrplan ist die Nutzung der schwefelhaltigen Gase als eine der wichtigsten Reserven für die Gewinnung von Schwefelsäure und in geringerem Umfang von elementarem Schwefel.
Die Bedeutung dieses Problems wird daraus klar, daß man die Schlacken als „abgelegte Ressourcen“ ansehen kann, während die ungenutzten schwefelhaltigen Gase unwiederbringliche Verluste darstellen. Solchen Verlusten muß besondere Aufmerksamkeit gewidmet werden. Die Größe dieses Problems ergibt sich aus der außerordentlich ungleichmäßigen Verteilung der Lagerstätten von natürlichem Schwefel und auch aus der Verschlechterung der sanitären und hygienischen Bedingungen durch die Verunreinigung der Luft durch Schwefelgase.
Die rationelle Nutzung der Schwefelgase ist eine bedeutende Einsparungsquelle für Investitionen. So konnte allein in der Buntmetallurgie von 1962 bis 1967 durch die Nebennutzung von Schwefel aus metallurgischen Gasen für die Produktion von Schwefelsäure eine Einsparung von 12,8 Mio Rubel Investitionen erzielt werden. Der projektierte Nutzungskoeffizient für Gase, die Schwefelsäureanhydrid enthalten, beträgt jedoch für 1970 weniger als 50 Prozent, obwohl diese einen wesentlichen Anteil an den schwefelhaltigen Rohstoffen ausmachen.
Was wirkt der vollständigeren und objektiveren Nutzung der schwefelhaltigen Gase entgegen? Gegenwärtig werden nur die Gase für die Schwefelsäureherstellung verwendet, die 3,5 bis 8 Prozent Schwefelsäureanhydrid enthalten. Die ärmeren Gase werden in die Atmosphäre abgelassen und die reicheren, die bis 12 Prozent und mehr enthalten, werden wieder mit Luft versetzt, weil es keine Technologie gibt, die ihre Verarbeitung gestattet. Der Ausnutzungsgrad der konzentrierten Gase insgesamt erreicht jedoch in der Buntmetallurgie nicht mehr als 60 Prozent. Auf der Grundlage einzelner Berechnungen kann man unterstellen, daß für je 10 Prozent Konzentrationssteigerung der schwefelhaltigen Gase eine Senkung der spezifischen Investitionen von ungefähr 2 Prozent und der Selbstkosten von ungefähr 0,5 Prozent erreicht werden kann. Wenn es gelingt, die Konzentration der Gase von 12 auf 30 Prozent zu erhöhen, dann kann man die spezifischen Investitionen um 50 Prozent und die Selbstkosten um mehr als 10 Prozent senken.

Es muß vermerkt werden, daß die weitere Einführung von Sauerstoff in die metallurgische Produktion zum Anfall höher konzentrierter Schwefelgase führen wird, die als Grundlage für die Produktion nicht nur von Schwefelsäure, sondern auch von elementarem Schwefel und von flüssigem Schwefelsäureanhydrid genommen werden können. Folglich besteht eine der wichtigsten und nächstliegenden Aufgaben der chemischen Industrie darin, eine Technologie für die ökonomisch effektive Verarbeitung konzentrierter Schwefelgase auszuarbeiten. Die Lösung dieser Aufgabe dient auch der vollständigen Nutzung der wertvollen natürlichen Ressourcen und der gleichmäßigeren Verteilung über das Territorium des Landes, wenn man die bessere Transportfähigkeit des elementaren Schwefels gegenüber Schwefelsäure in Betracht zieht. Außerdem sind Schwefelgase der Buntmetallurgie für die Produktion von Schwefelsäure effektiver als natürlicher Schwefel und Schwefelkies. Nach Berechnungen der chemischen Industrie betragen die Selbstkosten einer Tonne Schwefelsäure aus Schwefelsäureanhydrid die Hälfte – und weniger – als die, die aus reinem Schwefel und aus Schwefelkies erzeugt wurde. Die Investitionen sind um 20 bis 40 Prozent geringer. In einigen Verarbeitungskombinaten für mineralische Rohstoffe steigt der Schwefelgehalt in den Rohstoffen, die in der nächsten Zeit verarbeitet werden sollen, auf mehr als das Fünffache. Die Luftverschmutzung mit einer solchen Menge an Schwefel übersteigt alle für die verschiedenen klimatischen und territorialen Bedingungen möglichen sanitären Normen. Das bedeutet, daß der Verarbeitung der schwefelhaltigen Gase nicht nur ökonomische Vorstellungen zugrunde gelegt werden dürfen. Es wird daher notwendig, bei der Bestätigung von Projektierungsaufgaben für den Aufbau oder die Rekonstruktion von Werken unbedingt die entsprechenden Anlagen zur Neutralisierung von Schwefelgasen oder zum Auffangen und zur Verarbeitung zu Schwefelsäure zu berücksichtigen und bei ökonomischen Beschränkungen für deren Realisierung auf lange Sicht die Verarbeitung der Gase zu elementarem Schwefel.
Als Schwefelquelle muß auch das schwefelhaltige Erdöl angesehen werden. Das Abscheiden des Schwefelwasserstoffs aus diesem Erdöl wird nicht nur durch die Schwefelgewinnung diktiert, sondern auch durch die Korrosion der Anlagen. Nach Ergebnissen der Filiale der Akademie der Wissenschaften der UdSSR in Ufa sind die durch Stillstandszeiten der Anlagen infolge von häufigen Reparaturen verursachten Verluste 1,3mal höher als die notwendigen Investitionen für die Reinigung des baschkirischen Erdöls.
Wichtige Reserven zur Steigerung der Effektivität der Volkswirtschaft liegen auch in der Verlustsenkung bei den Abwässern und in der Verminderung der durch Halden bedeckten Bodenflächen. Im Eisenerzbassin von

Krivoi-Rog betragen die Anreicherungsrückstände gegenwärtig 200 Mio t bei einem jährlichen Zuwachs von 50 Mio t. In der Zukunft erreicht diese Menge 1500 Mio t. Das erfordert unbedingt die Erweiterung der vorhandenen Halden und den Aufbau neuer und folglich die Bedeckung weiterer wesentlicher Bodenflächen. Allein in der Ukrainischen Sowjetrepublik werden für diese Zwecke zusätzlich ungefähr 6000 ha benötigt. Dabei sind die Verluste an Bodenflächen für Lager saurer Eisenerze, deren Verarbeitungstechnologie sich sehr langsam entwickelt, zu berücksichtigen. Dieses Problem muß auch für den bevorstehenden Aufbau des Anreicherungskombinates in der Kursker Magnetanomalie gelöst werden, wo das jährliche Gewinnungsvolumen saurer Eisenquarzite ungefähr 1,5 Mio t erreichen wird. Die Ausarbeitung der Anreicherungstechnologie für diese Erze wird es gestatten, zusätzliche Eisenerzressourcen in Betrieb zu nehmen und wertvolle Bodenflächen für die Landwirtschaft freizustellen. Die Wärmekraftwerke brauchen riesige Halden für Asche und Schlacke. Die Wärme- und Energieproduktion des Jahres 1970 bringt 80 Mio t Asche und Schlacke mit sich, was ebenfalls große Bodenflächen beansprucht. Es müssen in größerem Umfang industrielle Versuche zur Nutzung der Schlacke für Bauzwecke und als Bodenverbesserungsmittel durchgeführt werden.
Die weitere Entwicklung der Chemisierung muß eine der wichtigsten technischen Richtungen im bevorstehenden Fünfjahrplan sein. Die weitere Einführung hydrometallurgischer Verfahren unter Nutzung der neuesten Methoden zur Abtrennung von Komponenten wird die Nutzung und Verarbeitung von Abfällen und von unergiebigen Erzen sein, die der Reinigung von Lösungen und Abwässern industrieller Betriebe von schädlichen Beimengungen bei gleichzeitiger Nutzung der wertvollen Komponente dienen.
Der komplexen Nutzung von Rohstoffen in den Betrieben muß ständige Aufmerksamkeit geschenkt werden. Eine der Kontrollmethoden zur Weiterentwicklung dieses Prozesses ist die Bilanzmethode. Bilanzen müssen nicht nur für die führenden Arten der Produktion eines Zweiges aufgestellt werden, wie das heute der Fall ist, sondern für alle genutzten Komponenten und gleichzeitig für den gesamten technologischen Zyklus der Rohstoffverarbeitung. Dadurch werden „unberücksichtigte" Verluste aufgedeckt, deren spezifischer Anteil in einer Reihe von Betrieben der Buntmetallurgie bis zu 50 Prozent aller Verluste beträgt und in Blei-Zink-Werken Kasachstans nach Angaben für 1967 zweimal höher ist als der der berücksichtigten Verluste.
Der Hauptanteil unberücksichtigter Metallverluste ist deren Verlust durch Gas und Staub. Deshalb ist die Schaffung von Filteranlagen eine wichtige Reserve zur Steigerung der Effektivität bei der Verarbeitung mineralischer

Rohstoffe. Die Nutzung von Staub ist in der heutigen Etappe nur unbedeutend. Sie hat nur in der Blei- und Zinkindustrie den relativ großen Umfang von 45 Prozent im Jahre 1966.
Dieses Problem wächst mit der Einführung weiterer Zerkleinerungsanlagen und Vermahlungsanlagen für die Erze im Zuge der Rekonstruktion und der Modernisierung, wodurch die Zirkulation von Staub im Materialfluß erhöht wird. Der Einbau von Elektrofiltern zum Abfangen des feinen Staubes und die Reinigung der technologischen und der Ventilationsgase der metallurgischen Werke sind äußerst wichtige Aufgaben der technischen Politik des kommenden Fünfjahrplans. Gegenwärtig werden nur 60 Prozent der Gase gereinigt, die von den pyrometallurgischen Werken ausgestoßen werden. Die Verluste an Blei und Zink und technologischen Gasen in nur einem Jahr sind so groß wie die Gewinnung aus einem großen Erzlager. Berechnungen zeigen, daß sich Gasreinigungsanlagen in nicht viel mehr als einem Jahr bezahlt machen.

Der Einfluß der Kooperation der Produktion auf die Nutzung der Ressourcen an mineralischen Rohstoffen

Wie bereits festgestelllt, hängt die ökonomische Effektivität der komplexen Nutzung mineralischer Rohstoffe von vielen Faktoren ab. Neben dem Stand der Technik, der Technologie der Produktion, der geographischen Lage der Ressourcen und dem Grad der Anspannung der Rohstoffbilanz hat die Organisation der Produktion eine gewaltige Bedeutung, das heißt das Niveau der Kooperation und der Spezialisierung der Produktion zur Verarbeitung mineralischer Rohstoffe. Die fortgeschrittene Organisationsform in den Zweigen, die mit der Gewinnung und Verarbeitung mineralischer Rohstoffe zusammenhängen, ist die Kombination. In der Buntmetallurgie erzeugen gegenwärtig 50 große Kombinate und Betriebe etwa 70 Prozent der Gesamtproduktion.
Der wissenschaftlich-technische Fortschritt bei der Verarbeitung mineralischer Rohstoffe gründet sich auf eine fortschreitende Chemisierung der Produktionsprozesse, wodurch Sortiment und Nomenklatur der Erzeugnisse wesentlich erweitert und die Grenzen zwischen einzelnen Zweigen der Industrie verwischt werden. Dieser Prozeß ist besonders intensiv in den Zweigen, in denen die Chemisierung für die technische Entwicklung der Produktion größte Bedeutung hat, wie in der chemischen Industrie, der metallurgischen Industrie, der Lebensmittelindustrie und in der Holzverarbeitung.

In den großen Kombinaten der metallurgischen Industrie werden gegenwärtig rund 12 bis 26 verschiedene Produkte hergestellt. Im Durchschnitt ist die Nomenklatur der Erzeugnisse im Vergleich zu 1915 auf das Doppelte gestiegen. Wenn auch in einigen Werken (Werk „Elektrozink", Bleifabrik Čimkent) die alten Produkte erhalten bleiben, sind diese doch Kombinate mehrerer Zweige, die nicht nur Erzeugnisse der verschiedenen Unterzweige der metallurgischen und der chemischen Industrie erzeugen, sondern auch Erzeugnisse der Baustoffindustrie.
Die von uns durchgeführten Berechnungen machten es möglich, den folgenden spezifischen Anteil der einzelnen Ministerien und Leitungen am Gesamtumfang der Produktion verschiedener Arten von chemischen Erzeugnissen festzustellen (in Prozent):

Erzeugnisse	Ministerium für chemische Industrie	Ministerium für Erdölindustrie und Schwarzmetallurgie
Mineraldünger	87,5	12,5
Phosphatdüngemittel	29,5	70,5
Schwefel insgesamt	72,3	18,0
Schwefel gasförmig	5,1	82,2
Schwefelsäure	57,3	36,2
Kupfervitrol	44,2	55,7
Acetylen	64,6	34,2
Ammoniak	88,0	12,0

Eine analoge Lage ist bei reinem Benzol zu verzeichnen, von dem 85 Prozent nicht in den Betrieben der Erdölverarbeitung und der Erdölgewinnung, sondern in Betrieben der Schwarzmetallurgie gewonnen werden. Die Werke der Schwarzmetallurgie haben sich auch zu Großproduzenten von Zement, Beton und Betonfertigteilen verwandelt.
Aus den angeführten Ergebnissen ist ersichtlich, daß der Hauptanteil einer ganzen Reihe von Erzeugnissen, die zur Gruppe der Grunderzeugnisse der chemischen Industrie gehören, auf andere Zweige entfällt.
Für 1970 bis 1975 ist eine weitere Steigerung des Wachstumstempos der chemischen Produktion in Betrieben anderer Zweige vorgesehen. So wird nach vorliegenden Berechnungen für einen Zweig der Buntmetallurgie das Produktionstempo für Schwefelsäure den Bedarf des Zweiges ungefähr um das 2- bis 3fache überschreiten.
Im gleichen Maße, wie die Komplexität der Rohstoffnutzung wächst und die Verwaltungsgrenzen bei der komplexen Produktion verwischt werden, entsteht ein Widerspruch in der Verteilung der Investitionen zwischen den einzelnen Zweigen und Leitungsebenen. Bei der Verteilung der Investi-

tionen wird das Wachstumstempo der Produktion von Nebenprodukten durch die jeweilige Leitungsebene unzureichend berücksichtigt, was die Interessiertheit der Betriebe und deren Möglichkeiten zur Erzeugung dieser Produkte vermindert und die materiellen und finanziellen Ressourcen von der Hauptproduktion verdrängt. In der Aluminiumindustrie entfallen 10 bis 15 Prozent der Investitionen auf die Schaffung von Kapazitäten der Sodawerke, der Zementfabriken und der Pottaschewerke, was etwa dem Investitionsumfang für ein großes Aluminiumwerk entspricht.
Damit verläuft die Entwicklung der Kooperation unter modernen Bedingungen in Richtung auf eine erweiterte Nutzung des Komplexes von Erzeugnissen, der in der Nomenklatur eines Zweiges enthalten ist. Die Kooperation, die auf eine Nutzung der Produktionsrückstände und auf die Gewinnung von Nebenprodukten gerichtet ist, entwickelt sich wesentlich langsamer. Folglich verläuft die Kooperation nicht in der Richtung der Vervollkommnung des Produktionszyklus, sondern der Entwicklung der Hauptproduktion, obwohl gerade die Organisation geschlossener Produktionszyklen in den großen Kombinaten unter Verarbeitung aller Halbfabrikate, die im Produktionsprozeß gewonnen werden, die günstigste Komplexität bei der Nutzung der Rohstoffe ermöglicht.
Als Beispiel kann das Blei-Zink-Kombinat Ust-Kamenogorsk angesehen werden, in dem nicht nur das höchste Niveau der Komplexität bei der Nutzung der Rohstoffe im gegebenen Zweig der Buntmetallurgie erzielt wurde, sondern auch der geringste Stand unwiederbringlicher Verluste je t Warenproduktion an Metall. Ungeachtet dessen werden in Kasachstan hauptsächliche neue Kapazitäten für die Hauptproduktion geschaffen, und die Errichtung von Objekten für die Verarbeitung von Produktionsrückständen verzögert sich.
Nach unserer Meinung muß man Investitionen für die Projektierung und den Aufbau von Werken, Abteilungen und Anlagen zur Nutzung von Rückständen und Nebenprodukten in gezielter Weise planen und nicht innerhalb der Entwicklung des Zweiges. Anders ist eine wirksame Kontrolle über die Nutzung dieser Mittel nicht möglich.
Die Zweckmäßigkeit geschlossener Produktionszyklen kann am Beispiel der Verarbeitung der baschkirischen Pyritkonzentrate unterstrichen werden, die große Mengen an Kadmium, Kobalt, Selen, Tellur, Gallium, Silber und an anderen Stoffen enthalten. Die Verwendung eines solchen hochwertigen Rohstoffes durch chemische Fabriken hauptsächlich für die Schwefelsäureerzeugung würde dazu führen, daß die seltenen Metalle fast nicht gewonnen werden. (Die seltenen Metalle fallen hauptsächlich als Staub an, dessen industrielle Verarbeitung in den chemischen Fabriken nur in geringem Umfang organisiert ist.) Außerdem sind in diesen Betrieben große Mengen an

Pyritrückständen angesammelt worden, in denen solche Metalle wie Kupfer Kobalt, Eisen und Silber verlorengehen.
Folglich ist die Verarbeitung solcher Rohstoffe unmittelbar in den Kombinaten der Buntmetallurgie effektiver, ungeachtet der Spezialisierung der chemischen Industrie, die es gestattet, dort die Schwefelsäure mit geringeren Selbstkosten und mit kürzerem Produktionszyklus zu gewinnen. Die heutige Entwicklungsetappe bei der Produktion von seltenen Metallen macht es notwendig, in den Betrieben der Buntmetallurgie von der Schaffung kleiner Anlagen und Abteilungen zu deren Nutzung abzugehen und zu einer zentralisierten Verarbeitung der notwendigen Halbfabrikate im Zweig zu gelangen. Gleichzeitig müssen auch in der chemischen Industrie zentralisierte Anlagen zur komplexen Verarbeitung verschiedener Produkte der Metallurgie geschaffen werden. Es muß gesagt werden, daß im Produktionsprogramm der führenden Chemiekonzerne der USA und Westeuropas die Bedeutung der Verarbeitung von Buntmetallen und besonders von Rohstoffen für seltene Metalle wächst.
Die Entwicklung der Kooperation verbessert die qualitativen Kennwerte bei der Warenproduktion und senkt die Selbstkosten sowie die spezifischen Investitionen.
Es muß jedoch auch gesagt werden, daß mit wachsender Anzahl genutzter Komponenten die Intensität der Verbesserung dieser Kennwerte fällt. Unsere Berechnungen zeigen, daß bei Nutzung von zehn Komponenten an Stelle von 4 bis 5 das Zuwachstempo der Warenproduktion im Mittel je Komponente um 35 bis 40 Prozent fällt. Das Tempo der Selbstkostensenkung verlangsamt sich entsprechend um 5 bis 10 Prozent und das Tempo bei der Senkung der spezifischen Investitionen nur um 17 Prozent. Diese Kennziffern können nicht als verallgemeinerungsfähig angesehen werden, weil sie einen Einzelfall aus der Praxis der Buntmetallurgie charakterisieren. Bis zu einem gewissen Grade widerspiegeln sie jedoch mögliche Tendenzen beim Wachstum der Kombinate durch eine Vergrößerung der Anzahl genutzter Komponenten, was der Suche eines Optimismus der Kooperation zugrunde gelegt werden kann.
Das moderne System der materiellen Stimulierung steigert die Interessiertheit der Betriebe an der Einsparung materieller Ressourcen. Mit der Entwicklung der komplexen Nutzung von Rohstoffen wächst die Konzentration der Produktion gesetzmäßig. Sie erfaßt nicht nur die Hauptproduktion sondern auch die Nebenproduktion. Das führt zur Komplexität der technologischen Zusammenhänge und der Abhängigkeit zwischen den Abteilungen des Kombinates. Es stellt höhere Ansprüche an die Leitung und an die Einhaltung der Spezialisierung, die dem Kombinat zugrunde liegt.
Das Hervorheben führender Zweige in den Kombinaten ist auch wegen der

einheitlichen technischen Politik und der einheitlichen Planung der Produktion erforderlich, ohne die eine zweigspezifische Spezialisierung der Industrie sehr erschwert würde. Diese Zweigplanung und Zweigkoordinierung erfolgt für die gegebene Produktion über das zuständige Ministerium. Zu dessen Pflichten muß die allseitige Zusammenarbeit mit anderen Zweigen bei der Erzeugung von Nebenprodukten gehören. Das schafft die Möglichkeit, einen komplexen Entwicklungsplan des Zweiges für die Perspektive auszuarbeiten und seine geographischen Veränderungen zu bestimmen.
Die Untersuchung der Kooperation und die Analyse der Tendenzen bei der Entwicklung zwischen den Zweigen werden dadurch behindert, daß es keine statistische Abrechnung über die Bruttoproduktion gibt, die nach Arten geordnet ist und angibt, in welchem Zweig die Erzeugnisse hergestellt werden. Eine solche Statistik gäbe die Möglichkeit, festzustellen, welcher Anteil an Erzeugnissen, der für den gegebenen Zweig charakteristisch ist, in anderen Zweigen hergestellt wird. Eine ähnliche Statistik ist für die chemische Industrie ausgearbeitet worden. Nach diesem Beispiel einer jährlichen Abrechnung wäre es zweckmäßig, auch Daten für andere Zweige auszuarbeiten.

Der Einfluß wirtschaftlicher Stimuli auf die Entwicklung der komplexen Nutzung von Ressourcen mineralischer Rohstoffe

Wie bereits festgestellt wurde, wird die Entwicklung der Kooperation nicht durch das objektive Streben zur Spezialisierung, sondern in einer Reihe von Fällen durch subjektive Einflüsse zweigspezifischer Faktoren und vor allem durch die Furcht vor einer Komplizierung der Hauptproduktion bedingt, was zu riesigen Verlusten an lebendiger und vergangener Arbeit führt.
Die Einführung des Prinzips der wirtschaftlichen Rechnungsführung für die Leitungen – nicht nur der Betriebe, sondern auch der Zweige und der Produktionsvereinigungen – kann einer der wichtigsten Wege zur Vermeidung dieser Verluste werden. Das wird – neben der Interessiertheit an der vollständigen Nutzung der inneren Reserven – der Verbindung zwischen dem Leitungsprinzip des Zweiges mit dem Prinzip der territorialen Organisation der Produktion dienen. Es werden bereits Versuche durchgeführt, das Prinzip der wirtschaftlichen Rechnungsführung bis zu den Hauptverwaltungen der Ministerien einzuführen, denen die einzelnen Betriebe oder Wirtschaftszweig-Vereinigungen direkt unterstellt sind. Diese Maßnahme muß die tendenziösen Einflüsse der Verwaltungen auf die Entwicklung der

Betriebe einschränken und für eine engere Durchdringung der Schwarz- und Buntmetallurgie, der chemischen Industrie und der Baustoffindustrie – als für einander nützlicher Rohstoffbasen – dienen.
Das System der materiellen Stimulierung muß mit der komplexen Verwendung der Rohstoffe in den Betrieben enger verbunden werden. Gegenwärtig ist es noch unvollkommen, weil es keine Stimuli für die Einführung neuer Erzeugnisse aus Produktionsrückständen besonders durch Kooperation zwischen den Zweigen enthält. Diese Richtung muß besonders bei der Prämiierung des leitenden ingenieurtechnischen Personals der Werke berücksichtigt werden.
Die Prämiierung für die Verbesserung der komplexen Nutzung von Rohstoffen aus dem Fonds der materiellen Stimulierung dient dem Fortschritt auf dem genannten Gebiet nur wenig. Weil die Weiterentwicklung in dieser Richtung durch die Errungenschaften des wissenschaftlich-technischen Fortschritts gekennzeichnet wird, wäre es ökonomisch wichtiger, die Übernahme neuer Erzeugnisse auf der Basis der komplexen Rohstoffnutzung in die Produktion aus dem Fonds zur Einführung der neuen Technik materiell zu stimulieren. Betriebe, die Versuchsanlagen oder halbindustrielle Anlagen zur Erprobung von Methoden für die vollständigere Nutzung der Rohstoffe haben, sollten erhöhte Abführungen aus dem Gewinn in den Fonds zur Entwicklung der Produktion und geringere Abführungen für Löhne und Produktionsfonds tätigen.
Die Verstärkung der wirtschaftlichen Prinzipien wird auch durch die gegenwärtig vorhandene Praxis in der Planung, die die Produktion in Hauptproduktion und sonstige Produktion trennt, nicht gefördert. Die gegenwärtige Berechnungsmethode für die realisierte Produktion schließt nur die Grundnomenklatur ein, was zum Beispiel im Ministerium für Buntmetallurgie nur 8 Prozent der gesamten Produktion erfaßt (25 Positionen aus 300 erzeugten Arten). Die sonstige Produktion wird nach dem mittleren Wachstumstempo bestimmt, was dazu führt, daß in den Plänen der Betriebe und Ministerien ein großer Umfang an solcher Produktion verzeichnet ist, die durch keinerlei Ressourcen gedeckt ist. Diese Lage hemmt die Durchführung der Wirtschaftsreform.
Die wirtschaftliche Rechnungsführung muß tiefer in alle Teile der Produktion eindringen. Bei der Produktionsplanung in den Abteilungen muß auch die Naturalmethode der Berechnung für alle Arten der Produktion ohne Unterteilung in Hauptproduktion und sonstige Produktion eingeführt werden.
Die wirtschaftliche Rechnungsführung innerhalb der Abteilungen wird durch die Ausarbeitung von Preisen für die verschiedenen Rohstoffarten und die verschiedenen Verarbeitungen verbessert. So hat das Kombinat Norilsk

eine große Anzahl von Preisen ausgearbeitet, die eine Menge von Verarbeitungsstufen nützlicher Komponenten und entsprechende Aufwendungen für verschiedene Verarbeitungen berücksichtigen, die auf die einzelnen Komponenten entfallen. Die Erfahrungen dieses Kombinats sollten mehr popularisiert werden.

Der Entwicklung der wirtschaftlichen Rechnungsführung in den Betriebsabteilungen muß mehr Aufmerksamkeit geschenkt werden. In einzelnen Betrieben, die mineralische Rohstoffe verarbeiten (Čeljabinsker Zink- und Elektrolysewerk), werden zur Hebung des Interesses an der Nutzung wertvoller Komponenten aus den Rohstoffen bzw. für die Verluste wichtiger Komponenten mit Abwässern, zum Beispiel von Zink, Kadmium und Schwefelsäure, Strafen berechnet. Dazu wurde jede dieser Komponenten bewertet; das Zink und das Kadmium nach seinem Wert im Rohstoff und die Schwefelsäure nach ihren Selbstkosten. Damit konnten im Jahre 1966 die Verluste an Säure mit den Abwässern in der Schwefelsäure-Abteilung im Vergleich zu 1965 um ein Zehntel gesenkt werden.

Man muß auch die Berechnung der Rückstände im gesamten technologischen Zyklus in den Betrieben in Ordung bringen und die Verantwortlichkeit gegenüber den übergeordneten Organisationen nach Art und Umfang der Rückstände festlegen. Gegenwärtig weiß in Wirklichkeit niemand, über welche zusätzlichen Rohstoffressourcen dieser oder jener gewinnende Zweig der Industrie verfügt und in welcher Form diese vorliegen. Damit bei den Betrieben die nötige Interessiertheit an der Konzentration, an der Aufbewahrung und an der Nutzung der Rückstände erreicht wird, müssen hinreichend stabile und regelmentierende Preise festgesetzt werden, wodurch die Betriebe gezwungen sind, sich zu diesen Rückständen so zu verhalten, als wären sie ein Teil des Wertes vom Grundrohstoff.

Es muß auch das Kreditsystem für die Werke untersucht werden, die neben nicht sauren Erzen saure Erze fördern, die in der Regel abgelagert werden. Die Kredite müssen eine zeitliche Begrenzung haben, das heißt so lange, bis die Verarbeitungstechnologie für diese Erze ausgearbeitet und eingeführt ist, Das Fehlen dieser Begrenzung führte besonders im Kombinat von Džezkazgamsk dazu, daß die Summe des ausgezahlten Kredits wesentlich größer war, als für die Einführung der Verarbeitungstechnologie solcher Erze erforderlich ist.

Der Übergang zu neuen Preisen für Metall und Konzentrate erfordert auch Veränderungen bei der Festlegung des minimalen industriell nutzbaren Gehalts an nützlichen Komponenten im Rohstoff. Bei den Einzelpreisen, bei denen die Selbstkosten der Konzentrate den Selbstkosten ihrer Gewinnung nahekamen, war es angängig, die Selbstkosten dem Preis gegenüberzustellen. Bei den heutigen Preisen, die den Gewinn enthalten, können die

Anforderungen an das Erz sehr stark sinken und ungerechtfertigt hohe Steigerungen der materiellen und Arbeitsaufwendungen für die Rohstoffverarbeitung erfordern, die nicht einmal durch dessen komplexe Nutzung gedeckt werden können.
Wenn man den massenweisen Übergang von Werken der gewinnenden Industrie auf das neue System der Planung und materiellen Stimulierung in Betracht zieht, muß man ein breites Studium der ökonomischen Erfahrungen der Werke organisieren, die bei der Erschließung von Reserven für die weitere industrielle Entwicklung und bei der komplexen Nutzung der mineralischen Rohstoffe Erfolge erzielt haben. Der Kampf gegen die Verluste muß zum bestimmenden Element für die Bewertung der wirtschaftlichen Tätigkeit der Betriebe und zu einem wesentlichen Kriterium für die Qualität ihrer Arbeit werden. Die Funktionen der staatlichen technischen Aufsicht der UdSSR zur Bewahrung von Rohstoffquellen müssen erweitert werden. Sie dürfen sich nicht nur auf die Kontrolle von Verlusten mineralischer Rohstoffe bei Bergbauarbeiten erstrecken, sondern auch auf die Kontrolle der folgenden Verarbeitungsstufen.

KAPITEL 4

Reserven zur Effektivitätssteigerung bei der Nutzung der Wasserressourcen

Die UdSSR verfügt über die größten Süßwasserreserven der Welt. Der Oberflächenabfluß beträgt 4380 Md. m^3 im Jahr. Die nutzbaren Reserven an Grundwasser werden mit 210 Md. m^3 im Jahr angegeben. Die territoriale Verteilung der Wasserressourcen im Lande ist jedoch ungleichmäßig. In den Gebieten mit der höchsten Dichte der Bevölkerung und der Industrie befinden sich nur 20 Prozent des Wasserabflusses.

In einer Reihe von Landesteilen ist die Begrenztheit der Wasserressourcen, die für individuelle und kommunale Zwecke nutzbar sind, zu einem Faktor geworden, der die Entwicklung wasseraufwendiger Industrie begrenzt. Deswegen werden Maßnahmen zur Wasserregulierung in großen Rückhaltebecken und durch Verlagerung aus wasserreichen Gebieten in wasserarme in immer größerem Umfang angewandt. Das kompensiert den Wassermangel in den Gebieten, in denen die natürlichen Vorkommen eine störungsfreie Befriedigung aller Bedürfnisse der Volkswirtschaft nicht garantieren.

Die Nutzung der Wasserressourcen für die Entwicklung der Energie, der industriellen Produktion, der Landwirtschaft, des Transportwesens und auch der kommunalen Wasserversorgung hängt mit speziellen Maßnahmen zur Regulierung der Flüsse, zur Wassergewinnung aus den Quellen und zum Transport zum Ort seiner Aufbereitung und Nutzung zusammen.

Der Hauptverbraucher des Wassers ist die Landwirtschaft, die jährlich über 125 Md. m^3 verbraucht, darunter für die Bewässerung 117 Md. m^3. Von den entwässerten Flächen fließen jährlich 150 Md. m^3 Wasser in die Flüsse ab. Die unwiederbringlichen Wasserverluste betragen in der Landwirtschaft 100 Md. m^3.

Riesige Wassermengen werden für die industrielle Produktion gewonnen (bis 43 Md. m^3) und von der Industrie abgegeben (ungefähr 32 Md. m^3). Der unwiederbringliche Wasserverbrauch und die Verluste betragen in der Industrie bis 11 Md. m^3.

Für die Wasserversorgung der Städte und Arbeitersiedlungen werden 8,4 Md. m^3 bereitgestellt, und 4,6 Md. m^3 werden durch die Kanalisation abgeführt. Die übrigen Zweige der Volkswirtschaft verbrauchen ungefähr 30 Md. m^2 Wasser.

Die Wasserressourcen werden in großem Umfang für die Erzeugung von Elektroenergie und für die Schaffung von Binnenschiffahrtswegen verwendet. 920 bis 950 Md. m^3 passieren jährlich die Turbinen der Wasserkraftwerke. Dabei sind die wiederholte Nutzung des Wassers in den Kaskaden von Wasserkraftwerken und die Nutzung des Wassers für die Flußwirtschaft (bis 14 Md. m^3) nicht mitgerechnet. Die Wasserwirtschaft des Landes erfaßt etwa 1200 Md. m^3 bzw. 30 Prozent des Oberflächenabflusses.

Gegenwärtig ist die Wasserwirtschaft ein selbständiger Teil der gesellschaftlichen Produktion, der eine spezielle Planung und eine einheitliche Leitung erfordert, die nicht durch territoriale und Verwaltungsinteressen eingeschränkt wird, die in der Regel der Einheitlichkeit der Wasserressourcen und ihrer komplexen Nutzung widersprechen.

Die Planung der Investitionen für wasserwirtschaftliche Maßnahmen und die Berechnung der Grundfonds für diesen Zweck erfolgen in den entsprechenden Zweigen der Volkswirtschaft. Nur die wasserwirtschaftlichen Maßnahmen für landwirtschaftliche Zwecke werden abgetrennt und im Plan der Landwirtschaft aufgeführt. Das spiegelt sich auch in der statistischen Berechnung im Kapitel „Investitionen des Staates und der Kolchose für den Wasserbau“ wider. Die Wasserwirtschaft ist nicht als Wirtschaftszweig formiert, obgleich die Objekte der Wasserwirtschaft verschiedene Zweige mit Wasser versogen. Insgesamt kann man die Wasserwirtschaft als Gesamtheit von Maßnahmen charakterisieren, die auf die Regulierung, die Bewahrung und die Nutzung der Wasserressourcen zum Zwecke der Entwicklung aller Zweige der Volkswirtschaft gerichtet sind. Damit kann man von der interstrukturellen Rolle der Wasserwirtschaft im System der gesellschaftlichen Produktion sprechen.

Zur Nutzung und Umverteilung der Wasserressourcen braucht man riesige Staudämme, Pumpstationen und andere hydrotechnische Anlagen sowie Kanäle und Rohrleitungen, die mit den notwendigen Ausrüstungen versehen sind. Die Regulierung der Flüsse, das Umleiten von Oberflächenabflüssen entfernter Quellen, die Erhaltung der notwendigen Wasserqualität und -quantität in den Flüssen und andere Maßnahmen erfordern bedeutende Mittel. In den letzten Jahren betrugen die Investitionen für die Wasserwirtschaft über 5,5 Md. Rubel im Jahr (Meliorationsmaßnahmen 2,5 bis 3 Md., Hydroenergetik 0,5 bis 0,6 Md., Wasserversorgung der Industrie, der Städte und der Dörfer 1,8 bis 2 Md., Fischwirtschaft, Binnenschiffahrt und Schutzmaßnahmen ungefähr 0,3 Md. Rubel). Das sind 8 bis 9 Prozent der zentralen staatlichen Investitionen, die jährlich für die Volkswirtschaft des Landes ausgegeben werden.

Nach überschläglichen Berechnungen werden die Grundfonds der Wasserwirtschaft gegenwärtig mit 45 bis 47 Md. Rubel bewertet, was 8 bis 9 Prozent des Wertes aller Grundfonds des Landes oder 15 bis 16 Prozent des Wertes der Produktionsgrundfonds beträgt. Wenn man die Anlagen für innere Wasserversorgung (Wasserversorgung oder Wasserableitungen in den Grenzen landwirtschaftlicher und industrieller Betriebe, Städte und Arbeitersiedlungen) mit berücksichtigt, dann muß man die außerbetrieblichen Fonds mit ungefähr 34 Md. Rubel ansetzen (Tabelle).
Die effektivere Nutzung der Wasserressourcen und der ständig wachsenden

Tabelle
Verteilung der Grundfonds der Wasserwirtschaft nach Volkswirtschaftszweigen

Wirtschaftszweige	insgesamt		darunter mit zwischenbetrieblicher Bedeutung	
	Md. Rbl.	Prozent zur Summe	Md. Rbl.	Prozent zur Summe
Landwirtschaft	14,1	30,0	8,2	24,0
darunter				
Bewässerung	8,1	17,3	5,7	16,7
landwirtschaftliche Wasserversorgung	3,5	7,5	0,9	2,6
Bewässerung von Weiden	0,5	1,0	0,5	1,5
Entwässerung	2,0	4,2	1,1	3,2
Industrie	15,2	32,4	10,5	31,0
darunter				
Wasserversorgung	7,9	16,9	4,9	14,4
Wasserabführung	7,3	15,5	5,6	16,6
Hydroenergetik	8,2	17,5	8,2	24,1
darunter				
Staubecken der Wasserkraftwerke	1,5	3,2	1,5	4,4
Fischwirtschaft	1,3	2,8	0,8	2,4
Wassertransport und Flößerei	4,5	9,6	4,5	13,2
darunter				
Hydrotechnische Anlagen	2,0	4,2	2,0	5,9
Kommunalwirtschaft	3,6	7,7	1,8	5,3
darunter				
Wasserversorgung	2,4	5,1	1,0	2,9
Wasserabführung	1,2	2,6	0,8	2,4
Summe	46,9	100,0	34,0	100,0

Investitionen in der Wasserwirtschaft erforderte die Ausarbeitung eines einheitlichen Generalschemas für die komplexe Nutzung und den Schutz der Wasserressourcen des Landes.
Für die effektive Nutzung der Wasserressourcen ist die Verteilung der Investitionen nach Arbeitsrichtungen und nach den Gebieten des Landes außerordentlich wichtig. Die territoriale Verteilung ist durch den Charakter der Wasserwirtschaftsbauten bedingt, der wiederum mit der Natur und mit der Nutzung von Wasser und Bodenressourcen des gegebenen Gebietes eng verbunden ist.
Die besonders großen Investitionen für Meliorationsmaßnahmen sind durch die der Landwirtschaft gestellte Aufgabe bedingt, auf meliorierten Flächen garantiert hohe Getreideerträge zu erzielen, die in wesentlichem Umfang geringere Ernten in Trockenjahren kompensieren können. Außerdem geht es um die Steigerung der Baumwollproduktion. Diese Aufgaben können nur mit einem großen Umfang von Arbeiten zur Beregnung, Entwässerung und Bewässerung von Böden gelöst werden.
Ein wesentlicher Teil der Investitionen entfällt auf die Wasserversorgung und Kanalisierung der Städte und Arbeitersiedlungen sowie der Industrie, was auf die Notwendigkeit zurückzuführen ist, das Zurückbleiben der Wasserversorgung hinter dem Entwicklungstempo der Volkswirtschaft schnell zu überwinden.
Der mittlere spezifische Wasserverbrauch im Wirtschafts- und Lebensbereich beträgt in der UdSSR bisher nur etwa die Hälfte gegenüber den industriell fortgeschrittenen kapitalistischen Ländern.
Der Investitionsumfang für den Hydroenergiebau ergibt sich aus der großen Bedeutung der Wasserkraftwerke für die Erzeugung billiger Elektroenergie und der Mobiltät dieser Kapazitäten, die für das Abfangen der Belastungsspitzen notwendig sind, und aus der Brennstoffeinsparung, die die Brennstoffbilanz des Landes verbessert. Dabei wird berücksichtigt, daß durch den komplexen Charakter der Hydroenergieknotenpunkte gleichzeitig Probleme der Entwicklung der Transportwesens, der Wasserversorgung, des Kampfes gegen Verschmutzung, Überschwemmungen usw. gelöst werden.
Der spezifische Anteil verschiedener Teile der Wasserwirtschaft am Gesamtumfang der Investitionen ist in den Republiken verschieden. Die Nutzung der Investitionen widerspiegelte in hohem Grade den Platz und die Bedeutung jeder Republik bei der Arbeitsteilung und Spezialisierung der Wirtschaft innerhalb der Union. Die Republiken Uzbekistan, Turkmenien und Azerbaidžan nutzen fast vier Fünftel der wasserwirtschaftlichen Investitionen für meliorative Maßnahmen, was mit der Entwicklung der Bewässerungsbasis für den Baumwollanbau zusammenhängt. Ein hoher spezifischer Investitionsanteil für Meliorationen (70 Prozent) ist für Bjelorußland und

die baltischen Republiken charakteristisch, weil dort in großem Umfang Arbeiten zur Entwässerung durchgeführt werden.
In Grusinien, Armenien, Tadžikistan und Kirgisien sind bedeutende Investitionen für den Hydroenergiebau (20 bis 35 Prozent) charakteristisch. Die hohen Investitionen für die Hydroenergetik der RSFSR hängen mit der umfangreichen Nutzung der ökonomischen Wasserressourcen der örtlichen Gebiete zusammen.
Die Effektivität von Investitionen für die Wasserwirtschaft ist unter volkswirtschaftlichen Aspekten schwer in wertmäßiger Form zu bestimmen, weil die Hauptmasse des „Reineinkommens" faktisch außerhalb der Grenzen der Wasserwirtschaft produziert und realisiert wird. Die Investitionen in der Wasserwirtschaft dienen der Schaffung solcher Bedingungen für die Wasserversorgung, ohne die das notwendige Wachstum der materiellen Produktion in allen Zweigen der Volkswirtschaft nicht möglich wäre.
Der volkswirtschaftliche Aspekt für die Betrachtung der Effektivität von Investitionen in der Wasserwirtschaft zeigt sich jedoch nicht nur in den von uns unmittelbar berücksichtigten Werteffekten. Bei großen wasserwirtschaftlichen Bauten zeigt er sich in großem Umfang auch als landschaftgestaltende Wirkung. Wasserwirtschaftliche Maßnahmen erschließen Wüstengebiete, große Industriezentren, die innere Kommunikation usw. Die wertmäßige Berechnung kann, so vollkommen sie auch sein mag, kaum jeden Aspekt der volkswirtschaftlichen Effektivität von Investitionen für die Wasserwirtschaft vollständig widerspiegeln. Als anschauliche Beispiele für die landschaftgestaltende Bedeutung von Investitionen in der Wasserwirtschaft gelten nicht nur die gigantischen Wasserkraftwerke, die komplexen hydrotechnischen Knotenpunkte an der Wolga und an der Angara, sondern auch solche Investitionen wie die großen Kanäle (Weißmeer-Ostsee-Kanal, Wolga-Don-Kanal), die Bewässerungskanäle (Karakum-Kanal) und die Investitionen für Meliorationsarbeiten auf großen Bodenflächen(die Bewässerung der Hungersteppe, die Entwässerungsarbeiten am Waldgürtel und andere).
Für die Wasserwirtschaftsobjekte von hauptsächlich hydroenergetischer Bedeutung ist die Ausrichtung ihres landschaftgestaltenden Einflusses charakteristisch. Diese wird nicht durch die Lage des hydrotechnischen Schwerpunktes begrenzt, sondern erstreckt sich auf die ganze Einflußsphäre seiner Elektroenergie (durch die Schaffung vereinigter Energiesysteme sind sie praktisch unbegrenzt). Der landschaftgestaltende Einfluß von Wasserwegen ist auch sehr groß und erfaßt das ganze System von Wasserwegen, die durch die Kanäle verbunden sind. Die entsprechenden Einflüsse von Meliorationsobjekten haben lokalen Charakter und werden durch das Territorium ihrer direkten Einwirkung begrenzt.

Im Zusammenhang damit muß man die Aufmerksamkeit auf die beträchtliche Veränderung der Investitionsstruktur in der Wasserwirtschaft sowohl für die ganze Union als auch für die Mehrzahl der Republiken lenken. Während die Investitionen bis 1960 auf die Entwicklung der Hydroenergetik gerichtet waren, die im wesentlichen Umfang deren Effektivität in der Wasserwirtschaft bestimmen, ging diese Rolle von 1961 ab an die Investitionen für die Melioration über.

Insgesamt wurden von 1819 bis 1968 13,4 Md. Rubel für Meliorationsbauten ausgegeben. Davon entfielen 9 Md. Rubel auf die Jahre 1961 bis 1968. In diesen Jahren vollzog sich ein gigantisches Anwachsen der Meliorationsinvestitionen. Im Jahre 1960 wurden für diese Zwecke 450 Mio Rubel, 1966 1300 Mio und 1967 und 1968 je 1700 Mio Rubel verausgabt.[1] Das mittlere Jahreswachstum der Investitionen für die Melioration betrug über 36 Prozent. Es überstieg das Wachstum der Investitionen für die Landwirtschaft um das Doppelte und die Investitionen für die Volkswirtschaft insgesamt um das Vierfache. Der Investitionsanteil für Meliorationsarbeiten am Gesamtumfang der Investitionen der Landwirtschaft wuchs im letzten Jahrzehnt von 10 auf mehr als 20 Prozent.

In der UdSSR betragen die Investitionen für die Melioration und Wasserversorgung der Landwirtschaft in den letzten Jahren und in Berechnungen für die Perspektive über 60 Prozent der Gesamtinvestitionen der Wasserwirtschaft, weshalb im folgenden die Hauptaufmerksamkeit auf diese Richtung der Nutzung der Wasserressourcen gelenkt werden soll.

Der XXIII. Parteitag der KPdSU und das Maiplenum (1966) des ZK der KPdSU stellten große Aufgaben zur umfangreichen Entwicklung von Meliorationsarbeiten. Im Laufe der Jahre 1966 bis 1968 wurden über 3 Mio ha neuer bewässerter oder trockengelegter Flächen[2] der landwirtschaftlichen Nutzung zugeführt. Im Zusammenhang damit beobachtet man eine grundsätzliche Wende bei der Bestimmung des volkswirtschaftlichen Ziels der Meliorationsarbeiten, womit das obengenannte Wachstum der Investitionen zusammenhängt. Die Hauptgebiete für die Landwirtschaftsbauten wurden die Bezirke des europäischen Teils der UdSSR. Im Süden der RSFSR und der Ukraine werden umfangreiche Bewässerungssysteme für die Getreideproduktion auf großen Flächen geschaffen.

Besondere Bedeutung wird der Entwicklung des Reisanbaues beigemessen. In den letzten Jahren wurden mehr als 160000 ha moderne Bewässerungs-

1 1968 betrugen die Aufwendungen aus allen Finanzierungsquellen 2,5 Md. Rubel 1969 3 Md. Rubel, darunter aus dem Staatshaushalt über 2,0 Md. Rubel.

2 Jährlich wurden 260 bis 270 Tausend ha bewässerte und 730 bis 750 Tausend ha entwässerte Flächen in Nutzung genommen.

systeme in den Reisanbaugebieten in Nutzung genommen. 1969 betrugen die Reisanbauflächen über 300000 ha, und die Produktion überstieg 1 Mio t, das heißt, sie ist in den letzten fünf Jahren auf mehr als das Doppelte gestiegen. In den nächsten Jahren wird diese Entwicklungsrichtung des Wasserbaus sich noch verstärken.
In dem Bericht von L. I. Brežnev auf dem Juliplenum (1970) des ZK der KPdSU[3] wurde unterstrichen, daß im Fünfjahrplan 1971 bis 1975 die Schaffung großer Bezirke für die Produktion von Getreide auf bewässerten Flächen die Besonderheit im Wasserwirtschaftsbau sein wird. Die Getreideernte soll auf den bewässerten Flächen nach vorhandenen Berechnungen bis 1975 auf 10 bis 12 Mio t gesteigert werden. Dazu werden umfangreiche Meliorationsarbeiten im Süden des europäischen Teils des Landes durchgeführt werden. Es ist vorgesehen, im Süden der Ukraine und im Nordkaukasus-Gebiet je 400000 ha und in den Gebieten der mittleren und unteren Wolga bis 600000 ha zu bewässern. Damit werden von den 3 Mio ha bewässerter Flächen, die das Plenum für die Periode von 1971 bis 1975 vorgesehen hat, 1400000 ha oder fast 47 Prozent des Gesamtzuwachses in den Gebieten erwartet, die für die Schaffung einer großen Basis für die Getreideproduktion auf bewässerten Flächen vorgesehen sind.
Der Aufbau von Bewässerungssystemen wird auch in den traditionellen Gebieten der Bewässerung und besonders in den Baumwollgebieten Mittelasiens vergrößert. Dabei gestatten es die bedeutenden Investitionen und der industrielle Charakter, den der Wasserwirtschaftsbau nach und nach annimmt, eine komplexe Erschließung von Wüstengebieten durchzuführen. Solche Bewässerungsbauten werden in der Hungersteppe, im Gebiet des Karakumkanals und in der Kačinsker Steppe durchgeführt. Diese Objekte werden in den nächsten Jahren den Hauptanteil zur Erweiterung der Baumwollanbaufläche beitragen. In den Baumwollanbaugebieten der mittelasiatischen Republiken werden die Arbeiten für die Rekonstruktion von Bewässerunssystemen und zur Verbesserung der Wasserversorgung der bewässerten Flächen durch den Bau großer Wasserbecken und durch Ausrüstung der Bewässerungssysteme mit modernen hydrotechnischen Anlagen durchgeführt.
In den überfeuchten Zonen, das heißt im Nordwesten und in den zentralen Gebieten der RSFSR, in den baltischen Republiken, in Belorußland und im Norden der Ukraine entwickelten sich in den letzten Jahren umfangreiche

[3] ‚Očerednye zadači partii v oblasti selskogo chosjajstva' [Die heutigen Aufgaben der Partei auf dem Gebiet der Landwirtschaft], Bericht von L. I. Brežnev auf dem Plenum des ZK der KPdSU am 2. Juli 1970, Pravda, 3. Juli 1970.

Arbeiten zur Entwässerung von Bodenflächen, wobei die geschlossene Dränage als modernes Verfahren immer weitere Verbreitung erlangte.
In den Steppengebieten des Wolgagebietes, des Nordkaukasus und hauptsächlich in Kasachstan werden Arbeiten zur Bewässerung der Weiden durchgeführt.
Die Bewässerungsfläche erreicht über 10 Mio ha und die entwässerte Fläche 8 Mio ha. Es gibt 198 Mio ha bewässerter Weiden. Die landwirtschaftliche Erzeugung auf diesen Flächen kann mit 7 Md. Rubel in vergleichbaren Preisen des Jahres 1965 bewertet werden, was 19 Prozent der Bruttoproduktion der Landwirtschaft des Landes ausmacht.
Berechnungen auf neu meliorierten Flächen und Ergebnisse über die Produktivität der gegenwärtig genutzten meliorierten Böden in Gegenüberstellung zu den wirksamen Grundfonds für Melioration und Landwirtschaft und den vorgesehenen Investitionen gestatten es, eine sinkende Tendenz der Fondsrentabilität zu verfolgen.[4] Diese Tendenz ist in bekanntem Umfang gesetzmäßig, weil die enge Verbindung der Meliorationsobjekte und der natürlichen Bedingungen das völlig begründete Streben hervorruft, in erster Linie die besseren, das heißt die bequemeren und folglich auch die billigsten Meliorationsobjekte zu verwirklichen. Natürlich ist gegenwärtig mindestens bei den investitionsaufwendigsten Meliorationsarbeiten, das heißt bei der Bewässerung, zu beobachten, daß nicht nur die „einfachen", sondern sogar die „mittleren" Objekte bereits ausgeschöpft sind. Der Übergang zu schwierigeren und folglich teureren Objekten und die damit verbundene Verteuerung des Meliorationsbaues, besonders unter Berücksichtigung vervollkommneter Konstruktionen hydrotechnischer Anlagen, ist eine völlig gesetzmäßige Erscheinung. Die spezifischen Investitionen auf einen Hektar bewässerter Fläche wuchsen in den 17 westlichen Staaten der USA (Zone der weitesten Verbreitung von Bewässerungsanlagen) vom Beginn des Jahrhunderts bis 1960 auf mehr als das Zwölffache.[5]
Die Anerkennung des gesetzmäßigen Wachstums der Investitionsaufwendungen für den Meliorationsbau kann jedoch in keiner Weise als Rechtfertigung für eine sinkende ökonomische Effektivität dienen. Die Steigerung

[4] Es muß berücksichtigt werden, daß der Zuwachs an Erzeugung um fast 50 Prozent nicht auf die Inbetriebnahme neuer meliorierter Flächen durch Investitionsbauten zurückzuführen ist, sondern auf die Ertragssteigerung auf den bewässerten und entwässerten Flächen durch agronomische und organisatorische Maßnahmen, die nichts mit dem Investitionsgeschehen zu tun haben.

[5] Maslov, B. V., Nesterov, E. A., Voprosy orošenija u osyšenija v SŠA [Fragen der Bewässerung und Entwässerung in den USA], Moskau 1967, S. 42.

der spezifischen Kosten für den Meliorationsbau ist ein Stimulus für die entsprechende oder sogar verbesserte Intensität bei der Nutzung der bewässerten Flächen.

Die Veränderung des volkswirtschaftlichen Ziels der Bewässerungsarbeiten bestimmt die künftige Effektivität der Investitionen für die Melioration. Während die Aufgaben der Bewässerung früher darin bestanden, das Land mit Baumwolle, Reis und Gemüse zu versorgen, so ist mit dem laufenden Fünfjahrplan die Aufgabe hervorgetreten, eine garantierte Getreideproduktion auf bewässerten Flächen zu organisieren. Gegenwärtig werden über 2 Mio ha Getreide auf bewässerten Flächen angebaut, und in fast allen Republiken sind diese Flächen für den Anbau anderer Früchte nicht geeignet (entweder wegen der Bedingungen der Wasserbereitstellung oder aus anderen Gründen). Eine Ausnahme bilden lediglich die Böden, die in den letzten Jahren in den Gebieten Nikolajevsk und Cherson in der Ukrainischen SSR bewässert werden, auf denen der Weizenertrag bis 50 dt/ha beträgt, während der mittlere Ertrag (ohne Reis) auf den bewässerten Flächen im Landesdurchschnitt kaum 16 dt/ha übersteigt.

Die Effektivität der Investitionen für Meliorationsarbeiten kann in der Zukunft nur durch eine bedeutende Intensivierung des Getreidebaues unter Bewässerungsbedingungen wesentlich gesteigert werden. Die Möglichkeit einer solchen Intensivierung ist durch die Erfahrungen verschiedener Betriebe Süd-Kasachstan in den letzten Jahren erwiesen. Hier werden – neben einer verbesserten Wasserbereitstellung für die Getreideflächen und die Chemisierung – Maßnahmen organisatorischen und technischen Charakters durchgeführt, wodurch Erträge bis 50 dt/ha erzielt werden, die die Aufwendungen für die Bewässerung vollständig rechtfertigen.

Die Intensivierung der Landwirtschaft nicht nur im Getreidebau, sondern auch insgesamt auf den bewässerten und entwässerten Flächen ist die wichtigste Bedingung für die Effektivitätssteigerung bei den Investitionen für Meliorationsmaßnahmen.

Die Möglichkeiten zur Intensivierung sind eng verbunden mit dem Investitionsumfang für Meliorationen. Die Erfahrungen erfolgreicher Betriebe auf beregneten und entwässerten Flächen zeigen, daß die landwirtschaftlichen Grundfonds in den Baumwolle erzeugenden Betrieben den Bewässerungsfonds ungefähr gleich sein müssen. Das gleiche gilt für die Reis erzeugenden Betriebe. Bei Spezialisierung auf Gemüse müssen die landwirtschaftlichen Fonds um etwa 30 bis 50 Prozent höher sein als die Meliorationsfonds. Bei Spezialisierung auf Getreideanbau müssen die Fonds zur landwirtschaftlichen Erschließung im Minimum 50 bis 75 Prozent der Investitionen für die Bewässerung betragen.

Im laufenden Fünfjahrplan werden jedoch für die landwirtschaftliche Erschließung nur Mittel in Höhe von 27 Prozent der Investitionen für den Wasserbau ausgegeben.
Eine bedeutende Reserve zur Steigerung der Effektivität und der neu in Nutzung genommenen Flächen ist die Verkürzung des Zeitraumes zwischen der Durchführung der Investitionen für den Wasserbau und der Bewilligung von Mitteln für die landwirtschaftliche Erschließung dieser Flächen.
Die übliche Praxis gründet sich auf die Vorstellung, daß man in erster Linie die vom Staat bewilligten Mittel für Wasserbauobjekte nutzen muß und die landwirtschaftlichen Betriebe, die meliorierte Flächen erhalten, sich dann schon teilweise durch gewöhnliche Investitionen oder durch eigene Mittel um die Erschließung kümmern werden. Die Einsparung von Primärinvestitionen wird dabei als ein Weg zur Verbilligung von Meliorationsbauten angesehen. Leider wirkt dieser traditionelle Weg immer noch auf die Planung der Investitionen ,wenn auch die Praxis schon lange bewiesen hat, daß der Effekt von Investitionen nicht vollständig sein kann, wenn nicht gleichzeitig der ganze Komplex von Arbeiten für den Meliorationsbau und für die landwirtschaftliche Erschließung – einschließlich des Wohnungsbaues – realisiert wird.
Die Mittel, die in den Meliorationsprojekten für die Erschließung, das heißt für die Schaffung der notwendigen landwirtschaftlichen Fonds, vorgesehen sind, werden in den Finanzierungsplänen im Kapitel „Wasserwirtschaft" nicht berücksichtigt. Das ist eine der Folgen der fehlenden organisatorischen Zusammenarbeit zwischen den Organen der Wasserwirtschaft und der Landwirtschaft. In den meisten Fällen verfügen die landwirtschaftlichen Betriebe bei Beendigung der wasserwirtschaftlichen Arbeiten nicht über die notwendigen Mittel zur Erschließung der bewässerten oder entwässerten Flächen. Sie können damit die Flächen, für die der Staat bedeutende Mittel zur Melioration ausgegeben hat, nicht erfolgreich nutzen. Das führt dazu, daß die staatlichen Investitionen für eine Reihe von Jahren entweder vollständig „einfrieren" oder im günstigsten Falle nicht den vollen Effekt bringen, das heißt teilweise einfrieren.
Besonders fühlbar ist das bei der Bewässerung von Flächen in unbewohnten und Halbwüstengebieten, weil die Erschließung dieser Flächen, die große Schwierigkeiten macht, gewöhnlich mit der Umsiedlung großer Bevölkerungsgruppen und folglich mit umfangreichern Bauvorhaben (Wohnheime, Wege, Verbindungsmittel und dergleichen) verbunden ist.
In solchen großen Räumen wie in der Hungersteppe wird eine komplexe meliorationswirtschaftliche Investitionstätigkeit effektiv durchgesetzt, wenn die Schaffung des Bewässerungsnetzes gleichzeitig auch im notwendigen

Umfang mit Arbeiten zur Errichtung von Wohnbauten, Produktionsbauten und Kulturbauten, von Wegen, Elektrizitäts- und Fernmeldeleitungen, von Anlagen zur Wasserversorgung und von anderen notwendigen Objekten begleitet ist. Die Erfahrungen beim komplexen Aufbau, die in der Hungersteppe gewonnen werden, sind auch auf andere große Meliorationsgebiete zu übertragen (Kačinsker Steppe, Gebiet des Karakum-Kanals usw.).
Die Kolchose und Sowchose, die auf eigene Kosten meliorieren, erschließen die meliorierten Flächen im allgemeinen sehr schnell. Das besagen die Erfahrungen aus der Estnischen SSR, wo die trockengelegten Flächen am effektivsten erschlossen und genutzt werden. In einigen Kreisen des Nordkaukasus-Gebietes und im Süden der Ukraine schaffen die Kolchose und Sowchose aus eigenen Mitteln kleine Bewässerungssysteme und nutzen die bewässerten Flächen für die Entwicklung des Gemüseanbaues usw. In den Jahren 1966 bis 1967 wurden auf diese Weise 157000 ha bewässerte Flächen gewonnen.
Zur Überwindung der Disproportionen, die durch nicht komplexe Investitionen entstehen, ist es zweckmäßig, die Ordnung für die Projektierungsplanung und Finanzierung von Meliorationsobjekten so zu verändern, daß die Arbeiten zur Beregnung, Trockenlegung oder Bewässerung überall komplex durchgeführt werden und die Erschließung der beregneten oder entwässerten Flächen einschließen.
Ausgehend davon müssen die materiellen Ressourcen und die Technik nicht nur für die Meliorationsarbeiten selbst, sondern für den ganzen Komplex von Arbeiten, die bei der Schaffung der Grundfonds in der Landwirtschaft für die vollständige Erschließung der bewässerten oder trockengelegten Flächen notwendig sind, geplant und zugeführt werden.
Die Erfahrungen des komplexen Meliorationsbaues zeigen, daß die Mittel für die landwirtschaftliche Erschließung der meliorierten Flächen schon zu Beginn der Meliorationsarbeiten bereitgestellt werden müssen, um eine parallele Arbeit zur Bewässerung oder Entwässerung der Böden und zu ihrer landwirtschaftlichen Erschließung zu ermöglichen und den zeitlichen Abstand zwischen ihnen nicht größer werden zu lassen als ein Jahr. Die landwirtschaftlichen Betriebe müssen zur schnellen und erfolgreichen Erschließung der meliorierten Flächen für die effektive Nutzung vollständig vorbereitete meliorierte Flächen mit allen notwendigen Bauten und den anderen Fonds zur Verfügung gestellt erhalten.
Die unvollständige Finanzierung von Investitionen ist nicht nur für den Meliorationsbau charakteristisch, sondern auch für andere Wasserbauarbeiten, darunter auch für die Schaffung großer hydrotechnischer Schwerpunkte, wo sie noch dadurch kompliziert wird, daß nicht nur zwei, sondern eine ganze Reihe von Zweigen koordiniert werden müssen. Mitunter gibt es

die vollständige Erledigung vollkommen gleicher Arbeiten, zum Beispiel werden die Hauptwasserleitungen des Wasserversorgungssystems für die Sowchose des Neulandgebietes bisher nur zu 20 bis 25 Prozent ihrer Leistung genutzt, weil der Aufbau der Verteilungsnetze zurückbleibt.
Das zeigt, daß die Komplexität der Investitionen für wasserwirtschaftliche Bauten und die parallel zu errichtenden hydrotechnischen, industriellen oder landwirtschaftlichen Objekte, für deren effektive Arbeit die Wasserbauten errichtet werden, in den letzten Jahren im Zusammenhang mit dem schnell steigenden Entwicklungstempo der Wasserwirtschaft zu einem besonderen Problem geworden ist. Eine wichtige Reserve zur Effektivitätssteigerung bei der Planung von wasserwirtschaftlichen Bauten, sowohl im Maßstab des ganzen Landes als auch für einzelne Republiken, ist die Ausarbeitung und Anwendung eines einheitlichen objektiven Kriteriums für die volkswirtschaftliche Bewertung der Rangfolge wasserwirtschaftlicher Objekte. Mitunter setzen sich die Vorstellungen örtlicher Organe, die von der Notwendigkeit wasserwirtschaftlicher Bauten für die Beregnung, Entwässerung oder Bewässerung einer bestimmten Bodenfläche ausgehen, gegenüber notwendigen volkswirtschaftlichen Erfordernissen durch. Es ist dagegen völlig klar, daß der Staat das Geld aus seinem Haushalt nicht einfach für die Melioration irgend eines Bodenstückes ausgibt, sondern für ein bestimmtes Ziel: für die Produktion bestimmter Erzeugnisse, deren Notwendigkeit durch Bilanzierung erwiesen ist. Bei der Abstimmung der Mittel für die Entwicklung der Volkswirtschaft jeder Republik mit der staatlichen Plankommission der UdSSR streben die Organisationen der Republiken natürlich danach, für das folgende Jahr ein Maximum an Mitteln zu erhalten — besonders für den Wasserwirtschaftsbau. Daraus folgt das Bestreben, von Jahr zu Jahr die Anzahl der Objekte und den Umfang der Mittel zu erhöhen. Das wichtigste Mittel zur Effektivitätssteigerung bei den Investitionen im Wasserbau ist der Kampf gegen die Zersplitterung der Mittel auf viele Objekte[6], die es in allen Republiken gibt, und gegen die Kostenüberschreitungen bei den durchgeführten Arbeiten im Vergleich zu den veranschlagten Kosten, was automatisch zur Kürzung der Mittel für jedes konkrete Objekt im Jahresdurchschnitt führt. Das bedeutet eine Verlängerung der Bauzeiten. Infolgedessen gelingt es nicht, die Pläne zur Nutzbarmachung der bewilligten Mittel und zur Inbetriebnahme der Kapazitäten zu erfüllen. Das zwingt dazu, in den nächsten Jahren die Hauptmasse der Investitionen auf die Vollendung der begonnenen Objekte zu richten und neue Objekte nur in Ausnahmefällen zu finanzieren.

6 Zu Beginn des Jahres 1966 überstieg allein bei 153 Bauten über das Limit hinaus der Umfang der unvollendeten Baumaßnahmen das Jahresarbeitsprogramm um das Siebenfache.

Alle Investitionen für den Meliorationsbau, darunter auch die eigenen Mittel der landwirtschaftlichen Betriebe, müssen in Übereinstimmung mit den entsprechenden materiellen Fonds geplant werden. Die zunehmende Finanzierung über Kredite – unter Berücksichtigung der Laufzeit des Kredites – muß auch zur Effektivitätssteigerung beim Einsatz örtlicher Investitionen für wasserwirtschaftliche Maßnahmen dienen. Im laufenden Fünfjahrplan war es von besonderer Bedeutung, spezialisierte Baubetriebe in den Gebieten mit Meliorationsarbeiten zu schaffen. Die Überwindung des Rückstandes auf diesem Gebiet gestattet es, industrielle Prinzipien der Arbeitsorganisation in den Meliorationsbau einzufügen. Die Steigerung der Effektivität bei der Nutzung der Grundfonds für Melioration hängt in bedeutendem Maße davon ab, daß die Nutzung der meliorierten Flächen richtig geplant und organisiert wird.
Im Kennziffernsystem des Volkswirtschaftsplanes gibt es Werte zur Übernahme von Kapazitäten in die Nutzung (das heißt beregnete und entwässerte Flächen, bewässerte Weiden). Diese berücksichtigen jedoch niemals die Ergebnisse des Meliorationsbaues und spiegeln die Nutzungsergebnisse der meliorierten Flächen nicht wider. Ungeachtet der Notwendigkeit, diese Flächen für die Erzeugung der wertvollsten Produkte zu nutzen, ist es bisher leider noch notwendig, spezielle Maßnahmen zu ergreifen, um den Ausfall dieser Flächen aus der landwirtschaftlichen Nutzung zu verhindern. Bewässerte Flächen fallen durch Zerstörung der Bewässerungskanäle. oft· durch ein niedriges Nutzungsniveau der Bewässerungssysteme, wegen Versalzung und durch andere Ursachen aus der Nutzung aus. Entwässerte Flächen wachsen mit Strauchwerk und jungem Wald zu oder versumpfen wieder, weil die Dränagen und Kanäle nicht erhalten werden.
Der Zuwachs an bewässerten Flächen (unter Berücksichtigung sowohl der Inbetriebnahme neuer als auch des Ausfalls früher bewässerter Flächen) betrug im ersten Nachkriegsjahrzehnt 1,2 Mio ha und im zweiten Nachkriegsjahrzehnt 1,3 Mio ha. So war der jährliche Zuwachs an bewässerten Flächen nicht höher als 125 000 ha. Wegen der wesentlich höheren Werte an neu erschlossenen bewässerten Flächen weist das auf die dringende Notwendigkeit hin, die technische Umrüstung der Meliorationssysteme zu forcieren. Bedauerlicherweise ist das Entwicklungstempo dieser Arbeiten, die im laufenden Fünfjahrplan begonnen wurden, unzureichend (16 Prozent der Investitionen im Wasserwirtschaftsbau).
Es empfiehlt sich, die Investitionen für die technische Verbesserung der Bewässerungssysteme hauptsächlich in den alten Bewässerungsgebieten zu erhöhen. Sowohl im Investitionsplan als auch im Plan der materiell-technischen Versorgung sollen die Maßnahmen die Priorität haben, die auf eine vollständige Inbetriebnahme der Fläche mit einem Bewässerungsnetz ge-

richtet sind, die gegenwärtig nicht bewässert werden. Zweckmäßig ist es auch, in breiter Front Arbeiten zur technischen Umrüstung der Entwässerungssysteme auf der Basis geschlossener Dränagen in Angriff zu nehmen.

Eine große Reserve zur Steigerung des ökonomischen Ergebnisses der Wasserressourcen besteht in der jährlichen Planung der landwirtschaftlichen Nutzung meliorierter Flächen (nach Fruchtarten und Erträgen). Das dient der Nutzung bewässerter Flächen für den Anbau von Früchten mit hoher Qualität, mit denen neben der Erfüllung des staatlichen Aufkaufplanes der höchste Nutzen von jedem Hektar bewässerter Fläche sowie von jedem Rubel Produktionsfonds und auf jeden Kubikmeter verbrauchten Wassers erzielt werden kann.

Auch die Vervollkommnung der Projektierungsarbeiten ist eine bedeutende Reserve zur Steigerung der Effektivität an Investitionen. Das gleiche gilt von der Überwindung von Unzulänglichkeiten bei der Planung und Organisation des Bauwesens und bei der Inbetriebnahme von wasserwirtschaftlichen Objekten.

Bei der Meliorationsplanung wird faktisch nur der technische Teil des Projektes ausgearbeitet und nicht die günstigste Variante zur Bodennutzung. Das ist deshalb möglich, weil heute jedes Bewässerungs- oder Entwässerungsprojekt „vorteilhaft" aussieht und immer in die Liste der wasserwirtschaftlichen Planung aufgenommen werden kann. Manchmal ist das die Folge einer übermäßig „optimistischen" Projektierung, die sich sowohl in zu geringen Voranschlägen für den Meliorationsbau, in zu geringen Voranschlägen für die Unterhaltungskosten der Objekte und der laufenden Kosten der landwirtschaftlichen Produktion als auch in einer Überhöhung des Effektes besonders der projektierten Erträge landwirtschaftlicher Kulturen darstellt.

Dieses System zur Begründung von Meliorationsobjekten erhält sich dadurch, daß eine bestätigte Methodik zur Bestimmung der ökonomischen Effektivität von Investitionen im Meliorationsbau fehlt. Es wird außerdem gefördert durch das Bestreben, die Projekte durch Kürzung der agrarökonomischen Berechnungen zu vereinfachen. Dadurch gibt es keine Möglichkeit zum Variantenvergleich im agrarökonomischen Teil des Projekts. Dieser Teil des Projektes wird gewöhnlich erst nach den ingenieurtechnischen Projektierungsarbeiten ausgearbeitet, wodurch die Notwendigkeit zur „Begründung" jedes Projektes entsteht. Die Projekte für den Meliorationsbau müssen Ausarbeitungen enthalten, die eine Gegenüberstellung und Auswahl der effektivsten Varianten zur Inbetriebnahme und Nutzung der meliorierten Flächen ermöglichen, und zwar bei voller Verantwortung der Projektierungsorganisationen für die Zuverlässigkeit der Berechnungen bezüglich der erwarteten Effekte.

In Zusammenhang damit muß festgelegt werden, daß nur die meliorierten

Flächen als vollständig in Betrieb genommen gelten können, auf denen die geplante Produktion mit den geplanten Selbstkosten und folglich das Rentabilitätsniveau und der Rückfluß der Investitionen erreicht worden sind.
Notwendig ist ferner ein hinreichender Projektierungsvorlauf. Ohne diesen ist die Reihenfolge der Realisierung von Einzelobjekten, die nach der ökonomischen Effektivität festgelegt werden müssen, weder aufzustellen noch zu realisieren. Die Reihenfolge bei der Verwirklichung der einzelnen Objekte kann nur auf der Grundlage von Schemata zur Nutzung der Wasserressourcen für die Einzugsgebiete der Hauptflüsse festgelegt werden. Bis heute ist das nur bezüglich der „Reis-Bewässerung" beachtet worden. Die Ausarbeitung spezieller Materialien für alle Hauptrichtungen der Meliorationsarbeiten muß forciert werden. In erster Linie ist das für die Bewässerung des Getreides notwendig.
Nach vorliegenden Berechnungen wird der jährliche Umfang von Projektierungs- und Untersuchungsarbeiten im Verhältnis zum heutigen Stand in der Zukunft auf das Mehrfache wachsen. Das erfordert eine Ausweitung der Forschungsarbeiten zu Fragen der Melioration besonders in den neuen Gebieten der Bewässerung und Entwässerung, was mit einer beträchtlichen Erhöhung der Mittel für die Wissenschaft verbunden ist, die gegenwärtig nur ungefähr 0,6 Prozent der Investitionssumme in der Wasserwirtschaft betragen. Das Beispiel einer Reihe von entwickelten Ländern zeigt, daß dieses Verhältnis nicht begründet ist. In den USA betragen die Aufwendungen für die Wissenschaft auf dem Gebiet der Hydrotechnik und Melioration etwa 2 Prozent und in Kanada bis 3,5 Prozent der Investitionen in der Wasserwirtschaft.
Eine notwendige Maßnahme zur Steigerung der Effektivität bei der Nutzung der Wasserressourcen, der Investitionen und der Grundfonds der Wasserwirtschaft in allen Zweigen der Volkswirtschaft besteht darin, die Bezahlung für die Nutzung von Wasserressourcen einzuführen.
Die ökonomischen Kennziffern und Stimuli, die für die rationellste und effektivste Nutzung der Wasserressourcen und der Grundfonds der Wasserwirtschaft wichtig sind, werden gegenwärtig bei der Planung der Wasserwirtschaft und bei der Leitung wasserwirtschaftlicher Objekte sowie in der Wechselwirkung der Wasserwirtschaft mit den von ihr versorgten Produktionszweigen völlig ungenügend angewandt. Das behindert nicht nur die Formierung der Wasserwirtschaft als besonderem Wirtschaftszweig, sondern gestattet es in einer Reihe von Fällen auch nicht, die Prinzipien der wirtschaftlichen Rechnungsführung durchgehend in die Organisation der Produktion einzuführen. Alle Investitionen für den Aufbau der großen Bewässerungs- und Entwässerungssysteme (2 bis 2,5 Md. Rubel im Jahr) und die laufenden Kosten für ihre Unterhaltung (200 bis

250 Mio Rubel im Jahr) werden bisher aus dem Staatshaushalt finanziert und widerspiegeln sich nicht in den Selbstkosten der landwirtschaftlichen Produktion, die auf den betreffenden Flächen gewonnen wird.
Weil die Wasserverbraucher an der Einsparung von Beregnungswasser ökonomisch nicht interessiert sind, werden die Beregnungsnormen überhöht, und es werden nicht immer das Wasser und die bewässerten Flächen genau berechnet, was zur Hebung des Grundwasserspiegels, zur Versumpfung und zur Versalzung der Flächen führt.
In der Industrie trifft man immer noch auf Fälle eines überhöhten Wasserverbrauchs. Die technologischen Normen sehen zum Beispiel im Landesmittel einen Verbrauch von 115 m^3 Wasser je Tonne Stahl vor, tatsächlich werden jedoch 250 m^3 je Tonne verbraucht. Für eine Tonne Stickstoffdüngemittel werden 350 bis 400 m^3 Wasser und 1500 bis 2000 m^3 für eine Tonne synthetischer Fasern aufgewandt. Für je 1000 kWh Elektroenergie, die in Wärmekraftwerken gewonnen wird, werden 2,5 bis 3 m^3 Wasser unwiederbringlich verbraucht. Dadurch, daß die Wasserressourcen kostenlos und in unbegrenzter Menge verbraucht werden können, gibt es keinen Anreiz für die Industrie, die wiederholte Verwendung von Wasser in mehreren Produktionszyklen einzuführen. Das verstärkt die Verschmutzung der Flüsse und der anderen Gewässer, steigert den Gesamtverbrauch an Frischwasser und vermindert die Wasserressourcen, die für alle Nutzungszwecke geeignet sind, merklich.
Die Entwicklung der ökonomischen Reform erfordert die Einführung wertmäßiger Beziehungen zwischen der Wasserwirtschaft und den von ihr versorgten Zweigen durch die Festsetzung von Preisen für die Nutzung von Wasserressourcen. Die Wertbeziehungen müssen als ökonomischer Hebel dienen, der es ermöglicht, die vom Standpunkt der Volkswirtschaft zweckmäßige komplexe Nutzung der Wasserressourcen zu planen und zu verwirklichen. Das ist besonders wichtig, wenn man berücksichtigt, daß der Wasserverbrauch in der Zukunft auf ein Vielfaches steigen wird.
Die ökonomische Bedeutung der Bezahlung des Wassers in allen Produktionszweigen besteht darin, daß diese durch das vollständige Eingehen in die Selbstkosten der Produktion zur Wassereinsparung führt. Die dabei freigesetzten Reserven des Wasserwirtschaftssystems müssen für die Erweiterung der Produktion mit geringsten Investitionen eingesetzt werden, wodurch man die Investitionen effektiver nutzen kann, die jährlich auf die Entwicklung der Wasserwirtschaft entfallen.
Die Grundprinzipien für die Festlegung des Preises für die Wasserbenutzung müssen der Aufgabe, die Wasserressourcen des Landes möglichst rationell und effektiv zu nutzen, in vollem Umfang entsprechen und von folgenden Grundlagen ausgehen:

1. Alle Wasserressourcen der UdSSR (Oberflächen- und Grundwasser) sind allgemeines Volkseigentum und befinden sich im Besitz des Staates (in Gestalt seiner speziellen Verwaltungen und ihrer örtlichen Organe) und werden den Betrieben nur zur Nutzung übergeben.
2. Für die Nutzung von Wasserressourcen in ihrem natürlichen Zustand wird so viel bezahlt, daß eine entsprechende Weiterentwicklung der Wassernutzung im gegebenen Gebiet möglich ist (Reinigung, Bau von Rückhaltebecken, Heranführen von Wasser aus anderen Quellen und dergleichen).
3. Die Nutzung von Wasserreserven, für die Wasserbauten erforderlich sind (Deiche, Pumpen) und aus denen Wasser über Rohrleitungen oder Kanäle gefördert werden muß oder wofür andere materielle Aufwendungen notwendig sind, muß in solchem Umfang bezahlt werden, daß diese Aufwendungen und die notwendige Akkumulation gedeckt werden.
4. In den Volkswirtschaftszweigen, die Wasser verbrauchen und auf eine künstliche Regulierung des Wasservorkommens angewiesen sind (Hydroenergetik, Wassertransport, Flößerei, Fischwirtschaft und andere), muß die Bezahlung des Wassers so festgelegt werden, daß ein Kompensationsfonds für wasserwirtschaftliche Maßnahmen zur Auffüllung der Wasserverluste geschaffen werden kann, die durch die Entwicklung der betreffenden Zweige verursacht werden.

Es geht bei all dem nicht um eine Verteuerung der in den wasserverbrauchenden Betrieben hergestellten Erzeugnisse für den Staat, weil auch gegenwärtig die Aufwendungen für die Wasserversorgung aller Volkswirtschaftszweige tatsächlich getätigt werden. Sie spiegeln sich nur teilweise in den Selbstkosten der Zweige wider, weil die Wasserwirtschaft im wesentlichen auf Kosten des Staatshaushaltes entwickelt und unterhalten wird. Das Ziel der Bezahlung des Wasserverbrauchs sind die Herstellung und Erhaltung richtiger Proportionen zwischen den Zweigen auf der Basis von Wertbeziehungen der Wasserwirtschaft mit der Produktion, die von ihr versorgt wird, sowie die Schaffung ökonomischer Stimuli für die rationellste und effektivste Nutzung der Wasserresourcen und der Grundfonds im Bereich der Wasserwirtschaft.

Nach überschläglichen Berechnungen beträgt der Preis für 1 m^3 Wasser, das zu den Grenzen eines Betriebes herangeführt (oder abgeführt) wird, 0,7 Kopeken und der Gesamtumfang der Bezahlung für die Nutzung der Wasserressourcen 2,8 bis 3 Md. Rubel im Jahr.

Die Bezahlung der Wasserressourcen muß nach Gebieten differenziert werden, und zwar in Abhängigkeit von deren Wasserversorgungsgrad und von der Art der Wassernutzung. Eine bestimmte Differenzierung ergibt sich aus der Verwendung von Kennziffern der spezifischen Fondsintensität und der spezifischen laufenden Aufwendungen (je m^3 Wasser). Diese Kennziffern widerspiegeln Unterschiede mit Rentencharakter, die durch natürliche und wirtschaftliche Faktoren bedingt sind (Wasserdefizit, Schwierigkeit der Wassergewinnung, Entfernung der Wasserzuführung, notwendiger Reinigungsgrad des Wassers oder dergleichen). Diese Differenzierung, die nur die praktischen Bedingungen der Wasserversorgung und nicht die Perspektiven der Wassernutzung im gegebenen Gebiet berücksichtigt, ist offenbar unzureichend. Die zukünftigen Bedingungen können durch die Methode der „abgerundeten Anlagen" als Grundlage für die Berechnung des Rententeils der Bezahlung berücksichtigt werden.

Vorhandene Berechnungen zeigen, daß die Selbstkosten der verfügbaren Wasserressourcen unter Berücksichtigung der in nächster Zeit erforderlichen Regulierungsmaßnahmen je m^3 in den Grenzen von 0,1 Kopeke (bei Flüssen wie Kuban, Moskva und anderen) bis 0,006 Kopeken (bei Flüssen wie dem Jenisej, der Pečora und anderen)[7] schwanken. Entsprechend müssen auch die Preise für Frischwasser differenziert werden, natürlich unter Berücksichtigung der direkten Aufwendungen für die Wasserversorgung im jeweiligen Fall.

Berechnungen zeigen, daß durch die Bezahlung des Wassers der ökonomische Rückfluß aus der Grundfondsnutzung der Wasserwirtschaft in allen Zweigen der Volkswirtschaft um 18 bis 20 Prozent steigt, was gleich bedeutend ist mit einer entsprechenden Steigerung der Kapazitäten der Wasserwirtschaft, ohne große zusätzliche Investitionen.

Die Einführung der Wasserbezahlung wird nicht nur die Ausrüstung der Wasserwirtschaftssysteme mit Vorrichtungen zur Senkung der Wasserverluste (Betonierung der Kanäle und anderes) stimulieren, sondern schafft die dazu notwendigen Mittel und ist die ökonomische Basis für den wissenschaftlich-technischen Fortschritt und die Mittelquelle für die Aufwendungen zur erweiterten Reproduktion der Wasserwirtschaft.

[7] Oziranskij, S., Plata za vodnye resursy [Bezahlung der Wasserressourcen], in: Planovoe chosjajstvo, 9/1968, S. 73.

KAPITEL 5

Die komplexe Nutzung der Waldressourcen

Unter den Reichtümern der UdSSR nehmen die Waldressourcen einen besonderen Platz ein. Nach dem Umfang der Waldfläche und nach den heutigen Vorräten steht die UdSSR auf dem ersten Platz in der Welt. Diese Vorräte übersteigen die der kapitalistischen Länder wesentlich. Die gesamten Holzvorräte der UdSSR betragen 79, 74 Md. m³ und die Holzvorräte in den erschlossenen Wäldern erreichen 48 Md. m³; das sind fast 36 Prozent der Weltvorräte.
Es kann nicht gesagt werden, daß die reichen Waldressourcen des Landes unzureichend genutzt werden. Der Umfang des Holzeinschlages (ohne Einschlag in Kolchoswäldern) stieg von 1913 bis 1965 auf mehr als das

Tabelle 1

Produktionsumfang wichtiger Holzerzeugnisse auf 1000 m³ Rohholz in der UdSSR und in den USA *

Erzeugnisse	UdSSR 1960	1967	USA 1960	1967
Holz (Mio m³)	369,5	383,0	311,1	329,1
darunter Nutzholz (Mio m³)	261,5	286,9	268,6	299,2
Sägewerkserzeugnisse (m³)	285,7	284,6	263,3	261,3
Sperrholz (m³)	3,7	4,7	25,4	39,5 **
Zellulose (t)	6,2	10,5	73,3	101,0
Papier und Pappe (t)	8,7	14,8	94,8	123,7
Holzfaserplatten (m²)	182,9	419,3	1604,4	1764,7
Holzwollplatten (m³)	0,4	3,4	1,9 ***	5,3 **

* Die Volkswirtschaft der UdSSR 1967", Moskau, 1968; ,Jearbook of forest produkts' FAO, Rom 1961, 1968.

** Ibid., 1966.

*** Ibid,. 1962.

5,6fache und die Produktion von Sägewerkserzeugnissen auf das 7,8fache. Nach dem Umfang des Holzeinschlages und nach der Produktion von Sägewerkserzeugnissen befindet sich die UdSSR schon lange auf dem ersten Platz in der Welt, sowohl nach absoluten Kennziffern als auch bezüglich der Pro-Kopf-Produktion. Im Jahre 1967 wurden in der UdSSR 383 Mio m^3 Holz und 113 Mio m^3 Sägewerkserzeugnisse gewonnen, während 1967 in den USA 329, 1 Mio m^3 Holz und 81, 9 Mio m^3 Sägewerkserzeugnisse produziert wurden.

Pro Kopf der Bevölkerung wurden 1967 in der UdSSR 1,6 m^3 Holz (fast genau soviel wie in den USA) und an Sägewerkserzeugnissen 0,5 m^3 (in den USA 0,4 m^3) gewonnen.

Bei allen Erfolgen der Holzindustrie der UdSSR im Holzeinschlag und in der Sägewerksproduktion muß man jedoch die Aufmerksamkeit auf die unzureichende Entwicklung der Zweige lenken, die eine komplexe Nutzung des Holzes ermöglichen (Tabelle 1).

Aus den angeführten Ergebnissen geht hervor, daß die UdSSR die USA hinsichtlich der mechanischen Holzverarbeitung überflügelt hat, jedoch auf dem Gebiet der chemischen und chemo-mechanischen Verarbeitung des Holzes noch zurückbleibt. In den USA wird fast 8,4mal soviel Papier und Karton produziert wie in der UdSSR. Die USA produzieren 9,6mal soviel Zellulose, 8,4mal soviel Sperrholz und 4,2mal soviel Holzfaserplatten usw. Der Rückstand bei der weitgehenden Verarbeitung des Holzes findet seine Widerspiegelung im geringeren Wert der Hauptproduktionsarten in der Holzwirtschaft der UdSSR im Vergleich zu den USA (Tabelle 2).

Tabelle 2

Wert der wichtigsten Erzeugnisse der Holzwirtschaft je 1000 m^3 Rohholz in der UdSSR und in den USA * (in Rubel)

Erzeugnisse	UdSSR		USA	
	1960	1967	1960	1967
Sägewerkserzeugnisse	10948,0	10905,9	10089,7	10013,0
Sperrholz	585,9	744,2	4021,8	6254,4
Zellulose	1719,9	2912,7	20333,4	28017,4
Papier und Pappe	2187,4	2721,0	23834,6	31100,7
Holzfaserplatten	73,2	167,7	641,8	705,9
Holzwollplatten	39,5	335,7	187,6	523,3
Insgesamt	15553,9	18785,2	59108,9	76614,7

* In mittleren Großhandelspreisen der Ministerien für Forst und Holzwirtschaft und für Zellulose- und Papierindustrie der UdSSR (gültig ab Juli 1967).

Der Wert der obengenannten Produktion stieg in der UdSSR von 1960 bis 1967 auf das 1,2fache, in den USA auf das 1,3fache. Das Zurückbleiben im Entwicklungstempo der Produktion einiger Arten von Produkten (Sperrholz) führte dazu, daß der Unterschied im Gesamtproduktionswert zwischen der UdSSR und den USA in dieser Periode nicht geringer wurde, sondern sich sogar etwas erweiterte. Diese Werte zeugen von den großen Reserven, die in der Holzindustrie der UdSSR liegen und deren Nutzung die Produktion und die Investitionen in der Holzindustrie wesentlich effektiver gestalten würde.
Eine der wichtigsten Richtungen zur Steigerung der Effektivität der Produktion ist die komplexe Verarbeitung des Holzes, dessen vollständige und rationelle Nutzung.
Betrachten wir die Hauptwege zur rationelleren Nutzung des Holzes und versuchen wir, den dabei erzielbaren ökonomischen Effekt zu berechnen: die erhebliche Steigerung der Nutzholzressourcen durch Senkung des Brennholzanteils; die vollständigere Nutzung der Möglichkeiten zum Holzeinschlag; die Nutzung der Rückstände in allen Stadien der Gewinnung und Verarbeitung; die rationellere Nutzung von Holz und Holzprodukten in der Volkswirtschaft.
Gegenwärtig wird in der UdSSR zwar mehr Rohholz gewonnen als in den USA, die Gewinnung von Nutzholz ist jedoch bedeutend geringer. 1967 betrug der Nutzholzanteil an der gesamten Holzgewinnung der UdSSR 75 Prozent, in den USA dagegen etwa 91 Prozent. Die Brennholzgewinnung betrug in der UdSSR 96 Mio m^3 und in den USA 29,5 Mio m^3. In den USA wird damit bei geringerem Holzaufkommen eine größere Menge an Holzrohstoff der Verarbeitung zugeführt.
An der Brennstoffproduktion der Sowjetunion machte das Holz 1960 4 Prozent und 1967 2,8 Prozent aus. In einzelnen Gebieten hat das Holz als Brennstoff jedoch noch einen bedeutenden Anteil inne. Der Verbrauch von Holz und Holzrückständen wird in den einzelnen Gebieten der RSFSR im Jahre 1962 durch folgende Zahlen (nachstehende Tabelle) charakterisiert (in 1000 t Einheitsbrennstoff)[1].
Damit wird das Holz nicht in den entfernten waldreichen Gebieten mit schwach entwickeltem Transportnetz, weit von den Brennstoffzentren des Landes entfernt, wie in der Jakutischen ASSR und im Gebiet Kamčatka, in großem Umfang als Brennstoff verwendet, sondern in den Gebieten des europäischen Teils der UdSSR, die hinreichend erschlossen sind und

[1] Glotov, V. V., Medvedev N. A., Mošonkin', N. P., Rjumin, V. I., Spravočnik po èkonomike lesnoj promyšlennosti [Handbuch zur Ökonomik der Holzindustrie], Moskau 1967, S. 260.

Gebiet	Brennholz	Rückstände der Holzverarbeitung	Insgesamt	spezifischer Anteil des Holzes an der Brennstoffbilanz
Archangelsk	1110	282	1392	34
Vologodsk	821	100	921	36
Novgorod	361	67	428	37
Karelische ASSR	617	130	747	44
Pskov	219	7	226	27
Vladimir	358	48	406	26
Kalinin	507	154	661	23
Kostroma	618	125	743	48
Kirov	1100	206	1306	38
Marijsche ASSR	381	60	441	48
Gebiet Kurgan	427	4	431	25
Gebiet Tjumen	462	83	545	45
Udmurtische ASSR	389	66	455	39
Burjatische ASSR	513	8	521	24
Kamčatka	95	12	107	27
Jakutische ASSR	600	—	600	41

die Möglichkeit haben, ihren Brennstoffbedarf mit mineralischen Brennstoffen zu decken.
Die Verteilung des Brennstoffes Holz auf die Volkswirtschaftszweige geht aus folgenden Zahlen hervor (in Prozent)[2]:

Industrie	39,6
Landwirtschaft	10,5
Bauwesen	2,0
Transportwesen	2,4
Wohnraum- und Kommunalwirtschaft und Versorgung	21,0
übrige Zweige der Volkswirtschaft	24,5
insgesamt	100,0

Damit sind Großverbraucher von Holz als Brennstoff die Industrie, die Wohnraum- und Kommunalwirtschaft, die Dienstleistungsbetriebe und die Landwirtschaft. (Das von den Kolchosen gewonnene Brennholz ist hier nicht erfaßt.)

[2] Glotov, V. V. u. a., a. a. O., S. 259

Die Mehrzahl dieser Verbraucher sollten das Holz durch mineralische Brennstoffe ersetzen. Nach Berechnungen der Leningrader Forstwirtschaftsakademie, die unter Leitung von T. S. Sobovikov und W. E. Levanov[3] durchgeführt wurden, betragen die Brennholzressourcen, die für die Holzverarbeitung und für die Zelluloseindustrie in Frage kommen (mit Ausnahme des Eigenbedarfs der Betriebe und des Bedarfs der Bevölkerung) 1963 in der RSFSR 63 Mio m^3, und am Ende des Jahres 1970 erreicht diese Menge 65 bis 70 Mio m^3. Dabei ist das Holz mitgerechnet, das sich bereits in den Holzverarbeitungswerken befindet, das heißt, das zur Verarbeitung oder zur Verladung vorbereitet ist.

Berechnen wir nun den ökonomischen Nutzen, der sich aus dem Ersatz von Holz durch mineralische Brennstoffe ergibt. Dazu benutzen wir mittlere Normative über die Selbstkosten und Investitionen für die Holzproduktion und für mineralische Brennstoffe in der UdSSR. Für die Bestimmung der Selbstkosten aus den Investitionen unterstellen wir durchschnittliche Bedingungen für den Aufbau und die Nutzung eines Holzgewinnungsbetriebes in waldreichen Gebieten.[4] Unter diesen Bedingungen betragen die Investitionen für 1 m^3 Holz für den Industriebau 10,23 Rubel und für den kommunalen Wohnungsbau 9 Rubel. Die Selbstkosten für 1 m^3 Holz betragen 7,3 Rubel[5], und der Preis für 1 m^3 Brennholz beträgt in der Mehrzahl dieser Gebiete 0,2 Rubel.[6] Die gesamten Selbstkosten für Brennholz betragen etwa 7,5 Rubel je m^3. Dementsprechend betragen die vergleichbaren Kosten für 1 m^3 Brennholz unter Berücksichtigung der Investitionen nur für den Industriebau 9,5 Rubel (der normative Effektivitäts-Koeffizient für Investitionen in der Holzindustrie wird mit 0,2 angenommen). Die vergleichbaren Kosten betragen unter Berücksichtigung

[3] Levanov, V. E., Èkonomika proizvodstva technologičeskoj ščepy i drevesnych plit [Ökonomik der Produktion von technologischen Spänen und Holzplatten], Moskau 1968, S. 19.

[4] Als mittleren Holzgewinnungsbetrieb nehmen wir einen Forstwirtschaftsbetrieb mit Autostraßen und einem Einschlag von 300000 m^3 bei einer Abfuhrentfernung von 24 km in ebenem und schwach hügeligem Gelände an. Mit einem Sumpfanteil bis 20 Prozent. Mit gemischtem Waldbestand und einem mittleren Bestand an Strauchwerk von 0,4 bis 0,49 m^3, einem mittleren liquiden Vorrat je ha Gesamtfläche von 101 bis 125 m^3, einer Gesamtproduktion je Arbeiter von 684 m^3/a, einem Familienfaktor von 3, einer Wohnfläche von 9 m^2/Person. Der bezirkliche Investitionsfaktor beträgt 1,1 und der Selbstkostenfaktor 1,18.

[5] Techniko-èkonomičeskie pokazateli dlja proektirovanija lesozagotovitelnych predprijatij [Technisch-ökonomische Kennziffern für die Projektierung von Holzgewinnungsbetrieben], Leningrad 1967.

[6] Preisliste Nr 07–01, Moskau 1966.

des Industrie- und Wohnungsbaues 10,4 Rubel (der normative Koeffizient für den Wohnungsbau wird mit 0,1 angenommen).
Die Heizkraft von 1 m³ Holz ist in Abhängigkeit von der Art des Holzes verschieden. Im Durchschnitt kann man sie mit 0,26 bis 0,3 Energieeinheiten (je t Einheitsbrennstoff) annehmen. Dann betragen die vergleichbaren Kosten auf eine Energieeinheit in Holz ohne Wohnungsbau 31 bis 38 Rubel und unter Berücksichtigung der Investitionen für den Wohnungsbau 34 bis 42 Rubel.
Die vergleichbaren Kosten für mineralische Brennstoffe betragen von 4,9 Rubel je t Einheitsbrennstoff in Ostsibirien bis 10,17 Rubel im nordwestlichen Teil und 11,96 Rubel im Fernen Osten.[7] Folglich beträgt die Einsparung bei Ersatz eines m³ Holzbrennstoff durch mineralischen Brennstoff zwischen 9 und 11 Rubel. Die Gesamteinsparung betrüge 600 bis 700 Mio Rubel. Eine bedeutende Holzmenge könnte gewonnen werden, wenn die eingeschlagenen Mengen besser genutzt würden. Gegenwärtig bleibt ein großer Teil des eingeschlagenen Holzes ungenutzt. Dazu gehören unvollendete Einschläge, Holz, das auf der Wurzel verbleibt, wenn der Einschlag kompliziert ist, und Holz, das vom Einschlagsort nicht abgefahren wird. Die Ursachen bestehen vor allem darin, daß die Forstwirtschaftsbetriebe nicht ausreichend materiell an der Gewinnung und an der Abfuhr des Holzes, das als Brennholz genutzt werden kann, interessiert sind. Deshalb bleiben häufig Flächen stehen, deren Ausbeute an Nutzholz nicht groß ist und die viel Laubholz enthalten. Das Laubholz wird nicht zu Brennholz verarbeitet.
Das führt dazu, daß der berechnete Einschlag in einer Reihe von Gebieten bezüglich der Nadelhölzer übererfüllt und bezüglich der Laubhölzer nicht erfüllt wird. Im Jahre 1962 wurde der Nadelholzeinschlag in den Wäldern der zweiten Gruppe der RSFSR zu 117,7 Prozent erfüllt (das heißt, es wurde bedeutend zu viel eingeschlagen) und bei Laubhölzern wurde er nur zu 79,4 Prozent erfüllt.[8]
Unvollständige Einschläge entstehen auch in den Fällen, in denen die Forstwirtschaftsbetriebe bei der Jagd nach den besten Kennziffern ihrer Arbeit lichte Bestände, Dünnholz oder Holz auf moorigen Flächen und auf Flächen, die von den Transportwegen weit entfernt sind, einfach stehen lassen.
Durch diese Ursachen verblieben 1961 auf den Schlägen 34 Mio m³ Holz,

[7] Šelest, V. A., Èkonomika razmeščenija èlektroènergetiki SSSR [Ökonomik der Verteilung der Elektroenergetik der UdSSR], Moskau 1965, S. 97.
[8] Pelepečin, B. W., Filinov, N. P., Lesopolsovanie v SSSR (1946–1962) [Waldnutzung in der UdSSR], Moskau 1964, S. 55.

darunter 24 Mio m³ in Gestalt unvollständiger Einschläge, 7 Mio m³ auf Kahlschlägen und 3 Mio m³, die nicht abgefahren wurden.[9] Nach Berechnungen der Leningrader Forstwirtschaftsakademie betrug die Holzmenge, die auf den Schlägen stehenbleibt oder nicht abgefahren wird – unter Berücksichtigung der Verluste in der RSFSR[10] – im Jahre 1963 22,7 Mio m³, und 1970 werden es ungefähr 25 Mio m³ sein.

Die Fragen der Effektivität der Brennholzgewinnung und der Einsparung, die bei völliger Nutzung des einzuschlagenden Waldes erzielt werden kann, werden im folgenden betrachtet.

Eine wichtige Reserve zur Steigerung der Produktion in der holzverarbeitenden, in der Zellulose- und Papierindustrie ist die Nutzung der Rückstände bei der Rohholzgewinnung und von den Sägewerken.

In der holzgewinnenden Industrie entsteht eine Menge von Rückständen beim Ausästen der Bäume und beim Sortieren. Die Menge der Abfälle, die weiterverarbeitet werden können, verändert sich je nach dem eingeschlagenen Waldbestand und dem angewandten technologischen Prozeß. Nach Ergebnissen der Leningrader Forstakademie[11] betrugen diese Rückstände 1963 in der RSFSR 31,8 Mio m³ und erreichten 1970 (am Endes des Jahres) 34,2 Mio m³.

Daneben gilt es in den Holzverarbeitungsbetrieben, die Eisenbahnschwellen und andere Holzprodukte – zum Beispiel Verpackungsmaterial – herstellen, auch einige gewisse Menge von Rückständen, die keiner Weiterverarbeitung zugängig sind. Solche Abfälle[12] gab es 1963 etwa 2,6 Mio m³, und 1970 werden es ebensoviel sein. Eine große Menge von Rückständen entsteht in den Sägewerken, in den Holzverarbeitungsbetrieben, in der Furnierindustrie, in der Zelluloseindustrie und in der Papierindustrie. Nach Berechnungen wirtschaftsleitender Organe betrug die Gesamtmenge der Rückstände in den Sägewerken und in der holzverarbeitenden Industrie[13] im Jahre 1964 rund 86 Mio m³.

Nachstehend sind für das Jahr 1963 Angaben über die Menge von Rückständen in den wichtigsten holzverarbeitenden Industriezweigen der RSFSR zusammengestellt (in 1000 m³)[14]:

[9] Ebenda

[10] Levanov, V. E., Èkonomika proizvodstva technologičeskoj ščepy u drevesnych plit [Ökonomik der Produktion von technologischen Spänen und Holzplatten], S. 19.

[11] Ebenda

[12] Ebenda

[13] Les – nacionalnoe bogatstvo covetskogo naroda [Der Wald – Nationalreichtum des Sowjetvolkes], Moskau 1967, S. 182.

[14] Mareev, V. S., Resursy drevesnych otchodov 6 derevoobrabatybajuščej pro-

Zweige	Holzstücke	Sägespäne	Hobelspäne	Insges.	Rinde
Sägewerke	20215	15112	–	37327	7619
Möbelindustrie	1385	421	–	2443	–
Verpackungs-industrie	1286	838	261	2385	–
Fertighäuserbau	393	182	132	707	–
Produktion von Türen, Fenstern und anderen Erzeugnissen	847	328	439	1614	–
Furnier- und Zündholzindustrie	1550	56	11	1617	433
Zellulose- und Papierindustrie	284	79	106	769	1175
Insgesamt	25960	17016	1886	44862	9227

Die größte Menge an Rückständen entsteht in den Sägewerken (83,2 Prozent), wo auch viele Rückstände als Holzstücke anfallen (77,8 Prozent). Im Jahre 1970 kann die Gesamtmenge an Rückständen der Holzindustrie 89,9 Mio m³ erreichen. Nach Zweigen werden das in Mio m³ folgende Mengen[15] sein: Holzgewinnung 34,2, Holzbearbeitung in der Forstwirtschaft 2,7, Säge- und Holzverarbeitungswerke 51,0, Zellulose- und Papierindustrie 2,0.

Wenn man zu dieser Menge 92,1 Mio m³ Brennholz hinzuzählt, das einer weiteren Verarbeitung zugänglich ist (Holz, das als Brennmaterial verwendbar ist und auf den Kahlschlägen und Aufbereitungsplätzen zurückbleibt), so beträgt die Gesamtmenge der Rückstände und des Holzes, das in den verarbeitenden Zweigen der Holzindustrie der RSFSR weiterverarbeitet werden kann, 182 Mio m³. 1965 wurden in der RSFSR für technologische Zwecke 7409 Mio m³ Rückstände und Brennholz, das sind etwa 2 Prozent gewonnenen Holzes, verwendet. Das geht aus folgenden Zahlen hervor (in 1000 m³)[16] (nachstehende Tabelle).

Der Großteil der Rückstände wird in der Hydrolyseindustrie verwendet, die noch in der Vorkriegsperiode geschaffen und für die Verarbeitung von Rückständen vorgesehen war (im wesentlichen Sägespäne). An zweiter

myslennosti RSFSR [Ressourcen an Holzrückständen in der holzverarbeitenden Industrie der RSFSR], Derevoobrabatybajuščaja promyšlennost 1/1967, S. 16.

15 Levanov, V. V., a. a. O., S. 19 und 22.

16 Glotov, V. V. u. a., a. a. O., S. 260.

Produktion	Rückstände	Brennholz	Insgesamt
Späne für die Zellulose- und Papierindustrie	1294,0	1040,9	2334,9
Holzfaserplatten	769,7	281,3	1051,0
Holzwollplatten	258,9	404,5	663,4
sonstige Platten	1,5	282,4	283,9
hydrolytische und holzchemische Produktion	2734,1	341,8	3075,9
Insgesamt	5058,2	2350,9	7409,1

Stelle steht in dieser Beziehung die Zellulose- und Papierindustrie. Die Verarbeitung von Rückständen in der Zellulose- und Papierindustrie hat jedoch an der gesamten Rohstoffbilanz nur einen Anteil von 9,4 Prozent. Zum Vergleich sei darauf hingewiesen, daß der spezifische Anteil der Rückstände am Holzverbrauch der Zellulose- und Papierindustrie in den USA 24 Prozent, in der BRD 31 Prozent und in Japan 50 Prozent beträgt.[17]

Die Verwaltung der Holzindustrie hat eine spezielle Untersuchung über die Nutzung von Rückständen in 831 Sägewerken und Holzverarbeitungsbetrieben durchgeführt, deren Rückstände insgesamt 32,2 Mio m^3 betrugen. Diese Rückstände werden in folgender Weise genutzt[18]: für technologische Zwecke 7,5 Mio m^3 oder 23,2 Prozent, als Brennmaterial 17,1 Mio m^3 oder 53,2 Prozent, auf Halde geschüttet 7,6 Mio m^3 oder 23,6 Prozent.

Damit wurde nur etwa ein Viertel der vorhandenen Rückstände rationell genutzt. Der Rest wurde als Brennmaterial verwendet oder einfach vernichtet. Davon hatten die Betriebe nicht nur keinen Gewinn, sondern verbrauchten auch bedeutende Mittel zum Sammeln und zum Transport der Rückstände auf die Halden. Neben den ökonomischen Verlusten bei der Vernichtung von Rückständen muß man auch die Verschandelung der Landschaft, die Verschlechterung der sanitären und hygienischen Bedingungen, die Verschüttung landwirtschaftlicher Nutzflächen durch die Halden und ähnliches berücksichtigen.

Die Sowjetunion verfügt über sehr große Reserven an Holz für die Entwicklung der Zellulose- und Papierindustrie, für die Herstellung von Holzplatten, für die Hydrolyseindustrie usw. Das Wachstum dieser Produktion erfordert keine Steigerung der Holzgewinnung und der damit verbundenen materiellen und Arbeitsaufwendungen. Davon sprechen die folgenden

17 Senčurov, K. T., Mirovaja cellulozno-bumažnaja promyšlennost' [Die Zellulose- und Papierindustrie der Welt], Bumažnaja promyšlennost, 7/1968, S. 27.

18 Lec-narodnoje bogatstvo . . ., a. a. O., S. 182.

Ergebnisse über den Aufwand an Rückständen und Brennholz für einige Produktionsarten und über den Austausch an Nutzholz (in m³):

Produktion		Menge an Brennholz und Rückständen	Ersetzte Menge an Sägewerks-erzeugnissen	Ersetzte Menge an Nutzholz
Verpackungskarton	t	3,4 – 3,6	10	15
Holzfaserplatten	1000 m²	8,6 – 9,3	16	24
Holzwollplatten		1,5	2	3

Die Bestimmung der ökonomischen Effektivität bei der Nutzung von Brennholz als Verarbeitungsrohstoff ist sehr kompliziert. Das hängt damit zusammen, daß bei der Holzgewinnung der Arbeitsgegenstand der „Baumstamm" ist. Die Hauptarbeitsgänge des Holzgewinnungsprozesses, das Einschlagen, das Ausästen, das Rücken, die Abfuhr und das Sortieren, werden auf 1 m³ gewonnenes Holz berechnet. Dieses wird jedoch erst im letzten Arbeitsgang in Nutzholz (mit sehr unterschiedlichem Sortiment) und in Holz geringer Qualität (Brennholz) unterteilt. Das gleiche gilt für die Investitionen für die Holzgewinnung. Die Grundfonds für die Produktion und die übrigen Grundfonds werden für den abstrakten m³ Holz berechnet. Damit sind die gesellschaftlich notwendigen Arbeitsaufwendungen für Nutzholz und für Brennholz praktisch gleich.

Der Gebrauchswert von Nutzholz und von Holz geringerer Qualität (der Kürze halber wollen wir es Brennholz nennen, wenngleich es durchaus nicht immer als Brennholz verwandt wird) ist jedoch bei weitem nicht gleich. Die Verwendung von Brennholz als Ersatz für Nutzholz (auch in der Produktion, in der das möglich ist) erfordert zusätzliche materielle und Arbeitsaufwendungen.

In dieser Frage widerspiegelt sich die durchaus nicht gleiche Wertigkeit verschiedener Waldstücke, die sich sowohl durch ihre Lage (Transportentfernung für das Holz, Entfernung zum Ort der Verwendung) als auch bezüglich der Holzqualität unterscheiden. Diese Unterschiede führen in der Forstwirtschaft zu einer spezifischen Form der Differentialrente I, die man in eine Lagerente und in eine Rente der Holzqualität und der Holzvorräte je ha unterteilen kann. Die letztere ist in gewisser Weise ein Analagon zur Fruchtbarkeitsrente in der Landwirtschaft. Die Differentialrente in der Forstwirtschaft drückt sich vor allem in der Bezahlung des noch nicht geschlagenen Holzes aus (Taxpreis für Holz, das auf der Wurzel verkauft wird).

Es sollen nicht alle Fälle näher analysiert werden, in denen sich Differentialrente in der Forstwirtschaft bildet und im Taxwert ausdrückt.[19] Wir untersuchen nur die Fragen näher, in welchem Grade der Taxwert dazu dient, die Selbstkosten von Nutzholz und Brennholz so festzulegen, daß es ökonomisch vorteilhaft wird, Brennholz als technologischen Rohstoff zu verwenden, Zu diesem Zweck betrachten wir die Gesamtaufwendungen für die Produktion von Papierholz (Rohstoff für die Zellulose und Papierproduktion) aus Nutzholz und Brennholz. Dabei muß man berücksichtigen, daß für die Herstellung von einem m³ Papierholz aus Brennholz 1,34 m³ Rohstoff gebraucht wird, was die Gesamtaufwendungen entsprechend erhöht (Tabelle 3).

Tabelle 3

Selbstkosten der Produktion und der Investitionen füi 1 m³ Papierholz aus Nutzholz (a) und Brennholz (b) in Rubel* 9

Art der Aufwendungen	Selbstkosten				Investitionen	
	a	b	a	b	a	b
Einschlag, Rücken, Abfuhr	7,30	9,78	7,30	9,78	19,23	25,77
Taxwert	1,80	0,27	0,80	0,20	—	—
Sortieren und Verladen	1,54	—	1,54	—	2,52	—
Herstellung von gespaltenem Papierholz und Verladen in Waggons	—	3,69	—	3,69	—	1.84
Summe	10,64	13.74	9,64	13,67	21,75	27,61

* Berechnung nach: Technisch-ökonomische Kennziffern für die Projektierung von Betrieben zur Holzgewinnung. Leningrad, Giprolestrans 1967; Preisliste 07–91. Moskau, Prejskurantgis 1966.

Aus den Angaben der Tabelle 3 ist ersichtlich, daß die Höhe des Taxpreises für ein solches Selbstkostenniveau bei Nutzholz und Brennholz nicht ausreicht, bei dem die Verwendung von Brennholz für technologische Zwecke vorteilhaft wäre.

Um einen Ausweg aus dieser Lage zu finden, werden die Großhandelspreise für Brennholz wesentlich geringer festgesetzt als die Selbstkosten

[19] Diese Frage wird speziell untersucht in den Monographien: Vasilev, P. V., Èkonomika ispolsovanija i vosproizvodstva lesnych resursov [Ökonomik der Nutzung und Reproduktion der Wald-Ressourcen], Moskau 1963; Škatov, V. K., Popennaja plata v SSSR [Der Holztaxpreis in der UdSSR], Moskau 1965.

für einen abstrakten m^3 Holz. Die Selbstkosten für Brennholz werden dementsprechend unterbewertet. Nach den Preisen, die am 1. Juli 1967 in Kraft traten, beträgt der mittlere Großhandelspreis für Brennholz in der RSFSR 29,6 Prozent des Großhandelspreises für abstraktes Holz und die Selbstkosten für Brennholz betragen 56 Prozent der mittleren Selbstkosten für Holz.
In den waldreichen Gebieten der UdSSR beträgt der Preis für Papierholz unsortiert 16,3 bis 16,9 Rubel und für nicht sortiertes Brennholz 3,7 bis 3,9 Rubel für 1 m^3. Vom Brennholzpreis muß man 2 Rubel für die Aufwendungen der Versorgungsorgane und ungefähr 70 Kopeken für die Verladung in Waggons oder Kähne und andere Kosten außerhalb der Produktion abziehen. Im Ergebnis erhält der Forstwirtschaftsbetrieb für Brennholz 1 bis 1,2 Rubel je m^3, das heißt ungefähr 16 Prozent der tatsächlichen Selbstkosten für die Gewinnung, für das Rücken und für die Abfuhr je abstrakten m^3 Holz.[20]
Diese Preise und die ihnen entsprechenden Selbstkosten für Brennholz ermöglichen dessen vorteilhaften Einsatz in der Zellulose- und Papierindustrie und in anderen Produktionszweigen, stimulieren jedoch durchaus nicht die Gewinnung und die Abfuhr. Das führt – wie bereits gesagt – zu einer unzureichenden Nutzung des Einschlagfonds.
Folglich kann man die ökonomische Effektivität der Brennholznutzung nicht nach den Großhandelspreisen bestimmen. Der Gewinn und die hohe Rentabilität der brennholzverarbeitenden Zweige verwandeln sich in Verluste für die Forstwirtschaft.
Unter diesen Bedingungen kann man an die Bestimmung der ökonomischen Effektivität der Verwendung von Holz geringerer Qualität nur auf folgender Grundlage herangehen. Das als technologischer Rohstoff verwendete Brennholz ersetzt eine bestimmte Menge Nutzholz und gestattet es damit, die Nutzholzgewinnung zu verringern. Anders gesagt, wenn man auf die technologische Nutzung von Brennholz verzichtet, muß man eine entsprechende Menge Nutzholz zusätzlich einschlagen und gewinnen.
Der Vorteil dieser Berechnungsmethode liegt darin, daß sie auf die tatsächlichen Selbstkosten und Investitionen für die Holzgewinnung und die Rohstoffproduktion für die verarbeitende Industrie gegründet ist. So wird dabei der wirkliche Effekt aus der Brennholzverwendung berücksichtigt, und die Aufwendungen in der Forstwirtschaft werden vollständig gedeckt.
Zur Illustration dieser Berechnungsmethode betrachten wir folgendes Beispiel. Wir unterstellen, daß für die Zellulose- und Papierindustrie

[20] Preisliste 07–03, Moskau, Prejskurantgis, 1966.

100 m³ Papierholz gewonnen werden müssen. Auf dem ausgewählten Schlag werden 80 Prozent Nutzholz (der Einfachheit halber wird unterstellt, daß das gesamte Nutzholz zu Papierholz verarbeitet wird) und 20 Prozent Brennholz gewonnen. In der ersten Variante werden das Nutzholz und das Brennholz zur Herstellung von Papierholz verwendet und im zweiten Falle nur das Nutzholz. Das Brennholz wird zu den Selbstkosten verkauft.

In der ersten Variante müssen 107 m³ Holz gewonnen werden (80 m³ Nutzholz + 20 × 1,34 m³ Brennholz) und im zweiten Falle 125 m³ Holz (100 m³ Nutzholz und 25 m³ Brennholz). Kennziffern für die spezifischen Investitionen und Selbstkosten für Papierholz sind in Tabelle 3 angegeben. Die damit erzielten Berechnungsergebnisse zeigt Tabelle 4.

Tabelle 4

Die ökonomische Effektivität der Nutzung von Brennholz als Rohstoff für die Zellulose- und Papierindustrie (in Rubel)

Varianten	Menge m³	Selbstkosten 1 m³	Selbstkosten insges.	Investitionen 1 m³	Investitionen insges.	Vergleichbare Kosten
erste Variante						
Nutzholz	80	10,64	851	21,75	1740	1199
gespaltenes Papierholz	20	13,74	275	27,61	552	385
Summe	100		1126		2292	1584
zweite Variante						
Nutzholz	100	10,64	1064	21,75	2175	1499
Brennholz	25	7,50	188	19,23	481	284
Summe	125		1252		2656	1783

Aus den Ergebnissen der Tabelle 4 geht hervor, daß die Verwendung von Brennholz als technologischer Rohstoff für die Zellulose- und Papierindustrie sehr vorteilhaft ist. Es können 7,37 Rubel je m³ eingesetztes Brennholz eingespart werden (199:27). Unterstellt man, daß das gesamte Brennholz, das durch mineralische Brennstoffe ersetzt werden kann, für die Papierholzproduktion eingesetzt würde, könnte man in der RSFSR Ende 1970 fast 500 Mio Rubel einsparen.

Mit der gleichen Methode kann man die Einsparung berechnen, die sich durch Verwendung des Holzes ergibt, das auf den Kahlschlägen zurückbleibt. Die Besonderheit dieser Berechnung besteht darin, daß die Investitionen für die Produktion von Papierholz in der ersten Variante und den unmittelbaren, für die Gewinnung erforderlichen Investitionen übereinstimmen (1,84 Rubel je m^3). Die Investitionen für die Gewinnung und die Abfuhr des Holzes kann man in diesem Falle gleich Null setzen, weil sie bereits in der Berechnung für die gesamte Holzproduktion enthalten sind. Damit beträgt die Einsparung durch die Abfuhr und Verarbeitung der auf den Kahlschlägen zurückgebliebenen Holzmengen 11 Rubel je m^3 oder ungefähr 270 Mio Rubel für die gesamte Holzmenge (24,5 Mio m^3).

Die Bestimmung des Effektes aus der Nutzung der Rückstände der Holzgewinnung und Verarbeitung wird durch die Bestimmung der Selbstkosten und der spezifischen Investitionen für die Gewinnung des Ausgangsrohstoffes erschwert. Einige Autoren schlagen vor, die Selbstkosten der Rückstände und der für ihre Gewinnung notwendigen Investitionen mit Null anzunehmen, weil diese Aufwendungen bereits bei der Hauptproduktion berücksichtigt worden sind. Dann wären die Selbstkosten und die Investitionen für die Produktion eines Halbfabrikats wie der technologischen Späne für die Zellulose- und Papierindustrie oder für die Herstellung von Holzplatten nur den direkten Kosten für deren Herstellung gleich. Bei einer solchen Berechnung wird die Nutzung von Rückständen für die verarbeitende Industrie sehr vorteilhaft, und die verarbeitenden Betriebe werden einen hohen Gewinn und eine hohe Rentabilität erzielen.

Diese Methode würde in der Praxis jedoch zu einer Reihe von Unzulänglichkeiten bei der Arbeit der holzgewinnenden Betriebe, der Sägewerke und der holzverarbeitenden Industrie führen. Die Betriebe dieser Zweige wären vollkommen desinteressiert an der Sammlung, der Aufbewahrung und der Lieferung von Rückständen. Sie würden deren Vernichtung anstreben oder deren Nutzung unmittelbar im Betrieb selbst, um zusätzliche Aufwendungen zu vermeiden. Das würde beim Holzeinschlag zur Vernichtung der Rückstände in den Sägewerken und in den Holzverarbeitungsbetrieben zur Verwendung der Rückstände als Brennmaterial führen.

Außerdem würde es auch ungleiche Bedingungen für die Betriebe der Verarbeitungsindustrie schaffen. Die Betriebe, die auf der Basis von Halbfabrikaten arbeiten, die aus Rückständen gewonnen werden, wären in einer günstigeren Lage als diejenigen, die Nutzholz verwenden müssen.

Unter diesen Bedingungen kann man die Rückstände nach den vergleichbaren Kosten für die durch sie ersetzte Menge an Nutzholz bewerten. Betrachtet man das gleiche Beispiel – die Nutzung von Holz und Rückständen in der Zellulose- und Papierindustrie –, muß man die Aufwendungen für die Vorbereitung der Rückstände für deren Verwendung (Herstellung technologischer Späne) und die Rohstoffmenge berücksichtigen,

die für die Herstellung der Späne notwendig ist, sowie die damit eingesparte Menge an Papierholz. Die vergleichbaren Kosten für die Herstellung der Späne, die von staatlichen Einrichtungen berechnet wurden, werden in Abhängigkeit vom verwendeten Rohstoff und von dem Konzentrationsgrad der Rückstände beträchtlich schwanken.
Für die Produktion von Spänen aus Rückständen der Sägewerke muß der Ausgangsrohstoff entrindet werden. Das ist bei der Herstellung von Spänen aus Rückständen der holzverarbeitenden Industrie nicht erforderlich, weil das Holz bereits vorher entrindet wurde. Für die Produktion von 1 m^3 technologischer Späne aus Abfällen der Sägewerke braucht man 1,1 m^3 Rohstoff. Für die Produktion von Spänen aus Rückständen der Holzgewinnung und aus Brennholz benötigt man etwa 1,36 m^3 Rohstoff.
In der Projektierungspraxis des zuständigen Staatsorgans werden die vergleichbaren Kosten für die Herstellung von Spänen aus Rückständen der Sägewerke mit 4,4 Rubel je m^3 Späne angegeben und bei der Herstellung aus Rückständen der Holzbearbeitung mit 1,5 Rubel.[21] In der Zellulose- und Papierindustrie ersetzt 1 m^3 Späne 1,05 m^3 Papierholz. Die vergleichbaren Kosten für die Herstellung von 1 m^3 Papierholz betragen ungefähr 15 Rubel. In diesem Falle kann man einen Kubikmeter Rückstände der Holzgewinnung mit etwa 8,3 Rubel, einen Kubikmeter Rückstände der Sägewerke mit 10,3 und einen Kubikmeter Rückstände der Holzbearbeitung mit 13 Rubel bewerten.
Der Vorteil dieser Berechnung von Rückständen besteht darin, ihre Sammlung und Verarbeitung in den Forstwirtschaftsbetrieben, in den Sägewerken und in den Holzverarbeitungsbetrieben zu stimulieren und die Selbstkosten und die Investitionen für die Hauptproduktion zu vermindern. Sie schafft gleiche Bedingungen für die Betriebe, die Rückstände als Rohstoffe verwenden, und die, die Nutzholz verwenden müssen.
Wenn auch diese Bewertungsmethode keinen direkten ökonomischen Vorteil mit sich bringt, ist doch die volkswirtschaftliche Bedeutung des Austauschs von Nutzholz durch Rückstände offensichtlich. Bei gleichen Aufwendungen für die Herstellung von Erzeugnissen aus Nutzholz und aus Rückständen ergeben sich eine wesentliche Einsparung an materiellen und Arbeitskräfteressourcen und die Möglichkeit, aus der gleichen Rohstoffmenge mehr Endprodukte herzustellen. Eine wichtige Reserve zur Effektivitätssteigerung der Produktion ist die Einsparung von Holz und Holzverarbeitungsprodukten in den Zweigen, die Holz benötigen. Der größte Verbraucher von Holz- und Holzprodukten (Sägewerkserzeugnissen, Fertighäusern, Holzplatten und dergleichen) ist der Investitionsbau.

[21] Bei Produktion in einem Forstwirtschaftsbetrieb in einem zentralen Gebiet.

Die breite Einführung von Stahlbetonkonstruktionen gestattete es, die Verbrauchsnormen für Holzmaterial um eine Million Rubel bei den Montagearbeiten, das heißt von 4000 m^3 im Jahre 1958 auf 2000 m^3 im Jahre 1968, zu senken.[22]
Im Investitionsbau gibt es jedoch noch große Reserven zur Holzeinsparung. Davon sprechen die nachstehend angeführten Angaben über den Holzverbrauch nach den wichtigsten Nutzungsrichtungen.[23]

Arbeitsart	Mio m^3	Prozent
Beton und Stahlbeton	8,8	16,0
Erdarbeiten und Fundamente	4,4	8,0
Montagearbeiten und Metallkonstruktionen	1,1	2,0
Gerüste	1,6	3,0
Inventar	3,4	6,0
Vorläufige Ausrüstungen	2,7	5,0
Arbeiten im Winter	1,6	3,0
sonstige Arbeiten	3,8	7,0
Summe	27,4	50,0

Konstruktionen	Mio m^3	Prozent
Dächer	4,4	8,0
Wände	3,4	6,0
Fenster und Türen	6,1	11,0
Fußböden	5,5	10,0
Bedeckungen	4,4	8,0
Absperrungen	3,8	7,0
Summe	27,6	50,0
Insgesamt	55,0	100,0

Wie aus diesen Ergebnissen ersichtlich, kann eine bedeutende Einsparung an Holz bei den vorläufigen Ausrüstungen erzielt werden. Diese sind durch bewegliche oder montierbare Bauten ersetzbar. Eine Verringerung des Holzaufwandes ist auch durch die Verwendung von Stahlgerüsten an Stelle von Holzgerüsten möglich. Das gleiche gilt für Verschalungen. Große Holzeinsparungen sind durch die verstärkte Anwendung von mineralischen

22 Jarmola, I. S., Voprosy lesosnabženija v SSSR [Fragen der Holzversorgung in der UdSSR], Moskau 1966, S. 218.
23 Skoblov, D. A., Primenenie drevesiny b sovremennom stroitelstve [Anwendung von Holz im modernen Bauwesen], Moskau 1962, S. 32.

Materialien und Holzfaserplatten beim Bau von Dächern, Wänden, Fußböden, Bedeckungen und Abgrenzungen möglich. Wenn wenigstens 50 Prozent der für diese Zwecke verwendeten Sägewerkserzeugnisse eingespart würden, ergäbe das eine Holzersparnis von mehr als 10 Mio m^3. Hinreichend bekannt sind die Reserven zur Holzeinsparung durch Ersatz der Holzverpackung durch Karton. Bis heute wird jedoch die Kartonverpackung nur in sehr beschränktem Umfang angewandt.

Von der gesamten Holzmenge, die zur Verpackung und für Tara im Jahre 1965 verwendet wurde (46 Mio m^3), entfielen nur 11,2 Prozent auf Karton und Papier und 3 Prozent auf Sperrholz (umgerechnet auf Rundholz). Zum Vergleich muß darauf hingewiesen werden, daß 1965 in den USA auf die Kartonagenverpackung 84,5 Prozent entfielen. Wenn in der Sowjetunion 70 Prozent des Bedarfs an Tara durch Kartonverpackungen gedeckt würde, könnte man damit 35 Mio m^3 Holz im Jahr einsparen (umgerechnet auf Rundholz).[24]

Die Selbstkosten einer Holzkiste betragen 67 Kopeken und eines Kartons 14 Kopeken. Die spezifischen Investitionen für die Produktion von Holzkisten betragen 94 Kopeken und für Karton 38,3 Kopeken.[25] Die vergleichbaren Kosten betragen für die Produktion einer Holzkiste etwa 86 Kopeken und eines Kartons 22 Kopeken.

Große Reserven zur Holzeinsparung bestehen auch darin, daß man das Holz besser konserviert. Oft wird das Holz für Bauzwecke (Holzkonstruktionen), für Transportzwecke (Schwellen) und in der Energetik (Masten und Stützen) unzureichend imprägniert und fault deshalb. Für den Ersatz verfaulter Holzkonstruktionen in Gebäuden werden jährlich 20 bis 25 Mio m^3 Holz, für den Ersatz von Schwellen 11 Mio, für die Reparatur und die Instandsetzung von Masten für die Telefonleitungen und für elektrische Leitungen 5 Mio m^3 verbraucht. Die Verlängerung der Standzeiten des Holzes auf das 2- bis 3fache durch besseres Tränken und andere vorbeugende Maßnahmen gegen Fäulnis könnten eine Einsparung von 10 Mio m^3 im Jahr ergeben.

Sehr hoch ist der Holzverbrauch in der Kohle- und Bergbauindustrie. Der Grubenholzverbrauch betrug 1968 ungefähr 20 Mio m^3. Der Übergang zur Kohlegewinnung im Tagebau und die Anwendung von Stempeln aus Metall und Stahlbeton haben es möglich gemacht, die Verbrauchsnormen für Grubenholz je 1000 t Kohle von 41 m^3 im Jahre 1950 auf 28 m^3 im Jahre 1965 zu

[24] Jarmola, I. S., a. a. O., S. 235.

[25] Želudkov, A. G., Ispolsovanie i èkonomija drevesiny o narodnom chosjajstve SSSR [Nutzung und Ökonomik von Holz in der Volkswirtschaft der UdSSR], Moskau 1968, S. 81.

senken. Hier gibt es jedoch noch weitere große Einsparungsmöglichkeiten. Das ist erkennbar bei einem Vergleich der Verbrauchsnormen für Grubenholz in der UdSSR und in einer Reihe anderer Länder. So wurden 1967 je 1000 t Kohleförderung in den USA 7,5 m^3, in England 13 m^3, in Polen 19,2 bis 20,8 m^3 Grubenholz verbraucht. Die weitere Einführung von Stempeln aus Metall und Stahlbeton (1963 wurden nur 74 Prozent der Stollen damit ausgebaut) und die Wiederverwendung bereits gebrauchter Stempel gestatten weitere wesentliche Einsparungen im Kohle- und Erzbergbau.

Das sind einige Wege zur komplexeren Nutzung des Holzes, die die großen Reserven zur Steigerung der Effektivität der Produktion und zur Verminderung der Investitionen in der Volkswirtschaft zeigen.

II. TEIL

Reserven zur Steigerung der Effektivität der Produktion im Ergebnis des wissenschaftlich-technischen Fortschritts

Der wissenschaftlich-technische Fortschritt zeigt sich gewöhnlich darin, daß die Leistungseinheiten der Einzelaggregate größer werden, daß vollkommenere Ausrüstungen und hochproduktive technologische Prozesse eingeführt werden; er zeigt sich im Austausch traditioneller Rohstoffarten und Werkstoffe durch neue, in der Verbesserung der Qualität der Arbeitsmittel und Arbeitsgegenstände, in der Verwendung elektronischer Datenverarbeitungsanlagen in der Produktion und in der Leitung usw. Im Ergebnis dessen gehen progressive Veränderungen in der Struktur des Anlagenparks, in den Produktionsmethoden, bei den verwendeten Werkstoffen und bei anderen Elementen der Technik vonstatten, durch die sich neue Möglichkeiten zur Einsparung gesellschaftlicher Arbeit eröffnen. Das findet seinen konkreten Ausdruck in der Senkung der Aufwendigkeit des gesellschaftlichen Produkts in bezug auf Material, Arbeit und Fonds.

Die genannten Möglichkeiten werden jedoch durch eine Reihe von Ursachen und Umständen nicht vollständig realisiert. Daraus ergibt sich das Problem der Reserven für die weitere Effektivitätssteigerung in der gesellschaftlichen Produktion.

Die im vorliegenden Abschnitt mitgeteilten Ergebnisse zeigen, daß Maßnahmen zur Automatisierung und Mechanisierung der Produktion, zur Elektrifizierung des Landes, zur Vergrößerung des Umfangs der Nutzung chemischer Werkstoffe und Methoden sowie zur Einführung der elektronischen Datenverarbeitung es gestatten, wesentliche Reserven zur Intensivierung der Wirtschaft zu erschließen.

Die wichtigsten Wege zur Einsparung laufender und gleichzeitiger Aufwendungen sind folgende: die Schaffung neuer und die Modifizierung vorhandener Maschinen, Werkstoffe, Prozesse und dergleichen, Verbesserungen bei der Nutzung vorhandener Arbeitsmittel und Arbeitsgegenstände (zum Beispiel die Verbesserung der zukünftigen extensiven Nutzung des Ausrüstungsparkes) und die optimale Verteilung der vorhandenen materiellen Ressourcen. Neben rein wissenschaftlichen Maßnahmen zur Verwirklichung der aufgezählten Wege sind entsprechende ökonomische Untersuchungen

zur Methodologie, zur Schaffung von Normativen und zur Nutzung der modernen Rechentechnik erforderlich. Deswegen handelt es sich nicht nur um ein Problem der Planungspraxis, sondern auch der ökonomischen Wissenschaft.

Die Vervollkommnung der Struktur des Ausrüstungsparks und die Automatisierung der Produktion

Die Struktur der Ausrüstungsparks

Die Formierung der Struktur des Ausrüstungsparkes ist eine der zentralen Fragen bei der Aufdeckung von Reserven zur Steigerung der Effektivität der gesellschaftlichen Produktion.

Der Ausrüstungspark ist in den Zweigen, die unmittelbar produzieren (in der Industrie, im Bauwesen und in der Landwirtschaft), in den abgelaufenen sieben Jahren fast auf das Doppelte gewachsen. Seine Effektivität sank jedoch gegen Ende der Periode merklich ab. Das gesellschaftliche Bruttoprodukt, bezogen auf einen Rubel Ausrüstungswert in den unmittelbar produzierenden Zweigen, sank von 7,1 Rubel im Jahre 1958 auf 5,5 Rubel im Jahre 1965 (21,5 Prozent), darunter im Maschinenbau und in der Metallbearbeitung um 17 Prozent.

Jedes Prozent Produktionssteigerung von der Werteinheit der Ausrüstungen erbringt unter heutigen Bedingungen eine Einsparung im Akkumulationsfonds von mehr als 1 Md. Rubel.

Welches sind die Wege zur Steigerung der ökonomischen Effektivität in der Arbeit der Ausrüstungen? Die Faktoren, die auf die Arbeit der Ausrüstungen wirken, sind kompliziert, weswegen eine vollkommene Analyse nichtmöglich ist. Aus dem Gesamtkomplex der verschiedenartigen Faktoren muß man unserer Ansicht nach in erster Linie folgende ausgliedern: Umfang und Häufigkeit der Inbetriebnahme von Produktionskapazitäten, die zweigspezifische und technologische Struktur des Ausrüstungsparks, den Umfang und die Konzentration nicht eingesetzter und überzähliger Ausrüstungen, die Methodologie der Planung der Produktion und der Verteilung an Ausrüstungen und Maschinen. Betrachten wir nacheinander jeden dieser Faktoren in bezug auf die oben gestellte Aufgabe: Steigerung der Effektivität der Arbeit des Ausrüstungsparks und Überführung von Reserven seiner Nutzung in den volkswirtschaftlichen Reproduktionsprozeß.

Es ist berechnet worden; daß die Effektivität der Nutzung des Gesamtparks um so geringer ist, je größer die Häufigkeit der Inbetriebnahme neuer Produktionskapazitäten, weil damit der spezifische Anteil der Ausrüstungen wächst, die im Anlaufstadium der projektierten Leistungen mit geringem Produktionsausstoß arbeiten. Die Inbetriebnahme von Grundfonds betrug von 1951 bis 1957 95,5 Md. Rubel und von 1958 bis 1965 253,2 Md. Rubel oder das 2,67fache. Das führt zu einem quantitativen Wachstum des Ausrüstungsparks. Die übermäßige Umschlaggeschwindigkeit neuer Kapazitäten (jährlich im Durchschnitt für 25 bis 28 Md. Rubel) führte jedoch zu einer bedeutenden Konzentration neuer Technik mit geringen Produktionskennziffern, weil die tatsächlichen Anlauffristen für neue Kapazitäten sich über 4 bis 5 Jahre und mehr hinzogen. Die Verkürzung der Anlauffristen für neue Kapazitäten um 10 bis 15 Prozent gegenüber den tatsächlichen, hätte in den abgelaufenen 7 Jahren eine zusätzliche Produktion von 35 bis 55 Md. Rubel ermöglicht.

Gleichzeitig wurde der Ausrüstungspark in der metallbearbeitenden Industrie bei weitem nicht ausgenutzt. Das gleiche gilt für die Bau- und Wegebaumaschinen und für die Ausrüstungen in Bergbau und in der Forstwirtschaft usw.

In den Jahren 1951 bis 1957 führte die Statistische Zentralverwaltung der UdSSR einige Untersuchungen über den tatsächlichen Zustand der Nutzung von Ausrüstungen in der Metallbearbeitung durch. Die Beobachtungen[1], die sich auf das Ende der Periode beziehen, erfaßten über 2000 Maschinenbaubetriebe. Während der Untersuchungsperiode wurde festgestellt, daß über 170000 spanabhebende Werkzeugmaschinen und 28000 Einheiten von Schmiedepressen in den Produktionsabteilungen überhaupt nicht arbeiteten.

Diese Menge nicht genutzter Anlagen ist etwa der jährlichen Erzeugung im ganzen Lande gleichzusetzen.

Besonders groß war der Anteil nicht eingesetzter Maschinen bei den knappen Ausrüstungen: Es standen 30 Prozent der komplizierten Werkzeugmaschinen, 25 Prozent Maschinen zur Zahnradbearbeitung und fast 20 Prozent der Ziehmaschinen.

Der übersteigerte Umfang nicht genutzter Anlagen erklärt sich durch eine Reihe organisatorischer und technologischer Faktoren, darunter durch unzureichende Organisation der materiell-technischen Versorgung, durch mangelnde technologische Abstimmung einzelner Ausrüstungsgruppen usw. Unter den Maßnahmen zur verbesserten Nutzung der Ausrüstungen muß man in erster Linie die Ausarbeitung einer wissenschaftlich fundierten Grundlage für die Normierung der Anlagennutzung unter Berücksichtigung der zweigspezifischen Besonderheiten und des Charakters der Produktion (Einzelfertigung, Kleinserienfertigung, Serienproduktion, Großserien- und Massenproduktion) herausstellen.

[1] Vestnik statistiki, 7/1963.

Es muß auch darauf aufmerksam gemacht werden, daß der Anteil moderner Ausrüstungen an der Produktion des Maschinenbaues zu gering ist. Es fehlen Vakuumpumpen für die Steigerung der Produktion hochwertiger Stähle, moderne Walzwerksausrüstungen, die das Walzmaterial maximal an das Endprodukt annähern, vielseitige, schnell arbeitende Automaten, leistungsfähige Kolbenkompressoren mit Leistungen bis 30000 m^3/h mit einem Druck von 320 bis 450 Atmosphären für die Großproduktion von Stickstoffdüngemitteln, Luftreinigungsanlagen für die Industrie, besonders für die Fälle, in denen es durch die technologischen Forderungen notwendig ist usw.
Das bremst auf der einen Seite die Einführung der modernen Technik und Technologie in den vorhandenen Betrieben und nötigt auf der anderen Seite in einer ganzen Reihe von Fällen dazu, die in den Projekten im Bau befindlicher Betriebe vorgesehenen modernen technologischen Lösungen im Hinblick auf die laufende Produktion traditioneller Ausrüstungen zu überarbeiten, was zur Senkung der Effektivität sowohl der in Betrieb befindlichen als auch der neu in Betrieb zu nehmenden Anlagen führt.
Dieser Umstand wird im wesentlichen dadurch hervorgerufen, daß die Struktur des Bedarfs an Ausrüstungen und Maschinen und die Struktur ihrer Produktion (in ihrer materiell stofflichen Zusammensetzung) erst nach der Bestätigung der Fonds für die Bestellung der Ausrüstungen miteinander gekoppelt werden. Diese Verbindung erfolgt im Prozeß der sogenannten „Bestätigung“ der Lieferanten von Ausrüstungen gegenüber den Nutzern, das heißt im Laufe einiger Monate, während die Vorbereitung der Produktion von Ausrüstungen in den Zweigen des Maschinenbaues viele Jahre erfordert.
Deshalb müssen die strukturellen Verbindungen des Bedarfs an Ausrüstungen mit deren Produktion rechtzeitig hergestellt werden, und zwar durch Perspektivpläne für deren Produktion und durch eine Verteilung auf der Grundlage wissenschaftlich begründeter methodologischer Prinzipien, von denen im weiteren gesprochen werden wird.
Die Verteilungsplanung und die Erfüllung der Bestellungen berücksichtigen unzureichend die Notwendigkeit rationeller Proportionen im Zweig bei der Komplettierung des Parks an Ausrüstungen und Maschinen. Nach Ergebnissen der letzten Zählung der Zentralverwaltung für Statistik in der UdSSR ergab sich, daß von der Gesamtzahl an Werkzeugmaschinen in Höhe von 2,442 Tausend Einheiten[2] und der Schmiedepressen mit 497 Tausend Einheiten nur 51,5 bzw. 52,8 Prozent auf die Betriebe des Maschinenbaus und der Metallbearbeitung entfielen. Der Rest verteilte sich

2 Promyšlennost' SSSR [Die Industrie der UdSSR], Moskau 1964.

auf andere Industriezweige, auf das Bauwesen und die Landwirtschaft.
Die Steigerung des zahlenmäßigen Bestandes an Ausrüstungen und Maschinen ohne Berücksichtigung der qualitativen (technologischen) Struktur senkt die Effektivitätskennziffern ihrer Arbeit merklich. Die Planungsorgane berücksichtigen bei der Aufstellung der Bilanzen in einer Reihe von Fällen die strukturellen Faktoren unzureichend. In den methodischen Richtlinien zur Aufstellung des Entwicklungsplans der Volkswirtschaft der UdSSR wird vorgeschlagen, die Berechnungen der Ressourcen an spanabhebenden Metallbearbeitungsmaschinen und deren Verteilung insgesamt (in einer Zeile) ohne Berücksichtigung der technischen Struktur aufzuführen. Eine solche Planung führt zu einer unrationellen Struktur des Ausrüstungsparks.
Nach Ergebnissen der letzten Zählung überwiegt bei uns unter den metallbearbeitenden Ausrüstungen die Gruppe der Dreh- und Hobelmaschinen. Sie erreichte 30,9 Prozent gegenüber 14 Prozent in den USA und 11,8 Prozent in England. Genauso groß ist in der UdSSR der Anteil der wenig produktiven Schmiedeausrüstungen, der 14,3 Prozent ausmacht (in den USA 4,9, in England 7,7 Prozent). Die Hauptmasse unserer Schmiedeausrüstungen sind Hämmer, mit denen das Metall frei geschmiedet wird. Dadurch steigt das Gewicht, es gibt unnötige Zugaben für die mechanische Bearbeitung, die Fertigungsgenauigkeit sinkt, die Arbeitszeit hochqualifizierter Werktätiger wird unproduktiv verbraucht.
Unter den technologischen Methoden der Formgebung ist der Anteil solcher progressiver Fertigungsmethoden wie des Stanzens, des Gesenkschmiedens, Kalibrierens, Walzens, des periodischen Walzens, Reduzierens und anderer nicht hoch. Diese Methoden sind jedoch geeignet, Material und Arbeit zu sparen. Nach überschläglichen Berechnungen kann man bei der Produktion einer Tonne Schmiedestücke durch Übergang vom freien Schmieden zum Gesenkschmieden den Aufwand an Schmiedearbeiten um 35 und den an mechanischer Bearbeitung um 170 Normstunden senken und so 120 kg Walzmaterial einsparen, was 80 Rubel ausmacht.
Verfahren wie das Gesenkschmieden und Kalibrieren ersparen im bedeutenden Maße mechanische Nachbearbeitung. Das senkt den Arbeitsaufwand für die Herstellung von Teilen ungefähr um 20 bis 25 Prozent. Vom gesamten Park der spanabhebenden Werkzeugmaschinen beträgt der Anteil der Maschinen, die bis zu 10 Jahren alt sind in der UdSSR 57,3 Prozent und in den USA 36,1 Prozent. Für Maschinen, die 10 bis 20 Jahre alt sind, gelten 20,1 Prozent bzw. 43,7 Prozent. Analog verhält es sich mit den Schmiedepressen.
Der Prozeß der intensiven Erneuerung und Ergänzung des Maschinenparkes für die Metallbearbeitung hat bisher noch nicht zur Schaffung günstiger

Bedingungen für die Verbesserung der technologischen Struktur geführt. Zur Erzielung wirksamer Veränderungen in der Zweigstruktur dieser Ausrüstungen müssen die Reparaturarbeiten zentralisiert und moderne Methoden der Organisation und Technologie der laufenden Instandhaltung und der Grundüberholung eingeführt werden. Es ist eine stärkere Konzentration der Herstellung dieser Maschinen und Anlagen in spezialisierten Maschinenbaubetrieben notwendig.

Unserer Ansicht nach muß zur Erhaltung der vorhandenen günstigen Altersstruktur der Ausrüstungen zur Metallbearbeitung in der betrachteten Perspektivperiode ein hohes Erneuerungstempo der Ausrüstungen eingehalten werden. Es ist notwendig, die Proportionen bei der Verteilung der neuen Ausrüstungen innerhalb der Zweige zu überprüfen und das Erneuerungstempo der Ausrüstungen in den Zweigen des Maschinenbaues und der Metallbearbeitung auf Kosten einer gewissen Senkung des Tempos der übrigen Industriezweige zu steigern.

In größerem Umfang sollten moralisch veraltete Ausrüstungen, die die wichtigsten technischen Forderungen noch erfüllen, von den Maschinenbaubetrieben in Reparaturwerkstätten und in anderen Betrieben, die nicht zum Maschinenbau gehören, umgesetzt werden. Dieses Vorgehen würde zu einer bedeutenden Mitteleinsparung führen, weil bei Veränderungen des technologischen Prozesses – oder bei der Produktionsaufnahme neuerer Modelle in den Maschinenbaubetrieben – Ausrüstungen frei werden, die für Reparaturarbeiten durchaus geeignet sind.

Zur günstigeren Zusammenstellung des Ausrüstungsparkes in den Industriebetrieben sollten die leitenden Projektierungsorgane für die entsprechenden Industriezweige Muster für die technologische Struktur des Maschinenparkes unter Berücksichtigung des Charakters der Produktion (Einzelfertigung, Kleinserie, Serienproduktion, Großserie, Massenproduktion) ausarbeiten.

In den letzten Jahren betrug der mittlere jährliche Zuwachs an nicht eingesetzten Ausrüstungen ungefähr 30 Prozent[3]. Das führte dazu, daß teure Arbeitsmittel totgelegt wurden und die Vervollständigung des Maschinenparkes sich verzögerte. Die nicht eingesetzten Ausrüstungen unterliegen dem physischen und moralischen Verschleiß, und deshalb ist ihre lange Lagerung als Vorrat nicht im Interesse der Volkswirtschaft.

3 Materialno-techničeskoe snabženie, 1/1967, S. 17.

Automatisierung der Produktion

Gegenwärtig sind viele Spezialisten geneigt, die Wissenschaft von der Steuerung (Kybernetik) und Automatisierung zum führenden Zweig des technischen Fortschritts zu zählen. Dafür gibt es ernsthafte Gründe, die aus den objektiven Bedingungen und den Forderungen an die weitere Entwicklung der Produktion herrühren.

Wie bekannt, ist die wichtigste Bedingung für die weitere Vervollkommnung der Produktion die Steigerung der Arbeitsproduktivität, die vom Wachstumstempo der Energieausrüstung der Arbeiter abhängt. Das wird erreicht durch:

1. Vergrößerung der Energieeinheiten bei den Maschinen und Anlagen,
2. Steigerung des spezifischen Anteils von Arbeitern, die an Maschinen und Mechanismen arbeiten, und
3. Zunahme der Mehrmaschinenbedienung.

Wo die zugeführten Ausrüstungen in allen drei Fällen vollständig und gleichmäßig ausgelastet werden können, sind all diese Methoden gleichwertig. Ohne Automatisierung sind die Möglichkeiten dieser Verfahren jedoch sehr begrenzt. Eine direkte Leistungssteigerung nicht automatisierter Maschinen und Mechanismen wird letzten Endes durch die Möglichkeiten des Werktätigen, die Maschinen zu bedienen und die gestiegenen Leistungen zu nutzen, begrenzt. Von diesem Moment an sind alle Versuche zur Produktionssteigerung der Maschinen durch höhere Antriebsleistungen sinnlos und die Aufwendungen dafür sind Verluste.

Untersuchungen, die von Spezialisten durchgeführt wurden, haben gezeigt, daß die Produktivität einiger spanabhebender Werkzeugmaschinen bei weiterer Steigerung der installierten Leistung und Beibehaltung der Handsteuerung sich nicht erhöht, weil die zusätzliche Leistung nicht genutzt werden kann.

Deswegen werden in der Industrie und in anderen Wirtschaftszweigen auf der Grundlage neuer Ideen des wissenschaftlich-technischen Fortschritts Prozesse und Aggregate geschaffen, deren Steuerung ohne automatisierte Kontrolle und Einstellung undenkbar ist.

Es steht fest, daß die Effektivität der modernen Produktionimmer mehr von der Vollständigkeit der Nutzung von wissenschaftlich-tech nischen und ökonomischen Informationen abhängt. Die Informationsströme sind gegenwärtig derart gewachsen, daß man sich ohne Hilfe der Kybernetik und der Automatik nicht mehr mit ihnen auseinandersetzen kann. Wenn die Informationen von Hand gesammelt und aufbereitet werden, verlieren neue wissenschaftliche Ausarbeitungen nach und nach ihre Bedeutung, weil deren Kosten sehr stark anwachsen und der Wiederholungsgrad ihrer Nutzung sinkt. Die Doppelarbeit in Forschung und Entwicklung nimmt zu.

Aus dem internationalen Patentwesen ist bekannt, daß zwei Drittel und oft noch mehr Anmeldungen Wiederholungen früher gefundener Lösungen sind.[4] Außerdem wachsen die Kosten jeder Anmeldung sehr stark an. Heute kostet jede Anmeldung die Gesellschaft ungefähr 40000 bis 60000 Rubel. Die Anzahl der Anmeldungen erreichte in der Welt gegenwärtig eine Million pro Jahr und wuchs von 1900 bis heute auf das 3- bis 4fache. Es ist unschwer zu überschlagen, welche Verluste die Gesellschaft durch die Wiederholung bereits gefundener Lösungen hat, ganz zu schweigen von den kolossalen Verlusten, die dadurch entstehen, daß fortschrittliche wissenschaftlich-technische Ideen nicht genutzt werden. Dieses Problem kann man nur mit Hilfe der Kybernetik und Automatisierung wirklich lösen.
Die Vertiefung und Erweiterung der Automatisierung wird auch durch die wachsenden Forderungen an die Qualität und an die Genauigkeit der Arbeitsvorgänge in der Produktion bedingt sowie durch die Verknüpfung der Prinzipien der Geschwindigkeit und der Komplexität der Tätigkeiten in der Produktion und durch das intensive Wachstum der Zweige und der Prozesse, die den unmittelbaren Kontakt der Menschen mit ihnen ausschließen (Nutzung der Atomenergie, aggressive chemische Produktion) usw.
Das Allerwichtigste ist jedoch, daß das Wachstum des Produktionsumfanges begleitet wird durch ein ständiges Anwachsen der Anzahl technologischer Arbeitsgänge in der Produktion und durch ein entsprechendes Wachstum der Anzahl von Maschinen für diesen Zweck. Ohne Automatik für die Steuerung der neu in die Produktion eingeführten Maschinen und Aggregate müßte man neue Arbeitskräfte zuführen. Wir haben berechnet, daß in unserem Maschinenbau und in der Metallbearbeitung in 20 Jahren 20 bis 30 Prozent mehr Arbeiter gebraucht würden, als in jener Zeit in der gesamten Industrie des Landes beschäftigt sein werden, wenn wir bei dem heutigen Niveau der Automatisierung bleiben. Folglich könnten allein in diesem Zweig durch die Anwendung von Automatisierungsmitteln 20 bis 25 Millionen Arbeiter in der nächsten Zukunft freigesetzt werden.
Damit kann man die Automatisierung in der heutigen Etappe als Hauptmittel für die Entwicklung der Produktivkräfte und für das Wachstum der Produktion ansehen und nicht nur als einen der Wachstumsfaktoren für die Arbeitsproduktivität und für die Senkung der Produktionskosten. Ein Zurückbleiben des Automatisierungsstandes kann man nicht durch die Entwicklung irgendwelcher anderer neuester wissenschaftlich-technischer Mittel oder Produktionsmethoden kompensieren. Solche können im allgemeinen nur unter Verwendung der Automatik geschaffen werden.

[4] Analis tendencij i prognozirobanie naučno-techničeskogo progressa [Analyse der Tendenzen und Prognose des wissenschaftlich-technischen Fortschritts], Kiev 1967, S. 7.

Wenn Arbeitskräftereserven und ein großer Anteil von körperlich schwerer Handarbeit vorhanden sind, ist die Hauptmethode zur Steigerung der Arbeitsproduktivität und zur Senkung der Produktionskosten die Mechanisierung, das heißt die Ausrüstung der Arbeiter mit Maschinen. Wenn jedoch keine Arbeitskräftereserven mehr vorhanden sind und alle wichtigen Produktionsprozesse mechanisiert sind, hat sich diese Methode erschöpft. Ungeachtet dessen sind einige Ökonomen und Wirtschaftsexperten der Meinung, daß die einfache Mechanisierung ihre Möglichkeiten nicht in der Mechanisierung der hauptsächlichen Produktionsprozesse erschöpft, sondern erst nach der Mechanisierung aller Arbeitsplätze. Hiervon wird die These von der sogenannten komplexen Mechanisierung abgeleitet, unter der praktisch die vollständige Mechanisierung der Haupt- und Hilfsprozesse und das Herabdrücken des Handarbeitsaufwandes auf ein Minimum verstanden werden. Weil in der Industrie noch mehr als die Hälfte der Arbeiter (in erster Linie der Hilfsarbeiter) mit Handarbeit beschäftigt sind, wird die Schlußfolgerung gezogen, daß „die Mechanisierung der Hilfsarbeiten zum Kernproblem der Steigerung der Arbeitsproduktivität insgesamt“[5] wird. Dagegen zeigen unsere eigene und die ausländische Produktionspraxis mit aller Anschaulichkeit, daß sich das Verhältnis zwischen den Berufen, die Handarbeit verrichten, und denen, die mit Hilfe von Maschinen und Mechanismen arbeiten, mit dem Wachstum der Fonds- und Energieausrüstung der Arbeit äußerst langsam oder überhaupt nicht verändert. So veränderte sich das Verhältnis in den Jahren 1958 bis 1965 in der Industrie der UdSSR bei bedeutendem Wachstum der technischen Ausrüstung und der Arbeitsproduktivität nur um 1 bis 1,5 Prozent zugunsten der Handarbeit. Nach unserer Meinung ist die sogenannte komplexe Mechanisierung – verstanden als vollständige Mechanisierung – in der gegenwärtigen Etappe nicht zu verwirklichen. Sie wirkt als Hilfsfaktor und hat keinen wesentlichen Einfluß auf die gesellschaftliche Arbeitsproduktivität (Tabelle 1). Wie aus Tabelle 1 ersichtlich, wuchs die Arbeitsproduktivität beim Übergang von Universalwerkzeugmaschinen zu automatischen Linien auf das 5,5fache; dabei sank der Mechanisierungsgrad auf weniger als ein Drittel. Die Steigerung des Mechanisierungs- und Automatisierungsniveaus von Produktionsprozessen ist kein Selbstzweck, sondern nur ein Mittel zur Steigerung der Produktivität der gesellschaftlichen Arbeit. Deswegen sind die Kennziffern der Quantität (oder des spezifischen Anteils) von Arbeitern, die mit Maschinen und Mechanismen arbeiten und von solchen, die Handarbeit verrichten, keine bestimmenden Kennziffern.

[5] Provyšenie èffektivnosti techničeskogo progressa [Steigerung der Effektivität des technischen Fortschritts], Moskau 1967, S. 83.

Tabelle 1

Veränderung des Mechanisierungsgrades der Arbeit bei wachsender Automatisierung in einem Maschinenbaubetrieb

Ausrüstung	Menge	Anzahl der Arbeiter insges.	Maschinenarbeit	Handarbeit	Mechanisierungsgrad (Prozent)	Arbeitsproduktivität
Universelle Werkzeugmaschinen	31	44	38	6	86,3	100
Automaten	8	14	8	6	67,0	314
Automatische Taktstraßen	1	8	2	6	25,0	550

Das Wachstum der Arbeitsproduktivität wird hauptsächlich durch die Steigerung des Arbeitsumfanges in Kilopondmeter (kpm) je Arbeiter gewährleistet, was wiederum direkt von der mittleren Ausrüstung der Arbeiter in der Hauptproduktion mit mechanischer Energie abhängt.

Nach Berechnungen von O. J. Volkov betrug der Anteil von Haupt- und Hilfsarbeitern in unserer einheimischen Industrie, der mit Hilfe der physischen Kräfte der Arbeiter durchgeführt wurde, 1965 weniger als 1 Prozent des gesamten Arbeitsumfanges, der von Arbeitern und Maschinen verrichtet wurde. Wenn man die Aufmerksamkeit auf die Handarbeiten richtet, die einen so kleinen Anteil ausmachen, kann man die Produktivität der gesellschaftlichen Arbeit nicht steigern. Diese Aufgabe kann man nur durch die Steigerung der Gesamtleistung und Produktivität der Maschinen und Mechanismen, die von einem Arbeiter bedient werden, lösen. Dabei ist es durchaus nicht unbedingt notwendig, alle Arbeitsplätze zu mechanisieren.

Die Ungleichmäßigkeit der wissenschaftlich-technischen Entwicklung in verschiedenen Produktionsabschnitten bedingt die Ungleichmäßigkeit des Heranreifens von Bedingungen für die Mechanisierung und Automatisierung aller Arbeitsgänge der Produktion. Deswegen muß die Komplexität der Mechanisierung und Automatisierung darin bestehen, die dazu erforderlichen Mittel möglichst vernünftig auszuwählen, eine rationelle Organisation der Produktion, eine entsprechende Vorbereitung der Kader, die Verbesserung der Qualität der Maschinen, der Werkstoffe, der Werkzeuge usw. durchzusetzen.

Die Versuche, alle Arbeitsgänge der Produktion der Reihe nach zu mechanisieren oder zu automatisieren, ungeachtet der organisatorischen und technischen Vorbereitung der notwendigen Bedingungen, machen der Volkswirtschaft keinen geringen Schaden.

Bei lückenloser Mechanisierung steigt unbedingt die Unabgestimmtheit der Produktivität bei den Maschinen und Anlagen, die für einen technologischen Fluß eingesetzt sind. Es gibt dabei unbedingt Maschinen, die den Arbeitsumfang einer Schicht in verschiedenen Zeiten – etwa in fünf Minuten oder in zwei Stunden – erledigen können. Infolgedessen stehen diese Maschinen den Hauptteil der Arbeitszeit still, und die Aufwendungen für ihre Einführung und Unterhaltung werden nicht geringer. Natürlich gibt es auch einzelne Fälle, in denen sogar eine solche unvollständige Auslastung vorteilhaft ist. Viele der vorhandenen Handarbeiten können mit Hilfe bekannter traditioneller Methoden überhaupt nicht mechanisiert oder automatisiert werden. Sie erfordern prinzipiell andere Lösungen.
Natürlich ist die These von der Komplexität der Mechanisierung und Automatisierung als Berechnungsprinzip für alle technisch-ökonomischen Faktoren richtig. In einigen Fällen verwandelt sich ihr Inhalt in das Dogma von der vollständigen Einführung von Maschinen und Mechanismen und wurde damit uneffektiv. Maschinen müssen in erster Linie dort eingeführt werden, wo sie am nötigsten sind und den höchsten ökonomischen Effekt bringen. Auf dem Wege der vollständigen Ablösung der Handarbeit durch Maschinenarbeit kann man zu einer Steigerung des Handarbeitsbedarfs für die Fertigung, Bedienung und Reparatur einer in Wirklichkeit uneffektiven Technik gelangen.
Die Verringerung des Anteils von Arbeitsplätzen mit Handarbeit ist eine Folge des wissenschaftlich-technischen Fortschritts und nicht eine Methode zu seiner Verwirklichung, wie die Anhänger der „komplexen" Mechanisierung und Automatisierung zu glauben geneigt sind. Es ist durchaus möglich, daß mit der weiteren Automatisierung der Anteil von Arbeitern, die mit Handarbeit beschäftigt sind (Instandhaltung, Instandsetzung, Wartung und Pflege) in einzelnen Fällen steigt. Mit der Einführung von Automaten an Stelle von Universalwerkzeugmaschinen mit Handbedienung und mit der Einführung automatischer Taktstraßen an Stelle einzelner Werkzeugmaschinen ist der Anteil von Handarbeit im allgemeinen im Maschinenbau auf das Zwei- bis Dreifache und mehr gewachsen. Das hat jedoch die Steigerung der Arbeitsproduktivität in etwa gleichem Ausmaße nicht behindert. Die Automatisierung der Hauptprozesse dient dem Wachstum und der Vervollkommnung der Produktion. In Zusammenhang damit wird die Mechanisierung und Automatisierung auch bei einer Reihe von Produktionsprozessen effektiv, wo sie früher keinen Vorteil brauchte.
Im letzten Jahrzehnt stieg die Aufmerksamkeit gegenüber der Automatisierung in unserem Lande wesentlich, und die Aufwendungen dafür wurden in jedem Fünfjahrplan verdoppelt. Große Aufmerksamkeit wird der Automatisierung in einer Reihe anderer Länder geschenkt. In den USA, in Eng-

land, in der BRD, in Japan, in Frankreich und in Italien begann man etwa mit Ende der fünfziger Jahre der Automatisierung außerordentlich große Aufmerksamkeit zu schenken, und zwar nicht nur durch die Firmen der Industrie, sondern auch durch die Staatsorgane. Es wurden spezielle Organe für die Koordinierung der Automatisierung und für das Wachstum der Arbeitsproduktivität im Rahmen des ganzen Landes gebildet (Nationalrat in Italien, Nationales Zentrum in Frankreich, der Britische Rat für Produktivität in England und andere). Viele bekannte amerikanische Spezialisten (D. Tibold, F. Kast und andere) sehen in der Automatisierung ein Verfahren zur Erhaltung der Positionen der USA im Wettbewerb mit der Sowjetunion. Mit der effektiven Nutzung der Automatisierung verbinden sie auch die Möglichkeit zur Überwindung innerer und äußerer Schwierigkeiten.

Urteilt man über das Tempo der Automatisierung in der UdSSR, so stellt man fest, daß die jährlichen Ausgaben für diesen Zweck in unserer Industrie in der nächsten Zukunft auf 18 bis 25 Md. Rubel wachsen. Die Einsparung allein an Arbeitslohn beträgt ungefähr 8 bis 12 Md. Rubel im Jahr.

Die Hauptaufmerksamkeit wird in den führenden kapitalistischen Ländern auf die Einführung der elektronischen Datenverarbeitungsmaschinen und Anlagen mit Programmsteuerung (EDVA) gelegt. Die Nutzung der EDVA als Zwischenglied im automatischen System eröffnet große Möglichkeiten für die Automatisierung metallurgischer und chemischer Prozesse, für die Produktion und Verteilung von Elektro- und Wärmeenergie, für die Wasserversorgung und anderes, das heißt für die Steuerung kontinuierlicher und zyklischer Prozesse.

Die Einführung automatischer Systeme zur Dickenregelung bei Walzwerkerzeugnissen im Magnitogorsker Metallurgischen Kombinat auf der Grundlage der elektronischen Rechentechnik machte es möglich, den Ausstoß an Walzmaterial, das den Bedingungen entspricht, um 1,5 bis 3,5 Prozent zu steigern. Dadurch sparte man in einem Jahr mehr ein als die zusätzlichen Investitionen für die Automatisierung ausmachen. Auf der Walzstraße „1450" wurde bei zusätzlichen Investitionen von weniger als einer Mio Rubel eine Einsparung erzielt, die nach Angaben des Kombinats fast 2,7 Mio Rubel im Jahr beträgt. Die Einführung eines zentralen Automatisierungssystems für die Steuerung der Frequenz und der Leistung in den Energievereinigungen Belorußlands, Armeniens, des Gebietes Gorki und anderer ermöglicht Einsparungen von etwa 500000 Rubel im Jahr und 10 Mio kW installierter Leistung.

In der diskreten Produktion, in erster Linie im Maschinenbau, wird die Hauptaufmerksamkeit darauf gelenkt, Ausrüstungen mit numerischer Steuerung einzuführen, weil die Nutzung gewöhnlicher spezialisierter Automatisierungsmittel (Monoautomaten) nur die Automatisierung der Groß-

serien und der Massenproduktion in effektiver Weise gestattet, die nach ihrem Umfang 10 bis 20 Prozent der Bruttoproduktion ausmacht.
Der intensiv betriebenen Vereinheitlichung und Normung der Industrieproduktion (zur Steigerung der Massenproduktion) steht die Tendenz zur Vergrößerung der Nomenklatur entgegen, wodurch das Verhältnis zwischen der Klein- und der Großserienfertigung gar nicht verbessert werden kann. Diese Tendenz ist in Tabelle 2 sichtbar, die nach Angaben der Werkzeugmaschinen- und Traktorenindustrie der UdSSR zusammengestellt wurde.

Tabelle 2

Tendenzen zur Veränderung der mittleren Losgröße bei spanabhebenden Werkzeugmaschinen und Traktoren im Maschinenbau der UdSSR für 1932 bis 1951 und 1966

Bezeichnung	Spanabhebende Werkzeugmaschinen			Traktoren		
	1932	1951	1966	1936	1956	1966
Jahreserzeugung (1000 Stück)	19,7	70,6	192,0	114,9	183,4	380
Modelle und Baugrößen (Stück)	47	384	1222	3	13	26
Mittlere Losgröße im Jahr (Stück)	0,419	0,184	0,157	38,3	14,1	14,6

Es ist berechnet worden, daß die Nomenklatur der Erzeugnisse in der chemischen Industrie, in der Metallurgie und in den Zweigen, die Gebrauchsgüter produzieren, besonders schnell wächst. Von 1950 bis 1967 wuchs die Bruttoproduktion der Lebensmittelindustrie in unserem Land auf das 3,6fache und deren Erzeugnisnomenklatur auf mehr als das 200fache.
Bei diesem beschleunigten Wachstum der Erzeugnisnomenklatur im Vergleich zur Losgröße bei der Serienfertigung ist der Bedarf an universellen und schnell umrüstbaren automatischen Ausrüstungen besonders groß. Werkzeugmaschinen mit numerischer Steuerung, die im Maschinenbau weitverbreitet sind, entsprechen diesen Anforderungen am besten.
Der Hauptvorteil der Ausrüstungen mit Programmsteuerung besteht darin, daß sie gleichzeitig die Anpassungsfähigkeit der herkömmlichen Universalmaschinen mit Handsteuerung und die hohe Produktivität und Genauigkeit spezieller automatisierter Ausrüstungen vereinigen. Diese Vorteile gestatten es, die Arbeitsproduktivität schnell zu steigern und dabei die Anpassungsfähigkeit der Produktion zu erhalten.
In den letzten Jahren verbreiteten sich die Methoden der Programmsteuerung außer in der mechanischen Fertigung bei Schmiede- und Preßarbeiten,

in der Guß- und Walzstahlproduktion, beim Schleifen, beim Nieten, bei der Glasbearbeitung, beim Flechten, beim Wickeln von Garnen und Draht, bei Lagerarbeiten, beim Zeichnen usw.
Gemeinsam mit den elektronischen Rechenmaschinen bezeichnet die Programmsteuerung eine neue Etappe in der Automatisierung der Produktion und kann zu einer Umwälzung in der Technik und im Leben führen.

KAPITEL 7

Elektrifizierung der Volkswirtschaft

Wie bekannt, gehört die Elektroenergetik zu den investitionsintensiven Zweigen. Deshalb muß man für die Lösung der Probleme ihrer weiteren Entwicklung aus vielen möglichen Varianten solche auswählen, die ein Minimum an Investitionen und Zeit erfordern. Unter den entstandenen wirtschaftlichen Bedingungen der heutigen Etappe dient diesem Ziel vor allem der wissenschaftlich-technische Fortschritt in der Elektroenergetik. Bezüglich der technischen Ausstattung (Konzentrationsgrad der Leistungen in Kraftwerken und einzelnen Aggregaten, Parameter der Aggregate, Zentralisierung, Länge und Spanne der Übertragungsnetze, Automatisierung usw.) steht die UdSSR auf einem der ersten Plätze in der Welt und auch auf einem der ersten Plätze innerhalb der anderen Zweige der einheimischen Industrie. Die Elektroenergie kann als Beispiel für die Einführung des wissenschaftlich-technischen Fortschritts für andere Zweige dienen.
Es muß unterstrichen werden, daß die Linie unserer Partei, die auf die vorrangige Entwicklung der Wärmekraftwerke gerichtet ist, erhalten bleibt. Dadurch konnten im Jahre 1956 bis 1970 nach vorhandenen Berechnungen 4,2 Md. Rubel Investitionen gespart werden, die anderen Zweigen der Volkswirtschaft zugute kamen. Nach den gleichen Berechnungen wurden für die Errichtung von Wärmekraftwerken 1,5mal mehr Investitionen aufgewandt als für Wasserkraftwerke. Im Ergebnis dessen wuchs die Leistung der Wärmekraftwerke auf des 4,2fache und die Elektroenergieerzeugung fast auf das 7fache. Gleichzeitig wird auch der Errichtung von Wasserkraftwerken große Aufmerksamkeit geschenkt. So wurden von 1963 bis 1970 planmäßig über 3 Md. Rubel für den Aufbau von Wasserkraftwerken bereitgestellt.
Im europäischen Teil des Landes wird der Aufbau neuer Wasserkraftwerke mit geringer jährlicher Auslastung (1000 bis 2000 h/Jahr) fortgesetzt, die hauptsächlich für das Abfangen der Belastungsspitzen vorgesehen sind. Abgesehen davon, daß weitere fruchtbare Böden überstaut werden, ist die Wirtschaftlichkeit dieser Kraftwerke geringer als andere Methoden zum

Abfangen der Belastungsspitzen. Im Ausland ist für diesen Zweck der Aufbau von kleinen Gasturbinenkraftwerken, die Flugzeugmotoren verwenden, weitverbreitet.
Offensichtlich muß auch unsere Energetik diesen Weg beschreiten. Was den Aufbau von Wasserkraftwerken in den östlichen Landesteilen, besonders in Ostsibirien, angeht, wo deren ökonomische Parameter durchaus günstig sind, muß man nach der Energiebilanz des zentralsibirischen Energiesystems diesen so lange fortsetzen, bis die Planung der großen Komplexe der Buntmetallurgie und der Chemie beendet ist und bis Übertragungslinien für Gleichstrom zur Weiterleitung der Leistung aus diesen Gebieten in den Ural und den europäischen Teil der UdSSR geschaffen sind. Im genannten Energiesystem ist ein beständiger Überhang an Leistung vorhanden, der 1965 4 Mio kW betrug und in der nächsten Zukunft nicht abgebaut wird, sondern noch anwächst.
Die Abkehr vom forcierten Aufbau von Wasserkraftwerken muß durch den beschleunigten Bau von Wärmekraftwerken kompensiert werden. Die vorhandenen Erfahrungen zeigen, daß sich der praktizierte Bau von Wärmekraftwerken mit Kondensation und mit gleichzeitiger Heizwärmeproduktion bewährt hat. Das bedeutet die Steigerung der Leistungen von Kraftwerken und Aggregaten, die Zentralisierung der Elektroenergieversorgung, die Einführung von Automatisierungsmitteln für die Regelung der Produktionsprozesse in Wärmekraftwerken.
Vor den Forschungsinstituten steht jedoch die Aufgabe, optimale Ausmaße von Kraftwerken und Aggregaten zu bestimmen, und zwar unter Berücksichtigung einer Anzahl von Faktoren, in erster Linie der Brennstoffökonomie im Gebiet und der Struktur des Energieversorgungssystems. Nach vorhandenen Berechnungen können Aggregate mit einer Leistung von 800 MW (ein Muster ist bereits in das Kraftwerk Slaviansk eingebaut) und 1200 MW nicht allgemein eingeführt werden. Man muß berücksichtigen, daß oberhalb der Grenze von 300 bis 500 MW eine weitere Vergrößerung der Aggregate keine wesentliche Verbesserung der Brennstoffökonomie und der spezifischen Investitionen mehr mit sich bringt. Offenbar hat das Wachstum der komplexen Wirtschaftlichkeit von Aggregaten höherer Leistungsstufen die Tendenz der Abschwächung. Die hier gefundene Gesetzmäßigkeit begründet forcierte Untersuchungsarbeiten zur Erzeugung von Elektroenergie ohne Maschinen.
Es ist vollkommen klar, daß der technische Fortschritt in der Elektroenergetik, der heute auf der Grundlage der traditionellen Technik und Technologie ein hohes Niveau erreicht hat, sich nur auf der Grundlage der direkten Umwandlung von Brennstoffenergie in Elektrizität weiterentwickeln kann. Deswegen muß diese Frage für die Zukunft zur Kernfrage werden. Die be-

schleunigte Lösung der Aufgaben zur Schaffung industrieller Muster Maggnet-hydrodynamischer Anlagen kann man nur als ersten Schritt in dieser Richtung werten. Bis zur Lösung des genannten Problems muß man Wärmekraftwerke mit Aggregaten hoher Leistung (300, 500 und 800 MW) bauen. Das schnelle Erreichen der projektierten technisch-ökonomischen Kennwerte der genannten Aggregate wird zur Hauptaufgabe.

Die Erfahrungen beim Einsatz der Turbinen von 150, 200 und 300 MW zeigen, daß die Anlauffristen sehr stark in die Länge gezogen sind. Es genügt, darauf zu verweisen, daß Anlagen mit 150 und 200 MW erst im fünften bis sechsten Einsatzjahr voll in Betrieb genommen werden konnten. Der spezifische Brennstoffaufwand für Werke von 150 MW war sogar nach dieser Zeit – im Jahre 1965 – noch um 32 g (8,1 Prozent) höher als der projektierte Verbrauch. Für Blöcke von 200 MW gilt 22 g bzw. 6 Prozent. Die installierte Leistung dieser Blöcke wird zu 60,9 Prozent genutzt. Wegen Störungen und Havarien der Grundausrüstung hatten sie Stillstandszeiten von ungefähr 12 Prozent. Blöcke von 300 MW konnten wegen der geringen Fertigungsqualität nur langsam in Betrieb genommen werden. Ungeachtet dessen, daß diese Anlagen seit 1963 eingebaut werden, sind die projektierten technisch-ökonomischen Werte bis heute nicht erreicht. Die Stillstandszeiten einzelner Blöcke dieser Leistungsklasse betragen 50 Prozent der Kalenderzeit. Die installierte Leistung der 300 MW Turbinen wird zu 30,3 Prozent genutzt. Der spezifische Brennstoffverbrauch übersteigt wegen der häufigen Stillstandszeiten den projektierten Verbrauch um das 1,2- bis 1,6-fache. Der Eigenverbrauch an Elektroenergie ist 2,2- bis 2,3mal so hoch wie projektiert. Zum Vergleich sei gesagt, daß in Frankreich die projektierten technisch-ökonomischen Kennziffern großer Blöcke bereits im zweiten Einsatzjahr erreicht werden. In der 1965 in den USA installierten ersten Anlage mit einer Leistung von 1000 MW wurde im zweiten Einsatzjahr nur 7,1 Prozent mehr Brennstoff verbraucht, als projektiert war.

Der langsame Anlauf großer Blöcke führte dazu, daß sich der Anteil an Turbinenleistung, der sich im Einsatz befindet, von 82,2 Prozent im Jahre 1960 auf 76,8 Prozent im Jahre 1965 verminderte. Der Leistungsanteil, der wegen Havarien, Reparaturen und Rekonstruktionen stillstand, stieg von 8,8 auf 13 Prozent, wobei die Reserven auf dem gleichen Niveau verblieben. Infolgedessen kann die Volkswirtschaft für eine längere Zeit die ökonomischen Vorteile nicht nutzen, die in den technisch vollkommenen Aggregaten mit Leistungen von 150, 200 und 300 MW liegen.

Zur Steigerung der Wirtschaftlichkeit von Wärmekraftwerken mit großen Einheiten müssen die aufwendigen Arbeiten in der Brennstoffzufuhr bei der Entladung der Waggons, beim Entfernen der flüssigen Rückstände, bei der Reinigung der Bunker usw. weiter mechanisiert werden. Diese Arbeiten

werden in den meisten Kraftwerken von Hand durchgeführt. Nur in 59 Kraftwerken gibt es Kippvorrichtungen für Waggons.
Die Vergrößerung der Aggregate ist wichtig für die Steigerung der Wirtschaftlichkeit von Wärmekraftwerken. Man muß jedoch annehmen, daß die Möglichkeiten dieser Aggregate zur Steigerung der Wirtschaftlichkeit in 15 bis 20 Jahren erschöpft sein werden. Der Bedarf an billiger Elektroenergie wird jedoch mit dem Wachstum der Volkswirtschaft – und insbesondere mit der weiteren Elektrifizierung – wachsen.
Die Arbeiten zur Überwindung dieses Widerspruches sind praktisch begonnen worden, verlaufen jedoch nur langsam. Am radikalsten wäre ein prinzipiell neues technologisches Schema zur Umwandlung der Brennstoffenergie in elektrische Energie an Stelle des traditionellen Verfahrens. Dieses ist sehr unwirtschaftlich, weil der Wirkungsgrad moderner großer Kraftwerke das Äußerste von 42 bis 44 Prozent bereits erreicht hat. Wie bereits gesagt, ist der erste Schritt in dieser Richtung die Schaffung von magnethydrodynamischen Anlagen. Außerdem ist es dringend notwendig, die Bearbeitung der Brennstoffzellen zu forcieren.
Eine wirkliche Revolution in der Technik und in der Elektroenergiewirtschaft wird die ingenieurtechnische Beherrschung der gesteuerten Kernfusion sein.
Nach Ansicht der Spezialisten wird zur Realisierung der Idee von der gesteuerten thermonuklearen Reaktion ein Plasma mit einer Dichte von 10^{14} bis 10^{15} Teilchen je Kubikzentimeter brauchen und dieses auf Hunderte Millionen Grad erwärmen und für zehntel Sekunden erhalten müssen. Bis heute ist das nicht erreicht worden.
Die sowjetische Schule der Kernphysik hat in der letzten Zeit große Erfolge erzielt. Im Kurčatov-Institut für Atomenergie gelang es, in der geschlossenen Magnetkammer „Tokamak 3“ ein Plasma mit einer Temperatur von einigen Millionen Grad und einer Dichte zu erzielen, die annähernd der geforderten entspricht, das heißt 10^{14} Teilchen je cm^3. Es gelang, dieses Plasma 30 bis 50 Millisekunden zu erhalten. Das stärkt, wie Akademiemitglied M. W. Millionščikov annimmt, die Hoffnung, daß es zum Ende unseres Jahrhunderts gelingen wird, eine ingenieurtechnische Lösung für einen Reaktor mit Kernfusion zu finden.
Gleichzeitig wird die vollständigere Nutzung der inneratomaren Energie für die Lösung des genannten Widerspruchs der klssischen Technik für die Elektroenergieerzeugung Bedeutung haben. Ohne prinzipielle Veränderungen in der Herstellungstechnologie für Elektroenergie ersetzt die Atomenergie die sehr teuren klassischen Brennstoffe durch neue Energiequellen, was für die nächste Zeit große ökonomische Vorteile verspricht. Der Aufbau von Atomkraftwerken muß zu einer der Haupt-

richtungen des technischen Fortschritts in der Elektroenergetik werden.

Man muß die Aufmerksamkeit darauf lenken, daß das Interesse an Atomkraftwerken in den kapitalistischen Ländern in den letzten Jahren bedeutend gewachsen ist. Es wird angenommen, daß der spezifische Anteil von Atomkraftwerken in den USA bis 1975 etwa 11 Prozent der Leistung erreichen wird und 34 Prozent bis 1980. In England rechnet man bis 12,3 und 15 Prozent, in der BRD bis 7,1 und 20 Prozent und in Frankreich bis 13,3 und 19 Prozent. Dazu dient die wesentliche Verbesserung der Wirtschaftlichkeit, die sich hauptsächlich durch Vergrößerung der Kraftwerke und Vervollkommnung der Atomreaktoren ergibt. Es genügt darauf hinzuweisen, daß in den 20 amerikanischen Atomkraftwerken, die im Einsatz oder im Projektierungsstadium sind, der Übergang von Einheiten von 250 MW auf Einheiten über 750 MW zu einer Senkung der spezifischen Investitionen um mehr als ein Viertel und der Selbstkosten um mehr als ein Drittel führt. Damit werden große Atomkraftwerke gegenüber Kohlekraftwerken in Gebieten mit teurer Kohle konkurrenzfähig.

Neben der Vergrößerung der Kraftwerke und der Vervollkommnung gewöhnlicher Reaktoren mit langsamen Neutronen wird im Ausland verstärkt daran gearbeitet, einen industriellen Brutreaktor mit schnellen Neutronen zu entwickeln. In diesen Reaktoren wird ein außergewöhnlich niedriger spezifischer Brennstoffverbrauch (5 bis 10 bis 15 g je kWh) erreicht, wodurch die Selbstkosten der Elektroenergieerzeugung um ein Viertel bis ein Sechstel sinken. Die spezifischen Investitionen für solche Kraftwerke können um die Hälfte bis ein Fünftel gesenkt werden.

Es ist offensichtlich, daß die Atomkraftwerke in der UdSSR wegen der angespannten Brennstoffbilanz vor allem in Gebieten mit teurem Brennstoff weite Verbreitung erlangen müssen. Dabei müssen alle zugänglichen Möglichkeiten zur Steigerung der Wirtschaftlichkeit bei Reaktoren mit langsamen Neutronen genutzt werden. Atomkraftwerke sind deshalb gegenüber den Wärmekraftwerken nicht konkurrenzfähig, weil in ihnen kleine Reaktoren und Turbinen mit niedrigen Parametern installiert sind. Die Vergrößerung der Reaktoren für langsame Neutronen und ihre Vervollkommnung sowie die Vergrößerung der Turbinen und der Kraftwerke müssen die relative Effektivität von Atomkraftwerken erheblich steigern und die Möglichkeit schaffen, sie in Gebieten mit teuren Brennstoffen zu errichten.

Es genügt zu sagen, daß Atomkraftwerke mit zwei Blöcken zu 800 MW fast 40 Prozent weniger Investitionen erfordern als solche mit zwei Blöcken zu 300 MW. Die Selbstkosten für eine Kilowattstunde sinken fast um 40 Prozent. Damit wird der Abstand zwischen den ökonomischen Kennwerten der Atomkraftwerke und denen gewöhnlicher Wärmekraftwerke geringer. Während

die spezifischen Investitionen für ein Atomkraftwerk mit 600 MW 33 Prozent höher waren als für ein Wärmekraftwerk der gleichen Leistung, so beträgt dieser Unterschied bei einem Atomkraftwerk mit 1600 MW nur noch 13 Prozent. Was die Selbstkosten der Elektroenergie betrifft, so sind sie bereits bei einem Atomkraftwerk von 600 MW je kWh fast auf dem Niveau der Selbstkosten eines Wärmekraftwerkes. Bei einem Atomkraftwerk von 1600 MW sind sie um 25 Prozent geringer.
Damit gibt es Mittel, die es gestatten, die Atomkraftwerke konkurrenzfähig zu machen, ohne daß man auf die Einführung von Brutreaktoren mit schnellen Neutronen wartet. Das eröffnet die Möglichkeit, bereits im kommenden Fünfjahrplan der Aufbau von Atomkraftwerken in den zentralen Gebieten, im Ural, im Nordosten und im Nordwesten des Landes zu forcieren. Neben dem forcierten Aufbau von großen Atomkraftwerken mit herkömmlichen Reaktoren ist es äußerst wichtig, die Forschungsarbeiten zur Schaffung von Brutreaktoren großzügiger zu finanzieren, die die Effektivität der Atomkraftwerke auf ein solches Niveau heben müssen, daß ihre Errichtung überall vorteilhaft wird, unabhängig von der Versorgung des Gebietes mit Brennstoff.
In der UdSSR werden Forschungsarbeiten zur Übertragung der Elektroenergie über große Entfernungen mit Gleichstrom und mit Wechselstrom bei einer Spannung von 750 KV und höher durchgeführt. Offensichtlich werden die ersten Leitungen dieser Art im kommenden Fünfjahrplan gebaut werden. Sie werden einen wesentlichen Teil der elektrischen Leistung aus den östlichen Gebieten mit Energieüberschuß (vor allem Sibirien und Nordkasachstan) in die westlichen Gebiete des Landes mit Energiemangel übertragen und bei den genannten Spannungen mit geringsten Verlusten auskommen.
Bei der Schaffung einer stabilen elektrischen Verbindung zwischen Sibirien und Nordkasachstan und den westlichen Gebieten des Landes muß man berücksichtigen, daß die letzteren einen wachsenden Bedarf an Elektroenergie haben. Freileitungen mit der projektierten Spannung ($\pm$ 1500 und $\pm$ 2200 KV) lassen die notwendigen Leistungen nicht durch, deshalb muß man bereits jetzt Forschungsarbeiten zur Schaffung von Kabelübertragungen und zur Nutzung der Supraleitfähigkeit aufnehmen, die große Möglichkeiten zur Steigerung der übertragenen Leistung bietet.
Im Ausland werden ähnliche Arbeiten bereits durchgeführt. Sie zeigen die hohe Effektivität solcher Übertragungsleitungen. Nach Angaben der englischen Zeitschrift „New Scientist" vom 8. Juni 1967 überträgt eine solche Leitung, die von der Columbia-Universität (USA) ausgearbeitet wurde, 100 Mio KW über eine Entfernung von 1000 km. Es ist vorgesehen, die Leitung aus Niobiumkabel, das mit Zinn verkleidet ist, herzustellen. Es

wird eine Temperatur von 4° K (—269 °C) eingehalten, und zwar durch Hindurchpumpen von flüssigem Helium durch das umgebende Rohr. Bei dieser Temperatur erreicht der Wirkungsgrad der Leitung 99,9 Prozent. Die jährlichen Energieverluste betragen 5 Mio Dollar gegenüber 340 Mio Dollar bei herkömmlichen Leitungen. Die Investitionen zum Bau dieser Leitung werden 606 Mio Dollar betragen gegenüber 1 bis 1,5 Md. Dollar für herkömmliche Leitungen.

Die Aufgaben des wissenschaftlich-technischen Fortschritts beschränken sich nicht auf die Herstellung von billiger Elektroenergie. Nicht weniger wichtig sind die Schaffung der technischen Mittel für die möglichst vollständige Nutzung der Elektroenergie in der Volkswirtschaft und die Vertiefung der Elektrifizierung in allen Zweigen.

Die Hauptursache dafür, daß die komplexe Mechanisierung in der Industrie nicht vollständig verwirklicht wurde, besteht weniger im Mangel an Elektroenergie als vielmehr im Fehlen von Arbeitswerkzeugen für die Mechanisierung der Hilfsarbeiten in den Betrieben. Aus diesem Grunde verrichtet etwa die Hälfte der Arbeiter in der Industrie Handarbeit. Die Hauptaufmerksamkeit der Forschungseinrichtungen ist bis heute noch auf die Schaffung neuer und vervollkommneter Arbeitswerkzeuge für die grundlegenden Produktionsprozesse gerichtet. Deshalb ist das Elektrifizierungsniveau des ganzen Komplexes von energieverbrauchenden Prozessen in der Industrie noch gering, was sich unbedingt auf die Arbeitsproduktivität auswirkt. Es ist offensichtlich, daß die notwendige Steigerung der Produktivität der gesellschaftlichen Arbeit gebieterisch die schnellste Überwindung des Widerspruchs zwischen dem hohen Niveau der Elektrifizierung bei den Hauptprozessen der Produktion und der Handarbeit für die Hilfsarbeiten erfordert.

Die wissenschaftlich-technische Revolution in der Industrie setzt eine breite Elektrifizierung der Produktionstechnologie voraus und das vor allem in der bearbeitenden Industrie.

Bekanntlich entspricht die mechanische Bearbeitung, die in allen Zweigen der bearbeitenden Industrie überwiegt, nach dem heutigen Entwicklungsniveau der gesellschaftlichen Produktion schon nicht mehr den Forderungen zur Steigerung ihrer Effektivität, weil sie sehr große Verluste an Rohstoffen und Werkstoffen mit sich bringt. Unter diesen Bedingungen kann man die Bedeutung der elektrotechnologischen Prozesse für die Steigerung der Arbeitsproduktivität kaum überschätzen. Die Lösung dieser Aufgabe erfordert entsprechende Grundlagenuntersuchungen und perspektivische Ausarbeitungen zur Schaffung neuer Produktionsinstrumente, die gegenwärtig nicht vorliegen.

Der technische Fortschritt und die Intensivierung der Produktion in der

Landwirtschaft, vor allem aber in der Viehwirtschaft wird dadurch verzögert, daß die komplexe Elektrifizierung nicht möglich ist. Die Ursache dafür besteht nicht im Mangel an Elektroenergie, sondern darin, daß ein Komplex entsprechender Mechanismen fehlt. Die Mechanisierung der Arbeiten bringt nicht den notwendigen Effekt, weil bei miteinander verbundenen Arbeitsgängen die Handarbeit erhalten bleibt. Außerdem wird die vollständige Elektrifizierung der Dörfer durch das Zurückbleiben beim Bau von Niederspannungsnetzen verzögert. Beide Aufgaben, von denen das Niveau und die Wirtschaftlichkeit der Elektrifizierung der Landwirtschaft abhängen, sind im Komplex der Aufgaben des wissenschaftlich-technischen Fortschritts erstrangig.
Die komplexe Elektrifizierung im Bereich des häuslichen Lebens der Menschen wird auch durch das Fehlen zuverlässiger und wirtschaftlicher Geräte und Mechanismen verzögert. Diejenigen Geräte, die von unserer Industrie erzeugt werden, entsprechen nicht den Forderungen moderner Nahrungsmittelzubereitung mit geringstem Energieaufwand. Die wissenschaftlich-technischen Gedanken müssen auf die Schaffung eines vollständigen Sortiments von Geräten und Mechanismen gerichtet werden, die nicht nur eine Einsparung und Erleichterung der Arbeit in der Hauswirtschaft, sondern auch eine hohe energetische Wirtschaftlichkeit ermöglichen.

KAPITEL 8

Einführung chemischer Werkstoffe in technologische Prozesse

Erzeugnisse der Erdölverarbeitung und der Petrolchemie

Die Notwendigkeit des wissenschaftlich-technischen Fortschritts in der erdölverarbeitenden Industrie und in der Petrolchemie wird hervorgerufen durch:

die wissenschaftlich technische Revolution, die in der einheimischen und in der Weltwissenschaft und Technik vonstatten geht, und zwar im Wirtschaftszweig selbst und bei den Verbrauchern seiner Erzeugnisse (Flugzeugbau, Raketenbau, chemischen Industrie usw.);

die Errungenschaften auf dem Gebiet der Technik und Technologie der komplexen Verarbeitung von Erdöl und Gas zur Erzielung einer höheren Ausbeute an den verschiedenen darin enthaltenen Komponenten; die wachsende Nachfrage der Volkswirtschaftszweige nach qualitativ hochwertigem Motorenkraftstoff, nach Öl, nach chemischen Rohstoffen und daraus erzeugten Produkten;

die hohe volkswirtschaftliche Effektivität der Aufwendungen an gesellschaftlicher Arbeit.

Der wissenschaftlich-technische Fortschritt führt dazu, daß im Ergebnis der vervollkommneten Verarbeitung des Erdöl- und Erdgasrohstoffes durch die modernsten technologischen Prozesse die Anzahl der Erzeugnisse aus einer bestimmten Einheit Ausgangsrohstoff ständig wächst, ebenso wie die Qualität der Kraftstoffe, Öle und petrolchemischen Rohstoffe zunimmt und die großen technischen, ökonomischen und anderen Aufgaben vom volkswirtschaftlichen Standpunkt aus am effektivsten gelöst werden können.

Die Erdölverarbeitung und Petrolchemie verbrauchen riesige Mengen an Rohstoffen in Gestalt von Erdöl und Erdgas. Durch die Verarbeitung gewinnt sie verschiedene Arten von Motor- und Kesselbrennstoffen und Ölen sowie viele Arten von Rohstoffen für die organische Synthese und die Herstellung synthetischer Werkstoffe.

Die Errungenschaften der Technik und Technologie in der Erdölverarbeitung und Petrolchemie der UdSSR sind groß.

In den Erdölverarbeitungsbetrieben werden solche modernen Sekundärverarbeitungsprozesse wie das katalytische Kracken, das Reformieren, die

Isomerisierung, die Hydrierreinigung, die Deparaffinierung, die Koksgewinnung und andere eingeführt, die die Rohstoffbasis der Petrolchemie wesentlich vergrößern. Damit gelingt es, die Produktion von polymeren Werkstoffen und anderen chemischen Erzeugnissen (Schwefel, Schwefelsäure, Parafin, synthetische Fettsäuren, Ammoniak usw.) zu erweitern.
Bis vor kurzer Zeit wurden die synthetischen Farbstoffe in der UdSSR nur aus Kohlenwasserstoffen (Benzol, Toluol, Xylol usw.) gewonnen, die bei der Verkokung von Kohle anfielen. Die modernen chemischen Verarbeitungsverfahren gestatten es, die notwendigen Kohlenwasserstoffe für die Produktion von Farbstoffen aus Erdöl zu gewinnen. Früher wurde das Phenol aus Benzol über einen komplizierten, vielstufigen Prozeß gewonnen. Jetzt gewinnt man das Phenol gemeinsam mit Aceton aus Isopropylbenzol durch eine sehr wirtschaftliche Methode.
Gegenwärtig wird der Entwicklung organischer Syntheseprozesse auf der Grundlage von Kohlenwasserstoffen große Aufmerksamkeit geschenkt. Sehr zukunftsträchtig ist die Herstellung aromatischer Kohlenwasserstoffe, die durch katalytisches Reformieren gewonnen werden, wie Benzol, Para- und Orthosäure. Die Herstellung von Benzol durch katalytisches Reformieren aus Erdölrohstoff ist nur halb so teuer wie die Gewinnung aus Koks. Das katalytische Reformieren wird zum Grundprozeß bei der Produktion von Xylolen aus Erdöl, deren Selbstkosten gegenüber der Xylolherstellung in der Kokschemie nur 60 Prozent betragen. Eben deshalb gewinnt man in den USA fast 90 Prozent der aromatischen Kohlenwasserstoffe aus Erdöl.
Die Herstellung von Kohlenwasserstoffen ist in der UdSSR bedeutend gewachsen. 1966 wuchs das Herstellungsvolumen gegenüber 1958 auf mehr als das Dreifache, wodurch das Sortiment an synthetischem Kautschuk, an Plasten und an synthetischen Harzen und Fasern sowie anderen chemischen Erzeugnissen erweitert werden konnte.
Eine der wichtigsten Aufgaben des wissenschaftlich-technischen Fortschritts in der nächsten Zukunft sind die weitere Vervollkommnung der technologischen Prozesse in der Petrolchemie und die Einführung der modernsten Sekundärprozesse in der erdölverarbeitenden Industrie sowie die komplexe Nutzung der Rohstoffe Erdöl und Erdgas. Zur Lösung dieser Aufgabe ist durch die Direktiven des XXIII. Parteitages der KPdSU vorgesehen, den Umfang der Primärverarbeitung von Erdöl auf das 1,4- bis 1,5fache, von Schmierstoffen auf das 1,4fache, von synthetischem Kautschuk auf mehr als das Doppelte und von synthetischen Fettsäuren auf mindestens das Dreifache zu steigern. Dazu sollen die Kapazitäten für das katalytische Kracken im Fünfjahrplan auf das 3,1fache, für das katalytische Reformieren auf das 9,9fache und für dieHydrierreinigung auf das 26fache erweitert werden. Der Anteil von Sekundärprozessen an der Kapa-

zität der Primärverarbeitung von Erdöl wird von 16,4 Prozent im Jahre 1965 auf 26,2 Prozent im Jahre 1970 gesteigert.
Die Einführung der Sekundärprozesse erfordert größere Investitionen im Vergleich zur Primärverarbeitung des Erdöls. Sie ergibt jedoch einen großen volkswirtschaftlichen Effekt und gestattet es, die Rohstoffbasis der Petrolchemie zu erweitern.
Im laufenden Fünfjahrplan 1966 bis 1970 soll die Oktanzahl der Vergaserkraftstoffe im Land um wenigstens 10 Punkte erhöht werden. Der Schwefelgehalt in der Hauptmasse des Dieselkraftstoffs soll auf 0,2 Prozent gesenkt werden. Auch das Sortiment an Vergaser- und Dieselkraftstoffen muß unter Berücksichtigung der klimatischen Bedingungen unseres Landes erweitert werden. In der Zukunft wächst der Anteil von Vergaserkraftstoffen mit hoher Oktanzahl von 66 auf 70 Prozent und der Anteil von Dieselkraftstoffen mit einem Schwefelgehalt von 0,2 bis 0,5 Prozent auf 78 Prozent.
Die vorgesehenen Maßnahmen zur technischen Vervollkommnung der Ölproduktion bei besonderer Entwicklung der Produktion von wirksamen Additiven wird es gestatten, Öle zu erzeugen, die den Forderungen der modernen Motoren in Automobilen, Traktoren, Lokomotiven, Schiffen und für andere spezielle Zwecke entsprechen.
Durch die Verwirklichung der vorgesehenen Maßnahmen zur Qualitätssteigerung bei Kraftstoffen und Ölen erzielt die Volkswirtschaft einen gewaltigen Vorteil. Durch Berechnungen wurde festgestellt, daß die volkswirtschaftliche Einsparung, die mit der Steigerung der Oktanzahl bei den Vergaserkraftstoffen von 66 auf 72 und 85 verbunden ist, in einem Jahrünft 373 Mio Rubel an Einsatzkosten und 100 Mio Rubel an Investitionen erreichen kann. Die Produktion und Anwendung von hydriergereinigtem Dieselkraftstoff gestattet es, 102 Mio Rubel zu sparen. Die Gesamteinsparung der Volkswirtschaft durch die Qualitätssteigerung bei Kraftstoffen und Ölen erreicht in dieser Periode 820 Mio Rubel.[1]
Die Einführung der Hydrierreinigung des Rohstoffes in den Anlagen für das thermische und katalytische Kracken und Reformieren erlaubt es, bei der Bearbeitung von schwefelhaltigem Erdöl in den kommenden Jahren bis 2 Mio t Schwefelsäure herzustellen (bei einer Erdölgewinnung von 100 Mio t im Jahr und einem Schwefelgehalt von 1,5 Prozent). Dabei wird die Qualität der Erdölprodukte aus schwefelhaltigen Erdölen wesentlich gesteigert. Da-

[1] Krupicki, B. B., Techniko-èkonomičeskie problemy razvitija neftepererabatybajuščej promyslennosti SSSR [Technisch-ökonomische Probleme der Entwicklung der erdölverarbeitenden Industrie der UdSSR], Vortrag auf der Unionskonferenz über Probleme der Brennstoff- und Energiebilanz der UdSSR, Moskau 1966, S. 13.

für muß die Anzahl und die Leistung der Hydrierreinigungsanlagen vergröbert und die Technologie zur Verarbeitung von Gas in Schwefelsäure verbessert werden. Die Einführung der Hydrierreinigung erfordert zusätzliche Investitionen (einschließlich der zusätzlichen Kapazitäten für die Herstellung von Wasserstoff und Schwefelsäure). Doch diese Investitionen amortisieren sich durch die Einsparung in der Volkswirtschaft in 2 bis 3 Jahren. Die Reinigung der Erdölprodukte von schwefelhaltigen Verbindungen senkt die Korrosionsverluste in den Erdölverarbeitungsanlagen und in den Motoren, was den volkswirtschaftlichen Effekt dieser Maßnahmen noch erhöht.
In den letzten Jahren wurden in einer Reihe von Erdölverarbeitungsbetrieben Maßnahmen zur Entschwefelung der Erdölprodukte durchgeführt, die aus schwefelhaltigen und sehr schwefelhaltigen Erdölen gewonnen werden. Im Jahre 1967 wurde eine Entschwefelungsanlage im Erdölverarbeitungswerk Nova-Ufa in Betrieb genommen. Diese Anlage brachte bei der Herstellung von elementarem Schwefel aus Schwefelwasserstoff einen jährlichen ökonomischen Nutzen von 373000 Rubel.
Die Einführung der Entschwefelung in großem Umfang gestattet es, die Effektivität der Arbeit in Erdölverarbeitungswerken bei der Verarbeitung von schwefelhaltigem Erdöl durch zusätzliche Produktion zu verbessern. Sie bietet die Möglichkeit, Erzeugnisse herzustellen, die denen aus nicht schwefelhaltigem Erdöl nicht nachstehen. In einer Reihe von Betrieben hat sich die Entschwefelung von Dieselkraftstoff in den Anlagen für das katalytische Kracken bewährt. Die Erweiterung des Umfangs der katalytischen Reformierung, der Hydrierreinigung und der Entschwefelung von Dieselkraftstoff und Benzin in den Anlagen für das katalytische Kracken hat sich bewährt. Die Steigerung des Umfangs an katalytischer Reformierung, Hydrierreinigung und Schwefelabscheidung bei Dieselkraftstoff und Benzin in den Anlagen für das katalytische Kracken – bei verringerter Warenproduktion klarer Erdölprodukte – ermöglicht die steigende Erzeugung von Flüssiggas, Polymerdestillaten, Gasbenzin, elementarem Schwefel und Dieselkraftstoff mit geringem Schwefelgehalt.
Bei der Entwicklung der Entschwefelung und der Steigerung der Erzeugung von Schwefel und Schwefelsäure in der erdölverarbeitenden Industrie muß man auch beachten, daß für die Herstellung dieser Erzeugnisse in der chemischen Industrie spezielle Investitionen zur Erweiterung einer investitionsaufwendigen Rohstoffbasis erforderlich sind. Diese Rohstoffe sind dagegen in der erdölverarbeitenden Industrie Nebenprodukte bzw. Produktionsrückstände.
Ausgehend von den dargestellten Überlegungen, muß die Produktion von Schwefel und Schwefelsäure aus Schwefelwasserstoff weite Verbreitung finden.

Das Erdöl wird zur Quelle für große Mengen an Paraffin. Durch die Einführung der Karbamiddeparaffinierung in den Verarbeitungsprozeß paraffinhaltiger Erdöle kann man die Ressourcen an Paraffin vergrößern, die Qualität der Erdölprodukte steigern und die Effektivität der Investionen heben. In den letzten Jahren begann man bei uns mit der Einführung von Anlagen zur Karbamiddeparaffinierung verschiedener Konstruktionen.
Im Jahre 1966 wurde die vollkommenste Anlage dieser Art zur Deparaffinierung der Dieselfraktionen mit Karbamid in Betrieb genommen. Damit erzielte man einen wirtschaftlichen Effekt von 415000 Rubel und setzte 40 Arbeiter frei. Die Einführung von Anlagen zur Karbamiddeparaffinierung steigert nicht nur die Kraftstoffqualität, sondern erweitert auch die Paraffinressourcen, die für die Herstellung von synthetischen Fettsäuren, Waschmitteln und anderen Erzeugnissen erforderlich sind.
In dem Maße, in dem sich die sekundären Prozesse entwickeln, werden das Produktionsvolumen und die Anzahl der chemischen Erzeugnisse steigen, und damit wird der Anteil des chemischen Zweiges in den Erdölverarbeitungswerken wachsen. Das führt gleichzeitig zur Steigerung der Effektivität der Investitionen für die Hauptproduktion dieser Werke.
Die Erdölverarbeitungswerke und die petrolchemischen Fabriken sind durch die Einheit der Technologie und durch die Gemeinsamkeit des Territoriums verbunden. Damit wird die komplexe Entwicklung der Erdölverarbeitung und der Petrolchemie möglich, wodurch die Nutzung von Erdöl und Erdgas am wirtschaftlichsten und am vollständigsten möglich ist, weil man aus ihnen das Maximum der enthaltenen Komponenten gewinnen kann. Viele Erdölverarbeitungsbetriebe entwickelten sich jedoch über eine lange Zeit hinweg für sich, während daneben vollständige petrolchemische Werke mit einem großen Produktionsapparat geschaffen wurden, die nicht selten ein Duplikat der Erdölverarbeitungsbetriebe bezüglich analoger Ausrüstungen darstellen. Gegenwärtig muß man die Mehrzahl der vorhandenen Erdölverarbeitungsbetriebe darauf orientieren, daß sie sowohl Kraftstoffe und Öle als auch Rohstoffe für die Petrolchemie liefern müssen. In einer Reihe von Erdölverarbeitungsbetrieben ist es zweckmäßig, die petrolchemische Produktion in solchem Umfang aufzubauen, daß diese sich in große Erdölkombinate verwandeln.
Die petrolchemische Industrie kann man auf der Grundlage der Erdölverarbeitungsbetriebe aufbauen, wenn die Leistungsfähigkeit der Hauptabteilungen der verschiedenen Hilfsdienste und einzelner technischer Anlagen dieser Betriebe gesteigert wird und die fortgeschrittensten Sekundärprozesse in das Schema der Erdölverarbeitungsbetriebe aufgenommen werden.
Die Erdölverarbeitungsprozesse und die Prozesse der Petrolchemie sind an Anlagen gebunden und meist kontinuierlich. Die wichtigsten verlaufen mit

Katalysatoren unter fast gleichen Temperaturbedingungen. Infolgedessen haben sie viel Gemeinsames. Deshalb treffen die Veränderungen durch die Leistungssteigerung der Anlagen in der Erdölverarbeitungsindustrie in gleichem Maße auch für die Petrolchemie zu. Der Unterschied besteht nur darin, daß das Ausgangsniveau der Leistungen bei den Anlagen in der Erdölverarbeitung wesentlich höher ist als in der Petrolchemie.
Unter den heutigen Bedingungen der ökonomischen Entwicklung haben die Produktivitätssteigerung und die Einführung großer und sehr vollkommener Apparaturen und Anlagen in den großen petrolchemischen und chemischen Betrieben eine große Bedeutung. An Stelle von Anlagen zur Vakuumdestillation mit einer Leistung von 0,5 bis 1 Mio t werden jetzt Anlagen mit zwei, drei und sechs Millionen Tonnen pro Jahr errichtet. Es werden Anlagen für das katalytische Kracken, für das katalytische Reformieren, für die Hydrierreinigung und die Deparaffinierung mit Leistungen von 0,75 bis 1,5; 0,3 bis 0,6; 0,9 bis 0,5 Mio t im Jahr errichtet. Die Leistungssteigerung der Anlagen erhöht die Effektivität der Aufwendungen. Eine Gegenüberstellung der Leistungen technologischer Anlagen der Erdölverarbeitung in der UdSSR und in den USA ist in Tabelle 1 gegeben.

Tabelle 1

Leistungen großer technologischer Anlagen in der UdSSR und in den USA (in Mio t je Jahr)

Anlage	UdSSR in Betrieb	UdSSR projektiert und im Bau	USA in Betrieb
Vakuumdestillations-kolonnen	2,0	6,0	7,5
Katalytisches Kracken	0,75	1,2	5,0
Katalytisches Reformieren	0,3	0,6	1,0 bis 1,8
Hydrierreinigung	0,9	1,2	3,9
Alkylierung	0,09	0,18	1,0
Polymerisation	0,05	0,12	0,25
Hydrier-Kracken	—	0,9	1,0

Bei der Vergrößerung der petrolchemischen Produktion wird eine hohe Einsparung an Investitionen erzielt. Während zum Beispiel durch die Vergrößerung der Anlagen für das katalytische Kracken die Einsparung an Investitionen in der Grundproduktion eines Erdölverarbeitungswerkes bei drei Rubel je Tonne Benzin liegt, können durch die Vergrößerung der Anlage für die Produktion von Polyäthylen im Niederdruckverfahren 37,5 Rubel

Einsparung erzielt werden (ohne Berücksichtigung der Investitionseinsparungen für die Produktion des Äthylens).
Bei Verdoppelung der Leistung eines Erdölverarbeitungswerkes macht die Einsparung an Investitionen insgesamt 6 Rubel je Tonne Motorenkraftstoff aus. Eine Leistungsverdoppelung bei der Herstellung von Caprolaktam macht 60 Rubel je Tonne aus (nur für die Grundproduktion). Insgesamt kann man im Betrieb 110 bis 120 Rubel je Tonne Fertigerzeugnisse einsparen.
Die direkte Erdöldestillation erfolgt in den Anlagen AVT-1, AVZ-2, KU-1, KU-2 und in anderen. Die Kapazitäten dieser Anlagen sind verschieden. Die Kapazitätssteigerung der Anlagen AVT von einer auf zwei und drei Mio t im Jahr gestattet eine Senkung der Investitionen um 26,1 und 29,5 Prozent und der spezifischen Einsatzkosten um 21 und 36 Prozent.
Das Projekt für die erste große atmosphärische Vakuumdestillationsanlage (AVT) wurde vom Moskauer Institut Giproneftezavod geschaffen. Ihre Leistung beträgt 6 Mio t im Jahr. Dabei können enge Benzinfraktionen, Brennstoffe für Gasturbinen, Rohstoffe für das katalytische Kracken, Komponenten für Vergaserkraftstoff und andere Destillationsprodukte gewonnen werden.
Der Einsatz der Anlage AVT mit einer Leistung von 6 Mio t senkt die spezifischen Investitionen um 15 Prozent und die Einsatzkosten um 29,6 Prozent. Das wird durch die Vergrößerung der Aggregate, durch die Nutzung der Abwärme aus den heißen Destillaten und durch die wiederholte Nutzung des Wassers erreicht. Die Leistungssteigerung auf das 6fache vermindert die Investitionen und die Einsatzkosten sowie den Metallaufwand je Tonne Rohstoff auf die Hälfte.
Daraus folgt, daß man bei der Rekonstruktion von Erdölverarbeitungsbetrieben die Anlagen mit geringer Produktivität durch kombinierte vergrößerte Anlagen hoher Produktivität ersetzen muß. Damit kann die Leistung der vorhandenen Erdölverarbeitungswerke gesteigert und eine große Einsparung an Investitionen und an Einsatzkosten erzielt werden.
Bei der Vergrößerung von zwei Blöcken für das katalytische Kracken in einer Anlage wird die Kapazität des Erdölverarbeitungswerkes Ufa im katalytischen Kracken fast verdreifacht. Die Einsparung an Investitionen und Einsatzkosten beträgt 1,310 Mio Rubel und 5,325 Mio Rubel im Jahr.
Nachstehend werden die technisch-ökonomischen Kennwerte von AVT-Anlagen mit verschiedener Leistung wiedergegeben.[2]

[2] Strokova, V. I., Kombinirovanie neftepererabatyvajuščej i chimičeskoj promyšlennosti [Kombination der erdölverarbeitenden und der chemischen Industrie], Kiev 1966, S. 36.

Bezeichnung	Leistung der Anlage (kt/a)			
	1000	2000	3000	6000
Kosten der Anlage/Mio Rubel	1,76	2,59	3,71	6,3
Metallaufwand/t	1860	3280	3780	3480
Einsatzkosten 1000 Rubel	1004	1584	1914	2688
Je Tonne verarbeitetes Erdöl	1000	2000	3000	6000
Investitionen/Rubel	1,76	1,3	1,24	1,05
Energieaufwendungen Dampf	0,11	0,09	0,008	–
Flüssiger Brennstoff/kg	38,5	30,7	32,4	27,7
Elektroenergie/kWh	2,62	2,26	5,68	3,97
Wasser/m³	21,6	15,5	8,51	4,47

Der Austausch von drei Blöcken für das katalytische Kracken durch eine Anlage im Erdölverarbeitungswerk Nova-Ufa spart bei einer wesentlichen Leistungssteigerung 770000 Rubel an Investitionen und 550000 Rubel an Einsatzkosten.
Es ist auch erwiesen, daß es zweckmäßig war, die Anlagen für das katalytische Kracken im Erdölverarbeitungswerk „XXII. Parteitag der KPdSU" in Ufa auszutauschen, wodurch die entsprechenden Kapazitäten verdreifacht werden konnten. Die relative Einsparung an Investitionen beträgt 11660000 Rubel und die Einsparung an Einsatzkosten 1475000 Rubel.
Durch das Auswechseln der Anlagen zur Hydrierreinigung im Erdölverarbeitungswerk Ufa und im Werk „XXII. Parteitag der KPdSU" in Ufa stieg die Kapazität für die Hydrierreinigung von Dieselkraftstoff auf das 1,6- bis 2fache. Für die beiden Betriebe ergaben sich eine Investitionseinsparung von 6139000 Rubel und eine Einsparung an Einsatzkosten von 4260000 Rubel.
Gegenwärtig sind bei uns kombinierte Anlagen von Typ TK-3 und TK-6 mit Leistungen von 3 und 6 Mio t projektiert worden, die die Prozesse wie Vakumdestillation, thermisches Kracken des Hydrons, katalytisches Kracken, Primärfraktionierung der Gase und Stabilisierung von Benzin einschließen.
Die Anlagen AT-TKK mit einer Leistung von 3 Mio t Erdölverarbeitung schließen eine Reihe von Sekundärprozessen ein.
Die kombinierten technologischen Prozesse in einer Anlage gestatten es, die Anzahl der Verarbeitungsstufen zu reduzieren und so zusätzliche Anlagen und zusätzliche Investitionen einzusparen. Die neu ausgearbeitete kombinierte Anlage schließt eine Reihe von Erdölverarbeitungsprozessen ein, was

m Vergleich zu einem Komplex von Anlagen wesentlich ökonomische Effekte mit sich bringt. Davon zeugt der nachfolgende Vergleich einer kombinierten Anlage mit einem Komplex einzelner Anlagen äquivalenter Leistung[3]:

	Kombinierte Anlagen	Anlagenkomplex
Anzahl der Anlagen, Stück	1	3
Investitionen, Mio Rubel	30,9	46,2
Energieaufwendungen pro Jahr		
Brennstoff, kt	163	276
Elektroenergie, MW	94300	92200
Wasser, kt	67388	75200
Bedienungspersonal, AK	54	79
Einsatzkosten auf eine Tonne Erdöl, Rubel	1,27	1,8
Arbeitsproduktivität je Arbeitskraft in kt/Jahr	111,1	76,0

Nach den Berechnungen des Projekts zu urteilen, senkt die Kombination der Prozesse in einer Anlage die Investitionen um 33 Prozent, den Brennstoffbedarf auf 59 Prozent, den Wasserverbrauch um 10 Prozent, die Einsatzkosten um 29,4 Prozent. Das zeugt von der Zweckmäßigkeit dieser Maßnahme.

Die Verdoppelung der Produktivität eines Betriebes führt ohne Veränderung der Kapazitäten bei den technologischen Anlagen zur Steigerung der Arbeitsproduktivität um 15 bis 20 Prozent. Bei einer Vergrößerung der Anzahl technologischer Anlagen wächst die Anzahl der Bedienungskräfte proportional dem Leistungsanstieg des Betriebes. Bei einer Leistungsverdoppelung des Betriebes und aller seiner technologischen Anlagen bleibt die Anzahl der Arbeitsplätze gleich. Der Produktionsausstoß je Arbeitskraft in den Hauptabteilungen verdoppelt sich jedoch.

Bei einer Leistungsverdoppelung der Betriebe und technologischen Anlagen wird die erforderliche Betriebsfläche auf etwas mehr als die Hälfte gesenkt, die Anzahl der rohstoffverarbeitenden Abteilungen vermindert sich ebenso wie die Anzahl von Laboratorien und Reparaturwerkstätten. Man kommt mit der Hälfte an Bedienungspersonal aus.

Zum Beispiel wird die Anlage AVT mit 500 kt von 21 Arbeitern bedient. Bei einer Verdoppelung der Leistung sind das 31, und bei einer Leistung von

[3] Strokova, V. I., a. a. O., S. 49.

2000 kt sind es 41 Arbeitskräfte. Anders ausgedrückt, bei jeder Verdoppelung der Leistung vermindert sich die Anzahl der Bedienungskräfte um 25 Prozent. Außerdem führt die Verdoppelung der Leistung aller Baugruppen und Aggregate dazu, daß sich zwar die Anzahl der Arbeitskräfte nicht verändert, jedoch im Verhältnis zur Leistung um 50 Prozent sinkt.
Die Leistungssteigerung in den einzelnen Abteilungen und technologischen Anlagen der Erdölverarbeitungswerke erbringt bedeutende Einsparungen an Investitionen, die noch wesentlich höher sein könnten, wenn man die Erdölverarbeitungs- und die petrolchemische Produktion in einem Komplex vereinigte.
Die relative Mitteleinsparung durch Kombination wird durch den Umfang der vereinigten Produktion bestimmt. Wenn man in einem Erdölverarbeitungswerk mit einer jährlichen Kapazität von 10 Mio t zum Beispiel Abteilungen zur Produktion von 25000 t Polyäthylen und 20000 t Sulfanol installiert, wird die Einsparung in der chemischen Produktion relativ hoch sein. Diese Einsparung beträgt, umgerechnet auf die Gesamtaufwendungen des Kombinats, etwa 2,5 bis 5 Prozent und im Vergleich mit den Aufwendungen im chemischen Teil des Kombinates 25 bis 30 Prozent. Baut man in einem Erdölverarbeitungswerk von 10 Mio t Jahresleistung eine petrolchemische Produktion von 50000 t auf, dann verdoppelt sich die Summe der Investitionen und auch der Bedarf an Energieträgern usw. Die spezifischen Investitionen für die Produktion von Erdölprodukten und Petrolchemikalien sinken um 15 Prozent. Die Selbstkosten für die Erdölchemikalien sinken (in Abhängigkeit von der Struktur) um 7,5 bis 10 Prozent und die Selbstkosten für die Erdölprodukte um 1,5 bis 2 Prozent.
Berechnungen haben gezeigt, daß die optimale Kapazität eines Erdölverarbeitungswerkes bei 12 Mio t im Jahr liegt. In einzelnen Gebieten, in denen die Bedarfsdichte für Erdölprodukte hoch ist, kann die Verarbeitungskapazität bis auf 18 Mio t im Jahr gebracht werden.
Nachstehend sind ökonomische Kennwerte für Erdölverarbeitungswerke verschiedener Jahresleistung zusammengestellt (nach Angaben von Giproneftezavod).[4]

Bezeichnung	3 Mio t	6 Mio t	12 Mio t	18 Mio t
Investitionen auf eine Mio t Erdölverarbeitung, Prozent	100	85,4	77,1	76,2
Arbeitsproduktivität je Arbeitskraft t/Jahr	2362	3659	4428	4694
Einsatzkosten je Tonne Erdöl, Rubel	4,89	4,38	4,20	4,10

[4] Strokova, V. I., a. a. O., S. 37.

Bereits jetzt werden petrolchemische Kombinate für 12 und 18 Mio t Erdölverarbeitung im Jahr projektiert und gebaut, wodurch eine zuverlässige Rohstoffbasis für die Produktion synthetischer Werkstoffe geschaffen wird.
Die Konzentration der Produktion und die Steigerung der Leistungen bei den pertrolchemischen Kombinaten hat einen großen Einfluß darauf, daß die Erzeugnisse billiger werden, und zwar durch Senkung der festen Kosten: Amortisationen, Kosten der laufenden Instandhaltung, Abteilungs- und Betriebsgemeinkosten, Arbeitslöhne.
Deshalb können die Selbstkosten der petrolchemischen Produkte in den großen Kombinaten dort in großem Umfang gesenkt werden, wo der spezifische Anteil der festen Kosten hoch ist.
In den petrolchemischen Kombinaten, die große Mengen an Kraftstoffen produzieren, ist es nicht zweckmäßig, eine vielstufige Verarbeitung von Monomeren in Fertigprodukten wie Kautschuk, synthetischen Fasern und dergleichen aufzubauen, weil eine derartige Erzeugung mit dem Kombinat technologisch nicht verbunden ist. Diese Produktion konzentriert man besser in großen selbständigen Betrieben.
Gegenwärtig produzieren die petrolchemischen Kombinate 3 bis 4mal mehr Kraftstoffe als chemische Produkte. Folglich kann man damit rechnen, daß durch die Inbetriebnahme der Bauten der großen Erdölchemie die Erzeugung von Grundprodukten der organischen Synthese in der Erdölverarbeitung etwa 6 bis 10 Prozent des Gewichts betragen wird. Dieses Verhältnis kann den Bedarf der Volkswirtschaft an petrolchemischen Erzeugnissen vollständig decken.
Bei dem genannten geringen Umfang der chemischen Produktion wird ihr Wertanteil an der Bruttoproduktion mehr als 50 Prozent betragen. Das erklärt sich dadurch, daß die Aufwendungen für die Erzeugung petrolchemischer Produkte aus Erdöl sich nach kalkulierten Kosten auf das 3- bis 15-fache erhöhen, während die Verarbeitung von Erdöl zu Erdölprodukten nur das Doppelte kostet.
Gegenwärtig ist in der UdSSR der Anteil heller Produkte bei der Erdölverarbeitung verhältnismäßig gering; das Hauptprodukt ist Masut. Der hohe Anteil von Masut in unserer Industrie erklärt sich durch ein gewisses Brennstoffdefizit besonders im europäischen Teil des Landes. Außerdem führt die nicht sehr weitgehende Erdölverarbeitung in unserem Land dazu, daß die Effektivität und Komplexität der Produktion die entsprechenden Forderungen des modernen wissenschaftlich-technischen Fortschritts nicht erfüllen.
Die nach Qualität und Zusammensetzung unterschiedlichen Erdölsorten, die in den verschiedenen Gebieten verarbeitet werden, erfordern die Einführung technologischer Schemata, die den Bedingungen dieser Gebiete angepaßt sind. Manchmal ist eine weitgehende und manchmal eine weniger

weitgehende Verarbeitung des Erdöls erforderlich. In Sibirien und im Fernen Osten ist es vorteilhafter, den Anteil heller Erdölprodukte zu vergrößern, im europäischen Teil der UdSSR hingegen nicht. Die weitgehende Verarbeitung des Erdöls ist im europäischen Teil nicht nur wegen des Anteils heller Erdölprodukte weniger wirtschaftlich, sondern auch unter dem Gesichtspunkt der Ausweitung der Rohstoffbasis für die petrolchemische Industrie. Eine weitgehendere Verarbeitung des Erdöls ist in Sibirien und in Mittelasien gegenwärtig vollkommen gerechtfertigt, weil die Selbstkosten einer Tonne Erdöl dort mit 7,5 Rubel wesentlich niedriger sind. Für die Befriedigung der Bedürfnisse West- und Ostsibiriens an hellen Erdölprodukten müßte man 36,4 Mio t Erdöl verarbeiten. Durch die Verringerung der Aufwendungen für die Erkundung, die Gewinnung, den Transport und die Lagerung der freigesetzten Erdölmenge beträgt die jährliche Einsparung an Einsatzkosten für die Verarbeitung von Erdöl unter guten und mittleren Bedingungen für die sibirischen Gebiete 40 bis 50 Mio Rubel und die Einsparung an Investitionen 225 bis 525 Mio Rubel. Durch den größeren Umfang der Herstellung hocheffektiver chemischer Rohstoffe wächst die Gesamteinsparung durch die weitergehende Verarbeitung des Erdöls in Sibirien und in Mittelasien auf 50 bis 85 Mio Rubel Betriebskosten und 250 bis 550 Mio Rubel Investitionen.

Deshalb muß man die Prozesse der weitergehenden Erdölverarbeitung dort allseitig forcieren. Die erreichte Differenziertheit der Erdölverarbeitung entspricht in einer Reihe von Betrieben West- und Ostsibiriens und Ostkasachstans nicht den dortigen Bedingungen. Verfahren zur Herstellung größerer Mengen heller Erdölprodukte (im Umfang bis zu 60 und 65 Prozent) liegen vor. Das Brennstoffdefizit im europäischen Teil des Landes bedingt die Herstellung großer Mengen von Masut und rechtfertigt deshalb die Einführung einer wenig differenzierten Verarbeitung in einer Reihe von Betrieben. So zum Beispiel im Erdölverarbeitungswerk Polock, wo neben einer bedeutenden Menge Masut qualitativ hochwertige Diesel- und Vergaserkraftstoffe und Rohstoffe für die Petrolchemie erzeugt werden.

Arbeiten des Unionsinstituts für Erdölchemie haben die Möglichkeit zur Schaffung solcher Verfahren erwiesen, die die Herstellung einer großen Menge von Masut, von Diesel und Vergaserkraftstoff hoher Qualität und gleichzeitig damit die Gewinnung bedeutender Ressourcen an petrolchemischen Rohstoffen ermöglichen. Dabei sind die technisch-ökonomischen Daten der Verfahren mit wenig differenzierter Verarbeitung und gleichzeitiger Herstellung großer Mengen von Rohstoffen für die Petrolchemie günstiger als die von Verfahren mit hochdifferenzierter Verarbeitung des Erdöls.

In dem Schema für Erdölverarbeitungswerke mit wenig differenzierter Verarbeitung setzt das Unionsforschungsinstitut für Erdölchemie Anlagen mit atmosphärischer Destillation des Erdöls in einer Einheit mit Rektifikationsanlagen ein. Außerdem gehören dazu Anlagen für das katalytische Reformieren, für die Isomerisierung der leichten Benzinfraktionen und dearomatisierte Katalysatoren für das Reformieren sowie Anlagen für die Hydrierreinigung und die Deparaffinierung mit Karbamiden für Dieselkraftstoffe (mit Reinigung der flüssigen Paraffine). Ferner gehören dazu Anlagen für die Pyrolyse von Flüssiggasen aus der Benzinfraktion mit geringer Oktanzahl in einem Block mit Anlagen zur Gastrennung und zur Abtrennung von Xylol.

Die Kapazitäten für das termische Kracken machen in dem Verfahren mit hochdifferenzierter Erdölverarbeitung 30 Prozent der Destillationskapazität aus. Die Kapazitäten für das katalytische Kracken erreichen 25 Prozent. In den Betrieben mit wenig differenzierter Erdölverarbeitung ist es ökonomisch zweckmäßig, in hinreichendem Umfang folgende Rohstoffe für die Petrolchemie zu gewinnen: olefinische Kohlenwasserstoffe, aromatische Kohlenwasserstoffe (hauptsächlich Benzol), flüssige parafinische Kohlenwasserstoffe, technischen Wasserstoff. Bei Abtrennung von 57 bis 65 Prozent heller Erdölprodukte aus dem schweren Erdöl kann man in einem Erdölverarbeitungswerk mit 12 Mio t Jahresleistung für die Petrolchemie über 1,5 Mio t Kohlenwasserstoffe, darunter 250000 t aromatische Kohlenwasserstoffe und über 750000 t Kohlenwasserstoffe C_3–C_5 erzeugen.

Der Bedarf an petrolchemischen Erzeugnissen ist stark gestiegen. Deshalb muß man in den großen Erdölverarbeitungswerken, in den Betrieben, die Gas und Benzin herstellen, und auch in den Erdölkombinaten zur Herstellung petrolchemischer Erzeugnisse und ihrer Rohstoffe übergehen. In diesen Fällen schließt der Verarbeitungsprozeß nicht nur die Erdöl- und Erdgasverarbeitung, sondern auch die Gewinnung von petrolchemischen Erzeugnissen ein.

Plaste

Eine der Hauptrichtungen des wissenschaftlich-technischen Fortschritts sind die beschleunigte Herstellung und Anwendung neuer chemischer Werkstoffe und Erzeugnisse. Unter den letzteren beanspruchen die Plaste und die Kunstharze als progressive Konstruktionswerkstoffe mit großem Einsatzbereich, die herkömmliche (natürliche) Werkstoffe weitgehend ersetzen können, unter ökonomischen Gesichtspunkten ein besonderes Interesse. Von 1958 bis 1967 war das jährliche Zuwachstempo bei der Anwendung von Plasten in der UdSSR und in entwickelten Ländern (USA, BRD, England,

Frankreich, Italien, Japan) im Durchschnitt 2- bis 4mal so hoch wie das von Stahl und 1,5- bis 2,5mal so hoch wie das von Aluminium (außer Japan).
Worin bestehen die wichtigsten Faktoren der Intensivierung der gesellschaftlichen Produktion durch die Nutzung von Plasten?
Einer dieser Faktoren ist die Senkung der Materialaufwendigkeit der Produktion. Nach vorliegenden Berechnungen wuchs der Index für die Anwendung der hauptsächlichen Konstruktionswerkstoffe in den letzten 30 Jahren in den USA um fast ein Drittel langsamer als der Index der industriellen Produktion. Dabei sank der spezifische Einsatz aller Konstruktionswerkstoffe um 24 Prozent, darunter Walzwerkserzeugnisse aus Stahl um fast ein Drittel, Schwarzmetallguß um 40 Prozent, Kupfer und Zink um die Hälfte, Blei um ein Drittel, Zinn um ein Viertel. Der spezfiische Einsatz solcher neuen Werkstoffe wie Aluminium und Plaste wuchs auf das 4,4- bzw. 15,6 fache.Die erwartete Verwendung von Grundwerkstoffen (bezogen auf 1 Md. Rubel industrielle Bruttoproduktion) veränderte sich in der UdSSR von 1961 bis 1970 wie folgt: Senkung bei Walzstahl um 11 Prozent, Senkung bei Schwarzmetallguß um 33 Prozent, Senkung bei Holz um 40 Prozent, Steigerung bei Plasten um 90 Prozent.
Diese Veränderungen hängen von den technischen Eigenschaften (im besonderen vom spezifischen Gewicht) der Werkstoffe und vom Grad ihrer Ausnutzung bei der Bearbeitung ab. Bekanntlich ist das spezifische Gewicht von Plasten (im Mittel 1,3) wesentlich geringer als von Stahl (7,8), Rohstahl (7) und Kupfer (9). Die mittleren Ausnutzungskoeffizienten der Werkstoffe sind folgende: Schwarzmetalle geschmiedet 0,33 bis 0,38; Schwarzmetalle gestanzt 0,44 bis 0,52; Plaste gepreßt 0,9; Plaste im Druckguß oder pneumatisch geformt 0,95. Bei der Schwarzmetallverarbeitung entstehen in unserem Land jährlich 6 Mio t Rohstahl- und Stahlspäne, was einem Verlust von 2,2 Md. Rubel laufender Kosten gleichkommt.
Die mittleren Substitutionskoeffizienten von Metallen durch Plaste schwanken in Abhängigkeit vom Zusammenwirken dieser Werkstoffe, den Anwendungsgebieten und anderen Faktoren von 1,5 bis 15 und mehr. Sie betragen im einzelnen bei der Substitution von Schwarzmetall 3 bis 5, von Aluminium 2 bis 3, von schweren Buntmetallen 5 bis 7. Infolgedessen werden die begrenzten Ressourcen traditioneller (natürlicher) Werkstoffe rationeller genutzt.
Es muß bemerkt werden, daß die Möglichkeiten zum Ersatz von Schwarz- und Buntmetallen durch Plaste sehr verschieden sind. Im laufenden Fünfjahrplan beträgt das Substitionsniveau von Schwarzmetallen in der UdSSR im Mittel 1,5 bis 2 Prozent.
Nach Berechnungen von A. D. Grigoriev wurden in den USA in den letzten 30 Jahren durch die Plaste 4 bis 4,5 Prozent der Walzstahlressourcen, 2 bis

2,5 Prozent Grau- und Stahlguß, 10 Prozent Kupfer, über 20 Prozent Zink und 40 bis 50 Prozent Blei freigesetzt.[5] In den westeuropäischen Ländern beträgt die Substitution von Schwarzmetallen durch Plaste ebenfalls 2,5 bis 3,5 Prozent des Anwendungsumfanges.

Durch den Einfluß aller möglichen technischen, ökonomischen und anderen Faktoren ergab sich für die letzten Jahre eine durchaus stabile Struktur des Verbrauchs von Grundwerkstoffen in der Volkswirtschaft, die es gestatten, die Rolle der Plaste in der Sphäre der materiellen Produktion und in der Lebenssphäre zu beurteilen. Wir haben die Verbrauchsstruktur der Werkstoffe unter drei Gesichtspunkten berechnet: nach dem Gewicht, nach dem Volumen und nach dem Wert. Die Notwendigkeit solcher Berechnungen liegt in den Unterschieden der spezifischen Gewichte der Werkstoffe und ihrer Herstellungskosten begründet.

Wir halten fest, daß unter den Naturalmaßen das Materialvolumen dem Gewicht vorzuziehen ist, wenn auch das Verhältnis des Gewichtes und des Volumens der Plaste in der Regel höher ist als der Substitutionskoeffizient gegenüber traditionellen Werkstoffen. Das führt zu einer gewissen Überbewertung der Rolle der Plaste in der Rohstoffbilanz. Unserer Ansicht nach ist die Beurteilung nach dem Wert für die ökonomische Betrachtung der Rohstoffbilanz an Konstruktionswerkstoffen am zweckmäßigsten. Sie gibt die Aufwendungen an gesellschaftlich notwendiger Arbeit für die Herstellung der Werkstoffe am genauesten wieder (Tabelle 2).

Wie aus den Angaben der Tabelle 2 ersichtlich, gibt es in der Anwendungsstruktur der Werkstoffe in der UdSSR und in den USA viel Gemeinsames, wenn auch der Anteil von Aluminium und Plasten bei uns nach dem Gewicht und nach dem Volumen nur die Hälfte bis ein Fünftel ausmacht. Dem Volumen nach haben die Plaste das Aluminium und die schweren Buntmetalle bereits überflügelt und befinden sich in der modernen Technik auf dem dritten Platz (nach den Schwarzmetallen und den Sägewerkserzeugnissen). In den USA treffen diese Verhältnisse auch für den Wert zu. In der UdSSR ist der Wertanteil der Plaste infolge des verhältnismäßig geringen Anwendungsumfanges nicht höher als 4 Prozent.

Die Vergrößerung des Produktionsumfanges von Plasten erweitert die Rohstoffbilanz der Industrie bedeutend. Der Produktionsumfang an Plasten und synthetischen Harzen wuchs in der UdSSR von 67 kt 1950 auf 1293 kt im Jahre 1968 auf oder das 19fache. Ein Teil dieser Menge wurde als Harz

[5] Grigorev, A. D., Èkonomiceskie problemy proizvodstva konstruktionnych materialov v SŠA [Ökonomische Probleme der Produktion von Konstruktionswerkstoffen in den USA], Autorreferat zur Doktor-Dissertation, Moskau 1967, S. 7.

Tabelle 2

Ungefähre Struktur des Materialverbrauchs 1965 (in Prozent der Gesamtsumme)*

Werkstoffe	UdSSR			USA		
	Gewicht	Volumen	Wert	Gewicht	Volumen	Wert
Schwarzmetalle	54,0	10,0	59,7	51,8	9,6	62,9
Primäraluminium	0,8	0,4	5,0	1,6	0,9	5,4
Schwere Buntmetalle	1,2	0,2	8,7	2,4	0,5	8,4
Sägewerkserzeugnisse	43,4	88,7	22,8	41,2	85,7	13,0
Plaste	0,6	0,7	3,8	3,0	3,3	10,3

* Für die Berechnung des Wertes der Werkstoffe wurden für die USA die mittleren Preise des Jahres 1965, für die UdSSR die seit dem 1. Juli 1967 gültigen Großhandelspreise benutzt.

verwendet und als Kleber, zu Beschichtungen und dergleichen. Ein anderer Teil diente als Ausgangsrohstoff für die Produktion synthetischer Fasern und Lacke, ein dritter Teil wurde zu verschiedenen Erzeugnissen und Halbfabrikaten verarbeitet. Dadurch wurden die Werkstoffressourcen für die Konstruktion, für die Elektroisolierung und für das Bauwesen und anderes bedeutend erweitert. Für die Steigerung der Effektivität der gesellschaftlichen Produktion haben die durch Plastanwendung in der Volkswirtschaft möglichen Einsparungen große Bedeutung. In dem Maße, wie der Produktionsumfang der Plaste steigt, sinken die Preise bei gleichzeitigem Anstieg der Preise für traditionelle Werkstoffe. Ab 1. Juli 1967 wurden zum Beispiel in der UdSSR die Großhandelspreise für Plaste im Durchschnitt um 18 Prozent gesenkt und gleichzeitig die Preise für Rohstahl um 70 Prozent, für Walzstahl um 43 Prozent, für Primäraluminium um 31 Prozent, für Kupfer um 26 Prozent, für Zink um 64 Prozent, für Schnittholz (Nadelholz) um 39 Prozent erhöht. Dadurch wurden die Voraussetzungen für die Ausweitung der Anwendungsgebiete und des Anwendungsumfangs von Plasten in der Volkswirtschaft geschaffen.

Berechnungen haben ergeben, daß der Ersatz von schweren Buntmetallen und Legierungen (Kupfer, Blei, Zink, Bronze, Messing), von nichtrostendem Stahl und von wertvollen Hölzern auf allen technisch möglichen Gebieten am effektivsten ist. Eine Einsparung in der Fertigungssphäre beim Ersatz von Schwarzmetall und Aluminium ergibt sich in der Regel dann,

wenn billige Plaste bei arbeitsaufwendigen Produktionsarten oder in der Großserienproduktion eingesetzt werden.
Durch die Verbesserung der technisch ökonomischen Parameter von Maschinen, Anlagen, Baukonstruktionen und anderen Objekten wird eine hohe Einsparung in der Anwendungssphäre erreicht. So entstehen zum Beispiel 70 bis 75 Prozent der Gesamteinsparungen durch Verwendung von Plastrohren bei der Montage und im Einsatz. In der Volkswirtschaft entstehen durch die verhältnismäßig hohen Großhandelspreise für Plaste etwa zwei Drittel der Gesamteinsparungen in der Anwendungssphäre. Die mittlere Einsparung an vergleichbaren Kosten in der Fertigungssphäre und bei der Anwendung einzelner Plaste hat folgende Höhe (in Rubel/Tonne): Phenol-Preßpulver 400, Karbamidharz 665, Polyäthylen VD-2000 und Polystyrol schlagfest 1600, Polyvinylchlorid 2100. Im Vergleich zu den technischen Möglichkeiten sind die Grenzen der ökonomischen Effektivität bei der Einführung von Plaste im Maschinenbau bei zwei Dritteln und im Bauwesen bei der Hälfte zu suchen.
Es muß auch vermerkt werden, daß die Plaste und andere chemische Werkstoffe dem Wachstum des materiellen und kulturellen Wohlstandes des Sowjetvolkes dienen. Es wurde berechnet, daß die Hälfte des Umfangs der chemischen Produktion in die Sphäre des persönlichen Bedarfs gelangt. Das betrifft ein Drittel der Plasterzeugnisse, zwei Drittel der Chemiefasern, fünf Zehntel der synthetischen Waschmittel usw. Plaste spielen eine wichtige Rolle in der landwirtschaftlichen Produktion (Folien für Frühbeete und Gewächshäuser, Rohre für die Wasserversorgung, für die Melioration und die Bewässerung und anderes, bei der Herstellung von Schuhen, Kleidung, Spielwaren, Kulturwaren, Kühlschränken, Fernsehgeräten, Möbeln, Kleinwagen und dergleichen.
Die Hauptreserven zur Effektivitätssteigerung in der Plastindustrie hängen zusammen mit der Vergrößerung des Produktionsumfanges und der Vervollkommnung der Produktionsstruktur, mit der Verarbeitungsstruktur der Plaste, mit der Veränderung der Eigenschaften und der wiederholten Nutzung dieser Werkstoffe. Sie hängen ferner ab von der technischen Umrüstung der Betriebe des Zweiges, von der weiteren Konzentration und Spezialisierung der Kapazitäten sowie von der Verwirklichung eines Komplexes von Maßnahmen zur Vorbereitung der Wirtschaftszweige auf den umfangreichen Einsatz von Plasten.
Nach dem Umfang der Plastproduktion nimmt die UdSSR den sechsten Platz in der Welt ein. Der Anteil der UdSSR an der Weltproduktion an Plasten beträgt 5 Prozent (USA 38 Prozent, BRD 14 Prozent, Japan 11 Prozent). Die Produktion an Plasten je Kopf der Bevölkerung beträgt bei uns gegenüber den USA ein Achtel, der BRD ein Zehntel und Japan ein

Fünftel. Der volkswirtschaftliche Bedarf an Plasten wird im Mittel zu 60 Prozent gedeckt. Der Mangel an Plasten hemmt in erster Linie die Entwicklung der Verpackungs- und Baustoffindustrie sowie die Anwendung von Folien in der Landwirtschaft und in der Leichtindustrie. Auf die Verpakkungsindustrie entfielen zum Beispiel 1965 in den entwickelten Ländern im Mittel 20 bis 25 Prozent des Plastverbrauchs (BRD 12 Prozent). In der UdSSR betrug allein dieser Anteil nicht mehr als 1,5 Prozent. Für das Bauwesen und die Baustoffindustrie wurden in diesen Ländern 15 bis 18 Prozent (BRD 26 Prozent) und in der UdSSR 9 Prozent verwendet. In der Leichtindustrie verbrauchten die entwickelten kapitalistischen Länder 15 bis 17 Prozent, die UdSSR 10 Prozent der Plaste. Der Anteil der polymerisierten Plaste macht in den entwickelten Ländern 70 bis 75 Prozent aus. In der UdSSR betrug er im Mittel 35 bis 40 Prozent. In der Erzeugungsstruktur von Plasten überwiegt bei uns die Produktion von Phenol- und Karbamidmaterial.

Eine der neuen technischen Entwicklungsrichtungen ist die industrielle Erzeugung von Thermoplasten, die verstärkt sind durch Glasfasern, Ruß, Asbest und andere Füllstoffe. Damit werden eine Qualitätsverbesserung der Werkstoffe und eine Einsparung an Thermoplasten um durchschnittlich 10 Prozent erzielt. Ihre Anwendungsmöglichkeiten in der Technik und im täglichen Leben nehmen zu. Als andere wichtige Maßnahme muß man die Produktion bestimmter Plastarten für Großobjekte zählen. Dadurch wird es möglich, von der universellen zu einer spezifischen Werkstoffanwendung überzugehen und die Plaste in einer Reihe neuer Objekte einzusetzen, wodurch die Qualität gesteigert wird und die Selbstkosten der Produktion gesenkt werden.

Eine bedeutende Reserve für die Steigerung des Anwendungsumfangs der Plaste sind die sogenannten sekundären Thermoplaste, deren Ressourcen ungefähr 100000 t betragen. Bisher werden nur 3 bis 4 Prozent der Ressourcen an Thermoplasten zum zweiten Mal verwendet. Nach vorhandenen Berechnungen kann man durch die sekundäre Verwendung von Plasten die Plasteressourcen mindestens um 8 bis 10 Prozent vergrößern.

Das Wachstum des Plastverbrauchs erfordert eine Vergrößerung der dazu notwendigen Verarbeitungskapazitäten. Im Jahre 1965 wurden in der UdSSR 252000 t Plaste verarbeitet, 1970 612000 t. In unserer einheimischen Verarbeitungsstruktur ist der Anteil an Halbfabrikaten – besonders an Rohren und Folien – zu gering. Im Jahre 1965 wurden für die Herstellung von Halbfabrikaten folgende Anteile der Plasteressourcen eingesetzt (in Prozent): UdSSR 7, USA 20, BRD 18, Japan 34. Bezüglich des Produktionsumfangs an Folien bleibt die UdSSR hinter den aufgezählten Ländern zurück. Ihre Produktion ist um ein Sechstel bis ein Zwanzigstel bei

Folien, ein Siebentel bis ein Zwölftel bei Rohren und ein Fünftel bis ein Zwanzigstel bei Platten geringer. Das ruft Schwierigkeiten bei der Versorgung der Leichtindustrie, des Bauwesens und der Landwirtschaft mit Rohren und Folien hervor.

In der Verarbeitungsstruktur der Plaste zu Fertigwaren ist der Anteil an gepreßten Erzeugnissen zu hoch und der Anteil an gegossenen zu gering. Vom Gesamtumfang der verbrauchten Plaste gingen 1965 in der UdSSR 35 Prozent in die Weiterverarbeitung, 1970 sind es 40 Prozent. In den entwickelten kapitalistischen Ländern waren es 1965 in den USA 69 Prozent, in Japan 66 Prozent, in der BRD 60 Prozent.

Die heutige Lage ist charakterisiert durch ein unzureichendes Konzentrationsniveau und durch eine ungenügende Spezialisierung der Kapazitäten zur Plasteverarbeitung. In unserem Lande gibt es 1500 Verarbeitungsabteilungen, die sich unter der Leitung von 72 Unions- und Republiksministerien und Verwaltungen befinden. Von diesen Kapazitäten ist mehr als die Hälfte Kleinproduktion mit einer Verarbeitung, die weniger als 50 t im Jahr beträgt. Die Kosten für die Herstellung einer Tonne Erzeugnisse sind in den kleinen Abteilungen durchschnittlich 2- bis 3mal höher als in spezialisierten Betrieben. Neben Maßnahmen zur Spezialisierung der vorhandenen Kapazitäten müssen große spezialisierte Betriebe errichtet werden. In solchen Betrieben wird bis heute nur ein Drittel der Plaste verarbeitet.

Die Grundlinie für die verarbeitende Industrie im kommenden Fünfjahrplan muß die Schaffung großer spezialisierter Betriebe in den entwickelten Gebieten des Landes sein. Diese Betriebe mit überregionaler Bedeutung müssen so aufgebaut werden, daß sie sich sowohl auf Einzelteile als auch auf technologische Taktstraßen spezialisieren und die Großproduktion von Fertigerzeugnissen und Halbfabrikaten aus Plasten durchsetzen.

Eine der wichtigsten Aufgaben der Volkswirtschaft ist die rationellste Verteilung und Nutzung der Plasteressourcen, um eine maximale Mittelersparnis zu erzielen. Neben den erreichbaren Einsparungen muß man auch mit der Begrenztheit der Ressourcen an natürlichen Werkstoffen (Leder, Fasern, Holz) rechnen und die Forderungen zur Erhöhung der Verteidigungsbereitschaft des Landes, zur Beschleunigung des wissenschaftlich-technischen Fortschritts, zur Verbesserung der Arbeitsbedingungen und zur Steigerung der Produktion von Gebrauchsgütern berücksichtigen. Außerdem muß man die Bedürfnisse der früher erschlossenen Gebiete sowie die Auslastung der vorhandenen Produktionskapazitäten für Linoleum, Rohre und andere Erzeugnisse und polymere Rohstoffe in Betracht ziehen. Notwendig ist ferner die Vollendung des Austausches von schweren Buntmetallen, nichtrostenden Stählen, wertvollen Hölzern und anderen Mangel-

werkstoffen durch Plaste auf all den Gebieten, auf denen es technisch möglich ist.
Nach unserer Ansicht ist es Zeit, einen Komplex von Maßnahmen der Forschung, der Konstruktion, der Projektierung, der Versuchsproduktion und anderer Dinge auszuarbeiten, damit die Wirtschaftszweige – besonders der Lebensmittelindustrie (Verpackungsmaterial und Verpackung), der Leichtindustrie, der Baustoffindustrie und der Landwirtschaft – zu einer effektiven Nutzung der vorhandenen Plastressourcen geführt werden.
Es ist zweckmäßig, in die Jahrespläne und in die Fünfjahrpläne zur Entwicklung der Volkswirtschaft und ihrer Zweige ein System von konkreten Aufgaben zur Einführung von Plasten und anderen chemischen Werkstoffen für die wichtigsten Objekte und zur Einsparung von Mangelwerkstoffen usw. aufzunehmen.
Die aufgezählten Reserven in der Produktion, der Verarbeitung und der Anwendung von Plasten gestatten eine wesentliche Intensivierung der sozialistischen Wirtschaft.

Chemiefasern in der Technik

Infolge des beschleunigten Entwicklungstempos der Kunstfaserproduktion in den 30er und 40er Jahren und der Produktion von synthetischen Fasern in der Gegenwart im Vergleich zu den Naturfasern, bei denen es sogar eine Senkung bei einigen Arten (Seide) gab, ist der Anteil der Chemiefasern an der Weltproduktion aller Textilfasern von 7,6 Prozent im Jahre 1938 auf 26,3 Prozent im Jahre 1967 gestiegen.
Besonders groß ist der Unterschied im Entwicklungstempo des Verbrauchs natürlicher und chemischer Fasern in den führenden kapitalistischen Ländern. So sank von 1950 bis 1967 der Baumwollverbrauch in den USA auf 80 Prozent, der Wollverbrauch auf 60 Prozent. Der Verbrauch an Kunstfasern stieg auf 110 Prozent und der von synthetischen Fasern auf das 15,3-fache. Analog dazu beträgt in England der Verbrauchsindex für Baumwolle in der gleichen Periode 0,4; von Wolle 0,7; von Kunstfasern 1,3 und von synthetischen Fasern 41,8. In Japan betrug er für Baumwolle 2,1, für Kunstfasern 3,7, für synthetische Fasern 29 (beginnend im Jahre 1955).
Im Ergebnis des beschleunigten Zuwachses der Verarbeitung chemischer Fasern erreichte ihr Anteil am Gesamtverbrauch von Textilrohstoffen im Jahre 1967 in Japan und in der BRD 46 Prozent und in den USA 43 Prozent.
In der UdSSR war ein besonders hohes Tempo bei der Entwicklung der Chemiefaserproduktion vom Ende der 50er Jahre an vorgesehen. Von

1958 bis 1968 wuchs die Produktion auf das 3,3fache (von 166000 t auf 554000 t, und ihr Anteil an der Textilrohstoffbilanz des Landes betrug etwa 17 Prozent.
In der Verbrauchsstruktur der Chemiefasern beträgt der Anteil, der für technische Zwecke verwendet wird, in der UdSSR ungefähr ein Drittel (Tabelle 3) und verbleibt in der nächsten Zukunft auf diesem Niveau.

Tabelle 3

Produktionsstruktur der Chemiefasern in der UdSSR*

Erzeugnisse	1960		1965		1967	
	kt	Prozent	kt	Prozent	kt	Prozent
Chemiefasern insgesamt	211,2	100,0	407,3	100,0	510,6	100,0
für Massenbedarfsgüter	153,3	72,6	287,4	70,6	348,9	68,4
für technische Erzeugnisse	57,9	27,4	119,9	29,4	161,7	31,6
davon synthetische Fasern	4,2	2,0	33,9	8,3	57,5	11,2

* Die Volkswirtschaft der UdSSR 1967, Moskau 1968, S. 25.

Ungeachtet dessen, daß bedeutende Ressourcen der chemischen Fasern für technische Erzeugnisse verbraucht werden, sind die Bedürfnisse der Technik noch unzureichend erfüllt.
Aus der Textilrohstoffbilanz für die technische Produktion kann man ersehen, daß in der Gummiindustrie der Anteil chemischer Fasern 1967 nur 11 Prozent betrug. 1965 betrug er bei der Seilerwarenindustrie 8 Prozent, bei Netzen und Tauen 50 Prozent und bei Industrieplanen 30 Prozent. Der vollständige Übergang auf chemische Fasern ist nur in der Reifenindustrie vollzogen. In der Struktur der verwendeten Cordarten nimmt der Viskosecord den ersten Platz ein (72 Prozent, 1967), was nicht den Anforderungen der Reifenindustrie entspricht. Außerdem führt die Verwendung von Viskosecord und auch des günstigeren Polyamydcords wegen der geringen Qualität (im Verhältnis zu den besten ausländischen Mustern) dazu, daß die Arbeiten zur Steigerung der Lebensdauer der Reifen, der Protektoren usw. verzögert werden.
Der mögliche Anteil synthetischer Fasern am gesamten Textilfaserverbrauch für technische Zwecke beträgt etwa 100 Prozent. Der ökonomisch gerechtfertigte Anteil beträgt nach unserer Schätzung etwa 70 bis 75 Pro-

zent, weil bei einer Reihe von Erzeugnissen solche billigen Naturfasern wie Hanf, Jute und Eibisch oder auch kurze Leinfasern verwendet werden können. Der Einsatz chemischer Fasern vornehmlich für die Erzeugung technischer Gewebe und Erzeugnisse macht es möglich, bedeutende Ressourcen an Naturfasern für die Produktion von Massenbedarfsgütern freizusetzen (Stoffe für Kleidung, Wäsche, Möbel, Trikotagen, Teppiche, Decken und dergleichen).

Über den Umfang dieser Ressourcen kann man nach folgenden Zahlen urteilen: 1965 wurden nach unseren Berechnungen 40 bis 50 Prozent aller Fasern für Erzeugnisse industrieller Bestimmung (Reifen, technische Gummiwaren, Taue und Netze, Schnüre, Filter usw.) verbraucht. Darauf entfallen ungefähr 60 Prozent der Baumwolle, 8 Prozent der Wolle, 60 Prozent des Leins, 30 Prozent der chemischen Fasern. In der Verbrauchsstruktur von Naturfasern für technische Zwecke nehmen diese nach unseren Berechnungen 85 bis 90 Prozent ein, darunter Baumwolle 55 bis 60 Prozent, Lein 10 bis 15 Prozent, Hanf, Eibisch und anderes 10 bis 15 Prozent, Wolle und 1 bis 2 Prozent und chemische Fasern 10 bis 15 Prozent, davon 3 bis 5 Prozent synthethetische.

Die vorliegende Verbrauchsstruktur bei Fasern wirkt negativ auf die Effektivität beim Einsatz der technischen Erzeugnisse. Der Effekt aus dem Ersatz von Naturfasern liegt meist nicht in den Zweigen, welche die Fasern unmittelbar in Transportbänder, Reifen, Planen und dergleichen verarbeiten, sondern in der Verbrauchssphäre.

Der Ersatz von Baumwollcord durch Viskosecord und der Ersatz von Viskosecord durch Kapron verbessert die ökonomischen Kennwerte der Reifenindustrie zum Beispiel nicht. Er steigert jedoch die Laufleistung der Reifen und bringt damit einen volkswirtschaftlichen Effekt. Für die Begründung der Perspektiven bei der Entwicklung chemischer Fasern muß man den Effekt in allen Stadien ihrer Herstellung, Verarbeitung und Nutzung berücksichtigen.

Die effektivsten und zukunftsträchtigsten Arten von Chemiefasern, die für technische Erzeugnisse und Massenbedarfsgüter Verwendung finden, sind die synthetischen Fasern. Nach Berechnungen des Unionsforschungsinstituts für Kunstfasern ist der summarische volkswirtschaftliche Effekt (Differenz zwischen den vergleichbaren Kosten für die Produktion einer Tonne Fasern unter Berücksichtigung der Rohstoff- und Energiebasis und des Austauschkoeffizienten der Fasern) beim Ersatz dünnfaseriger Baumwolle in technischen Erzeugnissen durch Viskosefasern mit etwa 3000 Rubeln zu beziffern. Beim Ersatz durch synthetische Fasern beträgt die Summe 7700 Rubel, beim Ersatz von Wolle durch synthetische Fasern 7600 Rubel und beim Ersatz von mittelstarken Baumwollfasern durch

Viskosefasern 300 Rubel. Die Strukturverbesserung innerhalb der Faserindustrie durch die Steigerung des Anteils synthetischer Fasern erhöht im kommenden Fünfjahrplan den spezifischen ökonomischen Effekt um fast 40 Prozent, der durch den Ersatz der Naturfasern durch Chemiefasern erzielt wird.

Eine Reihe technisch-ökonomischer Berechnungen, die im Forschungsinstitut der Gummiindustrie durchgeführt wurden, zeugen von der Effektivität des Austausches der Baumwollfaser in technischen Gummiartikeln. Der Ersatz von Baumwollgewebe bei der Produktion von Ventilatorenriemen durch Gewebe aus synthetischen Fasern steigert deren Standzeit auf das 1,7- bis 2fache und ermöglicht damit eine Einsparung von fast 500 Rubel je 1000 Riemen. Die Anwendung von Einlagen aus Kapron in Förderbänder steigert deren Standzeit auf das 1,5- bis 2fache und spart damit 2800 Rubel je 1000 m^2 ein.

Zur Nutzung dieser riesigen Reserve bei der Steigerung der Effektivität der gesellschaftlichen Produktion muß eine Reihe von Maßnahmen durchgeführt werden. Es geht um eine wesentliche Steigerung des Produktionsumfanges von Chemiefasern, um die Veränderung der Erzeugnisstruktur, um die Erweiterung des Sortiments und um die Verbesserung der Faserqualität. Es geht ferner um die Produktionsaufnahme einer Reihe neuer Fasern und um die Entfaltung der Forschungsarbeiten zur Vorbereitung der Produktion auf die Einführung von Chemiefasern. Zur Verdrängung der Naturfasern und zur verstärkten Verwendung chemischer Fasern bis zu einem ökonomisch zweckmäßigen Anwendungsniveau in technischen Erzeugnissen ist es nach unseren Berechnungen in den nächsten Jahren notwendig, die Ressourcen, die für diese Zwecke freigemacht werden, auf das 4- bis 5fache des derzeitigen Umfanges zu erweitern.

Daraus folgt, daß es notwendig ist, den mittleren Zuwachs der Produktion auf 12 bis 13 Prozent zu erhöhen, wenn der Anteil chemischer Fasern für die technische Produktion der nächsten Zukunft auf dem bisherigen Niveau (ein Drittel des Gesamtverbrauchs) gehalten werden soll. Wir stellen fest, daß das mittlere Jahrestempo des Zuwachses in der Faserherstellung sinkt: 1951 bis 1965 betrug es 35,1 Prozent, 1956 bis 1960 13,9 Prozent, 1961 bis 1965 14 Prozent, 1966 bis 1970 (Plan) 11,4 Prozent. Es werden weniger als 10 Prozent erwartet.

Die Schwierigkeiten bei der Versorgung der Technik mit modernen Chemiefasern werden dadurch vertieft, daß hauptsächlich synthetische Fasern gefordert werden, in der Produktionsstruktur der UdSSR aber vornehmlich die weniger wertvollen künstlichen Fasern – im wesentlichen Viskosefasern – überwiegen. Im Jahre 1965 betrug der spezifische Anteil der Viskosefasern an der Herstellung der Chemiefasern in der UdSSR 72 Prozent, in der Weltproduktion 55 Prozent, in den USA 33 Prozent. Unter den synthetischen Fasern ist in der UdSSR die Produktion von Kapron am weitesten entwickelt. Die Erzeugung anderer synthetischer Fasern ist gering. 1967 wurden 9000 t Lavsan und 4500 t Nitron hergestellt.

Im laufenden Fünfjahrplan verbessert sich die Produktionsstruktur der Chemiefasern infolge des wachsenden Tempos bei der Herstellung synthetischer Fasern. Das spiegelt die Bedürfnisse der Volkswirtschaft wider und entspricht den Tendenzen zur Entwicklung der Chemiefasererzeugung in der Welt.

Die Verteilung der vorhandenen Ressourcen an Chemiefasern hängt damit zusammen, daß jede Art von Fasern nach der entsprechenden Technologie hergestellt wird, die von den Anforderungen des jeweiligen Verbrauchers abhängt. Deswegen hat man keine Möglichkeit zum umfangreichen Manövrieren mit den Ressourcen, ohne daß man teure Umbauten oder Rekonstruktionsmaßnahmen an den vorhandenen Kapazitäten in Kauf nimmt. Die heute erzeugten technischen und synthetischen Fasern sind in erster Linie für solche Erzeugnisse bestimmt, die man auf der Grundlage anderer Fasern nicht herstellen konnte (zum Beispiel Cord für die Reifen schneller Flugzeuge oder für schwere Lastkraftwagen). Diese Ursache hat neben dem hohen ökonomischen Effekt zur völligen Verdrängung der Baumwolle aus der Reifenindustrie geführt. Bei anderen Erzeugnissen ist der technisch notwendige Anwendungsumfang synthetischer Fasern offenbar wesentlich geringer als in der Reifenindustrie. Offensichtlich entspricht der Anteil der synthetischen Fasern in der Bilanz der Textilfasern dieser Erzeugnisse heute den gegebenen Notwendigkeiten. Das bedeutet nicht, daß der Ersatz von Naturfasern durch synthetische in dieser Produktion ökonomisch nicht effektiv wäre. Das geringe Anwendungsniveau von Chemiefasern ist in der heutigen Zeit im wesentlichen durch das Defizit an den notwendigen Faserarten bedingt.

Zum Unterschied von den umfangreichen Mengen bei der Herstellung von Reifencord, für die gegenwärtig nur eine begrenzte Anzahl von Faserarten gebraucht wird, ist für den Ersatz der Naturfasern in der sogenannten „kleinen“ Produktion (Herstellung von technischen Gummiartikeln, von Seilerwaren, von Netzen und Tauen, von technischen Planen und dergleichen) ein großes Sortiment von Fasern erforderlich, weil jede dieser Produktionsarten eine geringe Menge an Fasern braucht. Diese müssen jedoch bestimmte Anforderungen an die physikalisch-mechanischen Eigenschaften erfüllen. Für die Produktion technischer Gummiwaren braucht man technische Garne aus Kapron und Lavsan. Nur für wenige Erzeugnisse kann man Viskosefäden verwenden. Für die Herstellung von Netzen und Tauen braucht man Kapron und Polyolefin-Fasern, für Seilerwaren

Garne aus Kapron und lange Polypropylenfasern, für Filtertücher Faserstapel aus Lavsan, Kapron und dergleichen.

Um diesen Bedarf an chemischen Fasern zu decken, wird insgesamt mehr gebraucht als für die Cordproduktion. Zur völligen Verdrängung der Naturfasern wäre eine Menge notwendig, die die heutige Gesamterzeugung von chemischen Fasern im Lande weit übersteigt.

Somit ist die Versorgung der technischen Produktion mit Chemiefasern ein großes volkswirtschaftliches Problem. Die Lösung dieses Problems ist deshalb so kompliziert, weil es nicht um eine einfache Vergrößerung der Chemiefaserproduktion geht, sondern vornehmlich um die Steigerung der Produktion von synthetischen Fasern und um die Aufnahme der Erzeugung neuer Arten bei vergrößertem Sortiment und gesteigerter Qualität.

Der Übergang zu synthetischen Fasern erfordert umfangreiche Forschungsarbeiten. Gewöhnlich werden zur Ausarbeitung einer wissenschaftlich begründeten Empfehlung für die Anwendung dieser oder jener Faser 1 bis 2 Jahre gebraucht.

Schon im Stadium der Laborversuche erkennt man die Möglichkeit zur Verarbeitung chemischer Fasern an Stelle von Naturfasern mit der vorhandenen Ausrüstung (mit gewissen Veränderungen der Technologie) oder die Notwendigkeit zum Aufbau neuer Betriebe mit einer prinzipiell anderen Technologie und anderen Anlagen. So wurde zum Beispiel bei der Ausarbeitung des Produktionsprozesses für Seilerwaren aus Kapron- oder Polypropylengarnen an Stelle von Hanf festgestellt, daß es nicht möglich ist, die vorhandenen Verarbeitungsanlagen zu benutzen. Als Ausweg aus dieser Lage bieten sich zwei Möglichkeiten an: Entweder man schafft Anlagen zur Herstellung eines groben Geflechts aus diesen Fasern und verarbeitet das so erhaltene Band auf den vorhandenen Anlagen weiter, oder man schafft eine prinzipiell neue Technologie zur Herstellung gedrehter Erzeugnisse. Beide Varianten können erst verwirklicht werden, nachdem die notwendigen Ausarbeitungen vollendet und die neuen Anlagen geschaffen sind.

In der Zukunft wird auch die Herstellung technischer Werkstoffe und Erzeugnisse aus chemischen Fasern Verbreitung finden, die in Gestalt nicht gewebter flächenhafter Gebilde und als Trikotagen hergestellt werden. Es ist bekannt, daß für diese Prozesse produktivere Ausrüstungen vorhanden sind als Webstühle und daß die Erzeugnisse bedeutend billiger sind, was ihre Effektivität steigert. Im Unionsforschungsinstitut für Trikotagenindustrie wurde zum Beispiel eine Produktionstechnologie für Netze aus Kapron ausgearbeitet, wodurch die Standzeit der Netze auf das 2- bis 3fache erhöht und die Produktivität der Anlagen auf das 1,5fache gesteigert werden konnte.

Die erweiterte Verwendung von nicht gewebten Stoffen für technische Zwecke macht es in Zukunft ökonomisch notwendig, Naturfasern in der Technik anzuwenden. Das hängt damit zusammen, daß es bei nicht gewebten Stoffen zweckmäßig ist, Baumwollrückstände und Rückstände anderer Fasern im Gemisch mit chemischen Fasern zu verwenden. Der Anwendungsumfang von Naturfasern in der Technik wird verknüpft mit dem Produktionsumfang an Waren für das tägliche Leben aus Naturfasern, deren Rückstände für die Verarbeitung zu nicht gewebten Stoffen Verwendung finden.

Strahlungsprozesse

In der Sowjetunion und in anderen Ländern wurden grundlegende Untersuchungen zur praktischen Nutzung der ionisierenden Strahlung in den technologischen Prozessen der Industrie und der Landwirtschaft durchgeführt. Die Anwendung der Strahlungstechnik in den technologischen Prozessen einer Reihe von Zweigen gestattet es nicht nur, die Qualität und die Quantität der Erzeugnisse zu verbessern, sondern auch die Chemisierung der Volkswirtschaft durch die Herstellung verschiedener Erzeugnisse auf der Grundlage künstlicher Werkstoffe mit neuen oder vorgegebenen Eigenschaften voranzutreiben.

Gegenwärtig durchlaufen einige dieser Prozesse die Produktionserprobung und werden in die Praxis der Volkswirtschaft des Landes eingeführt.

Zu den am weitesten ausgearbeiteten Strahlungsprozessen, die praktische Bedeutung haben, kann man die folgenden zählen:

in der chemischen Industrie die Polymerisation, die Modifikation und die Synthese verschiedener polymerer Werkstoffe, das Vulkanisieren von technischen Gummiartikeln und Reifen, die Herstellung von Kunstfasern hoher Qualität usw.;

in der Erdölverarbeitungsindustrie das Kracken von Kohlenwasserstoffen und die Veränderung von petrolchemischen Erzeugnissen; in der holzbearbeitenden Industrie die Herstellung von Holzplastmaterial;

in der Textilindustrie die Herstellung hochwertiger Stoffe, nicht gewebter Stoffe und ähnliches;

in der medizinischen und veterinärmedizinischen Industrie die Herstellung verschiedener Biopräparate, die Sterilisierung medizinischer und veterinärmedizinischer Gegenstände usw.;

in der Lebensmittelindustrie die Pasteurisierung und Sterilisierung einiger Nahrungsmittel, die Insektenbekämpfung bei Getreide, bei Getreide-

produkten und Trockenfrüchten, die Verlängerung der Lagerfristen für leichtverderbliche Güter usw.;
in der Landwirtschaft die Bestrahlung von Saatgut zum Zweck der Qualitätssteigerung und der Ertragssteigerung bei verschiedenen landwirtschaftlichen Kulturen, die Sterilisierung von Insekten, die Gewinnung neuer Formen von Pflanzen und Mikroorganismen, die Verbesserung der Haltbarkeit von Früchten, Beeren und Gemüse usw.
Alle diese Strahlungsprozesse kann man in zwei große Gruppen teilen, nämlich in die strahlungsbiologischen und die strahlungschemischen Behandlungen. Erstere hängen mit der Wechselwirkung der ionisierenden Strahlen mit Objekten tierischer und pflanzlicher Herkunft und mit lebenden Organismen zusammen. Die zweiten betreffen Einwirkungen auf verschiedene anorganische Systeme. Außerdem können sie unterteilt werden in energiearme Prozesse (Gesamtleistung der Strahlungsquellen bis 1 kW) und energieaufwendige Prozesse (Gesamtleistung der Strahlungsquellen über 1 kW bis mehrere Hundert und Tausend kW).
Die Analyse der ökonomischen Werte beim Einsatz ionisierender Strahlung in technologischen Prozessen zeigt, daß für Prozesse mit geringem Energieaufwand bei Produktionskosten je Einheit Produkt bis zu einem Rubel und mehr die Anwendung von Strahlungsprozessen auf der Grundlage von Isotopen ökonomisch effektiver ist. Bei Produktionskosten der bearbeiteten Erzeugnisse von weniger als 50 Kopeken ist es ökonomisch vorteilhafter, Beschleuniger für geladene Teilchen zu verwenden.
Für energieaufwendige Prozesse kann es ökonomisch effektiv sein, nur Beschleuniger zu verwenden oder die Strahlungszonen von Kernreaktoren und von wärmeabgebenden Elementen, die im Zirkulationskreislauf angewandt werden, zu nutzen. Strahlungsquellen in Gestalt radioaktiver Isotope sind relativ teuer.
In den letzten Jahren wurde in der Sowjetunion umfangreiches Versuchsmaterial zur Bestrahlung von Saatgut verschiedener landwirtschaftlicher Früchte vor der Aussaat gewonnen. Für diese Bestrahlungen sind einige Typen beweglicher Gamma-Bestrahlungsanlagen gebaut worden. Die ökonomische Analyse des Einsatzes solcher Anlagen spricht für deren hohe Effektivität. Es genügt zu sagen, daß die zusätzlichen Investitionsaufwendungen für diese Technik sich bereits in einer Saison bezahlt machen und der mittlere Jahresnutzen bei breiter Anwendung dieses Verfahrens ungefähr 100 Rubel je ha Anbaufläche bei gleichzeitiger Senkung der Selbstkosten der landwirtschaftlichen Produktion 6 bis 13 Prozent betragen kann.
Eines der Hauptnahrungsmittel, das in großen Mengen verwendet wird, ist die Kartoffel. Die Bestrahlung des Kartoffelsaatgutes führt nicht nur zur

Steigerung des Ertrages von durchschnittlich 15 Prozent, sondern auch zur Steigerung des Stärkegehaltes in den Knollen um 1 bis 2 Prozent. Andererseits kann die bestrahlte Kartoffel bis zum Erntezeitpunkt des folgenden Jahres gelagert werden, ohne zu keimen, ohne ihre Masse und ihre Qualität einzubüßen. Beide Bestrahlungsverfahren sind wenig energieaufwendig. Nach überschläglichen Berechnungen, die auf Ergebnissen einer Versuchs-Bestrahlungsanlage beruhen und nach Angaben, die in einem technischen Projekt für industrielle Anlagen enthalten sind, ist die Bestrahlung von Saat- und Konsumkartoffeln für die Volkswirtschaft unseres Landes vorteilhaft, wenn 15 bis 20 kt im Jahr bestrahlt werden. Dabei sinken die Selbstkosten der Kartoffelproduktion um 7 bis 9 Prozent und die Kosten für Lagerung und Bearbeitung um 20 Prozent im Vergleich zur Anwendung chemischer Präparate. Dabei steigt die Arbeitsproduktivität auf das Doppelte.

Neben dem Effekt, der bei der Produktion und der Lagerung der Kartoffeln entsteht, verbessern sich auch die technisch-ökonomischen Kennziffern der Kartoffelverarbeitungsbetriebe. So führt die Möglichkeit der ganzjährigen Lagerung der Kartoffeln zur verbesserten Auslastung der Trockenkartoffel- und Sagofabriken um 60 Prozent. Das senkt die Selbstkosten für eine Tonne Trockenkartoffeln um 2,8 Prozent und für eine Tonne Kartoffelsago um 2,4 Prozent. Die Erhöhung des Stärkegehaltes senkt den Rohstoffbedarf der Stärkefabriken um 8 Prozent, wodurch die Produktionskosten je Tonne Trockenstärke um 6 bis 7 Prozent sinken. Deshalb ist der volkswirtschaftliche Effekt der Bestrahlung von Saatkartoffeln und Konsumkartoffeln wesentlich höher als der Effekt in den Betrieben, die die Anlagen nutzen.

Die Insektenbekämpfung durch Strahlen bei Getreide und Getreideprodukten hat eine Reihe von Vorteilen gegenüber der derzeitigen chemischen Bekämpfung. Sie ist noch effektiv bei der Insektenbekämpfung und erlaubt es, die Bekämpfung vollständig zu mechanisieren und zu automatisieren. Dieser Prozeß ist wenig energieaufwendig. Infolge der geringen Kosten für die chemische Insektenbekämpfung im Getreide ist jedoch weder die Verwendung von Kobalt 60 noch Cäsium 137 ökonomisch vorteilhaft. Am zweckmäßigsten ist hier die Verwendung von Beschleunigern geladener Teilchen. Vorläufige Berechnungen zeigen, daß die Kosten der Insektenbekämpfung im Getreide mit Beschleunigern die Kosten für die chemische Bekämpfung um 40 bis 60 Prozent unterbieten können. Diese Senkung der Produktionskosten in Abhängigkeit von der jährlichen Produktivität der Anlagen führt zur Amortisation der Bestrahlungstechnik in 1,5 bis 3,5 Jahren und zu einem gesamten Jahresnutzen von mehreren Zehntausend Rubel je Anlage.

Sehr effektiv ist der energiearme Prozeß der Sulfonatproduktion durch Bestrahlung. Eine industrielle Versuchsanlage zur Gamma-Bestrahlung mit einer Produktivität von 100 t im Jahr, die in einem Chemiebetrieb errichtet wurde, senkte die Produktionskosten um 3,3 Prozent, steigerte die Arbeitsproduktivität um 20 Prozent und erbrachte eine jährliche Einsparung von fast 200000 Rubel.[6]
Die ökonomischen Aussagen im Projektierungsstadium industrieller Versuchsanlagen zur Bestrahlung erweisen die Zweckmäßigkeit einer ganzen Reihe anderer energiearmer Prozesse. Es wurde berechnet, daß durch die Anwendung von 3 bis 4 strahlungschemischen Prozessen sowie bei der Strahlungsbearbeitung von 5 bis 10 Prozent des Saatgutes in unserem Lande und der gleichen Menge von Konsumkartoffeln, Getreide und Getreideprodukten der ökonomische Gesamteffekt 0,7 bis 1,3 Md. Rubel im Jahr betragen kann. Zur Erledigung dieses Produktionsumfanges sind 2000 bis 4000 Anlagen mit einer Gesamtaktivität der Quellen von 50000- bis 100000-kg-Äquivalenten Radium erforderlich.
Für solche energieaufwendigen Prozesse wie die Modifikation des Polyäthylens, die Gewinnung von Holzplastwerkstoffen, das Vulkanisieren von Reifen und Laufflächen, das Sterilisieren verschiedener Objekte und andere Prozesse ist es ökonomisch nicht effektiv, strahlende Isotope zu verwenden. Nach vorläufigen Berechnungen ist die Erzeugung der genannten Dinge in Gamma-Bestrahlungsanlagen, die durch Isotope gespeist werden, 8- bis 14mal teurer als bei Nutzung der Elektronenbeschleuniger, der Wärmeaustauscher und der Strahlungszonen an Atomreaktoren. Wenngleich es Produktionsanlagen dieser Art noch nicht gibt, zeigen überschlägliche Berechnungen im Projektierungsstadium, daß eine solche Atomtechnik für die Volkswirtschaft des Landes anwendbar sein wird. Die Nutzung der Atomreaktoren zur Energiegewinnung für diese Zwecke kann darüber hinaus deren ökonomische Daten bei der Produktion von Elektroenergie und Wärme verbessern. Die abschließende Bewertung der ökonomischen Effektivität von energieaufwendigen Strahlungsprozessen kann jedoch offenbar erst im Stadium der Projektierung konkreter Varianten entsprechender Anlagen für diese Prozesse gegeben werden. Ungeachtet der hohen Effektivität bereits erprobter Prozesse und der durchaus ermutigenden Ergebnisse abgeschlossener Forschungsarbeiten muß gesagt werden, daß die Projektierung, der Bau und die Einführung der Atomtechnik äußerst langsam vonstatten gehen. Die breite Einführung der Strahlungstechnik ist mit beträchtlichen Investitionen sowohl in den Haupt- als auch in den Begleitzweigen der Volkswirtschaft verbunden. In

[6] Isotopy v SSSR [Isotopen in der UdSSR], 11/1968, S. 4; 12/1968, S. 51.

der Investitionsstruktur für die Strahlungstechnik nehmen die Aufwendungen für die Strahlungsquellen den größten Raum ein. Deshalb ist es außerordentlich wichtig, dafür solche Preise festzulegen, die vom Gesichtspunkt des Bedarfs her ökonomisch begründet sind und den wissenschaftlich-technischen Fortschritt stimulieren. Preise, die ohne Berücksichtigung der ökonomischen Faktoren festgesetzt werden, können nicht nur als Hemmschuh bei der Einführung der neuen Technik wirken, sondern auch die Illusion schaffen, daß es zweckmäßig wäre, die Produktion für diese oder jene Strahlungsquelle aufzunehmen.
So führte zum Beispiel die schlechte Übereinstimmung der Preise für äquivalente Mengen Kobalt 60 und Cäsium 137 dazu, daß einerseits die Verwendung von Cäsium 137 bei der Errichtung von Gamma-Bestrahlungsanlagen mit hoher Aktivität ungeachtet einer Reihe von Vorteilen im Einsatz fast völlig aufgegeben wurde, während sie andererseits zu der unbegründeten Schlußfolgerung führte, daß eine merkliche Ausweitung der Produktion von Strahlungsquellen auf der Grundlage von Cäsium 137 unzweckmäßig wäre. Offenbar muß bei der Lösung der Preisfragen für solche Anlagen auch die Vergleichbarkeit der Produktionskosten bei gleichen Strahlungsprozessen beachtet werden. Die Einführung von Strahlungsprozessen in die volkswirtschaftliche Praxis muß mit dem System der ökonomischen Stimulierung und der materiellen Interessiertheit der Betriebe organisch verbunden werden. Da die Errichtung von Anlagen zur Bestrahlung bedeutende Investitionen erfordert, muß man der Kreditordnung für den Aufbau der Anlagen besondere Aufmerksamkeit schenken.
Nach unserer Ansicht wird es richtig sein, Entscheidungen über eine langfristige Kreditierung für die Betriebe zur Errichtung von Bestrahlungsanlagen auf Isotopenbasis zu treffen, die 50 bis 100 kCi übersteigen. Das wird sich positiv auf die Finanztätigkeit sowohl der Herstellerbetriebe als auch der Anwender auswirken. Eine nicht geringe Rolle werden die ökonomische Begründung und eine kluge Nutzung der Preispolitik für die Erzeugnisse, die mit Hilfe von Bestrahlungsverfahren gewonnen werden, für die erfolgreiche Einführung der Atomtechnik spielen. In einigen Fällen können die Selbstkosten dieser Erzeugnisse etwas über den Selbstkosten bei der Produktion mit traditionellen Methoden liegen. Die Strahlungsvulkanisierung von Reifen und Protektoren ist für den Anwender ökonomisch vorteilhaft, weil die Qualität dieser Reifen ausgezeichnet ist. Deshalb muß man für die Betriebe, die solche Prozesse einführen, offenbar die Industrieabgabepreise für die Erzeugnisse mit höherer Qualität so festlegen, daß sie an der Einführung von Strahlungsprozessen interessiert werden. Mit anderen Worten, die Einführung einer modernen Technologie

darf sich nicht negativ auf die Rentabilität der Betriebe auswirken, die diese eingeführt haben.
Es ist allgemein bekannt, daß der Vorteil für die Volkswirtschaft um so größer ist, je schneller neue technologische Prozesse geschaffen und eingeführt werden. Im Zusammenhang damit entsteht eine ganze Reihe von technisch organisatorischen Fragen. Durch deren Lösung kann man die Dauer der konstruktiven Vorarbeiten verkürzen und Zeitverluste bei der Errichtung und Inbetriebnahme von neuen Objekten der Atomenergie vermeiden. Dazu gehört die sorgfältige Durcharbeitung nicht nur der Bestrahlungstechnologie, sondern des ganzen technologischen Produktionsprozesses in allen Stufen. Die Konstruktions- und Projektierungsorgane müssen ihrerseits alle Hilfsbaugruppen der Anlagen sorgfältig durcharbeiten und dabei die neuesten Errungenschaften der Wissenschaft und Technik, die ausländischen Erfahrungen mit der Errichtung derartiger Technik und die Ergebnisse der Patentinformation nutzen. Es mag sein, daß man bei breiter Einführung der Strahlungsanlagen eine Typisierung des Materials, der Teile, Baugruppen und Anlagen durchsetzen muß. Das Grundelement von Gamma-Bestrahlungsanlagen auf Isotopenbasis ist die Strahlungsquelle. Die vorliegenden technischen Bedingungen für Standardquellen entsprechen jedoch nicht den Anforderungen industrieller Anlagen. Solche grundlegenden Charakteristika wie zulässige Temperatur, mechanische Festigkeit gegen Schläge und der hermetische Abschluß der Behälter müssen wesentlich verbessert werden, damit die Quellen in den Anlagen wenigstens 10 bis 12 Jahre genutzt werden können. Der Austausch der Quellen in kürzeren Zeitabständen senkt die Kennwerte des Einsatzes und der Wirtschaftlichkeit. Es genügt, darauf hinzuweisen, daß der Preis für eine Kilowattstunde Bestrahlung mit Strahlungsanlagen etwa umgekehrt proportional der Einsatzzeit der verwendeten Strahlungsquellen ist. Außerdem gibt es Fälle, in denen Behälter eingesetzt werden, die oberflächlich verschmutzt sind. Das führt nicht nur zur Verzögerung der Montagearbeiten, sondern auch zu zusätzlichen Aufwendungen für die Desaktivierung. Offenbar muß die Sauberkeit beim Füllen der Behälter für Strahlungsquellen zu einem der wichtigsten Kennwerte für die Produktionsqualität werden, die an die Vereinigung „Isotop“ gestellt werden müssen.
Für die qualifizierte Nutzung der Gamma-Anlagen, der Beschleuniger für geladene Teilchen und der Strahlungszonen der Reaktoren müssen qualifizierte Spezialisten ausgebildet werden, wenn diese Technik in breitem Umfang in die Volkswirtschaft eingeführt werden soll. Leider wird dieser Frage bis jetzt zu geringe Aufmerksamkeit geschenkt. Zur Bedienung von 2000 Anlagen werden 10000 bis 12000 Spezialisten für einen dreischich-

tigen Einsatz gebraucht. Deshalb müssen die Ministerien und Verwaltungen schon heute die Vorbereitung der Spezialisten für die Bestrahlungstechnologie verschiedener Stoffe und für die Dosimetrie ins Auge fassen.
Besondere Aufmerksamkeit muß der Propagierung der Vorteile und der Ungefährlichkeit der Atomtechnik bei den technologischen Prozessen der industriellen und landwirtschaftlichen Produktion geschenkt werden. Das gleiche gilt für die Gefahrlosigkeit der bestrahlten Erzeugnisse. Bis jetzt dominiert eigenartigerweise die These von der angeblichen Gefährlichkeit der ionisierenden Strahlung in der Produktion und bei der Bearbeitung verschiedener Erzeugnisse. Das ist einer der Umstände, der einer schnellen Einführung der Bestrahlung in die Praxis entgegensteht. Offenbar muß man in der kommenden Zeit die Propaganda der Vorteile der Atomtechnik für eine Reihe technologischer Prozesse, der Gefahrlosigkeit ihrer Anwendung und der Ungefährlichkeit der bestrahlten Erzeugnisse bei Einhaltung aller entsprechenden Vorschriften, die in den speziellen Regeln enthalten sind, in breitem Umfang entwickeln.
Die breite Einführung der biologischen und chemischen Bestrahlungsprozesse in die Praxis der industriellen und landwirtschaftlichen Produktion ist sehr zukunftsträchtig. Es ist berechnet worden, daß von einem Rubel zusätzlicher Investitionen für energiearme Bestrahlungsprozesse im Mittel ein ökonomischer Effekt in der Volkswirtschaft von drei Rubel erzielt werden kann.
Der erwartete Gesamteffekt, der im ganzen Land durch die Einführung einiger Bestrahlungsprozesse (bei Bestrahlung von einem Prozent der Bruttoproduktion) erreicht werden kann, ist nachfolgend angegeben:

Erzeugnis	Jährl. Effekt Mio Rubel	Naturalkennziffern
		Saatgutbestrahlung
Silomais	4 – 6	0,5 bis 0,6 Mio t zusätzlicher Erzeugung und erhöhter Futterwert im Silo von 3 Prozent
Kartoffeln	2,0 – 3,5	0,1 bis 0,2 Mio t zusätzlicher Erzeugung und Steigerung des Stärkegehaltes um 1 bis 1,5 Prozent
		Verbesserung der Lagerfähigkeit
Getreide und Getreideprodukte	0,08 – 0,1	Verringerung der Getreideverluste um 30 bis 50 kt
Kartoffeln	0,1 – 0,2	Verbesserung der Haltbarkeit um 2 bis 3 Prozent im Vergleich zu den chemischen Methoden

Erzeugnis	Jährlicher Effekt Mio Rubel	Naturalkennziffern
	Chemische Prozesse	
Synthetische Waschmittel und Emulgatoren	0,3 – 0,4	Steigerung der Produktion im Vergleich zu den chemischen Methoden um 15 bis 20 Prozent

Für die erfolgreiche Verwirklichung eines Programms zur breiten Einführung ionisierender Strahlung in die Volkswirtschaft des Landes muß eine Reihe von Problemen gelöst werden. In erster Linie muß ein Perspektivplan für die Produktion und für die Einführung der Strahlungstechnik in die Volkswirtschaft ausgearbeitet werden, der die materielle Interessiertheit der Betriebe an der Realisierung dieses Planes berücksichtigt. Äußers wichtig ist es, daß die Fragen der Preise für die Strahlungsquellen entschieden werden und daß die Projektierungs- und Konstruktionsarbeit industrieller Bestrahlungsanlagen unter Berücksichtigung der ausländischen Erfahrungen besonders für die Schaffung von Anlagen für energieaufwendige Bestrahlungsprozesse verbessert werden. Auf diesem Gebiet ist der Rückstand unseres Landes gegenüber dem Ausland besonders fühlbar. Schließlich muß man sich schon heute mit der Vorbereitung der Spezialisten für den Einsatz der Atomtechnik und der Bestrahlungstechnologie befassen.

KAPITEL 9

Inbetriebnahmefristen der neuen Technik

Die Inbetriebnahmefristen der neuen Technik sind sehr wichtig für die Einhaltung eines hohen Wachstumstempos der industriellen Produktion in der UdSSR und für die Beschleunigung und die wachsende Effektivität des wissenschaftlich-technischen Fortschritts. Die Verwirklichung einiger großer theoretischer Ideen (zum Beispiel der Idee von der Beherrschung der Wasserstoffsynthese) erfordert einen langen Zeitraum. Andere theoretische und praktische Ideen werden in relativ kürzeren Fristen eingeführt.
Auf einer Reihe von Gebieten der Wissenschaft und Technik werden in der UdSSR die Ergebnisse theoretischer und angewandter Forschungsarbeiten verhältnismäßig schnell verwirklicht. Es sind große Erfolge auf vielen Gebieten der theoretischen Physik und auf einigen anderen Gebieten, wie in der Kosmosforschung, in der Atomenergie, im Flugzeugbau und in der Militärtechnik, erzielt worden. Das gilt auch für die damit verbundenen Zweige der Technik, wie den Gerätebau, die Elektronik, die Raketentechnik usw. Den führenden Platz nimmt die UdSSR in der Elektroenergetik, besonders in der Hydroenergetik, in der Schweißtechnik und auf anderen Gebieten ein. In schnellem Tempo werden in der UdSSR die unlängst entdeckten technischen Möglichkeiten der Intensivierung von Produktionsprozessen in der Schwarzmetallurgie eingeführt (Anwendung von Erdgas und Sauerstoff). Viele große und neue theoretische und praktische Ideen, die bereits verwirklicht sind oder von unseren Plänen zur Realisierung vorgesehen wurden, werden jedoch sehr langsam realisiert, und zwar sowohl vor ihrer Einführung in die praktische Produktion (Forschung, Projektierung, experimentelle Arbeiten, Vorbereitung der Produktion) als auch nach der Erforschung (bei der Inbetriebnahme der neuen Anlagen in der Produktion und beim Verbraucher). Außerdem sind die Pausen zwischen den Einführungsetappen sehr lang. So dauert die erste Periode von der technischen Aufgabe bis zum Beginn der Serienproduktion oder der Herstellung des neuen Musters zum Beispiel bei einfachsten leichten und mittleren Spezialwerkzeugmaschinen 1,5 bis 2,5 Jahre. Für alle übrigen Arten von Technik schwankt diese Frist zwischen 3 und

8 Jahren. Bei Turbinen von 200 bis 300 MW beträgt sie 4 Jahre, bei Turbogeneratoren von 300 MW 5 Jahre, bei Walzanlagen 3 bis 4 Jahre, bei neuen Automobilkonstruktionen (ZIL-130, GAZ-52 und GAZ-53) 5 bis 6 Jahre, bei großen Spezial-Werkzeugmaschinen (im Werk „Tjažstankogidropress" in Novosibirsk) 5 bis 8 Jahre.
Oft ist die Projektierungsperiode sehr lang: Für Turbinen mit 200 und 300 MW beträgt sie 2 bis 3 Jahre, für elektrische Gleichstrommaschinen der Serie „P" 3 Jahre usw. Oft entsteht eine lange Pause (mitunter mehrere Jahre) zwischen dem Abschluß der Projektierung und der Produktionsaufnahme.
Nach dem Produktionsbeginn der ersten Serienmuster beginnt oft ein langwieriger Prozeß des Ingangbringens der Serie. Dieser dauerte bei den Lastkraftwagen ZIL-130, GAZ-52 und GAZ-53 etwa 3 Jahre. Das verlängert die Gesamtfrist der Produktionsaufnahme, angefangen von der technischen Aufgabe, auf 8 bis 9 Jahre.
Die Inbetriebnahmefristen der projektierten Leistung bei neuer Technik ziehen sich auch bei den Verbrauchern über mehrere Jahre hin. Im Magnitogorsker Werk wurde die projektierte Leistung der Brammenfertigungsanlage die 1959 errichtet wurde, im Jahre 1965 erst zu 76 Prozent erreicht. Die Hochöfen des Werkes in Čeljabinsk und des Il'ič-Werkes, die 1958 in Betrieb genommen wurden, erreichten 1965 erst 88 Prozent und 70 Prozent der projektierten Leistung.
Ungeachtet der ausgedehnten Inbetriebnahmefristen werden die Maschinen oft mit Unzulänglichkeiten und Defekten hergestellt, was in den folgenden Etappen große Aufwendungen an Zeit und Kosten für Nacharbeiten nach sich zieht. Das führt zur Verteuerung und zur Verzögerung der Inbetriebnahme der neuen Technik.
Die Selbstkosten der neuen Technik sind in den ersten Anwendungsjahren gewöhnlich hoch. So waren die Selbstkosten der Werkzeugmaschine 1-K-62 bei Einführung im Jahre 1956 dreimal höher als die der durch sie ersetzten Maschine 1-A-62. Sie sanken danach im Laufe von 8 Jahren auf weniger als die Hälfte. Nach der Übergabe dieser Maschine an das Čeljabinsker Werk im Jahre 1965 betrugen die Selbstkosten im ersten Jahr 5760 Rubel, im zweiten Jahr 4690 Rubel, im dritten Jahr 3680 Rubel.
Die Hauptgründe für diese Verteuerung sind folgende:
1. die unbefriedigende Ordnung bei den Projektierungs- und Konstruktionsarbeiten, deren Umfang und Qualität bis jetzt im wesentlichen nach der Anzahl von Originalteilen und nach dem Umfang der Dokumentation bewertet werden;
2. die schwache Interessiertheit der Herstellerbetriebe neuer Technik an der Senkung der Selbstkosten in den ersten Anwendungsjahren im Ver-

gleich zu der ersetzten Technik, wodurch die Selbstkosten in den folgenden Jahren weiter gesenkt und entsprechende Prämien erwirtschaftet werden können;

3. die unzureichende Ausarbeitung von Projektunterlagen und die unvollkommene Erprobung von Versuchsmustern;

4. das niedrige Niveau der Produktionsvorbereitung;

5. die unzureichende Qualifikation der leitenden Kader in den Werken und deren Orientierung auf eine möglichst lange Laufzeit der in früheren Jahren aufgenommenen Produktion.

Nach unserer Überzeugung ist zur Überwindung der genannten Unzulänglichkeiten eine grundsätzliche Veränderung der Bedingungen, der Ordnung und des ganzen Arbeitsstils bei der Einführung der neuen Technik erforderlich. Es geht darum, solche Maßnahmen durchzusetzen, wie die Reorganisation der Arbeiten bei der Projektierung, Konstruktion und Produktionsvorbereitung und bei der Serieneinführung, es geht um die Schaffung der notwendigen Voraussetzungen für die technische Versorgung und Wartung der Überleitungsarbeiten, um eine grundsätzliche Veränderung der ökonomischen Bedingungen, die mit der Einführung der neuen Technik zusammenhängen, sowie um eine bessere Ordnung der staatlichen Planung und der Regelungen für die Arbeit auf allen Etappen der Schaffung und der Produktionsaufnahme neuer Technik.

Die Steigerung der Intensität bei der Ausarbeitung neuer technologischer Ideen erfordert wichtige Maßnahmen zur Stärkung der Forschungsinstitute und die Veränderung ihrer Arbeitsordnung. Es ist notwendig, aus dem riesigen Netz von Forschungs- und Projektierungsorganisationen Leitinstitute auszugliedern und deren Tätigkeit auf die Ausarbeitung von ein bis drei wichtigen Problemen zu konzentrieren. Es ist außerdem wichtig, die Leitung dieser Institute den fähigsten Wissenschaftlern zu übertragen. In allen anderen wissenschaftlichen Instituten ist es zweckmäßig, die Anzahl der Themen zu beschränken, ihre Spezialisierung durchzusetzen und entsprechende zielgerichtete Gruppen und Abteilungen zu bilden.

Die Einführung bedeutender neuer technischer Ideen wird dadurch gefördert, daß ihre Autoren sie gemeinsam mit benachbarten Disziplinen und Instituten gründlich ausarbeiten. Die erforderlichen Bedingungen für die Einführung von seiten des Planes und von seiten der technischen, technologischen und organisatorischen Voraussetzungen müssen geschaffen werden.

Notwendig sind auch eine wesentliche Verringerung des Umfanges und eine Vereinfachung der Projektierungs- und Konstruktionsarbeiten sowie die weitestgehende Verwendung von Typenprojekten und Typenlösungen. In der amerikanischen Praxis ist die Projektierungs- und Konstruktionsarbeit aufs äußerste vereinfacht und wird beschleunigt durch die allgemeine Anwendung von Typenlösungen, von Normativen, von unifizierten und standardisierten Baugruppen und -teilen. Es werden gewöhnlich nicht mehr als 20 Prozent Originalteile verwendet. Die Bewertungspraxis für die Qualität von Projektierungs- und Konstruktionsarbeiten nach der Menge der angewandten Originalteile muß überprüft werden. Diese führt zu einem Anwachsen des Dokumentationsumfangs. Man muß zu einer breiten Anwendung unifizierter, genormter und standardisierter Teile und Baugruppen übergehen. Es ist heute nicht mehr zulässig, neue Technik zu schaffen, ohne solche Baugruppen und Teile zu verwenden. Deshalb muß deren spezifischer Anteil systematisch auf 70 bis 80 Prozent aller Teile gesteigert und ein System erhöhter Prämien für die Anwendung von standardisierten Teilen eingeführt werden.

Das staatliche Komitee für Standards muß diese Sache streng kontrollieren. Die Produktion unifizierter und normierter Teile muß maximal ausgeweitet werden. Im besonderen muß über die Organisierung einer spezialisierten Massenfertigung von Maschinenbauteilen entschieden werden.

Die Typisierung technologischer Prozesse muß sich immer breiter entwickeln. Damit könnte der Umfang der technologischen Dokumentation auf ein Sechstel bis ein Zehntel vermindert werden. Die Ausarbeitung der Technologie könnte auf das 3- bis 3,5fache beschleunigt, die Zeit für die technische Normung auf 40 bis 50 Prozent gesenkt, die Zeitdauer der technologischen Ausstattung um 70 bis 80 Prozent verkürzt werden. Der Arbeitsaufwand für die Produktion könnte um 20 bis 30 Prozent und die Selbstkosten könnten um 15 bis 20 Prozent vermindert werden. Deshalb ist eine der Hauptaufgaben von Projektierungs- und Konstruktionseinrichtungen darin zu sehen, ständig möglichst viele Normative zu sammeln.

Die unvollständige Bearbeitung von Projektierungs- und Konstruktionsaufgaben auf einzelnen Etappen hat großen Einfluß auf die Vergrößerung des Arbeitsumfangs, auf die Verzögerung und auf die Verteuerung dieser Arbeiten. Wie Berechnungen zeigen, erfordert die Beseitigung dieser Unzulänglichkeiten auf den folgenden Etappen viel Zeit und hohe Kosten. Offenbar muß man die Verantwortlichkeit der Ausführenden für jede Etappe, begonnen mit der technischen Aufgabe, herstellen, und zwar für die Termine, für die Vollständigkeit, die Genauigkeit und für die Qualität der Ausarbeitung. Eine wichtige Rolle kann die Festlegung eines streng reglementierten Umfangs der Ausarbeitungen von Projektmaterial auf jeder Etappe spielen. Die zusätzlichen Aufwendungen müssen durch die Verantwortlichen bezahlt werden.

Im Zusammenhang damit hat die Verstärkung der experimentellen Basis in einer Reihe von Instituten und Betrieben besondere Bedeutung. So sind zum Beispiel die langen Zeiten vom Beginn der Projektierung bis zur Serieneinführung von Kraftfahrzeugen und die großen Zeitabstände zwischen der Herstellung des Prototyps für ein großes Einzelaggregat und dessen Bereitstellung für die Nutzung hauptsächlich durch die Schwäche der experimentellen Basis, durch die lange Zeit für Erprobung, Prüfung, Montage, Inbetriebnahme und das Einfahren bedingt. In den USA haben viele Firmen nicht nur große Versuchsabteilungen und Versuchsstützpunkte, sondern sogar ganze Betriebe, die neue Konstruktionen und technologische Prozesse ausarbeiten.

Die Verbesserung des Organisationsniveaus in den Projektierungs- und Konstruktionseinrichtungen kann erreicht werden durch Rationalisierung ihres Netzes, durch eine entsprechende Umverteilung und Konzentration der Arbeiten, durch eine weitgehende Verminderung der Anzahl von Abstimmungen über die technische Dokumentation, durch Verringerung der Anzahl der bestätigenden Instanzen, durch eine Steigerung der Qualifikation der Mitarbeiter, durch Einführung elektrischer Kopiereinrichtungen und anderer Methoden zur Verminderung des Zeichen- und Kopieraufwandes usw. Man muß jetzt auch ernsthaft darangehen, die Arbeiten zur Einführung der neuen Technik in den Herstellerbetrieben in Ordnung zu bringen. Gegenwärtig benutzen die Betriebe die Einführungsperiode der neuen Technik in großem Umfang dazu, die Selbstkosten und die Preise für die neuen Ausrüstungen unbegründet zu steigern. Damit erzielen sie dann höhere Gewinne und Prämien. Eine strenge Kontrolle über die Einführungsperiode, über die Selbstkosten, die Preise und über die Fonds zur Einführung wird es unmöglich machen, diese Kennziffern künstlich in die Höhe zu treiben. Sie wird dazu beitragen, daß die neuen Erzeugnisse mit hohem Effekt produziert werden können. Wenn man die Ursachen für die langen Einführungsfristen der neuen Technik in den Betrieben analysiert, ist auch darauf hinzuweisen, daß die Planungspraxis in Ordnung gebracht werden muß. Es muß erreicht werden, daß die häufigen Veränderungen des Planes im Laufe des Jahres, die häufigen Neu- und Abbestellungen fertiger Erzeugnisse usw. aufhören.

Es braucht nicht besonders erwähnt zu werden, daß die Inbetriebnahmefristen der neuen Technik direkt davon abhängen, wie man unifizierte und normierte Baugruppen und Teile und auch ein umfangreiches Sortiment von Gegenständen der technischen Versorgung wie Modelle, Schablonen, Geräte usw. zur Verfügung hat.

Außerordentlich wichtig ist auch eine grundsätzliche Veränderung der gesamten ökonomischen Bedingungen für die Schaffung und Inbetriebnahme der neuen Technik. Selbst gegenwärtig – unter den Bedingungen der Wirtschaftsreform – ist die unzureichende Interessiertheit der Institute – und besonders der Betriebe – an der erfolgreichen und schnellen Einführung der neuen Technik nicht überwunden. Offenbar reichen Maßnahmen zur materiellen Stimulierung und zur Erhöhung der Prämien allein nicht aus. Wir sind der Ansicht, daß man gleichzeitig die ökonomische Verantwortlichkeit für die übertragenen Aufgaben entscheidend erhöhen muß.

Langjährige Erfahrungen zeigen, daß die besten Organisationsformen für die Verkürzung der Inbetriebnahmefristen große industrielle Vereinigungen (Firmen), spezielle zweiggebundene Institute zur Überleitung und Inbetriebnahme (vom Typ der Organisation „Orgênergo") und entfaltete Vertragsbeziehungen mit den Bestellern sind. Die Vereinigungen können über hinreichend große Fonds verfügen und aktiv auf das Interesse der Betriebe an der Einführung der neuen Technik einwirken. Die speziellen Zweiginstitute zur Überleitung und Inbetriebnahme müssen einen entsprechenden Apparat haben, um auf vertraglicher Grundlage Konsultationstätigkeit, organisatorisch-technische Beratung, Produktionsberatung, Inbetriebnahmearbeiten und anderes durchführen zu können.

Das allgemeine ökonomische Interesse und die Verantwortlichkeit der Einrichtungen und Betriebe an der schnellsten und effektivsten Anwendung der neuen Technik müssen durch eine Reihe von Direktiven gewährleistet und verstärkt werden. Dabei geht es um die Überleitungsfristen, um das präzise Zusammenspiel aller Arbeitsetappen, um die Verantwortlichkeit usw.

Offenbar ist die Notwendigkeit herangereift, bestimmten Leitorganisationen und Hochschulen die Aufgabe zu übertragen, Vorschläge zur grundlegenden Verbesserung der Arbeiten bei der Einführung der neuen Technik auszuarbeiten. Diese müssen das Ziel haben, die gesamte Überleitungsdauer auf die Hälfte bis ein Drittel zu verringern und darüber hinaus das technische Niveau und die Qualität der Projektierungsarbeiten und der Muster neuer Technik zu verbessern. Auf der Grundlage dieser Ausarbeitung könnte man dynamische Normative und graphische Arbeitsprogramme für die Inbetriebnahmeetappen ausarbeiten, die man der Projektierung und den anderen technischen Aufgaben zugrundelegen kann.

Grobe Berechnungen haben gezeigt, daß bei Verwirklichung eines Komplexes von Maßnahmen – wie er vorstehend dargestellt wurde – mit einer Verkürzung der Überleitungsfristen der neuen Technik im Maschinenbau auf etwa die Hälfte gerechnet werden kann. Das hat eine entsprechende Produktionssteigerung und eine Senkung der spezifischen Investitionen zur Folge.

III. TEIL

Reserven bei der Nutzung der Produktionsfonds

Angesichts der Aufgaben zur weiteren Steigerung der Effektivität der gesellschaftlichen Produktion hat die Einsparung an vergegenständlichter Arbeit sehr große Bedeutung. Diese gründet sich auf die Intensivierung beim Einsatz des vorhandenen Produktionsapparates der Industrie und auf die Senkung der Aufwendungen an Fonds für die Produktion.

In der Senkung der Fondsintensität liegen wichtige Reserven zur Steigerung der Produktivität der gesellschaftlichen Arbeit, zur Verbesserung des Verhältnisses zwischen dem Konsumtions- und dem Akkumulationsfonds und letzten Endes für das Wachstum des Volkswohlstandes.

Die Senkung der Aufwendungen an Produktionsgrundfonds je Einheit erzeugter Produkte beruht in erster Linie auf der intensiven Auslastung der Produktion, auf der vollen Auslastung der Produktionskapazitäten und auf deren Steigerung.

Der Schwerpunkt verlagert sich jetzt auf die Steigerung der Produktivität je Stunde und auf die Erhöhung der Arbeitsintensität, was die Bedeutung einer besseren Nutzung der Anlagen in der Zeit natürlich nicht vermindert.

Eine wichtige Reserve für die Intensivierung des Produktionsapparates ist eine bessere Metallausnutzung bei der Schaffung und beim Einsatz der Grundfonds. Nicht weniger bedeutend ist die rationelle Metallausnutzung für die Effektivitätssteigerung bei den Umlauffonds. Besonders wichtig sind diese Fragen für den Maschinenbau und die Metallbearbeitung, für den Eisenbahntransport, für den Investitionsbau und für die Erdöl- und Erdgasindustrie, die ungefähr 85 bis 90 Prozent der gesamten Metallproduktion verbrauchen.

KAPITEL 10

Die Fondsintensität der Produktion und Wege zu ihrer Senkung

Die ökonomische Bedeutung der Intensivierung des Produktionsapparates besteht in der Produktionssteigerung ohne zusätzliche Investitionen. Das bedeutet eine Senkung der Produktionsgrundfonds je Einheit erzeugter Produkte. Die Dynamik des Kennwertes Fondsintensität widerspiegelt die Tendenzen der Intensivierung bei der Nutzung der vorhandenen Produktionsgrundfonds.

Für die heutige Etappe des wissenschaftlich-technischen Fortschritts sind eine sich vertiefende Differenzierung und Spezialisierung der Produktionsprozesse charakteristisch, durch die die Zweigstruktur der materiellen Produktion differenziert wird. Weil das Endziel des wissenschaftlich-technischen Fortschritts in der Steigerung der Effektivität der gesellschaftlichen Arbeit besteht, ist die Vervollkommnung der Zweigstruktur ein Mittel zur Erreichung dieses Ziels. In diesem Zusammenhang charakterisiert die Dynamik der Fondsintensität der erzeugten Produkte, wie erfolgreich die Intensivierung des vorhandenen Produktionsapparates der wachsenden Fondsintensität der neuen Technik entgegenwirkt. Natürlich kann die Fondsintensität keine synthetisierende Kennziffer für die Effektivität der gesellschaftlichen Produktion sein, weil sie nicht die Vergrößerung des Mehrproduktes und des Gewinns widerspiegelt, die nach einem Ausdruck von Engels „die Grundlage aller gesellschaftlichen, politischen und intellektuellen Fortentwicklung“ [1] und nicht unmittelbar mit der Senkung der Produktionskosten verbunden ist.

Man kann die Fondsintensität auch deshalb nicht als verallgemeinernde Kenngröße betrachten, weil in der Periode der massenhaften Verdrängung lebendiger Arbeit durch Maschinenarbeit, in der Periode der grundsätzlichen Erneuerung des Produktionsapparates und der damit steigenden Intensität der Investitionsströme, das Wachsen der Fondsintensität unausweichlich ist. Dieses Wachstum bedeutet durchaus nicht eine Senkung der Effektivität der Produktion. Ungeachtet der bekannten Ein-

[1] Marx/Engels Werke, Bd. 20, Berlin 1962, S. 180.

schränkungen für die Kennziffer, die das Verhältnis „Fonds – Erzeugnismenge" charakterisiert, gibt deren Dynamik für eine gewisse Periode eine hinreichend vollständige Vorstellung von der Einsparung vergegenständlichter Arbeit als wichtigstes Element zur Steigerung der Effektivität der gesellschaftlichen Produktion.

In der Volkswirtschaft der UdSSR beobachtete man von 1959 bis 1965 eine Verschlechterung des Verhältnisses „Fonds – Erzeugnismenge". Von 1966 bis 1968 stabilisierte sich dieses Verhältnis und verbesserte sich in einigen Volkswirtschaftszweigen sogar.

Die Produktionsintensität des Nationaleinkommens wuchs von 1,35 Rubel im Jahre 1960 auf 1,61 Rubel im Jahre 1965. Im Jahre 1968 veränderte sich diese Kennziffer nicht. Die Dynamik der Fondsintensität des Nationaleinkommens, das in den Zweigen der Volkswirtschaft geschaffen wird, erfuhr einige Veränderungen:

	1960	1965	1968
Volkswirtschaft	1,35	1,61	1,61
darunter			
Industrie	1,17	1,49	1,50
Landwirtschaft	1,55	1,50	1,50
Bauwesen	0,43	0,62	0,64
Transport- und Kommunikationswesen	5,65	6,06	5,72

Auf die Stabilisierung der Fondsintensität des Nationaleinkommens in der ganzen Volkswirtschaft wirkte im entscheidenden Maße die Verbesserung der Lage in der Landwirtschaft ein, die in Verwirklichung der Beschlüsse des Oktoberplenums (1965) des ZK der KPdSU erzielt werden konnte. Es muß vermerkt werden, daß diese Kennziffer in der Industrie 1968 etwas höher war als 1965, im Verhältnis zu 1966 jedoch gesunken ist (von 1,55 auf 1,50 Rubel).

Größer waren die Veränderungen des Verhältnisses „Fonds – Bruttoproduktion" nach einzelnen Industriezweigen für 1960 bis 1968, wie die Daten der nachstehenden Tabelle zeigen.

Von 1960 bis 1965 wuchs die Fondsintensität in allen Zweigen. Im Jahre 1967 blieb sie in der Mehrzahl der Zweige auf dem Niveau von 1965. Die Hauptursache für die Verbesserung der Arbeit in der Industrie bestand in der Überführung vieler Betriebe in das neue System der Planung und materiellen Stimulierung. 1968 vollzog sich in der gesamten Industrie eine weitere Senkung der Fondsintensität der Bruttoproduktion auf 0,59 Rubel. In einzelnen Zweigen (Maschinenbau, Schwarzmetallurgie, Brennstoff-

	1960	1965	1967
Industrie insgesamt	0,56	0,66	0,62
davon			
Schwarzmetallurgie	0,92	1,13	1,14
Chemische Industrie	0,54	0,73	0,78
Brennstoffindustrie	1,73	1,86	1,89
Energiewirtschaft	2,80	3,27	3,38
Holz- und Papierindustrie	0,46	0,67	0,67
Maschinenbau	0,40	0,38	0,37
Baustoffindustrie	0,90	1,05	0,89
Leichtindustrie	0,10	0,16	0,15
Lebensmittelindustrie	0,20	0,27	0,29

industrie) wuchs die Fondsintensität jedoch aufs neue im Vergleich zum Vorjahr etwas an. Das erklärt sich aus einer Reihe von Ursachen, im besonderen aus den komplizierten Witterungsbedingungen, die sich negativ auf die Entwicklung aller Wirtschaftszweige des Landes auswirkten. Weitere Gründe sind die vorrangige Entwicklung der investitionsaufwendigsten Zweige des Maschinenbaus wie Gerätebau und Radioelektronik und die unvollständige und nicht rechtzeitige Inbetriebnahme der projektierten Kapazitäten neuer Objekte der Kohleindustrie und der Schwarzmetallurgie.[2] In den übrigen Zweigen blieb die Fondsintensität 1968 auf dem gleichen Niveau wie 1967 oder sank sogar weiter ab (Holzindustrie, Papierindustrie, Lebensmittelindustrie). Die in den letzten Jahren vor sich gegangene günstige Veränderung in der Dynamik der Fondsintensität muß gefestigt und entwickelt werden. In diesem Sinne ist es äußerst wichtig, die Ursachen zu ergründen, die die Effektivität der gesellschaftlichen Produktion überhaupt und das Wachstum der Fondsintensität im besonderen bewirken. Die Berücksichtigung dieser Faktoren vermeidet voluntaristische Fehler in der Planung.

Die Erklärung für die sich verschlechternde Entwicklung der Fondsintensität in den sieben Jahren von 1959 bis 1965 darf man nicht nur in solchen bekannten Faktoren suchen, wie es die Verzögerung des Investitionsbaues, die langsame Inbetriebnahme der projektierten Leistungen, das Steigen der Preise für Ausrüstungen usw. sind, sondern auch in grundlegenden ökonomischen Prozessen, die für die Entwicklung der Volkswirtschaft in der betrachteten Periode charakteristisch waren.

Unter diesem Gesichtspunkt ist die Analyse von Veränderungen der Zweigstruktur bei den Grundfonds, des Nationaleinkommens und der Industrie-

[2] Pravda, 16. Dezember 1969.

produktion sowie der grundlegenden Besonderheiten des Reproduktionsprozesses in der Industie und in ihren Zweigen außerordentlich wichtig.

Der Einfluß von strukturellen Fortschritten in den Wirtschaftszweigen auf die Veränderung der Fondsintensität

Von 1961 bis 1965 gingen wichtige strukturelle Fortschritte in den Investitionen für die Volkswirtschaft, in den Grundfonds, im Nationaleinkommen und in der Bruttoproduktion einzelner Zweige im Vergleich zum vorangegangenen Planjahrfünft vonstatten. Bei einem Gesamtwachstum der Investitionen in der Volkswirtschaft[3] von 51,7 Prozent in den Jahren 1961 bis 1965 wuchsen die Investitionen in der Landwirtschaft um 56,1 Prozent und im Transportwesen um 64,1 Prozent, was zu einer Steigerung des spezifischen Anteils dieser Zweige an den Investitionen des siebenten Fünfjahrplans führte. So wuchs der Anteil der Investitionen in der Landwirtschaft von 24,2 Prozent auf 24,9 Prozent und im Transportwesen von 14,2 Prozent auf 15,4 Prozent.

Von 1966 bis 1968 wuchs der Anteil der Investitionen in der Landwirtschaft weiter und erreichte 27,7 Prozent. Gleichzeitig nahm der spezifische Anteil der Investitionen in der Industrie etwas ab.

In der Struktur der Produktionsgrundfonds und im Nationaleinkommen gingen ebenfalls wesentliche Veränderungen vonstatten (Tab. 1).

Die Grundfonds in der materiellen Produktion wuchsen von 1960 bis 1968 fast auf das Doppelte. Dabei stiegen die Grundfonds in der Industrie und im Bauwesen auf das 2,2fache, in der Landwirtschaft und im Transportwesen um 70 Prozent bzw. um 91 Prozent.

In der Struktur der Grundfonds stellt man eine beständige Tendenz zur Steigerung des spezifischen Anteils der Industrie und des Bauwesens und eine Verminderung des Anteils der Landwirtschaft sowie eine Stabilisierung im Transportwesen fest.

Die Struktur des Nationaleinkommens hatte eine umgekehrte Tendenz: Der spezifische Anteil des Nationaleinkommens, der durch die Industrie erwirtschaftet wurde, begann nach 1965 zu steigen, erreichte jedoch das Niveau von 1960 noch nicht. Eine analoge Entwicklung gab es im Bauwesen. Der Anteil des Nationaleinkommens, der in der Landwirtschaft und

[3] Die Berechnungen erfolgten für die Investitionen der Hauptzweige der Volkswirtschaft: Industrie, Landwirtschaft, Transport- und Kommunikationswesen und Bauindustrie (Volkswirtschaft der UdSSR 1968, Moskau 1969, S. 522–523).

Tabelle 1

Veränderung der Grundfondsstruktur und des Nationaleinkommens nach Wirtschaftszweigen (in Prozent zur Summe)

	Struktur der Produktionsgrundfonds			Struktur des Nationaleinkommens		
	1960	1965	1968	1960	1965	1968
Industrie	48,5	51,0	51,9	59,4	57,9	58,4
darunter						
Landwirtschaft	26,2	22,4	21,3	23,2	24,3	24,1
Bauwesen	3,5	3,8	4,1	11,4	10,4	10,8
Transport- und Kommunikationswesen	21,8	22,8	22,7	6,0	6,4	6,7

im Transportwesen geschaffen wurde, wuchs in der betrachteten Zeitspanne.

Sehr viel dynamischer entwickelte sich die Zweigstruktur der Investitionen, der Grundfonds und der Bruttoproduktion in der Industrie. Langfristige Veränderungen der Investitionsintensität in einzelnen Zweigen der Industrie begründeten wesentliche Veränderungen des spezifischen Anteils dieser Zweige am Gesamtumfang der Investitionen und der Grundfonds.

Ein Vergleich der zwei Fünfjahrpläne 1956 bis 1960 und 1961 bis 1965 zeigt, daß die Investitionen in der chemischen Industrie auf fast das Dreifache, im Maschinenbau auf das 1,8fache und in der Leichtindustrie auf das 1,6fache gestiegen sind. Der Anteil der Investitionen für die chemische Industrie wuchs von 6,2 Prozent auf 11,7 Prozent und für den Maschinenbau von 8,6 auf 10,3 Prozent. Auch die Anteile für die Schwarzmetallurgie und die Leichtindustrie sind etwas gewachsen. Der Anteil der Investitionen für die Kohleindustrie, für die Energetik und für die Lebensmittelindustrie wurde wesentlich geringer.

Eine Analyse der Investitionsstruktur nach Industriezweigen für die Jahre 1961 bis 1968 zeigt, daß sie sich wesentlich stabilisiert hat.

In der Struktur der Grundfonds und der Bruttoproduktion hat es in der untersuchten Periode keine wesentlichen Veränderungen gegeben, wenngleich eine Umgruppierung der Zweige nach ihrem spezifischen Anteil vonstatten ging (Tab. 2).

Im Zusammenhang mit den großen Investitionen für den Maschinenbau und die chemische Industrie wuchs der spezifische Anteil an den Grundfonds um drei Punkte. Gleichzeitig sank der Anteil der Brennstoffindustrie von 20 Prozent auf 14,6 Prozent.

Tabelle 2

Grundfondsstruktur der Bruttoproduktion nach neun Industriezweigen (in Prozent zur Summe) *

Industriezweig	Grundfondsstruktur 1960	1965	1968	Struktur der Bruttoproduktion 1960	1965	1968
Schwaızmetallurgie	11,6	11,8	11,1	6,2	6,2	5,9
Chemische Industrie	6,1	9,3	9,2	5,5	7,5	7,6
Brennstoffindustrie	20,1	15,6	14,6	5,6	4,9	4,6
Energetik	15,3	16,7	16,9	2,6	3,0	3,1
Holz- und Papierindustrie	6,5	6,2	5,5	6,9	5,5	5,3
Maschinenbau	18,3	17,8	21,1	22,2	27,7	28,6
Baustoffindustrie	7,7	7,4	7,2	4,1	4,2	5,0
Leichtindustıie	4,6	4,9	4,9	23,2	18,2	18,6
Lebensmittelindustire	9,8	10,3	9,5	23,7	22,8	21,3

* Die Berechnungen wurden für neun Industriezweige durchgeführt, die bezüglich der Bruttoproduktion 90 Prozent und deı Grundfonds 82 Prozent der Industrie ausmachen.

In der Struktur der Industrieproduktion stieg auch der spezifische Anteil der Chemie und besonders des Maschinenbaues zu Lasten der Rohstoffindustrie (Brennstoffindustrie und Holzindustrie) und der Leicht- und Lebensmittelindustrie.
Natürlich sind die angeführten Werte keine vollständige Charakterisierung der Fortschritte in den Zweigen bezüglich der Struktur der Bruttoproduktion, der Investitionen und der Grundfonds. Die Entwicklung jedes der Zweige ist vor allem durch die Entwicklung neuer Produktionsarten und solcher Zweige bedingt, die den wissenschaftlich-technischen Fortschritt bestimmen.
In der chemischen Industrie entwickeln sich die Plasterzeugung, die Lackproduktion und die Mineraldüngerherstellung am schnellsten. Im Maschinenbau entwickeln sich der Werkzeugmaschinenbau, der Gerätebau und der Bau von Automatisierungsmitteln sowie eine Reihe von Unterzweigen des Schwermaschinenbaues mit besonderem Tempo. In der Baustoffindustrie geht eine besonders schnelle Entwicklung bei der Herstellung von Stahlbetonbauelementen, von Wandmaterial usw. vonstatten. Damit ging in der Periode von 1961 bis 1968 in der ganzen Volkswirtschaft und in der Industrie eine positive Entwicklung in der Struktur der Grundfonds und des Nationaleinkommens vor sich, was vor allem mit der Verbesserung der Lage in der Landwirtschaft zusammenhängt.

Die Landwirtschaft, die seinerzeit die Entwicklung der Industrie limitierte, begann sich in den letzten 5 bis 7 Jahren mit beschleunigtem Tempo zu entwickeln, was zu einer schnelleren Entwicklung einer Reihe von Zweigen der verarbeitenden Industrie führte. Der mittlere Umfang der Bruttoproduktion in der Landwirtschaft war von 1966 bis 1968 um 17 Prozent höher als der mittlere Jahresumfang der Bruttoproduktion in den vorangegangenen drei Jahren.

In der Industrie entwickelten sich die Zweige mit besonderer Schnelligkeit, die der Beschleunigung des wissenschaftlich-technischen Fortschritts dienen und die Grundlage für eine Steigerung der Effektivität der gesellschaftlichen Produktion schaffen.

Außerdem hielt sich für lange Zeit ein zu hohes Investitionstempo in der Industrie der Gruppe „A" im Verhältnis zur Gruppe „B". Erst in den letzten Jahren begann sich die Lage zu ändern. Schon im Plan für das Jahr 1970 ist vorgesehen, bei einem Gesamtwachstum der Industrieproduktion um 6,3 Prozent im Vergleich zu 1969, die Produktion von Produktionsmitteln um 6,1 Prozent und die Produktion von Gebrauchsgütern um 6,8 Prozent zu steigern.[4]

Der Einfluß der Strukturveränderungen auf das Niveau und die Dynamik einer zusammenfassenden Kennziffer für die Fondsintensität in der Volkswirtschaft oder Industrie hat einen Doppelcharakter. Einsereits wirken Veränderungen in der Zweigstruktur selbst, sogar ohne Veränderungen in den Kennziffern der einzelnen Zweige, auf die Kennziffern der Fondsintensität bei der Volkswirtschaft oder in der ganzen Industrie. Andererseits führt ein ökonomisch unbegründetes Entwicklungstempo einzelner Zweige zum Wachstum der Fondsintensität vieler benachbarter Zweige und verschlechtert damit die Kennziffern für die Volkswirtschaft oder die Industrie.

Eine Analyse des Einflusses von Fortschritten in den einzelnen Zweigen auf die abgeleiteten Effektivitätskennziffern der gesellschaftlichen Produktion, darunter auch die Fondsintensität der Industrieproduktion, lenkt die Aufmerksamkeit der Forschung immer mehr auf sich. Diese Fragen werden unter breit angelegten ökonomischen Aspekten von Ja. B. Kvaša[5], S. A. Cheinman[6] und anderen untersucht. In dem Buch von O. D. Procenko und G. P. Simakova[7] ist eine quantitative Bewertung der Fortschritte in

[4] Pravda, 16. Dezember 1969.

[5] Kvaša, Ja. B., Struktura narodnogo chosjaistva SSSR [Volkswirtschaftsstruktur dei UdSSR], Moskau 1967, Kap. 11.

[6] Cheinman, S. A., Problemy intensifikacii promyšlennogo proizvodstva [Probleme der Intensivierung der Industrieproduktion], Moskau 1968.

[7] Procenko, O. D. Simakova, G. P., Mežotraslevaja struktura osnovnych fondov [Zweigstruktur der Grundfonds], Moskau 1968, S. 82–88.

den Zweigen in bezug auf die Fondsintensität der Produktion enthalten. Die Autoren benutzen interessante methodische Verfahren zur Berechnung von Veränderungen des Koeffizienten der Fondsintensität im Zusammenhang mit den Veränderungen der Zweigstruktur. Zweifel ruft jedoch die jährliche Berechnung dieser Veränderungen hervor, das heißt die Analyse des laufenden Jahres im Vergleich zum vorangegangenen. Die Berechnung dieser Kennziffern für eine längere Zeitperiode würde es gestatten, den Einfluß von Zufälligkeiten, die im Laufe des Jahres auftreten, zu eliminieren. Damit könnte der Einfluß der Veränderungen der Zweigstruktur auf die ganze Industrie zuverlässiger bestimmt werden.

Deshalb sind die Berechnungen besonders interessant, die es möglich machen, den Einfluß der Veränderungen in der Zweigstruktur auf die abgeleiteten Kennziffern und den Einfluß der Veränderungen im Niveau der Kennziffern des Zweiges bei fixierter Zweigstruktur quantitativ in „reiner Form" zu bewerten. Dabei muß man berücksichtigen, daß die vorgeschlagenen Berechnungen nur bedingt gültig sind. Die Verschlechterung der Kennziffern in einzelnen Zweigen ist in bestimmtem Maß auch das Ergebnis von unzureichend begründeten strukturellen Fortschritten der Zweige, die zur Ausbildung von Disproportionen geführt haben. Derartige Schlußfolgerungen kann man eben auf der Grundlage einer Analyse der Veränderungen abgeleiteter Kennziffern bei Eliminierung und unter Berücksichtigung der strukturellen Fortschritte des Zweiges ziehen.

In der vorliegenden Arbeit werden solche Berechnungen auf der Grundlage der statistischen Methode des „Standardmittels" durchgeführt, die in der demographischen und in der medizinischen Statistik näher bekannt ist.

Diese Methode macht es möglich, den Einfluß von strukturellen Unterschieden zu eliminieren (nur für Vergleichszwecke), um damit den Einfluß dieser Unterschiede quantitativ zu bestimmen.

Die Analyse des Einflusses von strukturellen Fortschritten der Zweige auf die abgeleiteten Kennziffern der Fondsintensität wurde insgesamt für die Produktionssphäre und für die Industrie durchgeführt (Tab. 3 und 4).

Wie aus der Tabelle 3 ersichtlich ist, betrug 1965 die Steigerung der Fondsintensität des Nationaleinkommens 24 Kopeken (1,69 – 1,45). Die Veränderung der Struktur führte zum Anwachsen der Fondsintensität um eine Kopeke (1,69 – 1,68). Die gesamte Steigerung der Fondsintensität um 23 Kopeken (1,68 – 1,45) beruht auf der gestiegenen Fondsintensität des Nationaleinkommens, das in den Zweigen der materiellen Produktion geschaffen wird (in der Industrie, im Bauwesen und im Transportwesen).

Im Jahre 1968 stabilisierten sich sowohl der spezifische Anteil der Zweige der Volkswirtschaft am erzeugten Nationaleinkommen als auch die Kennziffern seiner Fondsintensität in den Zweigen auf dem Niveau von 1965.

Tabelle 3

Einfluß der Zweigstruktur auf die Fondsintensität des Nationaleinkommens*

Bereiche	1960 a	1960 b	1965 a	1965 b gegebene Periode	1965 b Vergleichsperiode	1968 a	1968 b gegebene Periode	1968 b Vergleichsperiode
Industrie	1,17	0,70	1,49	0,86	0,89	1,50	0,88	0,89
Landwirtschaft	1,55	0,36	1,50	0,38	0,35	1,50	0,36	0,35
Bauwesen	0,43	0,05	0,62	0,06	0,07	0,64	0,07	0,07
Transport -und Kommunikationswesen	5,65	0,34	6,06	0,39	0,37	5,72	0,38	0,34
Insgesamt in der Produktionssphäre	1,45	1,45	1,69	1,69	1,68	1,69	1,69	1,65

* a – Rubel, b – gewogen mit dem spezifischen Anteil am Nationaleinkommen.

Analoge Berechnungen wurden auch für die Analyse des Einflusses von Fortschritten in der Zweigstruktur der industriellen Produktion auf die abgeleiteten Kennziffern ihrer Fondsintensität angewendet.

Die Berechnungen zeigen, daß in der Industrie der Einfluß von Veränderungen in den Zweigen auf den abgeleiteten Kennwert der industriellen Fondsintensität bedeutender war als in der ganzen Volkswirtschaft. Von der gesamten Steigerung der Fondsintensität der industriellen Produktion 1968 von 10 Kopeken entfielen auf die Veränderungen der Zweige zwei Kopeken oder 20 Prozent. Außerdem sind 1968 in der Zweigstruktur der industriellen Produktion im Vergleich zu 1965 keine wesentlichen Veränderungen vonstatten gegangen. Deshalb ist eine gewisse Steigerung der Fondsintensität durch deren Wachstum in einer Reihe von Zweigen bedingt.

Der Einfluß von Veränderungen der Zweigstruktur auf die abgeleiteten Kennziffern der Fondsintensität hat eine große Bedeutung für die komplexen Industriezweige wie die Chemie, die Baustoffindustrie, die Leichtindustrie und andere.

Es ist natürlich, daß die innere Zweigstruktur solcher komplexen Zweige beweglicher ist. Sie unterliegt in größerem Umfang Veränderungen im Ergebnis des wissenschaftlich-technischen Fortschritts in diesen Zweigen selbst und in benachbarten Zweigen. Deshalb muß man erwarten, daß strukturelle Fortschritte in der Zusammensetzung dieser Zweige wesent-

Tabelle 4

Einfluß der Zweigstruktur auf die Fondsintensität der Bruttoproduktion *

Industriezweig	1960		1965			1968		
	a	b	a	b		a	b	
				gegebene Periode	Bezugsperiode		gegebene Periode	Bezugsperiode
Schwarzmetallurgie	1,00	0,06	1,13	0,07	0,07	1,17	0,07	0,07
Chemische Industrie	0,55	0,03	0,73	0,06	0,04	0,76	0,06	0,04
Brennstoffindustrie	1,72	0,10	1,87	0,09	0,10	1,96	0,09	0,11
Energetik	2,92	0,08	3,36	0,10	0,09	3,41	0,11	0,09
Holz- und Papierindustrie	0,56	0,03	0,70	0,04	0,05	0,65	0,03	0,04
Maschinenbau	0,42	0,09	0,40	0,11	0,09	0,46	0,13	0,10
Baustoffindustrie	0,90	0,04	1,11	0,04	0,04	0,89	0,04	0,04
Leichtindustrie	0,13	0,03	0,22	0,04	0,06	0,16	0,03	0,04
Lebensmittelindustrie	0,25	0,06	0,28	0,06	0,07	0,28	0,06	0,07
Summe der 9 Zweige	0,52	0,52	0,61	0,61	0,61	0,62	0,62	0,60

* a – Rubel, b – gewogen mit dem spezifischen Anteil der Zweige.

lichen Einfluß auf die abgeleiteten Kennziffern der Fondsintensität haben, auch wenn man die Veränderungen der Kennziffern einzelner Unterzweige und Produktionsrichtungen eliminiert. Die Analyse konkreter Zweige unterstreicht diese These.

In der chemischen Industrie führen zum Beispiel die Unterschiede in der Fondsausrüstung und im Sortiment der Erzeugnisse sowie im Spezialisierungs- und Kooperationsniveau zu Schwankungen der Fondsintensität in weiten Grenzen (nach Daten für 1965) von 14 Kopeken auf 1 Rubel Warenproduktion in der Glaswolleindustrie bis 1,75 Rubel in der Bergbauchemie.

In der betrachteten Periode wuchs in der Zusammensetzung der Grundfonds der chemischen Industrie der spezifische Anteil der Chemiefaserproduktion, der Produktion von Chlor und Chlorprodukten und von Kalisalzen. Der spezifische Anteil synthetischer Harze, Lacke und Farben sank.

Neben der Veränderung der inneren Zweigstruktur gibt es auch Entwicklungen des Sortiments innerhalb der Teilzweige der chemischen Industrie. In der Farbstoffindustrie hängt das mit der Herstellung qualitativ besserer Farben zusammen. In der Plasteindustrie und in der Industrie für synthetische Harze stehen diese im Zusammenhang mit der Steigerung des spezi-

fischen Anteils ionenaustauschender Harze und von Acetylenzellulose und in der Bergbauchemie mit der steigenden Erzeugung von Phosphorrohstoffen und Kalidüngemitteln usw.
Berechnungen, die vom Forschungsinstitut für technisch-ökonomische Untersuchungen in der chemischen Industrie ausgeführt wurden, haben gezeigt, daß unter den verschiedenen Faktoren, die auf das Wachstum der Fondsintensität der chemischen Industrie von 1961 bis 1965 wirkten, die Veränderungen der Zweigstruktur bei den Grundfonds 8,1 Prozent ausmachten.
Die Baustoffindustrie hat über 20 Unterzweige, die sowohl zu den Zweigen der gewinnenden wie auch der verarbeitenden Industrie gehören. Deshalb schwankt das Niveau der Fondsintensität hier in sehr weiten Grenzen.
In der Periode von 1956 bis 1968 gab es in der Baustoffindustrie wesentliche Veränderungen der inneren Zweigstruktur bei den Investitionen, bei den Grundfonds und bei der Bruttoproduktion.
Die Zementindustrie, die Industrie für Stahlbetonbauelemente und für Wärmeisolationsmaterial entwickelten sich mit einem Tempo, das das Tempo der ganzen Baustoffindustrie wesentlich überstieg. Die Industrie für Wandmaterial und nichtmetallische Baustoffe und eine Reihe anderer Unterzweige entwickelten sich langsamer als der Durchschnitt des Zweiges.
Die strukturellen Fortschritte in dieser Zeit waren auch durch die Entwicklung neuer Erzeugnisarten (polymerer und anderer moderner Baustoffe) sowie durch die Vertiefung der Spezialisierung usw. bedingt. Das führte objektiv zur Vergrößerung des spezifischen Anteils neuer investitionsintensiverer Bauten.
Damit sind für die analysierte Periode strukturelle Fortschritte in allen Unterzweigen der Volkswirtschaft charakteristisch. Es ist natürlich, daß deren Einfluß auf das Niveau der abgeleiteten Kennwerte um so fühlbarer war, je dynamischer die Fortschritte in den Zweigen sind. Am wesentlichsten war dieser Einfluß in den komplexen Zweigen der Industrie zu spüren, weniger in den Volkswirtschaftszweigen.
Man kann aus den Berechnungen nicht entnehmen, daß die Veränderungen in der Zweigstruktur entscheidend oder gar grundlegend für das Wachsen der abgeleiteten Kennziffern der Fondsintensität wären. In diesem Sinne muß man der Meinung von E. A. Ivanov[8] zustimmen, daß in der ökonomischen Literatur der Strukturfaktor oft überbewertet wird.
Die Zweigstruktur der industriellen Produktion, die sich unter dem Ein-

[8] Ivanov, E. A.,Vosproisvodstvo i ispolsovanie osnovnych fondov [Reproduktion und Nutzung der Grundfonds], Moskau 1968, S. 77.

fluß des wissenschaftlich-technischen Fortschritts herausbildet, wird gleichzeitig zu einem starken Faktor für dessen Beschleunigung. Auf die Richtung und auf das Tempo der Veränderung in der Zweigstruktur wirken auch solche wichtigen volkswirtschaftlichen Kennziffern ein, wie die Materialintensität und das Ausnutzungsniveau des vorhandenen Produktionsapparates.

Die unzureichende Nutzung der Reserven für die Senkung der Materialintensität und der Fondsintensität übersteigert den tatsächlichen Bedarf an Produktionsgrundfonds vor allem in den rohstoffliefernden Zweigen, sogar wenn das dem Sinn des wissenschaftlich-technischen Fortschritts widerspricht. Deshalb sind die Vervollkommnung der Zweigstruktur und die vollkommene Gewinnung aller Reserven zur Senkung der Material- und Fondsintensität ein unlöslich verbundener und wechselseitig abhängiger Prozeß.

Beurteilt man die Perspektiven zur Veränderung der Zweigstruktur, kann man nicht erwarten, daß in den nächsten Jahren der spezifische Anteil der Zweige mit der höchsten Fondsintensität sinkt. Die beschleunigte Entwicklung der Elektroenergetik, der brennstoffgewinnenden Zweige und der Schwarzmetallurgie ist eine Aufgabe, die man zur Beseitigung der Disproportionen, die sich in der Volkswirtschaft gebildet haben, unbedingt lösen muß.

Besonderheiten des Reproduktionsprozesses

Eine wichtige Besonderheit der analysierten Periode war eine gewisse Verstärkung extensiver Tendenzen in der Volkswirtschaft, die bis zum Beginn des laufenden Fünfjahrplanes beobachtet wurden. Das hing vor allem zusammen mit dem Aufkommen einer Reihe neuer Zweige und neuer Produktionsrichtungen, mit der Steigerung des spezifischen Anteils von Neubauten in einer Reihe traditioneller Zweige. Es zeigte sich in dem beschleunigten Wachstum der Fondsausrüstung im Verhältnis zur Steigerung der Arbeitsproduktivität, in der unzureichenden Übereinstimmung bei der Entwicklung der Unterabteilungen A und B und letzten Endes in der Verschlechterung der Effektivitätskennziffern der gesellschaftlichen Produktion.

Es gelang schon in den ersten Jahren des laufenden Fünfjahrplans, die genannten ungünstigen Tendenzen zu überwinden.

In den letzten Jahren entwickelten sich die chemische Industrie, die Gewinnung und Verarbeitung von Erdgas und Erdöl, der Bau von Kraftwerken und die Produktion von Stahlbetonfertigteilen sehr schnell. Das Entwicklungstempo dieser Zweige überstieg das der ganzen Industrie bedeutend. Es ist natürlich, daß das hohe Entwicklungstempo dieser Zweige vor allem durch die Errichtung neuer Betriebe bestimmt wurde. Das zeigt der hohe spezifische Anteil von Investitionen für Neubauten (in Prozent):

Industriezweige	1959	1960	1961	1962	1963	1964	1965	1967
Erdgasindustrie	93	91	89	88	82	73	72	72
Kraftwerke und Wärmeleitungsnetze	81	80	80	81	78	77	72	80
Chemische Industrie	49	48	45	46	49	49	54	54

Der spezifische Anteil von Neubauten wird auch in einer Reihe traditioneller Zweige beobachtet. Dieser stieg in der Leichtindustrie im Verlauf der letzten 7 Jahre von 43 Prozent auf 65 Prozent. Das erklärt sich durch das Aufkommen neuer Zweige wie der Herstellung von Kunstleder, Folien, nicht gewebten Stoffen usw. und durch die intensive Entwicklung der Trikotagen- und Konfektionsindustrie.

Die Steigerung des spezifischen Anteils an Neubauten in einer Reihe von Zweigen ist das Ergebnis der beschleunigten industriellen Entwicklung in den östlichen Gebieten des Landes. Der Anteil der Gebiete östlich des Ural stieg 1968 gegenüber 1950 bei der Gewinnung von Erdgas auf das 7,2fache, von Eisenerz auf das 3,2fache, in der Chemiefaserproduktion auf das 5,5-fache[9] usw. Der Anteil dieser Gebiete am Wert der neu in Betrieb genommenen Fonds stieg in dieser Zeitspanne von 29,3 Prozent auf 37,5 Prozent.

Der Neubau in den östlichen Gebieten erfordert riesige Investitionen wegen der komplizierten natürlichen und klimatischen Bedingungen, wegen der großen Entfernung der Bauobjekte von Eisenbahnen und wegen des Fehlens von Kadern. Die Veränderung der Reproduktionsstruktur der Investitionen zugunsten von Neubauten bedeutet immer eine Steigerung der Investitiones- und Fondsintensität unabhängig davon, welche objektiven Faktoren sie auch begründen mögen. Die Alternative dazu kann nur die Steigerung der ökonomischen Effektivität bei der Rekonstruktion sein, die eine der wichtigsten Formen der Intensivierung bei der Nutzung des vorhandenen Produktionsapparates ist.

Daneben zeigt eine Analyse der Projekte und des Tatsachenmaterials aus einer Reihe von Industriezweigen, daß die Rekonstruktion nicht in allen Fällen den notwendigen Effekt bringt.

In diesem Zusammenhang ist es notwendig, bei einigen Fragen der Effektivität von Rekonstruktionen zu verweilen. Das ist um so wichtiger, als in der

[9] Die Volkswirtschaft im Jahre 1968, Moskau 1969, S. 202.

Mehrzahl traditioneller Industriezweige für die Rekonstruktion und die Vergrößerung der vorhandenen Betriebe mehr als die Hälfte der Investitionen aufgewendet wird. Nach Angaben für das Jahr 1968 entfielen von den Investitionen auf Rekonstruktionsmaßnahmen in Prozent: in der Kohleindustrie 74, im Maschinenbau 70, in der Schwarzmetallurgie 66, in der Lebensmittelindustrie 66 usw. Die Praxis der Rekonstruktionsarbeiten zeigte, daß in vielen Fällen die erwartete ökonomische Effektivität von der Wirklichkeit nicht bestätigt wurde. Bei der Rekonstruktion wird bei weitem nicht immer ein Zeitgewinn erzielt. Die spezifischen Investitionen sind mitunter wesentlich höher als bei der Neuerrichtung von Betrieben. Die Rekonstruktion wird sehr oft nicht richtig verstanden, bewertet und durchgeführt.
In 95 rekonstruierten Betrieben der Ukraine wurde der Kapazitätszuwachs hauptsächlich durch neue Produktionsflächen erzielt. Dabei wuchsen in 62 Betrieben die Produktionsflächen auf das 2- bis 3fache, in 33 Betrieben auf das 4- bis 5fache und mehr. In der Mehrzahl der betrachteten Betriebe sank der Ausrüstungsanteil an den Grundfonds. Im Romensker Maschinenbaubetrieb zum Beispiel wuchs die Produktionsfläche auf das 5,6fache, und die Fondsintensität stieg von 72 Kopeken auf 1,16 Rubel je Rubel Warenproduktion. Im Werk „Elektromotor" Poltava wuchsen die Produktionsflächen fast auf das 12fache, und der Ausrüstungsanteil sank von 55 auf 46 Prozent. Dabei ist die Steigerung der Kapazitäten durchaus nicht immer dem Flächenwachstum proportional. Im Romensker Werk wuchs die Produktionsfläche auf das 5,6fache und die Kapazität auf das 4,5fache.
Nach Rekonstruktionsprojekten in einer Reihe von Maschinenbaubetrieben betragen die spezifischen Kosten neuer Objekte in vorhandenen Betrieben 80 bis 100 Prozent der veranschlagten Kosten.
Berechnungen zeigen, daß 30 bis 40 Prozent der Investitionen für die Rekonstruktion vorhandener Betriebe im Wirtschaftszweig auf eigene Rekonstruktionsmaßnahmen entfallen. Unbestrittene Vorzüge verwandelten die Rekonstruktion in eine Art „ökonomische Losung", durch die man leichter Investitionen bekommen konnte. Indem sie sich dieser Losung bedienten, fassen Ministerien und Verwaltungen (und in der Vergangenheit auch die Wirtschaftsräte) unbegründete, willkürliche Beschlüsse über die Rekonstruktion dieser oder jener Objekte, für die Investitionen nicht effektiv sind. Das trifft auch auf den vollständigen Umbau alter Betriebe zu. Bekanntlich sind in solchen Betrieben die Produktionsbauten und Anlagen und die Grundausrüstung sowie die Hilfsbetriebe sehr stark verschlissen. In diesen Fällen sind eine gründliche Rekonstruktion der Hauptabteilungen und mitunter auch die Erweiterung der Hilfsbetriebe (Dampfkessel, Wasserversorgung, Reparaturbetriebe und sonstige Gebäude) erforderlich.

In dem zusammengefaßten finanziellen Voranschlag für die Rekonstruktion des Moskauer Werkes „Fräser" (die Rekonstruktion begann 1967) sind Kosten für ein Verwaltungsgebäude, für die Lagerhallen usw. mit einer Gesamtsumme von 3,86 Mio Rubel enthalten, was 28 Prozent des Gesamtwertes der Rekonstruktion beträgt. Die Kosten für die Errichtung des Verwaltungsgebäudes in der Moskauer Werkzeugfabrik, deren Rekonstruktion 1967 begann, betragen über 12 Prozent aller vorgesehenen Investitionen. Diese Investitionen erbringen jedoch keinen Produktionszuwachs. Daraus ergeben sich die wesentliche Vergrößerung der spezifischen Investitionen im Vergleich zum Neubau und die Verschlechterung der Grundfondsstruktur.
Im Magnitogorsker Metallurgischen Kombinat, das in den letzten Jahren einer grundlegenden Rekonstruktion unterzogen wurde, überstieg das Wachstum der Grundfonds das Wachstum der Bruttoproduktion wesentlich. Das führte zu einer Steigerung der Fondsintensität:

Bezeichnung	1960	1965	1966
Bruttoproduktion %	100	129,9	135,3
mittlerer Jahreswert der Produktionsfonds %	100	155,8	165,3
Fondsintensität der Produktion in Rubel	1,08	1,30	1,32

Diese Lage erklärt sich durch die Notwendigkeit, große Investitionen für Objekte aufzuwenden, die keine Steigerung der Hauptproduktion mit sich bringen. Das betrifft die Agglomeratfabrik, Anlagen zur Schwefelabscheidung, Objekte für die Erzannahme, die Kokillenabteilung und andere. Die Kapazität der Versorgungsgebäude wurde nach neuen sanitären Normen überrechnet, woraus sich die Notwendigkeit zur Erweiterung und Rekonstruktion ergab.
Die Steigerung der Preise für Ausrüstungen, die für den Ersatz der vorhandenen bei der Rekonstruktion gebraucht wurden, spielten auch ihre Rolle bei der Steigerung der Fondsintensität. So wurde eine Waggonkippvorrichtung für 37700 Rubel durch eine neue für 84270 Rubel ersetzt. Ein Bagger für 41000 Rubel wurde gegen eine Anlage EKG-4,6 für 120800 Rubel ausgetauscht.
Daneben bringen Rekonstruktionsmaßnahmen, die auf die Intensivierung der Produktion und auf die Vervollkommnung ihrer Organisation gerichtet sind, mitunter auch einen Zuwachs an Produktion ohne Fondserhöhung. Das führt zu einer gewissen Senkung der Fondsintensität. Im metallurgischen Kombinat Nižne-Tagil und im metallurgischen Werk Čeljabinsk

ergab sich zum Beispiel im Ergebnis der Rekonstruktion von 1960 bis 1965 eine Steigerung der Fondsintensität der Produktion und 1966 eine Senkung gegenüber 1965. Im Kombinat Nižne-Tagil trat die Senkung auch gegenüber 1960 ein:

Bezeichnung	1960	1965	1966
Metallurgisches Kombinat Nižne-Tagil			
Bruttoproduktion %	100	128,0	140,0
Mittlerer Jahreswert der Produktionsfonds %	100	132,0	136,0
Fondsintensität der Produktion in Rubel	1,59	1,64	1,54
Metallurigsches Werk Čeljabinsk			
Bruttoproduktion %	100	155,4	188,8
Mittlerer Jahreswert der Produktionsfonds %	100	182,5	201,0
Fondsintensität der Produktion in Rubel	1,14	1,33	1,21

Auf die Steigerung der Fondsintensität der Produktion wirkten solche Umstände wie die Beseitigung verschiedener Unzulänglichkeiten bei den neu errichteten Objekten, das unzureichende Leistungsniveau einzelner Aggregate bei der Inbetriebnahme und die Kosten für Maßnahmen, die keine Produktionssteigerung erbringen. Die Verlängerung der Gießhalle in der Martin-Abteilung des Kombinats Nižne-Tagil erhöhte den Wert der Grundfonds beträchtlich.

In der gleichen Zeit wurde eine Reihe von Maßnahmen zur Senkung der Fondsintensität durchgeführt. In der Martin-Stahlproduktion wurde Sauerstoff eingesetzt. 1966 wurden über 90 Prozent des Martin-Stahls unter Verwendung von Sauerstoff erschmolzen. Das machte es möglich, die Kapazitäten einiger Abteilungen stillzulegen. Durch die Anwendung moderner Methoden wurde die Schmelzdauer verkürzt, wodurch eine größere Anzahl von Schmelzen mit den gleichen Anlagen erzielt werden konnte. Auch in der Hochofenabteilung gab es eine Reihe wichtiger Vervollkommnungen. Dadurch konnte 1966 die Fondsintensität in den Betrieben als Ganzes gesenkt werden. Das unterstreicht die Notwendigkeit eines ökonomisch begründeten Herangehens an Rekonstruktionsmaßnahmen.

Von der Verstärkung extensiver Tendenzen in der Volkswirtschaft zeugt auch der Umstand, daß die Steigerung der Arbeitsproduktivität nicht von einer Senkung der Fondsintensität begleitet ist. Das Verhältnis zwischen der technischen Ausstattung der Arbeit und ihrer Produktivität verschlechtert sich. Wir führen folgende Werte für 9 Industriezweige an (in Prozent zu 1956):

Bezeichnung	1960	1961	1962	1963	1964	1965	1966	1967
Fondsintensität	91,5	91,5	94,8	98,3	103,5	105,5	103,5	103,5
Arbeitsproduktivität	122,5	126,9	134,6	140,9	146,5	152,2	158,1	165,0
Fondsausstattung	117,5	120,0	128,0	140,1	150,0	157,0	164,3	173,0
Elektroausrüstung	125,6	140,7	143,2	152,0	163,3	177,1	185,0	192,6

Auf diese Weise stieg von 1956 bis 1967 die Arbeitsproduktivität in der Industrie um 65 Prozent. Der Wert der Produktionsgrundfonds, auf einen Arbeiter bezogen, stieg um 73 Prozent.

Analog ist die Lage in allen Industriezweigen. In der Zeit von 1961 bis 1967 betrug das mittlere Wachstumstempo der Arbeitsproduktivität je Jahr in der chemischen Industrie 102,2 Prozent und das der Fondsausrüstung 105,8 Prozent; in der Schwarzmetallurgie gelten 103,8 Prozent und 106 Prozent, in der Elektroenergetik 102,8 Prozent und 104 Prozent, in der Leichtindustrie 101,6 Prozent und 105,4 Prozent.

Das bedeutet nicht, daß es in der Industrie keine Intensivierung der Produktion gibt. Wie bekannt, existieren diese zwei Formen des Reproduktionsprozesses nebeneinander in Zeit und Raum und ergänzen einander. So wird die Intensivierung der Produktion nicht nur durch die vorzugsweise Vergrößerung des Produktionsumfanges und durch das Wachstum der Arbeitsproduktivität des vorhandenen Arbeitskräftekontingents gekennzeichnet, sondern auch durch die Ausweitung des Produktionsapparates durch Modernisierung und Rekonstruktion der vorhandenen Grundfonds.

Man muß jeodch anerkennen, daß die Reserven zur Intensivierung in den Industriezweigen bei weitem nicht vollständig genutzt werden. Zu diesen Reserven gehören die Steigerung der intensiven Auslastung des vorhandenen Ausrüstungsparks, die komplexe und tiefgreifende Verarbeitung der Rohstoffe und die Ausschaltung der Verluste in allen Stadien des technologischen Prozesses, die umfassende Verwendung der Produktionsrückstände, die Steigerung der Qualität der Erzeugnisse bis auf das Niveau der Weltstandards usw.

Die Fondsintensität kann man in allgemeinster Form als Verhältnis der Fondsausstattung zur Arbeitsproduktivität ansehen. Damit wird die Fondsintensität zu einer Kennziffer, die die Effektivität des wissenschaftlich-technischen Fortschritts kennzeichnet. Die Verschlechterung des Verhältnisses der Fondsausstattung und der Arbeitsproduktivität zeugt davon, daß der wissenschaftlich-technische Fortschritt von einer Entwicklung investitionsintensiver Zweige begleitet war.

Die vorliegende Situation kann man nicht als Beweis für die These von der sozusagen „gesetzmäßigen“ Tendenz zum Wachsen der Fondsintensität im Zusammenhang mit der unter dem Einfluß des wissenschaftlich-technischen Fortschritts wachsenden organischen Zusammensetzung des Kapitals ansehen, die von sowjetischen und ausländischen Ökonomen behauptet wird. Wir nutzen die Reserven zur Steigerung der Effektivität der gesellschaftlichen Produktion, die im System der Volkswirtschaftsplanung, im wissenschaftlich-technischen Fortschritt und in der wissenschaftlichen Arbeitsorganisation begründet liegen, bei weitem noch nicht vollständig. Die in einer Reihe von Industriezweigen durchgeführte Analyse über die Veränderungen der Fondsintensität unterstreicht das Gesagte überzeugend.

Wege zur Senkung der Fondsintensität in verschiedenen Industriezweigen

Die erweiterte Reproduktion der Produktionsgrundfonds in der *Schwarzmetallurgie* erfolgte in der analysierten Periode im wesentlichen durch Erweiterung und Rekonstruktion der vorhandenen Produktionsanlagen sowie durch die Fortsetzung des Aufbaus von drei neuen großen metallurgischen Betrieben. Deshalb hängt die Höhe der Fondsintensität weitgehend von der Effektivität bei der Verwirklichung von Rekonstruktionsmaßnahmen ab. Außerdem zeigen Berechnungen, daß die Fondsintensität von 1960 bis 1968 um 28 Prozent gestiegen ist. Das zeugt jedoch nicht von einer geringen Effektivität der Rekonstruktion als einer der Formen der erweiterten Reproduktion im Wirtschaftszweig.
Die Hauptmasse der Rekonstruktionsarbeiten wurde dadurch kompliziert, daß es notwendig war, eine Reihe von Maßnahmen durchzuführen, die schwachen Stellen beseitigen helfen und die keine unmittelbare Steigerung der Produktion ermöglichen. Das betrifft die Vervollkommnung der Produktionsorganisation, die Steigerung der Qualität und die Ausweitung des Produktionssortiments und verschiedene soziale Maßnahmen.
Offenbar müssen die aufgezählten Maßnahmen auch in Zukunft in der Schwarzmetallurgie, einem der führenden Industriezweige, durchgeführt werden. Eine Vergrößerung der Fondsintensität ist dabei jedoch unzulässig. Bei der Entwicklungsplanung des Zweiges muß man an die Maßnahmen kritisch herangehen, die in der Vergangenheit durchgeführt wurden. Vor allem betrifft das die Reproduktionsstruktur der Investitionen.
Wie bekannt, gibt es in der Weltpraxis der metallurgischen Produktion keine einheitliche Meinung über die vorzugsweise Bedeutung der einen oder

der anderen Form des Reproduktionsprozesses für den Wirtschaftszweig. So bevorzugt man in Japan den Aufbau neuer Betriebe mit einem vollständigen metallurgischen Zyklus auf neuen Flächen anstelle der Ausweitung von Kapazitäten in vorhandenen Betrieben. Zum Unterschied von der westeuropäischen Praxis sind die japanischen Spezialisten der Meinung, daß man beim Aufbau eines metallurgischen Werkes auf einer neuen, speziell für diesen Zweck ausgewählten Fläche alle Möglichkeiten der neuen Technologie nutzen und die Produktionskosten senken kann. Ein typisches Beispiel für den westeuropäischen Weg ist die Metallurgie Englands. Für die Entwicklung der englichen Metallurgie in den letzten Jahren ist eine vorzugsweise Investition für die Rekonstruktion des vorhandenen Produktionsapparates charakteristisch. Sie führte zu einem umfassenden Austausch der veralteten Anlagen und gestattete es, neue moderne Produktionsmethoden einzuführen. In den USA sind über 80 Prozent aller Investitionen in der Schwarzmetallurgie auf die Modernisierung und den Austausch veralteter Anlagen gerichtet.

Bei der Projektierung der Reproduktionsstruktur der Investitionen in der Schwarzmetallurgie der UdSSR muß man unbedingt von den Besonderheiten der Entwicklung dieses Zweiges und von seinem heutigen Stand ausgehen. Vor allem muß auf die sich fortsetzende Akkumulierung veralteter Fonds aufmerksam gemacht werden. Dabei ist die Arbeitsproduktivität an den veralteten Anlagen um ein Fünftel bis ein Sechstel, auf Blechwalzstraßen um ein Zehntel geringer als in Abteilungen mit modernen Aggregaten. Die Selbstkosten in der Produktion auf den veralteten Aggregaten sind im Vergleich zu den mittleren Selbstkosten des Zweiges um 16 bis 18 und bei dünnem Blech um 47 Prozent höher. Die Aufwendungen für die Grundüberholungen dieser Anlagen übersteigen manchmal die Summe für den Grundüberholungsfonds aus den Amortisationen.

Deshalb ist eine erstrangige Aufgabe darin zu sehen, die veralteten Anlagen durch qualitativ neue zu ersetzen, mit denen man die neuesten Produktionsmethoden für Metall einführen kann und ein beschleunigtes Wachstum der Arbeitsproduktivität erzielt.

Die Vervollkommnung der Reproduktionsstruktur der Investitionen für die Rekonstruktion unter Berücksichtigung eines höheren Anteils von Aufwendungen für Rekonstruktionsarbeiten selbst gestattet es zweifellos, die Fondsintensität zu senken.

In den nächsten Jahren ist eine große Anzahl von Maßnahmen beabsichtigt, die auf eine Steigerung der Qualität hinzielen, und zwar von der Erzgewinnung bis zur Produktion von Walzwerkserzeugnissen.

Die Verwendung leichter Profile würde zum Beispiel die Masse von geschlossenen Waggons, halboffenen Waggons und Plattenwagen um 10 bis

15 Prozent senken. Wenn der Investitionsbau mit dem erforderlichen Sortiment versorgt wird, können jährlich Hunderttausende Tonnen Stahl und dergleichen eingespart werden.
Zu den speziellen Maßnahmen gehört der beabsichtigte Aufbau von Abteilungen zur Wärmebehandlung mit Anlagen für die kontinuierliche Thermobearbeitung von hochwertigem Walzstahl in Kohlenstoffatmosphäre. Die Kosten für die Thermobearbeitung übersteigen 15 Prozent des Metallwertes nicht. Die Einsparungen an Walzmaterial im Bauwesen und im Maschinenbau betragen jedoch 20 bis 25 Prozent.
Nach vorläufigen Berechnungen wird es möglich sein, durch alle Maßnahmen zur Verbesserung der Walzmaterialqualität und durch Anwendung ökonomischer Profile im Maschinenbau den Walzmaterialverbrauch ungefähr um 5 Mio t zu senken. Den spezifischen Verbrauch von Walzmaterial im Bauwesen kann man um mehr als eine Mio t verringern.
Die Praxis in der Welt zeigt, daß die Investitionen für Maßnahmen zur Qualitätssteigerung in der Schwarzmetallurgie insbesondere bei der Erzaufbereitung und bei der Produktion einer breiten Nomenklatur von ökonomisch günstigen Profilstählen sowie zur Ausweitung des Blechsortiments und dergleichen hocheffektiv sind und zur Senkung der Fondsintensität und der Kapitalintensität der Produktion führen.
Man hat Grund anzunehmen, daß Maßnahmen zur Qualitätsverbesserung der Produktion unter unseren Bedingungen zu einer Senkung der Fondsintensität und der Investitionsintensität der Produktion führen. Dazu ist jedoch notwendig, daß erstens ein Preissystem ausgearbeitet und eingeführt wird, das den gesellschaftlichen Effekt widerspiegelt, der durch Anwendung von Produkten hoher Qualität erzielt wird, und zweitens, daß man die Kräfte und Mittel auf Maßnahmen konzentriert, die schnell ökonomisch wirksam werden.
Einen wesentlichen Einfluß auf das Wachstum der Fondsintensität der Produktion des Zweiges hat die Verteuerung der Eisenerzbasis. Diese beruht auf der Inbetriebnahme von Lagerstätten mit geringem Eisengehalt, auf der intensiven Erzverarbeitung, auf den steigenden Aufwendungen zur Erhaltung der vorhandenen Kapazitäten und auf der Inbetriebnahme von Eisenerzlagern in den nördlichen und östlichen Gebieten des Landes.
Es muß auch berücksichtigt werden, daß der Übergang zu einer höheren Qualität der Produktion eine Steigerung des Eisengehalts im Konzentrat sowie mehr und besseres Agglomerat voraussetzt. Eine nicht vorbereitete Rohstoffbasis kann als hemmender Faktor bei der Entwicklung der Schwarzmetallurgie wirken.
Die Steigerung des Kostenanteils ist für die Entwicklung der Erzbergbaubetriebe mit einer Steigerung der Fonds- und Investitionsintensität der Produktion verbunden. Die Einführung neuer Verfahren zur Erzanreicherung,

im besonderen von Zentrifugen, von Baggern mit großem Fassungsvermögen usw., wirken dieser Tendenz entgegen.
In der Entwicklung der Schwarzmetallurgie spielen in den nächsten Jahren einige Faktoren eine negative Rolle bei der Formierung der Fondsintensität der Produktion (Verschlechterung der Bergbaubedingungen, Notwendigkeit zur Schaffung eines Bauvorlaufs neuer Betriebe, Maßnahmen zum Schutz der Natur und zur Verbesserung der Arbeitsbedingungen und dergleichen). Dennoch wird es eine ökonomisch begründete Investitionspolitik im Zweig, die auf die Konzentration der Investitionen zur Modernisierung und Intensivierung der Produktion, auf den weitgehenden Austausch veralteter Anlagen, auf die Herstellung von Produkten höherer Qualität gerichtet ist, gestatten, die negativen Tendenzen zu neutralisieren und wenigstens die Kennziffern der Fondsintensität auf dem erreichten Niveau zu stabilisieren.
Eine Analyse der *chemischen Industrie* zeigte, daß das Anwachsen der Fondsintensität von 1960 bis 1965 durch zwei objektive Faktoren bedingt ist: durch ein unbegründet hohes Investitionstempo und durch bedeutende Fortschritte innerhalb der chemischen Industrie.
Das hohe Investitionstempo wurde nicht durch eine entsprechende Entwicklung der Begleitzweige unter Einschluß des chemischen Maschinenbaus und auch nicht durch eine entsprechende Entwicklung der rohstoffliefernden Zweige und der Zweige, die die chemischen Produkte verbrauchen, abgesichert. Deshalb muß man zur Senkung der Fondsintensität vor allem ein richtiges Entwicklungstempo des Zweiges gewährleisten.
Beim Wachstum der Fondsintensität der Produktion spielte auch der objektive Faktor, der für die gesamte Industrie charakteristisch ist, eine Rolle – nämlich die Inbetriebnahme von Grundfonds, die nicht unmittelbar auf die Steigerung des Produktionsumfanges wirken. Dazu gehören die Vergrößerung dieser Fonds für die Ausweitung und Rekonstruktion der Hilfsbetriebe und der allgemeinen Werkswirtschaft, der Bau von Versuchsanlagen, die Durchführung von Maßnahmen zur Verbesserung der Arbeitsbedingungen, des Schutzes der Natur und dergleichen.
Eine wesentliche Rolle spielten auch solche subjektiven Faktoren wie die Verteuerung des Investitionsbaues, vor allem der Ausrüstungen, die Verschlechterung der Fondsstruktur, die langsame Inbetriebnahme neuer Kapazitäten und dergleichen.
Das Forschungsinstitut für die chemische Industrie (NIITECHIM) hat eine Klassifikation von Faktoren durchgeführt, die auf das Wachstum der Fondsintensität im Jahrfünft von 1961 bis 1965 wirkten. Aus dieser Klassifikation folgt, daß 43,3 Prozent der Faktoren (Verteuerung des Investitionsbaues und unvollständige Bewertung der Grundfonds bei der Inventarisie-

rung 1960) objektiven Charakter haben. Solche Faktoren jedoch, wie das geringe Ausnutzungsniveau der Produktionskapazität und die Senkung des Anteils an aktiven Grundfonds, die 27 Prozent ausmachen, sind subjektive Faktoren, die hauptsächlich von den Mitarbeitern der chemischen Industrie abhängen. Die restlichen Faktoren wie die Veränderung des Sortiments (5,4 Prozent), die Einführung von Grundfonds, die die Bruttoproduktion nicht erhöhen (13,5 Prozent) und schließlich die Veränderung der Zweigstruktur bei den Grundfonds (8,1 Prozent) sind das Resultat positiver Veränderungen innerhalb des Zweiges. Deren negative Auswirkungen müssen nach und nach aufgehoben werden.

Man muß bemerken, daß der absolute Umfang der Investitionen in der chemischen Industrie in den Jahren von 1965 bis 1967 etwas abnahm. Das bedeutet jedoch durchaus nicht eine Kürzung des Investitionsumfanges. Diese gewisse Verminderung der Investitionen im Wirtschaftszweig erfolgte bei gleichzeitiger Konzentration der Kräfte und Mittel auf die entscheidenden Aufgaben.

In den Jahren 1968 und 1969 wuchsen die Investitionen in der Chemie wieder an und werden in den nächsten Jahren in erster Linie auf die Entwicklung der Mineraldüngerproduktion und auf die Vollendung des Aufbaues früher begonnener Objekte gerichtet. Dabei geht es nicht um eine mechanische Verteilung der Mittel auf die begonnenen Bauobjekte, sondern um eine sorgfältige Inventarisierung und Prüfung der ökonomischen Zweckmäßigkeit, die Objekte im Bauplan zu belassen, und zwar besonders die Objekte mit dem geringsten Anteil bereits realisierter Voranschlagskosten. Die Dokumentation über die Projekte und Voranschläge bei den sich in die Länge ziehenden Bauten muß überprüft werden, damit nicht zugelassen wird, daß moralisch veraltete Projekte realisiert werden.

Die Konzentration der Mittel auf die Objekte und eine begründete Reproduktionsstruktur der Investitionen sind wichtige Reserven zur Senkung der Fondsintensität.

Wie groß die Bedeutung einer effektiven Nutzung der Fonds im *Maschinenbau* ist, zeigt die Tatsache, daß die Senkung der Fondsintensität in den Betrieben des Ministeriums für Schwermaschinen-, Energiemaschinen- und Transportmaschinenbau um 1 Prozent gegenüber dem erreichten Stand gleichbedeutend wäre mit der Inbetriebnahme eines neuen Werkes mit einer Jahresproduktion von 30 bis 50 Mio Rubel.

Die Fondsintensität im gesamten Maschinenbau und in seinen einzelnen Unterzweigen hat sich in den Jahren 1961 bis 1965 auf einem bestimmten Niveau stabilisiert. Die Arbeitsproduktivität im Wirtschaftszweig wuchs schneller als die Fondsausrüstung, was sich positiv auf die Entwicklung der Fondsintensität auswirkte.

Die wichtigsten Faktoren, die auf die Fondsintensität der Produktion in Maschinenbaubetrieben wirken, sind folgende: das Niveau der Spezialisierung auf bestimmte Dinge, der Charakter der Produktion (Massenproduktion, Serienproduktion, Einzelfertigung), die Materialintensität der hergestellten Erzeugnisse, die Länge des Produktionszyklus, die Struktur und die Alterszusammensetzung der technologischen Grundausrüstung, die Produktivität der Ausrüstungen, der spezifische Anteil von Hilfsproduktion an der Hauptproduktion und anderes.
Der Einfluß einer Reihe der aufgezählten Faktoren auf die Höhe der Fondsintensität wurde am Beispiel von zwei Zweigen des Schwermaschinenbaus analysiert, und zwar des metallurgischen Maschinenbaus und des Waggonbaues (nach Materialien des Instituts für Projektierung und Technologie des Schwermaschinenbaues). Nachstehend wird das Verhältnis der Kennziffern zweier Betriebe zueinander angegeben:

Bezeichnung		Metallurgischer Maschinenbau	Waggonbau
Fondsintensität	in Rubel	0,96	0,35
Niveau der betrieblichen Spezialisierung	in Prozent	57,7	89,0
Produktionscharakter		Kleinserien- u. Einzelfertigung	Serienfertigung
Materialintensität der hergestellten Erzeugnisse	in Prozent	53,7	70,2
Länge des Produktionszyklus in Arbeitstagen		69	30
Spezifischer Anteil der technologischen Ausrüstung	in Prozent	43,9	31,6
Arbeitsaufwand für 1000 Rubel Bruttoproduktion	AKh	254	194
Fondsausrüstung auf einen Werktätigen	in Rubel	5000	2200
Erzeugung je Arbeiter	in Rubel	7212	9429

Aus den angeführten Ergebnissen ist ersichtlich, daß die geringere Fondsintensität im Waggonbau die Folge günstigerer technisch-ökonomischer Kennziffern in diesem Zweig ist. Das Niveau der Spezialisierung im Waggonbau ist wesentlich höher als im metallurgischen Maschinenbau. Die Waggonbaubetriebe haben Hilfsbetriebe, die ihnen Vorrichtungen, Teile und Baugruppen fertigen. Die Betriebe des metallurgischen Maschinenbaues erzeugen ein breites Sortiment von Hochofen-, Schmelz-, Walz-, Anreicherungs- und anderen Anlagen. Im Waggonbau überwiegt die Serienproduk-

tion und im metallurgischen Maschinenbau die Kleinserien- oder Einzelfertigung.
Die Materialaufwendigkeit an den Gesamtkosten im Waggonbau beträgt 70,2 Prozent gegenüber 53,7 Prozent im metallurgischen Maschinenbau. Gleichzeitig ist die Arbeitsaufwendigkeit der Produktion im Waggonbau um 66 Prozent geringer, und die Fondsausrüstung beträgt weniger als die Hälfte, obwohl die Arbeitsproduktivität um 30 Prozent höher ist.
Im Werkzeugmaschinenbau entstand ein Widerspruch: Die Vermehrung der Fonds erbrachte kein entsprechendes Ansteigen der Erzeugung, was natürlich zu einem Anstieg der Fondsintensität führte. Das erklärt sich im wesentlichen durch das geringe Tempo beim Aussondern veralteter Grundfonds (1,7 bis 2,7 Prozent im Jahr), was zu einem hohen spezifischen Anteil alter Ausrüstungen an der Zusammensetzung der Grundfonds führt. In den Betrieben, die spanabhebende Werkzeugmaschinen herstellen, betrug der Anteil von Werkzeugmaschinen, die über 20 Jahre alt sind, im Jahre 1965 etwa 19 Prozent. Gleichzeitig wurden von 1965 und 1966 insgesamt 18 Prozent der Investitionen für die Rekonstruktion in der Werkzeugmaschinenindustrie, daß heißt für den Ersatz veralteter Anlagen in diesen Betrieben, bereitgestellt. Das Einsetzen neuer Fonds bei unbedeutender Aussonderung alter führt zur Ungleichartigkeit der Zusammensetzung der Anlagen nach dem Alter, nach dem technischen Niveau und nach dem Grad der Abnutzung. Das stört die Übereinstimmung der Kapazitäten in verschiedenen Abschnitten der Produktion und zwischen den Gruppen von Ausrüstungen. Durch die veralteten Anlagen können die neuen Ausrüstungen oft nicht effektiv genutzt werden. In den mechanischen Abteilungen überwiegen neben veralteten Ausrüstungen große und spezialisierte Werkzeugmaschinen, die zur Bearbeitung von Gehäusen und Einzelteilen eingesetzt werden. Gerade hier entstehen meist die „Engpässe", die die Arbeit der Abteilungen bremsen.
Offensichtlich muß man den Austausch veralteter Ausrüstungen entschiedener betreiben und dazu die Entwicklungsfonds für die Produktion des Betriebes und in notwendigen Fällen auch Kredite der Bank einsetzen.
Zur weiteren Neutralisierung der Faktoren, die auf das Wachstum der Fondsintensität der Produktion hinwirken, muß man die Fristen für den Bau und die Inbetriebnahme neuer Kapazitäten verkürzen. Dazu dienen ferner stabile Produktionspläne, die in Übereinstimmung mit der Spezialisierung der Betriebe stehen. Die Ausnutzungskoeffizienten der Anlagen nach der Zeit und nach der Produktivität müssen erhöht, die Konzentration der Produktion muß weitergeführt, die Serienproduktion erweitert und die Arbeit der Hilfsbetriebe und Dienstleistungsabteilungen entscheidend verbessert werden.

Eine Senkung der Fondsintensität der Produktion im Maschinenbau kann im wesentlichen Maße auf die Fondsintensität der gesamten Industrieproduktion wirken, weil ein Viertel der Bruttoproduktion der gesamten Industrie auf den Maschinenbau entfällt und die Fondsintensität etwa um 15 Kopeken niedriger ist als im Durchschnitt der Industrie.
Der hohe spezifische Anteil *der Leichtindustrie* an der Bruttoproduktion der gesamten Industrie (18 Prozent) macht es besonders wichtig, die tatsächliche Effektivität zu analysieren und die Hauptrichtungen zur Senkung der Fondsintensität der Produktion auszuarbeiten. Die Fondsintensität der Produktion in der Leichtindustrie wuchs bis 1966 und begann danach etwas zu fallen.
Die Hauptursache für die Frhöhung der Fondsintensität ist das Anwachsen der Kosten für neue Produktionsfonds, die an Stelle der veralteten eingesetzt werden, und die unproportionale Steigerung der Produktivität dieser Fonds. In den letzten Jahren stieg der Preis für Spindeln um 85,6 Prozent bei einem Wachstum ihrer Produktivität um 9,4 Prozent. Die Produktivität der neuen Webstühle STD für die wollverarbeitende Industrie übersteigt die Produktivität mechanischer Maschinen um das Doppelte, deren Preis ist jedoch 8,5mal so hoch. In der Seidenverarbeitung sind die Kosten automatischer Maschinen 3,7mal höher als die mechanischer. Die Produktivität ist insgesamt um 24 Prozent höher. Man kann viele analoge Beispiele anführen, die die Richtigkeit dieser Behauptung unterstützen.
Einen bekannten Einfluß auf die Höhe der Fondsintensität haben die Sortimentsfortschritte bei den hergestellten Erzeugnissen, die hauptsächlich mit dem Austausch natürlicher Rohstoffe durch Chemiefasern verbunden sind. Während in der Baumwoll- und Seidenindustrie die Verwendung der teureren chemischen Fasern den Umfang der Bruttoproduktion vergrößert, ist es in der wolleverarbeitenden Industrie umgekehrt. Der Austausch der natürlichen Rohstoffe durch synthetische führte zu einer Senkung der Bruttoproduktion.
Die Qualitätsverbesserung der hergestellten Erzeugnisse in der Industrie erfordert wesentliche Investitionen für die technische Umrüstung der Produktion und für deren Ausrüstung mit neuen Anlagen. Eine durchgreifende Rekonstruktion der Veredlungsproduktion (Einführung neuer Aggregate für die Schrumpfung, die Thermostabilisierung, das Schlichten und anderes), die keine große Steigerung der Bruttoproduktion ergibt, führt zu einer höheren Fondsintensität.
Die Erneuerung der Fonds in der Leichtindustrie erfolgt im wesentlichen im Zuge der Rekonstruktion und Erweiterung vorhandener Betriebe. Die Rekonstruktion von Betrieben der Leichtindustrie ist jedoch nicht immer

ökonomisch effektiv. Das erklärt sich dadurch, daß in den alten Betrieben der Textil- und Lederindustrie bei der Rekonstruktion hohe Kosten für die Erneuerung der Fonds in der Hilfswirtschaft, mitunter für den Bau neuer Gebäude und Anlagen, anfallen. Diese Aufwendungen wirken jedoch nicht unmittelbar auf die Steigerung der Produktion und führen zum Ansteigen der Fondsintensität.

In den letzten Jahren geht eine gewisse Senkung des spezifischen Kostenanteils für die Rekonstruktion vonstatten. Das erklärt sich erstens durch die qualifiziertere Auswahl der zu rekonstruierenden Betriebe und zweitens durch das Aufkommen neuer Zweige der Leichtindustrie, wie der Industrie nicht gewebter Stoffe, der Kunstlederindustrie, der Produktion von Folien und auch durch die Entwicklung der Trikotagen und Konfektionsindustrie. Der Neuaufbau von Betrieben in diesen Zweigen und die lange Inbetriebnahmedauer sind auch Ursachen für das Wachsen der Fondsintensität in der Leichtindustrie.

Eine nicht weniger wichtige Ursache dafür war in den letzten Jahren die Notwendigkeit einer Verbesserung der Arbeitsbedingungen. Das betrifft neue Forderungen an die Errichtung von Produktionsbauten, in denen ein konstantes Temperatur- und Feuchtigkeitsregime eingehalten werden muß. Die Normen für Beleuchtung und Ventilation wurden erhöht, und die Breite der Durchgänge zwischen den Maschinen wurde vergrößert. Außerdem mußten neue sanitäre Normen beachtet werden.

Die gesamte Kostensteigerung laut Voranschlag bei neu in Betrieb genommenen Werken wurde für 1960 bis 1964 auf der Grundlage des Materials von Projektierungsinstituten festgestellt und beträgt bei Neubauten der Trikotagen- und Konfektionsindustrie zwischen 25 und 40 Prozent und für Betriebe der Baumwollindustrie über 50 Prozent. Insgesamt ging die Verteuerung der Voranschlagskosten in der Leichtindustrie in dieser Periode zu 10 Prozent durch Veränderung der Projektierungsbedingungen und zu 10 Prozent durch Verteuerung der Anlagen vonstatten. Die Steigerung der Fondsintensität hängt in bestimmtem Maße mit der bei der Umbewertung der Fonds zum 1. Januar 1960 zugelassenen Unterbewertung gegenüber dem Wiederbeschaffungswert um 10 Prozent zusammen. Dadurch wuchs zum Beispiel in der Textilindustrie die Fondsintensität 1965 gegenüber 1960 um 2 Prozent.

Das sind die grundsätzlichen Faktoren, die auf die Steigerung der Fondsintensität der Produktion in der Leichtindustrie in der Siebenjahresperiode gewirkt haben. Von 1966 bis 1967 begann die Fondsintensität etwas zu sinken. Diese Tendenz muß sich im Wirtschaftszweig auch in den folgenden Jahren durchsetzen, ungeachtet dessen, daß einige ungünstige Faktoren ihre Wirkung behalten (die Arbeitsbedingungen werden verbessert, in allen

Unterzweigen gehen weitere Fortschritte bezüglich der Sortimentserweiterung vonstatten und dergleichen).
Die wichtigste Reserve zur Senkung der Fondsintensität in den nächsten Jahren ist ein höherer Ausnutzungsgrad der Anlagen. Eine wichtige Rolle kann auch die Veränderung der Reproduktionsstruktur der Investitionen bei der Senkung der Fondsintensität und der Investitionsintensität der Produktion spielen. Zum Unterschied von anderen Zweigen muß in der Leichtindustrie bei der Reproduktionsstruktur der Investitionen der Anteil von Neubauten gesteigert werden. Das ist deshalb notwendig, weil vorgesehen ist, eine Reihe neuer Erzeugnisse zu produzieren, wozu die neueste Technik und Technologie erforderlich sind. Unter den Bedingungen eines alten produzierenden Betriebes ist eine Umorientierung auf die Erzeugung neuer Produkte mitunter einfach unmöglich. Außerdem vertieft die Rekonstruktion alter Fabriken die schlechte Übereinstimmung zwischen den verschiedenen Gruppen der Grundfonds in den verschiedenen Abteilungen und Unterabteilungen. Das führt zu einer unrythmischen Arbeit des ganzen Betriebes.
In den nächsten Jahren soll die Rekonstruktion nur in den relativ neuen (in den Nachkriegsjahren gebauten) Betrieben der Leichtindustrie durchgeführt werden, deren Hilfsbetriebe Reserven haben und in denen die Rekonstruktionsarbeiten zu einer Erneuerung der Produktionsausrüstung führen. Die Erfahrungen haben gezeigt, daß in den Fällen, in denen während der Rekonstruktion eine vollständige Modernisierung der Fonds eintritt, die Fondsintensität der Produktion steigt.
Damit hat die durchgeführte Analyse gezeigt, daß in den führenden Industriezweigen riesige Reserven zur Steigerung der Effektivität der gesellschaftlichen Produktion vorhanden sind. Die folgerichtige Vervollkommnung des neuen Systems der Planung und der ökonomischen Stimulierung und die weitere Verbesserung der Wirtschaftsleitung dienen ihrer Aufdeckung und vollständigen Nutzung.
Die Erfahrungen der Arbeit fortgeschrittener Betriebe und Zweige zeigen, daß die entscheidende Richtung zur Steigerung der Effektivität die Intensivierung der Produktion auf der Grundlage der vollständigen Nutzung der Grundfonds und der schnellen Senkung der Materialaufwendigkeit ist. Gerade auf dieser Grundlage muß die Vervollkommnung der Zweigstruktur der Volkswirtschaft vonstatten gehen. Das wird wiederum zu einem wichtigen Faktor für die Beschleunigung des technischen Fortschritts.

KAPITEL 11

Nutzung und Reserven der Produktionskapazitäten

Methoden zur Messung der Auslastung von Produktionskapazitäten

Die Reserven an Produktionskapazitäten unserer Industrie sind groß. Das ist gut bekannt. Nicht bekannt ist, wie groß die Reserven sind, woraus sie sich zusammensetzen und wie sie gemessen werden können. Die ökonomische Statistik beschränkt sich bei der Bewertung der Reserven in der ganzen Industrie auf den Schichtzeitkoeffizienten der Arbeitskräfte, der – wie unterstellt wird – die Arbeitszeit der Maschinen und die Möglichkeiten zu ihrer Verlängerung zeigen soll. Im Maße der Automatisierung und des Übergangs zu kontinuierlichen Technologien der Produktion verliert der Schichtzeitkoeffizient der Arbeitskraft in progressiver Weise seine Bedeutung als universeller Maßstab für die Nutzung der Ausrüstungen. Er zeigt immer deutlicher die ihm anhaftenden Unzulänglichkeiten.[1] Das Schlechteste an dieser Kennziffer ist jedoch, daß sie die Aufmerksamkeit auf die Anzahl der Schichten lenkt, die die Anlagen arbeiten, obwohl das Wichtigste jetzt in der Verbesserung der stündlichen Produktivität, der Intensität der Arbeit besteht.

In den letzten Jahren werden bei uns und im Ausland Versuche gemacht, die Ausnutzung der Produktionskapazitäten und die entsprechenden Reserven zu messen. Die verschiedenen vorgeschlagenen Messungsmethoden für die Auslastung der Produktion kann man in vier Gruppen zusammenfassen:

1. Die Methode des Fondsrückflusses (oder der Fondsintensität). Über die Dynamik der Produktionsauslastung urteilt man nach der Dynamik der Fondsintensität. Die prinzipielle Unzulänglichkeit dieser Methode besteht darin, daß die Auslastung ein wichtiger, aber nicht der einzige Faktor für die Veränderung der Fondsintensität der Produktion ist.

2. Die Methode der Wortonschen ökonomischen Schule. Die faktische Erzeugung wird der Produktionskapazität gegenübergestellt, die man auf der tendenziellen Linie sucht, welche durch die Maxima der Produktion geht.

[1] Kvaša, Ja., Mnimye i dejstvitelnye reservy smennosti [Scheinbare und wirkliche Reserven der Schichtauslastung], in: Voprosy ėkonomiki, 12/1967.

3. Die Methode der Expertenschätzung über die Nutzung der Produktionskapazitäten. Diese Methode stützt sich nicht auf objektive Kriterien. Die Schätzungen erhält man von erfahrenen Personen, die gleichzeitig bestimmte Interessen vertreten. Die „Bilanz der Produktionskapazitäten tätiger Betriebe", die jährlich der Staatlichen Plankommission und der Zentralverwaltung für Statistik übergeben wird, kann man als Spielart der Expertenschätzung ansehen. Bedauerlicherweise erfolgt keine Zusammenfassung der „Bilanz" nach Zweigen und über die gesamte Industrie.

4. Die Methode der Nutzungsbewertung von Hauptaggregaten der Industriezweige. Eine repräsentative Auswahl solcher Aggregate (Zweige) gibt es nicht, weil es nicht gelingt, eine Reihe der wichtigsten Zweige und Produktionsarten (Maschinenbau, Walzen von Metall, Schuhindustrie usw.) wegen der Verschiedenartigkeit der Produktion oder der Ausrüstungen in diese Auswahl aufzunehmen.

Bei der Suche nach einer objektiven und dabei universellen Methode für die Statistik der Grundfondsauslastung wendeten wir uns energetischen Kennziffern zu. Die Begründung dafür liefert der Aufbau des modernen Maschinensystems und der einzelnen Maschine, unabhängig von ihrer technologischen Bestimmung:

Die überwiegende Mehrheit aller Arbeitsgänge der Gewinnung, der mechanischen, chemischen und thermischen Bearbeitung und des Transports wird mit Hilfe von Maschinen und Apparaten durchgeführt; diese Maschinen und Apparate haben mit seltenen Ausnahmen Antriebe; der Antrieb ist heute in der Regel elektrisch, von einem besonderen Motor her; meistens ist die Leistung des Elektromotors nahe der Leistung, die für die Maschine notwendig ist, die er antreibt, wenn auch durchaus nicht selten Abweichungen in beiden Richtungen vorkommen. Jede Maschinenart unterscheidet sich von der anderen durch spezifische Meßgrößen der Leistung und der Arbeit. Alle Elektromotoren wie auch andere Kraftmaschinen haben aber einheitliche Meßgrößen der Leistung und der Arbeit. Folglich müßte man eigentlich aus der Veränderung der Belastung der Elektromotoren auf die Auslastung der Maschinen und Apparate und davon auf die Auslastung der Grundfonds schließen können.

Wir erinnern an die Meßmethode der Belastung von Kraftwerken. Sie wird in der ganzen Welt durch die Anzahl der Arbeitsstunden im Jahr pro Leistungseinheit gemessen: durch den Quotienten aus der erzeugten Elektroenergie, geteilt durch die installierte Leistung des Generators $\left(\frac{\text{kWh}}{\text{kW}}\right)$.

Weil Elektrogeneratoren in jedem gegebenen Moment mit einem anderen Ausnutzungsgrad ihrer Leistung arbeiten oder stillstehen können, ergibt sich nach dieser Formel im Quotienten nicht die tatsächliche, sondern eine abstrakte Anzahl von Arbeitsstunden. Diese besagt, daß die Elektrogeneratoren in der gezählten Anzahl von Stunden mit einer Leistung arbeiten, die der installierten Leistung gleich war.

Folglich drückt die auf die installierte Leistung zurückgeführte Anzahl von Arbeitsstunden der Generatoren $\frac{\text{kWh}}{\text{kW}}$ ihre Gesamt- (integrierte) Belastung aus. Das Verhältnis der reduzierten Anzahl von Arbeitsstunden zu den kalendarischen Stunden, das heißt zu der theoretisch möglichen Anzahl von Arbeitsstunden mit voller Leistung in der untersuchten Zeitspanne, drückt den Auslastungsgrad des Kraftwerkes aus. 1967 erzeugten alle Kraftwerke der UdSSR mit einer mittleren installierten Jahresleistung der Generatoren von 131727 MW 587699 Mio kWh Elektroenergie. Das bedeutet, daß in diesem Jahr die Anzahl von Stunden mit mittlerer installierter Jahresleistung gleich $\frac{587699 \text{ Mio kWh}}{131727 \text{ Tausend kWh}} = 4462$ h ist und der Ausnutzungsgrad damit $\frac{4462}{8760} = 50{,}9$ Prozent beträgt.

Die Messung der Auslastung von Elektromotoren mit dieser Methode ist nicht schwierig. In den Betrieben gibt es Zähler für die Elektroenergie, die den Motoren zugeleitet wird. Unsere Statistik berücksichtigt die Leistung (in kW) der Elektromotoren und die Leistung der Elektroapparate (elektrische Schweißgeräte, elektrische Schmelzöfen, Elektrolyseanlagen, elektrische Trockenanlagen, elektrische Bügeleisen usw.) gesondert. In Übereinstimmung mit dieser Gruppierung wird eine besondere Berechnung der verwendeten Elektroenergie in kWh für Elektromotoren, für technologische Zwecke (Elektroapparate aller Bestimmungen) und für die hauswirtschaftlichen Zwecke (vornehmlich Beleuchtung) durchgeführt. In der Industrie verändert sich die jährliche Auslastungszeit der Elektromotoren und elektrischen Apparate von 1955 bis 1963 in folgender Weise[2]:

Die Zuverlässigkeit der Statistik über die Leistungen der Elektromotoren und der von ihnen verbrauchten Elektroenergie ist ausreichend. Wenn es um die Messung der Auslastung der Elektromotoren selbst geht, so kann sie voll befriedigend durch die Kennziffern der auf die Leistung zurückgeführten Anzahl der Arbeitsstunden der Motoren erfolgen, die wir mit „w" bezeichnen. Die Frage ist jedoch noch anders: Können das Niveau und die Veränderung bei der Belastung der Elektromotoren eine hinreichend

[2] Kvaša, Ja., Kapitaloemkost [Investitionsintensität], in: Proizvodstvo, nakoplenie, potreblenie [Produktion, Akkumulation, Verbrauch], Sammelband, Moskau 1965, S. 133.

Bezeichnung	1955	1963
	Leistung in Mio kW	
Elektromotoren	46,3	96,8
Elektroapparate	9,2	21,9
	verwendete Elektroenergie Md kWh	
für Elektromotoren	70,3	161,4
für technologische Zwecke	30,0	74,5
	jährliche Anzahl der Betriebsstunden	
Elektromotoren	1518	1667
Elektroapparate	3261	3402

vollständige Vorstellung über das Niveau und die Veränderung der Auslastung von Maschinen geben, die von ihnen angetrieben werden?
Zunächst über den Auslastungsgrad: Nach Angaben der Statistik betrug in den USA 1962 die reduzierte Anzahl von Einsatzstunden der Elektromotoren im allgemeinen Maschinenbau 973 Stunden. Das Jahr hat 8760 Stunden. Folglich wurde die Leistung der Motoren nur zu 11,2 Prozent genutzt. Das bedeutet, daß die Leistung der Maschinen, die von diesen Motoren angetrieben wurden, auch nur zu 11 Prozent genutzt wurde. Daraus folgt jedoch durchaus nicht, daß in der nicht genutzten Reserve von 89 Prozent die notwendigen Grundfonds für eine neunfache Steigerung der Produktion enthalten sind. Wenn der Wirkungsgrad eines Kraftwerkes 0,35 beträgt, dann bedeutet das nicht, daß man ihn verdreifachen kann. Hier werden für den Vergleich theoretische und für die gegebenen Bedingungen praktisch mögliche Wirkungsgrade vorgeschlagen. So muß man auch den Auslastungsgrad der Produktionskapazitäten, der nach der Auslastung der Elektromotoren berechnet wurde, bewerten. Von den 8760 Stunden im Jahr muß ein Maschinenbaubetrieb bei der üblichen zweischichtigen Arbeit, eines 7-Stunden-Arbeitstages und 65 Sonn- und Feiertagen 4200 Kalenderstunden arbeiten. Außerdem ist die Ausrüstung des Maschinenbaues vorzugsweise diskontinuierlichen und nicht kontinuierlichen Charakters. Die Maschinenzeit, in der die Maschine durch den Motor in Tätigkeit gesetzt wird, nimmt von der Gesamtzeit 20 bis 40 Prozent ein (in Abhängigkeit von der Art der Produktion) und beträgt im Durchschnitt 30 Prozent. Folglich beträgt die mögliche Maschinenzeit 1260 Stunden. Schließlich wird in Betrieben mit Serien- und Einzelfertigung auf eine bedeutende Reserve der Maschinen nach der Leistung und den Ausmaßen geachtet, und die Masse der Teile wird auf Werkzeugmaschinen bearbeitet, die wesentlich größer sind als es die Ausmaße der Teile erfordern.

Zum Unterschied vom Maschinenbau ist die Technologie der erdölverarbeitenden Industrie kontinuierlich. Die Ausrüstungen arbeiten Tag und Nacht und ohne anzuhalten, wenn man die regulären Stillstandszeiten für die Überholung und einige außergewöhnliche Pausen nicht in Betracht zieht. Ungeachtet dessen kann auch hier die Anzahl der Arbeitsstunden der Elektromotoren – w – die kalendarische Anzahl von Stunden nicht erreichen. 1962 betrug die Größe w in den USA in der Erdölverarbeitungsindustrie 4141 Stunden.

Über die Veränderungen der Größe w kann man mit voller Berechtigung sagen, daß ihre Verringerung von einer Verschlechterung der Ausnutzung der Grundfonds und ihre Vergrößerung von einer Verbesserung der Ausnutzung zeugt. Diese Interpretation der Dynamik der Größe w erfordert keine Vorbehalte. Ernstere Aufmerksamkeit erfordert die Bewertung der Parallelität der Kurven für die Dynamik w und die Dynamik der Grundfondsauslastung.

Betrachten wir einige Bedingungen, für die man annehmen kann, daß sie die Parallelität dieser Kurven stören könnten.

In den Betrieben oder Zweigen werden Handarbeiten mechanisiert, wodurch sich der spezifische Verbrauch an Elektroenergie erhöht. Dieser auf den ersten Blick wesentliche Einwand läßt sich leicht entkräften. Die Mechanisierung früherer Handarbeitsprozesse erfordert neben Arbeitern oder Transportmaschinen auch Motoren für diese Maschinen. Damit steigt nicht nur der Verbrauch an Elektroenergie, sondern auch die installierte elektromotorische Leistung. Es kann passieren, daß in einem Betrieb ein Prozeß und mit ihm eine Anlage mit höherem Ausnutzungsfaktor der Maschinenzeit oder mit kontinuierlicher Arbeit und folglich mit einem hohen w eingeführt wird. Doch die Vergrößerung des Wertes w für den Betrieb oder für den Zweig auf Grund dieser Ursache spiegelt die wirkliche Veränderung in der Auslastung der Produktion wider. Diese Behauptung behält ihre Gültigkeit auch für Fortschritte in der Zweigstruktur der Industrie und in der gesamten materiellen Produktion. Wie bereits gesagt, betrug die Größe w im allgemeinen Maschinenbau der USA 1962 973 Stunden und in der Erdölverarbeitungsindustrie 4141 Stunden. Offensichtlich führt schon die voranschreitende Entwicklung der Erdölverarbeitungsindustrie und anderer Zweige mit chemischer Technologie mit ihrer nichtautomatisierten kontinuierlichen Produktion zur Steigerung der Kennziffer w für die gesamte Industrie. Dabei ist gerade die beschleunigte Entwicklung von Zweigen mit chemischer Technologie der Produktion dazu angetan, die Auslastung der ganzen Industrie zu verbesssern. Das dient der intensiven Entwicklung dieses investitionsintensiven Zweiges.

Was wirklich eine Unbestimmtheit in die Größe $\frac{w^1}{w_0}$ als Kennziffer für die Veränderung der Grundfondsauslastung hineintragen kann, ist eine aus verschiedenen Gründen mögliche Erweiterung oder Verengung der Spanne zwischen der Leistung der Maschinen und der Leistung der Motoren. Diese Differenz ist keine seltene, sondern eine im Maschinenbau gewöhnliche Erscheinung.

Die Rationalisierung der Energiewirtschaft, besonders die Steigerung des Anteils von Einbaumotoren, verengt die Spanne zwischen der Leistung der Elektromotoren und der Leistung der Maschinen. Dieser Umstand kann sich in der Dynamik $\frac{w^1}{w_0}$ widerspiegeln, wenn die Spanne nur durch positive oder nur durch negative Abweichungen verengt wird, was wenig wahrscheinlich ist.

Eine Steigerung der reduzierten Anzahl von Nutzungsstunden der elektromotorischen Leistung w in einem Zweig, zum Beispiel im allgemeinen Maschinenbau, von 550 Stunden im Basisjahr auf 572 Stunden im untersuchten Jahr bedeutet. daß dieser Zweig mit höherer Auslastung arbeitet und daß sich die Auslastung in einem Jahr um etwa 4 Prozent erhöhte. Das gleiche könnte man bezüglich der chemischen Industrie sagen, wenn sich die Größe w von 4230 auf 4399 Stunden erhöht. Man kann auch feststellen, daß die Grundfonds in dem untersuchten Jahr in der chemischen Industrie um das $\frac{4399}{572} = 7{,}6$fache vollständiger ausgelastet wurden als im allgemeinen Maschinenbau.

Die Differenzierung der jährlichen Auslastung der elektromotorischen Leistung innerhalb des Zweiges ist stark ausgeprägt, und die Höhe dieser Kennziffer hängt in entscheidendem Maße vom Typ der Technologie des Zweiges ab.

Das hohe Niveau in der Chemie wird durch die kontinuierliche Massenproduktion mit einer aggregierten Apparatur bedingt, das geringe Niveau im allgemeinen Maschinenbau durch die Einzelfertigung oder Kleinserienfertigung in einer nicht spezialisierten Produktion auf diskontinuierlich arbeitenden, nicht aggregierten (autonomen) Maschinen. Der Typ der Technologie des Zweiges oder des Unterzweiges bestimmt unter gegebenen Bedingungen auch die Gipfelhöhe des Wertes w, seine praktisch erreichbare Größe. Deshalb kann man aus den oben gegebenen Gegenüberstellungen nicht den Schluß ziehen, daß im allgemeinen Maschinenbau die reale Kapazitätsreserve gleich

$1 - \frac{572}{8760} = 0{,}93$ und in der chemischen Industrie $1 - \frac{4399}{8760} = 0{,}49$ ist.

Könnte man nicht unter Berücksichtigung der Besonderheiten der Technologie des Zweiges oder einer Gruppe von Betrieben die realen Reserven an Produktionskapazitäten messen? Mit anderen Worten, könnte man nicht für jeden Zweig den „Preis" einer Arbeitsstunde der Elektromotoren in Bruchteilen der Einheit genutzter Produktionskapazitäten messen, indem man dabei von der vorhandenen Technik, aber einer rationellen Produktionsorganisation ausgeht? Im Prinzip kann man einen mittleren Preis der Arbeitsstunde von Elektromotoren durch Gegenüberstellung der jährlichen Anzahl von Elektromotorenstunden in jedem Zweig und des Ausnutzungsgrades der Produktionskapazitäten nach Ergebnissen einer direkten ingenieurökonomischen Expertise erhalten. Die Schwierigkeiten, die hier zu überwinden sind, zeigen wir wiederum am Beispiel des allgemeinen Maschinenbaues.

Nach Berechnungen, die auf Angaben in der „Bilanz der Produktionskapazitäten" beruhen, wurden die Ausrüstungen im Schwermaschinenbau der UdSSR 1966 zu 82 Prozent ausgelastet. Die jährliche Arbeit der Elektromotoren in diesem Zweig betrug im gleichen Jahr 572 Stunden. Daraus ergibt sich, daß der „Preis" jedes Prozentes der Kapazitätsauslastung im Schwermaschinenbau gleich $\frac{572}{82} = 6{,}97$ Stunden ist. In der Chemie betrug nach den gleichen Ergebnissen 1966 die Auslastung der Produktionskapazität 85,5 Prozent. Die Zahl w betrug 4399 Stunden, der „Preis" eines Prozentes Auslastung der Produktionskapazität betrug in diesem Zweig $\frac{4399}{85{,}5} = 51{,}45$ Stunden.

Es folgt: Wenn der Maschinenbau mit voller Kapazität arbeiten würde, betrüge die Zahl w 697 Stunden, für die Chemie wären es 5145 Stunden, bei einem Spitzenwert von w in beiden Fällen von 8760 Stunden. Man darf nur nicht vergessen, daß in dieser Berechnung die völlig objektive Größe w und die Expertenschätzung über die Auslastung der Produktionskapazität enthalten sind. Die Unsicherheit dieser Schlußfolgerungen zeigt sich sofort bei ihrer Gegenüberstellung mit den Ergebnissen einer analogen Untersuchung der gleichen Industriezweige in den USA.

Nach Ergebnissen einer Untersuchung von McGrow-Hill war die Produktionskapazität des allgemeinen Maschinenbaues der USA 1962 zu 79 Prozent ausgelastet bei einer Nutzung der Elektromotoren von 973 Stunden. In der chemischen Industrie der USA betrugen diese Werte entsprechend 80 Prozent und 6896 Stunden. Daraus ergibt sich ein „Preis" für 1 Prozent Auslastung der Produktionskapazität im allgemeinen Maschinenbau der USA von $\frac{973}{79} = 12{,}3$ Stunden und in der chemischen Industrie von 85,8 Stunden.

Die Technik des allgemeinen Maschinenbaus der USA unterscheidet sich nur wenig von der Technik des sowjetischen Schwermaschinenbaus. Ungeachtet der nach Expertenschätzungen gleichen Auslastung der Produktionskapazität dieser Zweige in den beiden Ländern ist in der UdSSR die jährliche Anzahl von Arbeitsstunden der Elektromotoren fast nur halb so hoch wie in den USA. Daraus folgt, daß der praktische Spitzenwert der Größe w und des Preises für eine Einheit Auslastung der Produktionskapazität eines Zweiges in den maximal erreichten Werten gesehen werden muß. Unter diesem Gesichtspunkt sind die nachstehend angeführten Gegenüberstellungen der Arbeitsstunden von Elektromotoren und des Grades der praktischen Auslastung der Produktionskapazitäten in den Zweigen der bearbeitenden Industrie der USA 1962 von besonderem Interesse:

Zweig	Arbeitsstunden der Elektromotoren (nach Ergebnissen von 1963)	Auslastung der Kapazitäten 1962 (nach Daten von McGrow-Hill) Prozent	„Preis" für ein Prozent Auslastung der Kapazitäten h
Chemische Industrie	6896	80	86,2
Erdölverarbeitungsindustrie	4141	90	46,0
Gummiindustrie	2294	92	24,9
Papier- und Zelluloseindustrie	3466	90	38,5
Schwarzmetallurgie	1697	81	21,0
Buntmetallurgie	1969	85	23,2
Allgemeiner Maschinenbau	973	79	12,3
Elektronischer Maschinenbau	1743	78	22,3
Automobilbau	1293	88	14,7
Flugzeug- und Schiffbau und übriger Transportmaschinenbau	1226	80	15,3
Halbzeug- und Werkzeugindustrie	1880	84	22,4
Zweige für mineralische Baustoffe	2828	80	35,4
Textilindustrie	3708	93	39,9
Lebensmittelindustrie	2249	84	26,8
Übrige	796	92	8,7
Gesamte verarbeitende Industrie	2741	83	33,0

Im folgenden wird versucht, bei der Analyse der Bedingungen zur Auslastung der Produktionskapazität den Spitzenwert für w in der metallbearbeitenden Industrie zu bestimmen.

Die Auslastung der Produktionskapazitäten in der Industrie der UdSSR

Zunächst wird die Dynamik der Grundfondsauslastung in der Industrie der UdSSR, beginnend mit dem Jahr 1958, bestimmt. Dafür gibt es drei Möglichkeiten: den gewöhnlich angewandten Index der Fondsrückführung; den abgeleiteten Index der Nutzung von Produktionsanlagen auf der Basis gewogener Indizes für die Auslastung der führenden Ausrüstungen und schließlich den Index der Auslastung von Elektromotoren (Tabelle 1).

Tabelle 1

Fondsrückfluß der Produktion und die Grundfondsauslastung in der Industrie der UdSSR von 1958 bis 1900

Jahr	Fondsrückfluß (Bruttoproduktion in vergleichbaren Preisen)		Auslastung der Elektromotoren	
	Koeffizient	Prozent zu 1960	reduzierte Stundenzahl w	Prozent zu 1960
1955	1,909	103,9	1518	89,9
1958	1,870	101,8	—	—
1959	1,869	101,7	—	—
1960	1,837	100,0	1688	100,0
1961	1,792	97,6	1695	100,4
1962	1,758	95,7	1693	100,3
1963	1,707	92,9	1667	98,8
1964	1.652	89,9	1626	96,3
1965	1,633	88,9	1650	97,8
1066	1,626	88,5	1644	97,5
1967	1,642	89,4	—	—

Von 1955 bis 1960 stieg die abgeleitete Anzahl von Motorarbeitsstunden der Elektromotoren von 1518 auf 1688 oder im Mittel um 1,5 Prozent im Jahr. Von 1960 bis 1966 sank dieser Wert auf 1644 oder im Mittel um 0,4 Prozent im Jahr. Der 1959 begonnene Übergang von der 46-Stunden- zur 41-Stunden-Arbeitswoche war 1961 beendet. In den Zweigen mit kontinuierlicher Produktionstechnologie (Schwarzmetallurgie, Buntmetallurgie, eine Reihe von Zweigen der Chemie, Erdölverarbeitungsindustrie, Zementindustrie, Zuckerindustrie und dergleichen spiegelt sich die Verkürzung der Arbeitswoche nicht in der Arbeitsdauer der Anlagen wider. In den Zweigen mit diskontinuierlicher Produktion (Maschinenbau, Textilindustrie, Konfektionsindustrie, Schuhindustrie usw.) konnte eine Verkürzung der Einsatzdauer der Anlagen nur durch eine Erweiterung der Schichtarbeit verhindert werden. Trotzdem sank der Schichtzeitkoeffizient nach Angaben der Zentralverwaltung für Statistik in der Industrie von 1,55 im Jahre 1959 auf 1,50 im Jahre 1966.

Die Grundfonds der Zweige mit diskontinuierlicher Produktion machen etwa die Hälfte der Grundfonds der gesamten Industrie aus. Deswegen muß sich die Verkürzung der Arbeitswoche um 11 Prozent bei einer Senkung des Schichtzeitkoeffizienten um 3 Prozent in einer Verringerung der Arbeitsdauer der Anlagen um 7 Prozent widerspiegeln. Die Kennziffer der integrierten Auslastung – die abgeleitete Anzahl der Arbeitsstunden von Elektromotoren – verringerte sich von 1966 im Vergleich zu 1960 um 2,5 Prozent. Daraus kann man schlußfolgern, daß in diesen Jahren die intensive Auslastung der Anlagen um 4 Prozent gewachsen ist.

Auf welchen Stand kann man die Auslastung der Industrie heben, wenn man sie durch die Arbeitsstunden der Elektromotoren mißt? Nach unseren Berechnungen auf der Grundlage der Werte „Bilanz der Produktionskapazitäten 1966", die sich auf einen großen Kreis verschiedener Zweige beziehen, wurden die Fonds dieser Zweige annähernd zu 88 Prozent ausgelastet. Ausgehend davon kann man die Jahresziffern für w auf $\frac{1644 \cdot 100}{88} = 1868$ Stunden vergrößern.

Die zweite Orientierung ergibt die Verteilung der Zweige der verarbeitenden Industrie nach dem Niveau der Auslastung der Elektromotoren w im Jahre 1966:

Gruppen von Zweigen nach der Anzahl der Arbeitsstunden von Elektromotoren	Anzahl der Zweige	Leistung der Elektromotoren in Prozent zur Summe
bis 500	2	0,6
501 bis 1000	41	28,0
1001 bis 1500	36	20,7
1501 bis 2000	8	24,3
2001 bis 2500	9	13,4
2501 und mehr	5	13,0
Alle Zweige	101	100,0

Die Zweige gelangen nach dem Niveau der Auslastung der Elektromotoren in diese oder jene Gruppe. Das hängt hauptsächlich vom überwiegenden Typ der Technologie und der Organisation der Produktion ab. Das ist gut ersichtlich aus der nachstehend angeführten Verteilung der gleichen Zweige der verarbeitenden Industrie nach einigen Eigenschaften des Ausgangsrohstoffes und des Finalproduktes, die in entscheidendem Maße die Diskontinuität und die Automatisierung der Produktion bestimmen:

Gruppe der Zweige nach den Eigenschaften der Ausgangsrohstoffe und der Finalprodukte	Leistung der Elektromotoren in Prozent zur Summe	Abgeleitete Anzahl der Arbeitsstunden von Elektromotoren 1966
Endprodukt – Gase, Flüssigkeiten und Schüttgüter		
Ausgangsrohstoff – Gase, Flüssigkeiten, Schüttgüter	20,6	2178
Feste, nicht schüttfähige Güter (außer Fasermaterial)	6,1	2118
Endprodukt – feste, nicht schüttfähige Güter (ohne Fasermaterial)		
Ausgangsrohstoff – Gase, Flüssigkeiten, Schüttgüter	8,1	1051
Feste, nicht schüttfähige Güter (außer Fasermaterial)	35,3	1526
Endprodukt und Ausgangsrohstoff Fasermaterial (außer Konfektions- und Schuhindustrie)	4,7	1991
Endprodukt – Montageerzeugnisse		
Maschinenbau, Häuserbau, Möbelindustrie	22,2	790
Konfektions-, Schuh-, Reifenindustrie	2,4	1368
Nichtaufgeteilte Zweige	0,6	1179
Gesamte bearbeitende Industrie	100,0	1510

In den Zweigen, in denen die Rohstoffe in Gestalt von Gasen, Flüssigkeiten und Schüttgütern eingesetzt und auch in gasförmige, flüssige oder schüttbare Körper verarbeitet werden, sind die Bedingungen für kontinuierliche und automatisierte Produktion am günstigsten. Der Produktionsprozeß ist in diesen Zweigen nicht nur in dem Sinne kontinuierlich, daß er sich Tag und Nacht vollzieht, sondern auch in dem Sinne, daß der Anteil der Maschinenzeit an der Gesamtarbeitszeit nahe 1 ist. Die Arbeit der Aggregate wird nur für Instandsetzungen unterbrochen. Deshalb sind die Zweige mit solchen Eigenschaften der Ausgangsrohstoffe und der Endprodukte wie die Schwefelsäureerzeugung, die Stickstoffdüngerproduktion, die Plasteindustrie und andere Zweige der chemischen Industrie und der Erdölverarbeitung, der Zementindustrie und Alkoholindustrie durch die höchsten Kennwerte für die abgeleitete Anzahl von Arbeitsstunden der Elektromotoren ausgezeichnet. Aus dem gleichen Grunde verbessern die beschleunigte Entwicklung der chemischen Zweige und die Entwicklung der chemischen Technologie in traditionellen Zweigen selbsttätig die Auslastung der Grundfonds in der Industrie.

Dagegen ist in den Zweigen des Maschinenbaues, wo die diskontinuierliche Produktionstechnologie überwiegt und wo die Maschinenzeit geringer ist als die Hälfte der Arbeitszeit und die Maschinen große Leistungsreserven haben, die abgeleitete Zahl der Arbeitsstunden von Elektromotoren w am geringsten und das sogar in Betrieben mit Mehrschichtarbeit. So setzen sich die Kennziffern für die gesamte Industrie unter wesentlichem Einfluß ihrer Zweigstruktur zusammen und verändern sich auch infolge von Fortschritten in dieser Struktur. Es versteht sich, daß der Rhythmus und das Tempo der Produktion in jedem Zweig, die Ausnutzung der Kalenderzeit und die Intensität der Arbeit von Ausrüstungen in der Zeiteinheit keine geringere Bedeutung haben: Eine Gegenüberstellung identischer Kennziffern w für die bearbeitende Industrie der UdSSR und der USA zeigt, daß die Unterschiede im Niveau der Auslastung der gesamten Industrie in den verglichenen Ländern hauptsächlich durch die Unterschiede im Auslastungsniveau der einzelnen Zweige der bearbeitenden Industrie hervorgerufen werden (Tabelle 2).

Die Gegenüberstellung der Zahlen w in der Industrie der UdSSR und der USA zeigt, daß ohne Ausnahme in allen Wirtschaftszweiggruppen der sowjetischen Industrie sehr bedeutende Reserven an Produktionskapazität vorhanden sind. In einigen Zweiggruppen ist – wie aus Tabelle 2 ersichtlich – die Auslastung der Ausrüstungen in der UdSSR nur halb so hoch wie in den USA. In der bearbeitenden Industrie insgesamt beträgt die abgeleitete Zahl der Arbeitsstunden 1966 in der UdSSR 1510 und 1962 in den USA 2660 und ist damit um 76 Prozent höher. Die Berechnung der Kennziffern für die Elektromotorenauslastung der USA für die gesamte Industrie, ausgehend von der Zweigstruktur der sowjetischen Industrie, steigert die Kennziffer w auf 2745, das heißt um 81,8 Prozent über die analoge Größe für die UdSSR. Es wird daran erinnert, daß die bearbeitende Industrie der USA 1962 nach der Angabe von McGrow-Hill die Produktionskapazität zu 80 Prozent auslastete – bei einer optimalen Auslastung von 90 bis 92 Prozent.

Tabelle 2

Abgeleitete jährliche Arbeitsstunden für Elektromotoren in Gruppen von Industriezweigen der UdSSR und der USA

Gruppen von Zweigen nach den Eigenschaften des Ausgangsrohstoffs und Finalprodukts	UdSSR 1966		USA 1962	
	Leistung von Elektromotoren in Prozent zur Summe	Abgeleitete Zahl an Arbeitsstunden von Elektromotoren	Leistung von Elektromotoren in Prozent zur Summe	Abgeleitete Zahl an Arbeitsstunden von Elektromotoren
Endprodukt – Gase, Flüssigkeiten und Schüttgüter				
Ausgangsrohstoff – Gase, Flüssigkeiten, Schüttgüter	20,6	2178	19,7	5319
Feste, nicht schüttfähige Güter	6,1	2118	2,7	3380
Endprodukt – feste, nicht schüttfähige Güter (außer Fasermaterial)				
Ausgangsrohstoff – Gase, Flüssigkeiten, Schüttgüter	8,1	1051	3,4	2277
Feste nicht schüttfähige Güter (außer Fasermaterial)	35,3	1526	42,8	2043
Endprodukt und Ausgangsrohstoff – Fasermaterial (außer Konfektions- und Schuhindustrie)	4,7	1991	4,5	3400
Endprodukt – Montageerzeugnisse				
Maschinenbau, Häuserbau, Möbelindustrie	22,2	790	22,1	1336
Konfektionsindustrie, Schuhindustrie, Reifenindustrie	2,4	1368	1,5	2810
Nichtaufgeteilte Zweige	0,6	1179	3,3	2342
Gesamte verarbeitende Industrie	100,0	1510	100,0	2660

Das bedeutet, daß die Steigerung der Auslastung bei Anlagen in der Industrie der UdSSR auf 80 Prozent eine reale Aufgabe darstellt. Die Realität dieser Aufgabe wird auch durch den Umstand unterstrichen, daß der Schichtzeitkoeffizient der Arbeiter 1962 der bearbeitenden Industrie der

USA 1,28 betrug und 1966 in der UdSSR 1,5. Folglich war die Gesamtkennziffer der Auslastung in der bearbeitenden Industrie der USA um 80 Prozent höher als in der UdSSR, obwohl die Arbeitszeit der Anlagen – wenn man nach dem Schichtzeitkoeffizienten urteilt – um 14,6 Prozent geringer war. Anders gesagt, die stündliche Produktivität, die intensive Auslastung der Anlagen, war in der bearbeitenden Industrie der UdSSR 1966 nur halb so hoch wie in den USA. Das Auslastungsniveau in der ganzen Industrie von 2500 bis 3000 abgeleiteten Stunden ist vornehmlich durch die Intensivierung der Arbeit an den Ausrüstungen zu erreichen und diese ihrerseits durch eine Steigerung der Arbeitsproduktivität.

Auslastung der Anlagen im Maschinenbau

Im Maschinenbau und in der sogenannten Halbzeugindustrie sowie in den Reparaturbetrieben sind ein Fünftel der Produktionsgrundfonds der Industrie konzentriert. Man meint, daß die Produktionsreserven dieses Zweiges unerschöpflich sind. Diese Bewertung der Reserven des Maschinenbaues ist bei aller Übertreibung nicht so unbegründet, denn die Möglichkeiten zur Rationalisierung der Produktion sind hier wirklich unerschöpflich.
Außerdem erschwert die riesige Vielfalt der Arten, Typen und Ausmaße von Arbeitsmaschinen – bei einer gleichen und sich noch dazu ständig verändernden Vielfalt der geometrischen Formen und Ausmaße der hergestellten Teile – direkte Methoden zur Messung der Anlagenauslastung mehr als in jedem anderen Zweig. Praktisch wird an Hand des Schichtzeitkoeffizienten über die Auslastung der Grundfonds im Maschinenbau und in seinen einzelnen Zweigen geurteilt, wozu man den Schichtzeitkoeffizienten der Arbeitskräfte oder den Schichtzeitkoeffizienten der spanabhebenden Werkzeugmaschinen benutzt. Die Angaben über die Schichtauslastung, deren Bedingtheit und Ungenauigkeit nachstehend noch beleuchtet wird, werden häufig durch nicht vollwertige Kennziffern über die Stillstandszeiten innerhalb der Schicht ergänzt. Was die intensive Auslastung der Anlagen betrifft, so erschöpft sich die Information darüber in sehr seltenen Teiluntersuchungen einiger Seiten dieser Erscheinung. Deshalb ist die Kennziffer w im Maschinenbau wirklich die einzige im breiten Umfang zugängliche Methode zur Messung des Niveaus und der Dynamik bei der Auslastung der Anlagen.
Im Jahre 1966 betrug w in der gesamten metallbearbeitenden Industrie (Maschinenbau und Metallbearbeitung) 821 Stunden. Für die einzelnen Zweige des Maschinenbaus ist die Kennziffer w aus der Tabelle auf Seite 201 zu ersehen.

In dem hypothetischen – aber unwahrscheinlichen – Falle, daß die Motoren ununterbrochen Tag und Nacht mit Vollast arbeiten, wäre die abgeleitete Anzahl von Arbeitsstunden genauso hoch wie die kalendarische, nämlich 8760. Die faktische Zahl w betrug in der Metallbearbeitung 1966 821 oder $\frac{821 \cdot 100}{8760} = 9{,}4$ Prozent der hypothetischen.

Zweig des Maschinenbaues	Abgeleitete Anzahl der Arbeitsstunden 1966
Alle Zweige des Maschinenbaues und der Metallbearbeitung	821
Energetik	689
Elektrotechnik	807
Werkzeugmaschinenbau	676
Werkzeugfertigung	922
Gerätebau	848
Maschinenbau für die gewinnenden Zweige, Metallurgie und Chemie	782
Maschinenbau für Straßenbau und Baustoffindustrie	747
Förder- und Transportmaschinenbau	710
Traktoren- und Landmaschinenbau	1018
Automobilbau	905
Maschinenbau für die Papier- und polygraphische Industrie	497
Maschinenbau für die Leichtindustrie (einschließlich Textilindustrie)	679
Maschinenbau für die Lebensmittelindustrie	573
Instandsetzung von Maschinen und Anlagen	529

Es versteht sich, daß diese Zahl nur eine sehr entfernte Vorstellung von den realen Reserven an Produktionskapazitäten im Maschinenbau gibt. Unzweifelhaft ist jedoch, daß in diesem Zweig eine weit höhere Größe w erreichbar ist und folglich ein höherer Auslastungsgrad der Grundfonds. Darauf weisen die wesentlichen Unterschiede der Größe w im Maschinenbau (von 497 Stunden im Maschinenbau für die Papier- und die polygrafische Industrie bis 1018 Stunden im Landmaschinen- und Traktorenbau) hin. Dafür spricht auch die Tatsache besonders überzeugend, daß 1962 in den USA für den gleichen Kreis von Maschinenbauzweigen die Größe w 1,5mal so hoch war (nach der Zweigstruktur der UdSSR) wie 1966 in der UdSSR.

Halten wir zunächst fest, daß zur Kompensation der Anlaufmomente und zur Korrektur der Verluste durch cos φ die Leistung der Elektromotoren in den Arbeitsmaschinen höher eingesetzt wird, als das für die laufende Arbeit notwendig wäre. Für den Maschinenbau kann man die zusätzliche Leistung annähernd mit 20 Prozent für die Anlaufreserve, mit 20 Prozent für das Ingangsetzen der gesamten Kinematik und mit 15 Prozent zur Korrektur des cos φ annehmen. Das sind insgesamt 50 bis 60 Prozent des Leistungsbedarfs der angetriebenen Maschine bei normaler Arbeit oder 33 bis 37 Prozent der Leistung der Elektromotoren.

In Wirklichkeit liegt die Leistung der Elektromotoren durchaus nicht immer in diesem Verhältnis zur notwendigen Maschinenleistung bei normaler Arbeit. Oft ist die Motorleistung nicht nur größer als die Maschinenleistung, sondern sogar geringer. Leider kann man das nicht auf der Grundlage von umfangreichem Material der letzten Jahre illustrieren. Deswegen müssen wir die Ergebnisse der Unionszählung für Anlagen der spanabhebenden Industrie von 1932 verwenden. In Tabelle 3 ist das Leistungsverhältnis der Elektromotoren und der Maximalleistung (beim Schnitt) der angetriebenen spanabhebenden Werkzeugmaschinen (18470) nach den Ergebnissen dieser Zählung angegeben.

Tabelle 3

Verhältnis der Leistung von Elektromotoren für Einzelantrieb und der Leistung spangebender Maschinen im Maschinenbau*

Gruppe der Maschinen nach dem höchsten Leistungsbedarf (PS)	Gesamte Anzahl installierter Maschinen am 10. 4. 1932	Verteilung der Motorleistungen in Prozent zum höchsten Leistungsbedarf der Maschinen						
		bis 50	51–75	76–100	101–125	126–150	151–200	über 200
bis 1,0	3061	9,3	11,4	24,1	15,9	14,0	10,3	15,0
1,1 – 2,0	3361	10,4	12,0	23,5	25,9	12,3	8,9	7,0
2,1 – 3,0	2771	11,9	12,5	26,3	21,5	16,3	7,3	4,2
3,1 – 5,0	3488	11,4	13,2	21,1	30,6	13,5	6,4	3,8
5,0 – 10,0	3707	12,8	11,1	20,1	33,1	14,0	5,9	3,0
über 10,0	1728	13,7	10,5	28,5	27,7	13,5	4,9	1,2
alle Maschinen	18470	11,3	11,8	23,5	26,0	13,8	7,7	5,9

* Staatl. Plankommission der UdSSR, Zählung der Anlagen 1932–1934. Anlagen der metallbearbeitenden Industrie. Nutzung der Anlagen, 5. Ausgabe, Moskau 1935, S. 39.

Die Summe der notwendigen Höchstleistung (für den Schnitt) von 18470 Werkzeugmaschinen betrug 81200 PS und die Leistung der Elektromotoren 84200 PS oder 3,7 Prozent mehr. Unter heutigen Bedingungen kann man annehmen, daß die Leistung der Elektromotoren die erforderliche Antriebsleistung um 15 Prozent übersteigt. Dann beträgt die auf die Leistung bei normaler Arbeit der Maschinen reduzierte Anzahl der Arbeitsstunden von Elektromotoren 821 · 1,15 = 944 oder 10,8 Prozent der kalendarisch möglichen Zeit.

Betrachten wir, welche Bedingungen im Jahre 1966 ein so geringes Auslastungsniveau der Anlagen bewirkten und ob man deren ungünstige Einflüsse abschwächen kann.

Arbeitszeitfonds der Anlagen

Im Jahre 1966 arbeiteten die Maschinenbaubetriebe sowie auch Betriebe anderer Zweige mit diskontinuierlicher Produktion 6 Tage in der Woche bei 7stündigem Arbeitstag, das heißt 41 Stunden in der Woche. Nach dem Kalender gab es 60 Sonn- und Feiertage. Folglich betrug der Jahreszeitfonds für die Anlagen unter Bedingungen der dreischichtigen Arbeit 6225 Stunden und unter Abzug von 2 Wochen für Instandsetzung (Urlaub) 5979 Stunden.

Wie steht es nun um die faktische und die praktisch mögliche Einsatzdauer der Anlagen im Maschinenbau? Offenbar wird bei der festgelegten Länge der Arbeitswoche diese durch die Anzahl der täglichen Schichten bestimmt. Seit vielen Jahren urteilt man über die Schichtauslastung der Anlagen dieses Wirtschaftszweiges nach dem Schichtzeitkoeffizienten der Arbeitskräfte, der über mehrere Jahrzehnte in den Grenzen von 1,35 und 1,49 schwankt. Eine direkte Messung des Schichteinsatzes der Maschinen nach Material einer eintägigen Untersuchung der Zentralverwaltung für Statistik der UdSSR im Oktober 1965 gibt ein völlig anderes Bild über die Auslastung der Anlagen. Nachfolgend sind die Angaben über die Schichtarbeit der Arbeitskräfte und die Schichtauslastung der Anlagen in der metallbearbeitenden Industrie angeführt (s. Tabelle S. 204).

Im Jahre 1965 betrug der Schichtauslastungsfaktor der spanabhebenden Werkzeugmaschinen in allen Abteilungen 1,78 und in der Hauptproduktion 1,8. Der Faktor für Hämmer und Pressen betrug analog 1,8. Der Schichtauslastungsfaktor der Anlagen liegt noch näher an 2, wenn man ihn unter Berücksichtigung der Maschinenpreise berechnet. Jedenfalls betrug er nach der gleichen eintägigen Untersuchung bei großen, schweren und Spezial-Werkzeugmaschinen 1,95 und bei Hämmern und Pressen 2,08. Das ist immer noch weit entfernt von einer dreischichtigen Arbeit der Ausrüstungen. Doch welche Begründung gibt es für die Annahme, daß noch eine ganze Schicht Reserve im Maschinenbau enthalten ist und daß hier die produktivsten und der Nutzung am leichtesten zugänglichen Reserven vorhanden sind? Liegen nicht in dieser Beurteilung Fehler, die in eine falsche Richtung orientieren und die Aufmerksamkeit von den wirklichen Reserven des Zweiges ablenken?

	1932	1959	1962	1965
Schichtzeitkoeffizient der Arbeitskräfte*				
über alle Abteilungen	1,49	1,39	1,38	1,38
nach den Hauptabteilungen	...	1,46	1,43	1,44
der spangebenden Ausrüstungen über alle Abteilungen	...	...	...	1,78
in der Hauptproduktion	1,95**	...		1,80

* Statistisches Jahrbuch „Sozialistischer Aufbau in der UdSSR", Moskau, 1934, S. 338; Die Volkswirtschaft der UdSSR im Jahre 1960, Moskau 1961, S. 646; Die Volkswirtschaft der UdSSR im Jahre 1962, Moskau 1963, S. 463; Die Volkswirtschaft der UdSSR im Jahre 1965. Moskau 1966, S. 572.

** Staatl. Plankommission der UdSSR, Zählung der Anlagen 1932 bis 1934. Anlagen der metallbearbeitenden Industrie, Nutzung der Anlagen, 5. Ausgabe, Moskau 1935.

In einem Maschinenbaubetrieb sind an der Herstellung jeder erzeugten Partie eine Menge von Maschinen verschiedener technologischer Bestimmung, verschiedener Ausmaße, verschiedener Produktivität und verschiedener Arbeitszeit beteiligt, von denen jede verschiedene Arbeiten verrichten muß. Die Arbeit der einen Maschine ist im Laufe einer halben Schicht notwendig, die Arbeit anderer Maschinen im Laufe der ganzen Schicht, der dritten Gruppe im Laufe von zwei Schichten. Es gibt Werkzeugmaschinen, die bei dem vorgegebenen Programm drei Schichten arbeiten müssen. Daneben gibt es solche, die beim gleichen Programm gar nicht erforderlich sind. Darin liegt die wesentlichste, wenn auch nicht die einzige Ursache für die ungleichmäßige Auslastung der Maschinenbaubetriebe. Gerade deshalb arbeitet ein wesentlicher Teil der Ausrüstungen in der Hauptproduktion in drei Schichten, wenn auch noch mehr Werkzeugmaschinen nur einschichtig eingesetzt sind. Nach den Ergebnissen der genannten eintägigen Untersuchung der Zentralverwaltung für Statistik in der UdSSR arbeiten von der Gesamtzahl der spanabhebenden Werkzeugmaschinen in der Hauptproduktion in einer Schicht 26,1 Prozent, in zwei Schichten 56,6 Prozent und in drei Schichten 17,3 Prozent. Nachstehend werden Werte über die Verteilung der spanabhebenden Werkzeugmaschinen in der Hauptproduktion nach dem Schichtfaktor angeführt (in Prozent zur Summe):

Schichtzeitkoeffizient	Anzahl der arbeitenden Maschinen	Schichtzeitkoeffizient	Anzahl der arbeitenden Maschinen
bis 1,25	1,7	2,01 bis 2,25	13,8
1,26 bis 1,50	7,2	2,26 bis 2,50	5,1
1,51 bis 1,75	28,5	2,51 und mehr	2,3
1,76 bis 2,0	41,4		

Insgesamt waren 55,2 Prozent der Werkzeugmaschinen in einer Gruppe von Betrieben konzentriert, von denen jede in den Produktionsabteilungen mit einem Schichtkoeffizienten von fast 2 arbeitet. Daneben war in einer beträchtlichen Gruppe von Betrieben der Schichtkoeffizient geringer als 1,75. Das zeugt davon, daß die Reserven der Schichtarbeit nicht ausgenutzt sind und daß die mangelnde Übereinstimmung des wechselnden Produktionsprogramms mit dem konstanten Maschinenbestand als Hauptursache – jedoch nicht als einziger Grund – für die ungleichmäßige Auslastung der Anlagen in Maschinenbaubetrieben anzusehen ist. Die Wirkung dieser Hauptursache kann abgeschwächt (oder sogar aufgehoben) werden durch eine enge Spezialisierung der Produktion auf bestimmte Bauteile bei Auswahl des entsprechenden Maschinenkomplexes, durch Kooperation mit anderen Betrieden oder durch Ergängung des Produktionsprogramms durch Erzeugnisse, die eine volle Auslastung der vorhandenen Anlagen möglich machen. Der letztere Weg ist der gewöhnlichste und der am wenigsten effektive. Je vielgestaltiger die Nomenklatur der hergestellten Erzeugnisse, um so leichter ist es, die Ausrüstungen eines Maschinenbaubetriebes dreischichtig auszulasten. Dieser Weg zur vollen Auslastung der Anlagen ist jedoch der Weg zur Despezialisierung der Betriebe. Der Effekt aus der dritten Schicht wird bei dieser Lösung durch die Senkung der Produktivität der Maschinen aufgezehrt. Der Effekt im ganzen Betrieb sinkt wegen der häufigen Umstellungen und anderer Komplikationen, die die individuelle und die Kleinserienfertigung begleiten, besonders dann, wenn sie an eine Großserie oder an eine Massenfertigung gebunden ist.

Der Weg zur dritten Schicht als vollwertige Reserve der Produktionskapazitäten geht nicht über die Universalisierung der Produktion, sondern umgekehrt über ihre Spezialisierung auf Bauteile und Baugruppen. In nicht spezialisierten Betrieben oder in Betrieben mit einer zweigtypischen Spezialisierung hat es keinen Sinn, die Arbeit in drei gleichmäßig ausgelasteten

Schichten zu organisieren. Die Erfahrungen von Jahrzehnten zeigen, daß die angestrengten Versuche in dieser Richtung ohne Erfolg geblieben sind. In diesem Zusammenhang verdient die Schichtarbeit im amerikanischen Maschinenbau Aufmerksamkeit. Aus von uns ausgearbeiteten Werten des Handelsdepartments der USA über die Arbeitslöhne und den Schichteinsatz in der bearbeitenden Industrie in einer Reihe von Städten folgt, daß im Jahre 1962, das durch eine verhältnismäßig hohe Wirtschaftskonjunktur gekennzeichnet war, der Schichtkoeffizient der Arbeitskraft im Maschinenbau[3] 1,25 bis 1,28 betrug. Währenddessen arbeiteten die Betriebe in der Baumwollindustrie, die auch durch eine diskontinuierliche Produktion gekennzeichnet sind, jedoch durch eine Technologie, die die Möglichkeiten der vielschichtigen Arbeit nicht begrenzt, in zwei und drei Schichten.
Es ist kaum damit zu rechnen, daß der Schichtzeitfaktor der Anlagen im Maschinenbau den Wert 2 übersteigt. In der dritten Schicht werden vornehmlich die Maschinen arbeiten, die bei der vorgegebenen Erzeugnisnomenklatur den „Engpaß" des Werkes darstellen. In der dritten Schicht werden die Arbeitsspitzen gebrochen. Wenn das so ist, dann betragen die realen Reserven der Produktionskapazität im Maschinenbau, die in der Steigerung der Schichtauslastung für Anlagen vorhanden sind, nicht 1,5 Schichten, wie das aus dem Schichtzeitfaktor der Arbeitskräfte hervorgeht und nicht 1,2 Schichten, wie das aus dem Schichtfaktor der Maschinen folgt, sondern 0,2 Schichten oder einen Wert um diese Zahl. Nur in werkzeugherstellenden Betrieben, in Betrieben mit Spezialisierung auf bestimmte Teile und in Halbzeugwerken kann man auf einen Schichtfaktor nahe 3 rechnen.
Bei einem faktischen Schichtkoeffizienten der Anlagen von 1,78 beträgt der Jahresfonds an Arbeitszeit $\frac{6225}{1,78} = 3499$ Stunden. Erinnern wir daran, daß die auf die Leistung im Normalbetrieb zurückgeführte Anzahl der Elektromotorenstunden 1966 in der metallbearbeitenden Industrie 821 Stunden betrug. Im Verhältnis zum Arbeitszeitfonds betrug der Auslastungsfaktor der Produktionskapazität unter Berücksichtigung der faktischen Schichtauslastung der Anlagen $\frac{944 \cdot 100}{3499} = 27$ Prozent.
Folglich ist das nur der Anfang der Erklärung dafür, warum im Maschinenbau der Kennwert w so klein ist.
Stillstandszeiten. Der oben angeführte Schichtfaktor von 1,78 wurde nach der Anzahl der am Untersuchungstag arbeitenden Anlagen berechnet. Außerdem arbeiteten nach den Ergebnissen der gleichen Untersuchung 18,6

[3] Wages and Related Benefits. Labor Markets 1960/61, U. S. Department of Labor; Wages and Related Benefits, Teil 1: Metropolian Areas 1964/64, U. S. Department of Labor.

Prozent aller installierten Metallbearbeitungsmaschinen (spanabhebende Werkzeugmaschinen, Pressen, Hämmer, Schweißmaschinen und anderes) nicht. Von den installierten spanabhebenden Werkzeugmaschinen arbeiteten 17,7 Prozent nicht. Aus der Untersuchung sind die Ursachen für den ganztägigen Stillstand der Maschinen nicht zu erkennen. Diese Ursachen sind jedoch bekannt. Es sind Maschinen, die instandgesetzt werden, überflüssige Maschinen, untaugliche, jedoch nicht abgeschriebene Maschinen, Maschinen, die stehen, weil die Arbeitskräfte nicht erschienen sind, usw. Nicht bekannt ist nur, wieviel Maschinen wegen der verschiedenen Ursachen stillstanden.

Die Untersuchung wurde am 21. Oktober durchgeführt, das heißt in der letzten Dekade des Monats, die zudem noch vor den Feiertagen lag, in der das Arbeitstempo sehr stark beschleunigt ist und die Stillstandszeiten verringert sind. Deshalb muß man den für das ganze Jahr anwendbaren Prozentsatz nichtarbeitender Ausrüstungen – ausgehend von den Untersuchungsergebnissen – mit wenigstens 20 Prozent annehmen.

Außerdem wird bei der Berechnung der Größe w die Leistung aller installierten Elektromotoren berücksichtigt, einschließlich derer, die stillstehen. Die verbrauchte Elektroenergie wird durch die Leistung aller installierten Motoren dividiert. Nach der Anzahl der im Einsatz befindlichen Maschinen wird die Größe w offenbar um 20 Prozent größer als nach der Anzahl der installierten Maschinen. Zur Vereinfachung der Berechnung des Ausnutzungskoeffizienten vermindern wir den Arbeitszeitfonds um diesen Prozentsatz: $\frac{944 \cdot 100}{3499 - (3499 \cdot 0{,}2)} = \frac{944 \cdot 100}{2799} = 33{,}7$ Prozent.

Stillstandszeiten innerhalb der Schicht. Sowohl die Stillstandszeiten innerhalb der Schicht, die registriert werden, als auch diejenigen, die nur Minuten dauern, übersteigen in der Gesamtsumme die ganztätigen Stillstandszeiten. Nach Angaben von Arbeitszeitmessungen an Maschinen erreichen die Stillstandszeiten innerhalb der Schicht 25 bis 30 Prozent der Schichtzeit. Bedauerlicherweise gibt es nicht genug Ergebnisse solcher Arbeitszeitstudien. In der eintägigen Untersuchung vom 21. Oktober wurden die Stillstandszeiten der Anlagen von 5 Minuten und längerer Dauer innerhalb der Schicht festgehalten. Die tatsächliche Arbeitsdauer der im Einsatz befindlichen spanabhebenden Werkzeugmaschinen in der Schicht betrug in Betrieben von 9 Maschinenbauministerien 6,06 Stunden statt 7 Stunden, oder 14,3 Prozent weniger als die nominelle Einsatzdauer. Wie bereits festgestellt, war die Arbeitsintensität am Untersuchungstag, dem 21. Oktober, nach allen Kennzeichen höher, und die Stillstandszeiten waren geringer als im Jahresmittel.

Nebenbei weisen wir auf Nebenergebnisse dieser Untersuchung in bezug auf die Stillstandszeiten innerhalb der Schicht hin, die etwas unerwartet sind. Bei der Gruppierung der Maschinenbaubetriebe nach dem Schichtkoeffizienten der Anlagen stellte sich heraus, daß die Stillstandszeiten innerhalb der Schicht in den Produktionsabteilungen mit Abend- und Nachtschicht wesentlich geringer sind als in der Frühschicht.

Gruppen von Maschinenbaubetrieben nach dem Schichtkoeffizienten	Länge der Schichtzeit in Stunden
bis 1,25	5,67
1,26 bis 1,50	6,09
1,51 bis 1,75	6,03
1,76 bis 2,00	6,03
2,01 bis 2,25	6,10
2,26 bis 2,50	6,20
2,51 und höher	6,26
Betriebe insgesamt	6,06

Daraus kann man unschwer die tatsächliche Länge der Früh-, der Tag- und Nachtschicht berechnen. Bei einer nominellen Dauer von 7 Stunden arbeiteten die Anlagen in der ersten Schicht 5,67 Stunden, in der zweiten Schicht 6,39 Stunden und in der dritten, der Nachtschicht, 6,72 Stunden. Damit sind die Stillstandszeiten der Anlagen innerhalb der Schicht in der Frühschicht fünfmal so hoch wie in der Nachtschicht. In der ersten Schicht arbeiten Werktätige mit verkürztem Arbeitstag und mit gesetzlich garantierten Pausen, die Lehrlinge und stillende Mütter. Die Arbeiter der ersten, das heißt der Frühschicht, werden für die Erfüllung gesellschaftlicher Verpflichtungen usw. herangezogen. Man kann jedoch nicht nur damit die Tatsache erklären, daß in der ersten Schicht die Stillstandszeiten der Anlagen während der Schicht, auch wenn nur die erfaßt werden, die 5 Minuten und länger dauerten, 1,3 Stunden betrugen.

Kehren wir zur Berechnung des Auslastungskoeffizienten der Produktionskapazitäten zurück. Nach Berücksichtigung der Stillstandszeiten innerhalb der Schicht verringert sich die jährliche Anzahl von Arbeitsstunden für eine Ausrüstungseinheit auf $2799 - (2799 \cdot 0{,}15) = 2379$ und der Ausnutzungskoeffizient um $\frac{944 \cdot 100}{2379}$ auf 39,7 Prozent. Auf diese Weise haben wir einen Faktor erhalten, der die Ausnutzung der Anlagen während ihrer Arbeitszeit angibt, das heißt den Ausnutzungsfaktor der Maschinenkapazität. Es bleibt zu erklären, warum er so gering ist.

Auslastung der Kapazität. Es wird damit gerechnet, daß eine Maschine nicht nur dann arbeitet, wenn ihr Arbeitswerkzeug den Arbeitsgegenstand bearbeitet (Grundzeit), sondern auch während der Zeit (Vorbereitungs- und Abschlußzeit), in der der Arbeitsgegenstand in die Maschine eingespannt oder

für die Bearbeitung vorbereitet und von der Maschine abgenommen wird.
Unter Ausnutzung der Werte von A. E. Prokopovič[4] über die Struktur des Arbeitsaufwandes für einzelne Typen von Werkzeugmaschinen in Abhängigkeit von der Größe der Serie kann man die Tabelle 4 zusammenstellen.

Tabelle 4

Anteil der Grundzeit in Abhängigkeit vom Typ der Werkzeugmaschinen und vom Typ der Produktion (in Prozent zur Summe der Grund-, Hilfs-, Vorbereitungs- und Abschlußzeit und der Zeit für die technische Wartung)

Typ der Werkzeugmaschinen	Typ der Produktion Einzelfertigung	Kleinserien	Großserien	Massenfertigung
Drehmaschinen	27,3	44,6	58,5	–
Radialbohrmaschinen	28,2	51,2	68,6	–
Vertikalbohrmaschinen	–	59,7	71,8	75,9
Revolverdrehmaschinen	–	56,5	71,6	77,7
Rundschleifmaschinen	–	60,2	65,7	73,3
Mehrfach-Halbautomaten	–	–	50,9	58,0
Vielspindel-Vertikal-Halbautomaten	–	–	48,1	52,2

Eine grobe Aufteilung der Zweige des Maschinenbaues nach dem vorherrschenden Produktionstyp zeigt, daß 34 Prozent der Kapazitäten (gerechnet nach der Leistung der Elektromotoren) in der Einzel- und Kleinserienfertigung konzentriert sind. In der Großserienfertigung sind es 30,3 Prozent und in der Massenproduktion 35,8 Prozent. Genauere Angaben existieren über die Zusammensetzung der spanabhebenden Werkzeugmaschinen nach Arten. Auf der Grundlage all dieser Ergebnisse kann man den Anteil der Grundzeit für den gesamten Park der spanabhebenden Werkzeugmaschinen angenähert und gerundet mit 60 bis 65 Prozent der Summe aus Grundzeit, Hilfszeit, Vorbereitungs- und Abschlußzeit und der Zeit für die technische Wartung annehmen und die übrigen Zeitbestandteile – außer der Grundzeit – mit 35 bis 40 Prozent. Damit kann man die Grundzeit im Jahr mit 1427 bis 1546 Stunden und den prozentualen Anteil der Kapazitätsaus-

[4] Prokopovič, A. E., Ocenka techničeskogo urovnja technologii mechaničeskoj obrabotki [Beurteilung des technischen Niveaus der Technologie für die mechanische Bearbeitung], in: Voprosy povyšenija npoizvoditelnosti truda v mašinostroenii [Fragen der Steigerung der Arbeitsproduktivität im Maschinenbau], Moskau 1957, S. 110–111.

lastung der Maschinen (in kW) von $\frac{944 \cdot 100}{1546} = 61{,}1$ Prozent bis $\frac{944 \cdot 100}{1427} = 66{,}2$ Prozent annehmen.

Diese Berechnung ist sehr allgemein und grob. In der Literatur werden Fakten über noch geringere Auslastung der Kapazitäten angegeben. So gibt D. S. Lvov nach Werten über 100000 Teile, die auf einer modernen Universalgewindeschneidemaschine (Modell I k 62) mit 10 kW Antriebsleistung bearbeitet wurden, an, daß nicht ein einziges Teil mehr als 7 kW erforderte. Für die Bearbeitung von 80 Prozent der Teile wurden weniger als 6 kW benötigt und für die meisten Teile Leistungen von 2 bis 3 kW, das heißt 20 bis 30 Prozent der Maximalleistung der Werkzeugmaschine.[5]

Die Ergebnisse der Unionszählung für Ausrüstungen im Jahre 1932, bei denen die Nutzung der vorhandenen Leistung bestimmt wurde (Momentuntersuchung), sind nicht uninteressant. Unter 2767 einfachen Drehmaschinen wurde bei 230 Drehmaschinen (jede mit 7,5 PS und mehr) die Leistung im Mittel zu 33,5 Prozent ausgelastet. Die Drehmaschinen, die zum Abspanen verwendet wurden, hatten eine Auslastung von 39,4 Prozent und die zum Schlichten verwendeten von 20,9 Prozent. Bei allen 2767 einfachen Drehmaschinen wurde die Leistung im Mittel zu 40,1 Prozent genutzt. Die Zählung aus dem Jahre 1932 zeigt auch einige heute noch interessante Abhängigkeiten in der Auslastung der Kapazität von einfachen Drehmaschinen in Maschinenbaubetrieben.[6]

Bezeichnung	Ausnutzung der Leistung beim Abspanen	Ausnutzung der Leistung beim Schlichten
Einzel- und Kleinserienfertigung	42,0	22,9
Großserienfertigung	52,0	29,4
Massenfließfertigung	52,7	35,0
Ein- und zweischichtige Fertigung	54,9	29,7
Alle Drehmaschinen	48,7	29,0

Wie hoch ist nun die praktisch erreichbare Größe w im Maschinenbau? Sie ist natürlich geringer als die Summe ihrer faktischen Größe und die Ver-

[5] Lvov, D. S., Ocnovy èkonomiceskogo proektirovania mašin (Grundlagen der ökonomischen Projektierung von Maschinen], Moskau, 1966, S. 28–29.

[6] Staatl. Plankommission der UdSSR, Zählung der Anlagen 1932 – 1934. A. a. O.

luste aus Stillstandszeiten innerhalb der Schicht, aus dem Schichtausfall, aus den langen Vorbereitungs- und Abschlußzeiten und aus der unvollständigen Auslastung der Anlagen. Es ist vollkommen unrealistisch zu unterstellen, daß man das Nichterscheinen von Arbeitern vermeiden oder für den Ausfall vollen Ersatz stellen könnte. Stillstandszeiten innerhalb der Schicht, deren Ursachen vielgestaltig und häufig sind, oder Stillstandszeiten für Instandsetzung und durch nicht rechtzeitige Zuführung von Werkzeugen oder Halbzeugen oder Elektroenergie und dergleichen sowie durch den verkürzten Arbeitstag für stillende Mütter lassen sich nicht völlig vermeiden.
Einige der Stillstandszeiten sind unvermeidbar, andere können teilweise vermindert werden. Eine bessere Produktionsorganisation, besonders die Spezialisierung durch Massenfertigung, die Verbesserung der Qualifikation der Arbeitskräfte und die Hebung ihrer Interessiertheit am Arbeitsergebnis verringern zweifellos alle Elemente der Stückzeit, die Vorbereitungs-, die Abschlußzeit und die Grundzeit.
Es ist nicht leicht, die „Verluste" zu messen, indem man sie als Differenz zwischen dem faktischen Zustand und irgendeiner idealen Situation auffaßt. Unvergleichlich schwerer ist es jedoch, festzustellen, welcher Anteil dieser Verluste, im vorliegenden Fall der Verlust für Stillstandszeiten und nicht genutzte Kapazitäten, eine reale Reserve für die Steigerung der Produktion darstellt. Man kann sich natürlich vornehmen, diese Verluste um die Hälfte oder um ein Drittel oder um eine andere Größe zu vermindern, doch all das wird sehr willkürlich sein.
Deshalb ist es vorzuziehen, sich bei der Bestimmung der realen Reserve auf hinreichend überzeugende Errungenschaften bei uns und im Ausland zu orientieren. Diese findet man im Ergebnis einer von uns durchgeführten Gruppierung der Zweige des Maschinenbaues der UdSSR und der USA nach dem Kriterium der überwiegenden Produktionstypen im Zweig:

Gruppe von Zweigen des Maschinenbaues	Abgeleitete Anzahl der Arbeitsstunden der Elektromotoren w	
	UdSSR 1966	USA 1962
Einzel- und Kleinserienfertigung	627	845
Großserienfertigung	727	1260
Massenfertigung	986	1427

Im Maschinenbau – sowohl der UdSSR als auch der USA – ist die Größe w um so höher, je höher der Typ der Produktionsorganisation ist. Es ist nicht neu, daß mit dem Massencharakter der Produktion und ihrer Speziali-

sierung die Produktivität der Anlagen steigt. Unzweifelhaft ist hier interessant, daß der Meßwert w auf die Unterschiede im Typ der Produktionsorganisation anspricht und seine Verwendung es gestattet, wenn auch grob, den Einfluß dieser Unterschiede auf die Ausnutzung der Grundfonds zu messen. Wie aus den angeführten Ergebnissen hervorgeht, ist die Zahl w in den Zweigen des Maschinenbaues mit überwiegender Massenfertigung um 27,7 Prozent höher als in den Zweigen mit Großserienfertigung und um 57,3 Prozent höher als in den Zweigen mit Einzel- und Kleinserienproduktion. Außerdem ist die Größe w in allen drei Gruppen von Zweigen der USA höher als in der UdSSR. Sie beträgt das 1,45fache in der Gruppe der Massenproduktion, das 1,68fache in der Gruppe der Großserienfertigung und das 1,35fache in den Zweigen mit Einzel- und Kleinserienfertigung. Wenn auch die Gegenüberstellung auf der Basis der großen Zahl, die der Gesamtheit der Daten nahekommt, angestellt wurde, kann man nicht überzeugt sein, daß ihre Ergebnisse hinreichend genau sind. Zu den verschiedenen Typen der Produktion wurden die *Zweige* als Ganzes gerechnet und nicht die *Betriebe*, und das verleiht der Verteilung eine gewisse Bedingtheit. Desungeachtet verdient Aufmerksamkeit, daß zwischen der amerikanischen und der sowjetischen Massen- und Großserienfertigung im Maschinenbau der Unterschied in der Auslastung der Ausrüstungen merklich größer ist als zwischen den entsprechenden Zweigen der Einzel- und Kleinserienfertigung.
In der metallbearbeitenden Industrie betrug die abgeleitete Anzahl von Arbeitsstunden der Elektromotoren insgesamt 1966 in der UdSSR 821 und 1962 in den USA 1278:

Bezeichnung	UdSSR	USA
Gesamte metallbearbeitende Industrie	821	1278
Gegenübergestellter Kreis von Zweigen in der Zweigstruktur der UdSSR	800	1188
Desgleichen in der Zweigstruktur der USA	812	1226

So ist nach dem gegenübergestellten Kreis von Zweigen des Maschinenbaues und nach der Zweigstruktur der UdSSR die Größe w in den USA 1,5mal so hoch wie in der UdSSR. Wir erinnern daran, daß der Schichtzeitfaktor der Arbeitskräfte im Maschinenbau (in allen Abteilungen) 1965 in der UdSSR 1,38 betrug und in den USA 1962 nach unseren Berechnungen 1,28.
Unterstellen wir, daß die metallverarbeitende Industrie der USA mit dem gleichen Schichtzeitkoeffizienten der Arbeitskräfte arbeitet wie die sowjetische, nämlich mit 1,38. In diesem Falle wäre die Größe w in diesem

Zweig der USA bei der ihm eigenen Struktur $1226 \cdot \frac{1{,}38}{1{,}28} = 1323$ und in der sowjetischen Zweigstruktur 1281.

Dem Schichtzeitfaktor der Arbeitskraft von 1,38 entspricht ein Schichtzeitfaktor der Anlagen von 1,8. Allgemein wird angenommen, daß die Anlagen von Maschinenbaubetrieben im Mittel in zwei Schichten arbeiten können. Bei zweischichtiger Arbeit der Anlagen ist die Größe w in den metallbearbeitenden Zweigen der USA (nach der sowjetischen Zweigstruktur) $1281 \cdot \frac{2{,}0}{1{,}8} = 1423$. Die faktische Zahl w in der sowjetischen metallbearbeitenden Industrie ist jedoch 800. Folglich kann man die Auslastung der Anlagen in diesem Zweig um $\frac{1423 - 800}{800} = 78$ Prozent steigern.

Es geht um die Steigerung der Auslastung der Anlagen und nicht um die Steigerung der Grundfondsausstattung und dementsprechend des Produktionsausstoßes. Die Auslastung ist, wenn auch die wichtigste, so doch nur eine der Komponenten der Ausnutzung der Anlagen. Am Beispiel des Maschinenbaues kommt das klar zum Ausdruck, weil der Anteil nutzloser Arbeit in diesem Zweig besonders groß ist. Die nutzlose Arbeit drückt sich hier aus, erstens, in der ungerechtfertigten hohen Masse der Leistungseinheit bei den hergestellten Maschinen und, zweitens, in dem ungerechtfertigt großen Unterschied zwischen der Masse des Metalls, das der Bearbeitung zugeführt wird, und der Masse der fertigen Teile.

Nach einer Bewertung von M. Borecki[7] betrug die Produktion des sowjetischen Maschinenbaues 1958 60 Prozent des amerikanischen Maschinenbaues, obwohl für deren Herstellung nur 15 Prozent weniger Metall eingesetzt wurde als für die Produktion des Maschinenbaues in den USA. Diesen großen spezifischen Metallaufwand erklärt M. Borecki nicht nur durch die Besonderheiten der Nomenklatur der Erzeugnisse und der Maschinen in den verglichenen Ländern, sondern auch durch die Unterschiede in der Produktionstechnologie. Unzweifelhaft sind die größeren Massen und die größeren Festigkeitsreserven der sowjetischen Maschinen in vielen Fällen auf die schwierigen Einsatzverhältnisse in der Landwirtschaft, im Automobiltransport und im Bauwesen besonders im Norden und im Nordosten des Landes abgestimmt. Dennoch ist das offenbar hauptsächlich darauf zurückzuführen, daß mehr Guß statt gewalzter Bleche angewandt wird, die we-

[7] New Direktion of the Soviet Economy. Studies prepared for the Subcommittee on Foreign Economic Policy of the Joint Economic Committee Congress of the United States, Teil II-A: Economic Performance, Washington 1966, S. 230.

sentlich weniger spanabhebende Bearbeitung erfordern. Das ist auch das Ergebnis ungeschickter oder zu ihrer Zeit rationeller, heute jedoch veralteter konstruktiver Lösungen.[8] Schließlich wird ein nicht kleiner Teil der Maschinenstunden für Arbeiten verbraucht, die man vermeiden könnte, wenn die erforderlichen Profile und Abmessungen des Metalls vorhanden wären. Weil das Material nicht im erforderlichen Sortiment vorhanden ist, nimmt die spanabhebende Bearbeitung in vielen Fällen den Charakter einer Späneproduktion an.

[8] Die bekannte englische Motorenfirma Rolls-Royce errang im scharfen Konkurrenzkampf mit amerikanischen Konzernen einen Vertrag für den Turbinenmotor RB–211 für das Flugzeug Airbus Lockheed-L 1011 über eine Summe von 150 Mio Pfund Sterling mit der Aussicht auf Erweiterung der Bestellung auf 1 Md. Pfd. Stg. Bei der Beschreibung der Vorteile des Motors RB-211, die dieses größte Abkommen ermöglicht haben, stellte der Leiter der Firma fest, daß dieser Motor „nicht nur lärmschwächer und wirtschaftlicher im Kraftstoffverbrauch in bezug auf die Leistung ist, sondern auch einfacher in der Konstruktion: er enthält nur zwei Drittel der Bestandteile heute eingesetzter Motoren." (The Rolls-Royce Success Story. The Engine that Won the Contract, in: Financial Times, 30. März 1968, S. 16.

Die Verbesserung der Metallausnutzung als Faktor zur Steigerung der Effektivität der Produktionsfonds

Die Bedeutung der Schwarzmetalle als wichtigster Konstruktionswerkstoff der Wirtschaft ist durch die universelle Verwendbarkeit der Metallerzeugnisse bedingt. Nach Angaben der Zentralverwaltung für Statistik der UdSSR machen die hauptsächlich aus Schwarzmetallen hergestellten Arbeits- und Kraftmaschinen, Anlagen, Transportmittel, Geräte und Werkzeuge vom Gesamtwert der Grundfonds der Volkswirtschaft etwa 25 Prozent und von den industriellen Produktionsgrundfonds fast 40 Prozent aus. In der gesamten Kostenkonstruktur für die Produktion des Maschinenbaues beträgt der Anteil der Erzeugnisse und Baugruppen aus Schwarzmetallen fast 50 Prozent.

In bezug auf die Ausnutzung der Schwarzmetalle hat man gewöhnlich im Auge, wie effektiv sie in den Grenzen des gegebenen Produktionszyklus genutzt werden und in welchem Maße der Produktionsumfang dem ständig steigenden Metallverbrauch entspricht. Bei der Untersuchung der Metallökonomie betrachten wir sie als integrierten und dabei wichtigsten Teil des Problems, die Materialintensität des geschaffenen gesellschaftlichen Produkts zu vermindern, und zwar wiederum in den Grenzen des konkreten Jahreszyklus.

Das Metall, das gestern noch Arbeitsgegenstand war, tritt uns heute, nachdem es sich in Produktionsbauten und Anlagen, Maschinen und Ausrüstungen verwandelt hat, als Arbeitsmittel entgegen, das Element der Grundfonds oder der Investitionen ist.

Im Laufe des jährlichen Produktionszyklus – wenn man ihn isoliert betrachtet – ist es am wichtigsten, Metall in natura einzusparen, indem man die laufenden Kosten senkt und den Verbrauch und die Produktion bilanziert. Die Senkung der laufenden Kosten setzt sich sowohl aus der Einsparung an Metall als auch aus der Einsparung an Arbeitsaufwand bei der Verarbeitung von Metall verbesserter Konfiguration im Maschinenbau zusammen.

Beim Übergang der Metallerzeugnisse in den Bestand der Grundfonds tritt die Frage in den Vordergrund, wie sich diese Einsparungen auf die Funktion der Ausrüstungen, Gebäude und Anlagen als Elemente dieser Fonds bezüglich der Einsatzkosten der von ihnen in Anspruch genommenen Produktionsflächen und schließlich der Zuverlässigkeit und der Langlebigkeit auswirken. In der Mehrzahl der Fälle zeigt sich der Effekt durch Verbesserung der Qualität des verwendeten Metalls bereits bei der Produktion von Maschinen und Konstruktionen und drückt sich in deren Gewichtsverminderung aus. Außerdem wird ein zusätzlicher Vorteil durch Verminderung der Ausgaben für die Nutzung und für die Instandsetzung dieser Metallzeugnisse erzielt.

In vielen Fällen, besonders beim Einsatz des rollenden Materials im Eisenbahntransportwesen, bei Schiffen und anderen mobilen Anlagen, übersteigt dieser Vorteil die Kostenersparnis in der Produktion wesentlich. Oft zeigt sich der Effekt aus der Verbesserung der Metallqualität gerade dann, wenn sich das Metall im Bestand der Grundfonds befindet. So beträgt der jährliche Effekt durch Verwendung von kaltgewalztem Transformatorenblech an Stelle von heißgewalztem, hauptsächlich durch die geringeren elektrischen Verluste und durch die geringeren Ausmaße der Transformatoren, etwa 90 Rubel je Tonne Blech. Die Standzeit von Lagern aus Stahl, der mit synthetischen Schlacken bearbeitet ist, erhöht sich um 20 Prozent. Bei Verwendung von niedrig legiertem Stahl 09G2 – an Stelle von Stahl 3 in Waggonkonstruktionen – erreicht der Nutzen beim Anwender 30 Rubel je Tonne.[1]

Die Verwendung von verzinktem Stahlblech oder von plastüberschichtetem Blech (Metalloplast) bringt keine direkte Einsparung an Metall im Produktionsprozeß der Maschinen oder im Investitionsbau mit sich (sie ruft im Gegenteil zusätzliche Aufwendungen an teurem Material in Gestalt des Zinks oder der organischen Beschichtung hervor). Die Anwendung von verzinktem Stahlblech verlängert jedoch die Lebensdauer von LKW-Pritschen auf das Zwei- bis Dreifache und von Dächern auf das Fünf- bis Zehnfache. Die Standzeit von chemischen Anlagen aus Metalloplast steigt auf das Mehrfache für die Instandsetzung, und der zusätzliche Einsatz von Metall in den Gebäuden und Anlagen für die Kompensation der Korrosionsschäden vermindern sich in den folgenden Zyklen entsprechend.

Die ökonomische Rolle des Metalls im Prozeß der Schaffung und des Einsatzes der Grundfonds kann durch folgende Zahlen illustriert werden. Nach einer Schätzung von L. L. Zusman werden vom Gesamtumfang des jährlichen Metalleinsatzes in der Volkswirtschaft 70 Prozent zur Schaffung neuer

[1] Sklokin, N. F., Brodov, A. A., Narodnochosjaistvennaja èffektivnost' povyšenija kačestva černych metallov [Volkswirtschaftliche Effektivität der Qualitätssteigerung von Schwarzmetallen], in: Stal, 7/1968, S. 577–581.

Grundfonds verbraucht. Auf die Durchführung von Reparaturen, Modernisierungen und Rekonstruktionen wirksamer Grundfonds entfallen etwa 17 Prozent, das heißt für die Grundfonds insgesamt 87 Prozent. Die verbleibenden 13 Prozent werden für den Ersatz und die Vergrößerung der Umlauffonds in Gestalt austauschbarer Ausrüstungen, geringwertiger Arbeitsmittel, für Inventar, Werkzeuge (9 Prozent) und für die Produktion von Metallgegenständen für den persönlichen Verbrauch (4 Prozent) eingesetzt.

Wenn es heute gelingen würde, durch Metalleinsparung das jährliche Verbrauchsvolumen fertiger Metallerzeugnisse in der Volkswirtschaft um 1 Prozent zu vermindern (ohne Verringerung des Produktionsprogramms des Maschinenbaues und des Bauumfanges), ergäbe das eine Einsparung an laufenden Kosten (nur durch die entsprechende Verminderung der Produktion in der Schwarzmetallurgie) von nicht weniger als 100 Mio Rubel. Vermindert man den jährlichen Metallverbrauch um 5 Prozent, beträgt die Einsparung an laufenden Kosten bereits 500 Mio Rubel. Beim heutigen Umfang des jährlichen Metallverbrauchs und bei einem Metallausnutzungsfaktor nahe 0,8 (im Mittel der Volkswirtschaft unter Berücksichtigung des Investitionsbaues und des Transportwesens) würde die Senkung der jährlichen Metallinvestitionen in den Grundfonds um 1 Prozent (ohne Kürzung des Umfanges der zugeführten Fonds als Arbeits- und Kraftmaschinen, Gebäude, Ausrüstungen in natura) eine Verringerung des Wertes der neuen Grundfonds von ungefähr 300 Mio Rubel bedeuten. Bei einer Senkung der jährlichen Metallinvestitionen um 5 Prozent würde der Wert der Grundfonds entsprechend um 1,5 Md. Rubel sinken.

Betrachten wir die Fragen der Schwarzmetallverwendung in der Volkswirtschaft unter Berücksichtigung der Bedeutung dieses Faktors für die Steigerung der Effektivität der Produktionsfonds der Sowjetunion, und zwar sowohl der Umlauffonds als auch der Grundfonds.

Der Hauptteil des Metalls wird in der Volkswirtschaft in vier Zweigen verwendet: im Maschinenbau und in der Metallbearbeitung, im Investitionsbau, im Eisenbahntransport und in der Erdöl- und Erdgasindustrie – einschließlich dem Bau von Rohrleitungen. Der Metallverbrauch verändert sich in diesen Zweigen verhältnismäßig proportional der Steigerung oder Verminderung ihres Produktionsumfanges. In den Jahren 1966 bis 1968 betrug er nach unseren Berechnungen 85 bis 90 Prozent des gesamten Inlandsverbrauchs an fertigen Metallerzeugnissen (Walzmaterial, Rohre, Halbzeuge, Schmiedestücke, Grau- und Stahlguß). Die verbleibenden Zweige der Volkswirtschaft, der Industrie und des Transportwesens verbrauchen in der Summe wesentlich weniger Metall für Reparatur- und Nutzungszwecke als die aufgezählten Zweige.

Deshalb kann die Effektivität der Metallverwendung methodisch richtig nur auf der Grundlage von Werten über den Metallverbrauch in den obengenannten Hauptverbrauchszweigen bestimmt werden. In Übereinstimmung damit kennzeichnen wir den heutigen Zustand und die Perspektiven des Metallverbrauchs am Beispiel dieser Zweige.

Im Maschinenbau und in der Metallbearbeitung werden 40 Prozent des Walzmaterials und über 50 Prozent der gesamten Fertigerzeugung aus Schwarzmetallen verbraucht, die der Volkswirtschaft zufließen. Diese Erzeugnisse des Maschinenbaues sind Arbeits- und Kraftmaschinen, Transportmittel, verschiedene Geräte und Werkzeuge, das heißt Elemente, die den aktiven Teil der Grundfonds bilden. Hieraus erklären sich der Einfluß des Maschinenbaues auf die Metallverwendung und die Formierung der Produktionsfonds. Der Grad der Metallausnutzung im Maschinenbau wird durch die Menge von Rückständen, die sich bei der Herstellung der Erzeugnisse bilden, durch die Metallaufwendigkeit und durch die Langlebigkeit der Erzeugnisse charakterisiert.

Faktoren zur Steigerung des Ausnutzungskoeffizienten von Metallen im Maschinenbau und zur Senkung des Anteils von Rückständen sind die Veränderung des Parks der metallverarbeitenden Anlagen und die weitere Anwendung von Präzisionsmethoden in der Fertigung.

Zu Beginn des Jahres 1967 gab es im Maschinenpark der metallbearbeitenden Industrie der UdSSR 650000 Einheiten von Schmiedepressen oder 18 Prozent und 3010000 Einheiten spanabhebender Werkzeugmaschinen oder 82 Prozent. (Im Maschinenbau sind etwas mehr als 60 Prozent aller spanabhebenden Werkzeugmaschinen und aller Schmiedepressen konzentriert. Die restlichen Ausrüstungen befinden sich in den Instandsetzungsabteilungen der Werke anderer Zweige.) Im laufenden Fünfjahrplan erhöht sich der Anteil von Schmiedepressen etwas. Im weiteren ist es notwendig, das genannte Verhältnis schroff zu ändern und den Anteil von Schmiedepressen im Laufe des kommenden Jahrzehnts auf etwa 27 Prozent zu erhöhen.

In Übereinstimmung mit den Ergebnissen der zeitweiligen wissenschaftlich-technischen Kommission zur Verbesserung der Metallausnutzung in der Volkswirtschaft, die in den Jahren 1967 und 1968 unter dem Vorsitz des Akademiemitgliedes A. I. Celikov arbeitete, ist die Produktionsstruktur der Schmiedepressen für Heißschmieden und für Stanzen in der UdSSR durch die in der nachfolgenden Tabelle angegebenen Verhältnisse charakterisiert (in Prozent der Gesamterzeugung).

Aus diesen Ergebnissen geht hervor, daß am Gesamtausstoß von Schmiedepreßanlagen Schmiedehämmer und Friktionspressen überwiegen.

Man kann den spezifischen Anteil an mechanischen Pressen, Horizontal-, Rotations- und Spezialschmiedemaschinen am gesamten Produktionsum-

Bezeichnung	1962	1965	1966
Luft- und Dampfhämmer	68,8	81,5	83,8
Gesenkschmiedehämmer	2,3	0,9	0,9
Spezialhämmer	1,3	2,7	1,9
Friktionsspindelpressen	17,8	11,8	10,1
Mechanische Schmiedepressen	2,5	1,2	0,9
Hydraulische Schmiedepressen	0,3	0,1	0,1
Horizontalschmiedemaschinen	1,9	0,5	0,8
Rotationsschmiedemaschinen	1,7	0,2	0,3
Spezialschmiedemaschinen	3,4	1,1	1,2

fang der Schmiedepreßausrüstungen nicht als ausreichend ansehen. Die Metallbearbeitung auf mechanischen Pressen und Schmiedemaschinen kann bei richtiger Einführung des Prozesses wesentliche Einsparungen an Metall im Vergleich zum Gesenkschmieden mit sich bringen.

1968 betrug die Produktion von Schmiedeteilen und heißgepreßten Teilen in der UdSSR 5,7 Mio t. In Übereinstimmung mit dem Maschinenpark und der Produktion von Schmiedepreßanlagen ist die Produktionsstruktur von Schmiedeteilen im Maschinenbau durch folgende Zahlen charakterisiert (in Prozent):

Art der Schmiedeteile	1958	1960	1963	1965
Schmiedeteile aus Blöcken	14	14	15	15
Schmiedeteile aus Walzmaterial	32	29	27	26
Summe der Schmiedeteile	46	43	42	41
Preßteile	54	57	58	59

Die Haupttendenz zur Verbesserung der Erzeugnisstruktur bei den Schmiedeteilen im Maschinenbau besteht in der Steigerung des spezifischen Anteils im Gesenk geschmiedeter Teile bei Verringerung des Anteils an frei geschmiedeten Teilen. Durch das freie Schmieden werden die Teile schwerer, weniger genau und brauchen große Toleranzen für die mechanische Bearbeitung. Bei einigen Erzeugnissen beträgt der unnötige Materialverbrauch beim freien Schmieden im Vergleich zum Gesenkschmieden 20 bis 60 Prozent. In der nächsten Perspektive muß der spezifische Anteil gedrückter Schmiedeteile auf 65 bis 70 Prozent gebracht werden. Außer der allgemeinen Steigerung des spezifischen Anteils von gedrückten Schmiedeteilen müssen die absolute und die relative Produktion von Präzisionsschmiedeteilen erhöht werden (gegenwärtig befindet sich deren Erzeugung auf einem Niveau von 10 bis 12 Prozent an der Gesamterzeugung von Schmiedeteilen).

Neben den genannten Fortschritten müssen andere wichtige Metallbearbeitungsverfahren forciert entwickelt werden (Prägen, Walzen, Reduzieren, Rollen und anderes). Das Prägen schließt die nachfolgende spanabhebende Bearbeitung völlig aus oder vermindert sie wesentlich. Es ergibt sich eine Senkung des Arbeitsaufwandes für die Herstellung der Teile um 20 bis 25 Prozent. Die Walzbearbeitung spart etwa 20 Prozent Material ein und steigert die Produktivität wesentlich.

Für die Herstellung von Halbzeugen ist das Kaltschlagen besonders effektiv. Die Herstellung von Halbzeugen an Kaltschlagautomaten an Stelle von Drehautomaten bringt eine große Metalleinsparung und eine Steigerung der Produktivität und der Qualität der Produktion mit sich. Die Herstellung von Bolzen durch Kaltschlagen an Stelle von Drehen senkt den Metallaufwand etwa um 45 Prozent. Bei der Herstellung von Muttern durch Kaltverformung beträgt die Metalleinsparung über 20 Prozent. Die größte Metalleinsparung erreicht man bei Kombination des Kaltschlagens mit dem Drücken in einer Heißdruckpresse. Der Metallaufwand sinkt bei der Herstellung von Muttern durch Kaltschlagen und Heißdrücken (an Stelle des Schneidens) bis zu 65 Prozent.

Ein wichtiger Faktor zur Metalleinsparung im Maschinenbau ist das Walzen einer ganzen Reihe von Spezialerzeugnissen an Stelle der mechanischen Bearbeitung. Der technisch-ökonomische Effekt, der durch die Einführung neuer Walzprozesse im Maschinenbau eintreten kann, die von dem entsprechenden Unionsinstitut (VNII metmaš) ausgearbeitet wurden, wird durch die folgenden Angaben charakterisiert.

Die Vorfertigung der Zähne von Zahnrädern mit großem Modul durch Warmwalzen senkt den Verbrauch an legierten Stählen um 15 bis 20 Prozent und steigert die Produktivität der Zahnradbearbeitung im Vergleich zu den üblichen Zahnradfräsmaschinen auf ein Mehrfaches. Auch das Walzen von Kettenrädern ist entwickelt worden. Nach überschläglichen Berechnungen kann die Einführung des Warmwalzens bei der Herstellung von Zahnrädern im Maßstab des gesamten Maschinenbause nahezu 100000 t Metall im Jahr einsparen.

Beim schraubenförmigen Längswalzen von Bohrern sinkt der Verbrauch von Schnellschneidstahl im Vergleich zum Fräsen um 25 bis 40 Prozent, und die Produktivität steigt auf das Zehn- bis Zwanzigfache. Große Perspektiven hat das periodische Walzen zur Erzeugung anderer Arten von Rundschneidinstrumenten.

Bei der Herstellung von Halbzeugen für hülsenförmige Teile ersetzt das Walzen das Drücken und die noch weniger effektive Methode der Herstellung aus Rundstahl. Im Ersten Staatlichen Lagerwerk wird eine Walzanlage zur Herstellung von Halbzeugen für Lagerringe an Stelle der vorhandenen Produk-

tion der Ringe aus Lagerrohr installiert. Nach überschläglichen Berechnungen spart die Einführung dieser Anlage im Jahr 4500 t legierten Stahls ŠCh-15 ein.
Es wurden ein Walzverfahren für Blattfedern mit ungleichem Querschnitt für Kleinwagen und eine Reihe anderer progressiver Methoden zur Gewinnung von Halbzeugen und Teilen im Walzverfahren ausgearbeitet.
Der mittlere Metallausnutzungsfaktor der Teile, die aus Schmiedeteilen hergestellt wurden, betrug 1958 0,33 und aus gedrückten Teilen 0,5. 1963 war er auf 0,35 bzw. 0,51 gestiegen:

Metallausnutzungsfaktor bei der Herstellung von Teilen aus Schmiedeteilen (a) und gedrückten Teilen (b)

(in Prozent des Gesamtmetallverbrauchs)

Bezeichnung	1958		1963	
	a	b	a	b
Produktion von Teilen	33	50	35	51
Abfälle	67	50	65	49
Abbrand und Zunder	7	3	7	3
Tropfen und Abschnitte	20	16	19	15
Späne	40	31	39	31

Der mittlere Metallausnutzungsfaktor für Teile, die aus Schmiedeteilen und gedrückten Teilen hergestellt werden, betrug 1958 0,43 und 1963 0,44. Im Jahre 1967 betrug dieser Faktor (in den neun wichtigsten Maschinenbauministerien) 0,455. Im Ergebnis der vorgesehenen Maßnahmen zur Verbesserung der Produktionstechnologie geschmiedeter und gedrückter Teile muß der Metallausnutzungsfaktor wesentlich gesteigert werden. Das moderne Niveau der Maschinenbautechnologie ermöglicht einen mittleren Wert von 0,5 bis 0,55.
Die angegebenen Werte beziehen sich auf Walzmaterial, das Schmiede- und mechanische Abteilungen durchläuft. Für Walzmaterial, das als Stangenmetall unmittelbar in den mechanischen Abteilungen verarbeitet wird, ist der Metallausnutzungsfaktor im Mittel wesentlich höher, wenngleich er auch in Abhängigkeit vom Typ der hergestellten Teile schwankt.
Von der Gesamtmenge der erfaßten Rückstände, die 1967 im Lande anfielen, waren annähernd 6,5 Mio t oder mehr als 50 Prozent Stahl- und Gußspäne.
Neben der möglichen Verminderung des Umfanges mechanischer Bearbeitung ist es erforderlich, eine höhere Genauigkeit des Drehens, Fräsens,

Bohrens und anderer Arbeitsgänge anzustreben und die Technik für die endgültige Formgebung weiterzuentwickeln. Bei den spanabhebenden Ausrüstungen des Maschinenbaues und der Metallbearbeitung ist zur Zeit der Anteil von Maschinen für die Grobbearbeitung des Metalls besonders hoch (Drehmaschinen, Hobelmaschinen, Stoßmaschinen), und zwar über 30 Prozent, während der Anteil von Schleif- und Poliermaschinen nur 12 bis 13 Prozent beträgt.
Die ökonomische Bedeutung einer Verminderung der mechanischen Bearbeitung und des Anfalls von Spänen kann durch folgende Angaben gekennzeichnet werden. Nach Berechnungen des Plechanov-Forschungslabors unter der Leitung von L. L. Zusman erzielt man durch Einschränkung der mechanischen Bearbeitung eine Kostenersparnis (ohne Berücksichtigung der Metalleinsparung) von annähernd 200 Rubel je Tonne anfallender Späne im gesamten Maschinenbau.
Bezüglich der Entwicklung der Schweißtechnik und der zugehörigen Technologie nimmt die UdSSR den führenden Platz in der Welt ein. Die Entwicklung der Schweißverfahren wird durch ihre technisch-ökonomischen Vorteile diktiert. Im Verhältnis zum Nieten spart das Schweißen bedeutende Mengen Metall (ungefähr 5 bis 20 Prozent) ein, weil es leichtere Verbindungen ermöglicht und keine Nieten, Laschen und andere Verbindungsteile erfordert. Die Masse der Nieten beträgt bis 5 Prozent der Masse der verbundenen Teile. Die Masse des aufgeschweißten Metalls beim Elektroschweißen macht etwa 1 bis 1,5 Prozent der Gesamtmasse der geschweißten Erzeugnisse aus. Damit ist die progressive Bedeutung des Schweißens noch nicht ausgeschöpft. In einer ganzen Reihe von Fällen macht das Schweißen prinzipiell neue technologische Lösungen möglich. In einer Reihe von Fällen ersetzen geschweißte und gedrückte Konstrukturen Gußteile oder geschmiedete Halbzeuge, wobei wesentliche Masseeinsparungen erzielt werden. Besonders zukunftsträchtig sind Schweiß-Gußkonstruktionen, mit deren Hilfe man Teile und Baugruppen mit solchen Abmaßen herstellen kann, die durch Gießen (wegen der technischen Bedingungen in den Betriebsabteilungen) nicht hergestellt werden können.
Die weitere Entwicklung des Schweißens im Maschinenbau muß auf dem Wege der Steigerung des spezifischen Anteils mechanisierter Schweißverfahren vonstatten gehen (Hochfrequenzschweißen, Schutzgasschweißen, Unterpulverschweißen und anderes). 1967 betrug der spezifische Anteil von Schweißarbeiten, die mit Automaten, Halbautomaten und Schweißmaschinen ausgeführt wurden, in der gesamten Volkswirtschaft annähernd 50 Prozent. Bis 1970 ist vorgesehen, diesen Anteil wesentlich zu steigern. Der Austausch von gegossenen, geschmiedeten und gestanzten Halbzeugen durch Schweißkonstruktionen bringt wesentliche Metallein-

sparungen. Auf dem Gebiet der Gußerzeugung besteht die Hauptaufgabe darin, moderne Methoden der Herstellung von Halbzeugen aus Guß einzuführen und deren Qualität zu steigern. Die Gesamtproduktion an Schwarzmetallguß mit Hilfe moderner Verfahren (in ausgekleideten Formen, nach ausschmelzenden Modellen, in Kokillen, in stabilverfestigten Formen) beträgt weniger als 10 Prozent des Gußverbrauchs. Dieser Anteil ist vollkommen unzureichend. In der nächsten Perspektive ist eine schnelle Steigerung der Produktion von Präzisionsguß vorgesehen, wodurch wesentlich Einsparungen an Metall möglich werden.
In der Technologie der Gußproduktion müssen wesentliche Fortschritte vonstatten gehen. Zu Beginn des Jahrfünfts 1966 bis 1970 war die Struktur der Metallabfälle bei der Produktion von Grau- und Stahlguß der UdSSR insgesamt durch folgende Zahlen charakterisiert (in kg auf eine Tonne Qualitätsproduktion):

Material	Grauguß	Bruch und Rücklauf	darunter Rücklauf
Roheisen	711*	716	320
Stahl	243	1349	380

* Der Verbrauch an Roheisen schwankt stark: Im Maschinenbau beträgt er 640 kg, in den Instandsetzungsabteilungen der Werke der Schwarzmetallurgie 869 kg.

Die Ergebnisse zeigen, daß der Verbrauch von Roheisen bei der Herstellung von Grauguß sehr hoch ist (in einer Reihe entwickelter Länder beträgt er 250 bis 450 kg je t Guß). Das wird dadurch hervorgerufen, daß ein bedeutender Teil der Roheisenabfälle in Gestalt von Stücken und Spänen in Stahlschmelzöfen oder in Hochöfen umgeschmolzen wird, anstatt wieder Eingang in die Graugußproduktion zu finden.
Jetzt wird die Aufgabe gestellt, die Roheisenrückstände aus der Metallurgie der Gußherstellung zuzuführen. Es wird vorgeschlagen, auf der Grundlage von Rückständen die Produktion zusammengesetzter Legierungen in Elektroöfen, vornehmlich in Induktionsöfen, zu organisieren. Die Anwendung synthetischer Legierungen macht es möglich, den Verbrauch an Roheisen aus der Hochofenproduktion wesentlich zu senken. Dadurch werden die Verluste an Produktivität der Hochöfen und der überhöhte Verbrauch an Koks vermieden, die mit der Erschmelzung von gießfähigem Roheisen verbunden sind. In der gegenwärtigen Etappe ist der relative Anwendungsumfang von Grau- und

Stahlguß in unserem Maschinenbau höher als in den wichtigsten Staaten des Auslandes. Das erklärt sich durch eine Reihe von Ursachen. Hier ist auf die große Bedeutung des Umstandes hinzuweisen, daß durch die langandauernde Knappheit verschiedener Walzstahlsorten, insbesondere von Blechen, viele Erzeugnisse aus Guß hergestellt werden mußten. Einen wichtigen Einfluß hatte die unzureichende Entwicklung der Produktion von Buntmetallegierungen. In der Zukunft ist es zweckmäßig, einige gegossene Erzeugnisse (im besonderen Gegenstände der Sanitärtechnik) durch geschweißte und umgeformte Erzeugnisse aus Walzmaterial zu ersetzen.

Der Kreis solcher Erzeugnisse für die Zweige des Maschinenbaues muß sorgfältig ausgewählt und begründet werden. In diesem Zusammenhang müssen komplexe Untersuchungen durch Kräfte der Organisationen des Maschinenbaues und der Metallurgie durchgeführt werden, in deren Verlauf ökonomische Vergleiche der Effektivität bei der Herstellung konkreter Arten und Gruppen von Erzgebnissen (unter Erhaltung ihrer Austauschfähigkeit vom technischen Standpunkt aus) durch Gießen oder Umformen und Schweißen angestellt werden.

Daneben muß unbedingt unterstrichen werden, daß der Hauptweg zur Senkung des spezifischen Verbrauches an Schwarzmetallguß in der Zukunft die Verbesserung seiner Qualität sein wird.

In der Senkung der Metallaufwendigkeit bei Maschinen durch konstruktive Faktoren sind bei uns bestimmte Ergebnisse erzielt worden. Der Hauptweg zur Senkung der Metallaufwendigkeit durch konstruktive Maßnahmen ist in der Gegenwart die Steigerung der Leistung je Einheit bei den hergestellten Maschinen und Erzeugnissen.

Von 1961 bis 1965 wuchs die mittlere Leistung je Einheit bei den Kondensatorturbinen auf mehr als das Doppelte. Deren Anteil an der Gesamtproduktion von Turbinen mit einer Leistung von über 200 MW stieg auf 37,8 Prozent, an Stelle von 7,7 Prozent im Jahre 1960.[2]

Außerdem sinkt mit der Leistungssteigerung der Turbinen ihre spezifische Metallaufwendigkeit folgerichtig ab. In diesem Zusammenhang führt K. I. Klimenko folgende Zahlen über die Leistung und die spezifische Metallaufwendigkeit von Turbinen an[3]:

Die spezifische Metallaufwendigkeit der Turbinen mit einer Leistung von 100 MW sinkt im Vergleich mit der Turbine von 2,5 MW fast auf ein

[2] Vinogradov, K., Strukturnye sdvigi v mašinostroenii [Strukturelle Fortschritte im Maschinenbau], in: Voprosy ėkonomiki, 3/1966, S. 27.

[3] Klimenko, K. I., Ėkonomiceskie problemy techničeskogo progressa v mašinostroenii SSSR [Ökonomische Probleme des technischen Fortschritts im Maschinenbau der UdSSR], Moskau 1965, S. 205.

Typ	Leistung MW	Spezifische Metallaufwendigkeit (je kW) in Prozent
AKG – 2,5	2,5	100
AKV – 4,0	4,0	75
AKV – 6,0	6,0	52
VK – 25 – 1	25,0	28
VK – 50 – 1	50,0	19
VK – 100 – 2	100,0	15

Siebentel. Im Maße des weiteren Leistungsanstiegs der Turbinen sinkt der Einfluß der Leistung auf den spezifischen Metallaufwand natürlich ab, bleibt jedoch weiterhin erhalten.

Der Anteil von Diesellokomotiven mit einer Leistung von 3000 PS am Gesamtproduktionsumfang stieg im abgelaufenen Jahrfünft von 1,3 auf 29 Prozent. Der Anteil von Rangierlokomotiven und Industrielokomotiven (Dieselantrieb) mit Leistungen von 750 bis 1000 PS stieg von 33,5 Prozent auf 45,5 Prozent und der Anteil von Dieselmotoren mit einer Leistung von 4000 PS und höher von 3,2 Prozent auf 8 Prozent.[4] Die Abhängigkeit der spezifischen Masse von Diesellokomotiven von ihrer Leistung wird durch die nachfolgend angegebenen Verhältnisse charakterisiert[5]:

Typ der Dieselloks	Leistung PS	Masse t	Spezifische Masse kg/PS	Spezifische Masse %
TĖ – 1 (1947)	1000	124	124	100
TĖ – 2 (1949) in zwei Sektionen	2000	170	85	69
TĖ – 10 (1959)	3000	136	46	37
TĖ – 12 (1960)	3000	129	43	35
TĖP – 60 (1960)	3000	126	42	34

Bei einer Leistungssteigerung der Dieselloks auf das Dreifache sank deren spezifische Masse ebenfalls auf ein Drittel.

Nach Materialien von W. B. Gokun senkt die Leistungssteigerung von Dampfkesseln deren spezifische Metallaufwendigkeit in folgender Weise:

4 Voprosy ėkonomiki, 3/1966, S. 37.
5 Ebenda, S. 189.

Leistung der Kessel t/Std.	Leistung kW	Spezifischer Metallaufwand t/MW	Spezifischer Metallaufwand %
220	50	22,0	100
420	100	20,0	91
500	150	18,0	82
640	200	16,2	74
900	300	13,4	61

Bei sechsfacher Steigerung der Leistung von Dampfkesseln sinkt der spezifische Metallaufwand für deren Produktion ungefähr um 40 Prozent.[6] In der Struktur der Traktorenproduktion vergrößerte sich von 1961 bis 1965 der Anteil von Radtraktoren (weniger metallaufwendig im Vergleich zu Kettentraktoren) und von Traktoren mit gesteigerter Motorleistung. So wuchs bei einem Wachstum der Traktorenproduktion im Vergleich zu 1960 um 50 Prozent die Produktion von Radtraktoren um 74 Prozent, und die mittlere Motorleistung eines Traktors stieg von 47,8 auf 59 PS. Der Einfluß steigender Motorleistungen der Traktoren auf deren spezifische Metallaufwendigkeit kann durch folgende Angaben illustriert werden: Der Ersatz des Kettentraktors DT-75 mit einer Motorleistung von 75 PS durch den DT-75 M mit einer Motorleistung von 90 PS erbringt eine Senkung des Walzmaterialverbrauchs von 37,9 auf 34 kg je PS (das heißt, bei einem Wachstum der Leistung um 20 Prozent sinkt der spezifische Metallaufwand um 10 Prozent). Die Leistungssteigerung des Motors im Traktor MTS-50 von 55 auf 60 PS (oder um 9 Prozent) bringt eine Senkung des spezifischen Walzmaterialverbrauchs von 32 auf 29 kg (um 9,5 Prozent) mit sich.

Im Landmaschinenbau bringt der Übergang von Anhängemaschinen zu Anbaumaschinen eine wesentliche Senkung der Metallaufwendigkeit mit sich. So ist der spezifische Metallaufwand eines Anbaupfluges fast nur halb so hoch wie der eines Anhängepfluges.

Eine gewisse Senkung der spezifischen Metallaufwendigkeit ging im LKW-Bau vonstatten. Das hängt damit zusammen, daß bei der Steigerung der LKW-Produktion von 1959 bis 1965 um 6,2 Prozent die mittlere Ladefähigkeit auf 3,75 t gegenüber 3,1 t gestiegen ist.

Im Maschinenbau für Straßenbaumaschinen werden Arbeiten zur Verminderung des relativen Metallaufwandes bei Baggern, Turmkränen, Planierraupen und anderen Maschinen durchgeführt. Nach Projektierungs-

[6] Gokun, V. B., Snižėnie konstruktionoj metalloemkosti mašin [Senkung der konstruktiven Metallaufwendigkeit der Maschinen], Moskau 1962, S. 128.

unterlagen[7] verändert sich die spezifische Leistung (m^3 je t Masse) bei Schreitbaggern mit der Vergrößerung ihrer Leistung in folgender Weise:

Baggertyp	Ė Š – 14/75	Ė Š – 25 – 100	Ė Š – 50/125
Fassungsvermögen des Kübels, m^3	14	25	50
Spezifische Leistung, Prozent	100	165	292

Bei den Baggern mit geringer und mittlerer Leistung ist es bisher nicht gelungen, eine wesentliche Steigerung ihrer Produktivität je Tonne Masse zu erzielen. Man rechnet jedoch mit bestimmten Ergebnissen zum Ende des laufenden Fünfjahrplans. Es war vorgesehen, bis 1970 die spezifische Metallaufwendigkeit von Baggern mit einem Schürfkübel (mit einem Fassungsvermögen des Kübels von 0,15 bis 0,25 m^3) auf 6,8 t je m^3 Schürfkübelfassungsvermögen, multipliziert mit der Aushubtiefe, zu bringen im Vergleich mit 14,7 t je m^3 in den Jahren 1965 und 1966. In der gleichen Periode war eine Senkung der spezifischen Metallaufwendigkeit von Turmkränen von 0,32 t je Tonne Last auf 0,26 t je Tonne Last und von Planierraupen von 1,5 auf 1,3 t je Tonne Zugkraft zu verzeichnen.
Neben der Senkung der Metallaufwendigkeit durch Steigerung der Leistung je Einheit bei den Aggregaten (die unlösbar verbunden ist mit dem Wachstum der Konzentration der Produktion und die zweifellos einen progressiven Prozeß darstellt) müssen Reserven zur Senkung des Metallaufwandes bei der Nutzung der vorhandenen Modelle durch neue wirtschaftliche konstruktive Lösungen gesucht werden. In diesem Zusammenhang muß man den großen Vorteil der Vervollkommnung der kinematischen Schemata bei Maschinen nennen, der vor allem durch Austausch der elektromechanischen Antriebe durch hydraulische und pneumatische erzielbar ist. Dadurch kann eine Massenverminderung der Maschinen um 40 bis 50 Prozent – manchmal auch um mehr – erzielt werden. Man kann auch auf eine Reihe anderer Konstruktionsrichtungen hinweisen, die zu einer Senkung der Metallaufwendigkeit führen. Es muß jedoch festgestellt werden, daß bis zum heutigen Tage die Vervollkommnung der Konstruktionen vorhandener Muster (ohne Steigerung ihrer Leistung) noch bei weitem nicht in dem Maße zur Metalleinsparung geführt hat, wie das möglich wäre. Es ist notwendig, daß dieser Faktor in Zukunft stärker auf

[7] Chimič, G., Golubkov, K., u. a., Povyšenie kačestva i ėkonomičnosti mašin [Hebung der Qualität und der Wirtschaftlichkeit von Maschinen], Moskau/Sverdlovsk 1962.

die Metalleinsparung im Maschinenbau wirkt als im derzeit laufenden Fünfjahrplan.

Für die Beurteilung der Perspektiven bei der Senkung des Metallaufwandes der Maschinenbauproduktion der UdSSR ist es interessant, diese Kennziffer mit Ergebnissen über die Metallaufwendigkeit der Maschinenbauerzeugnisse in den USA zu vergleichen.

Diese Gegenüberstellung für das Jahr 1965 brachte folgende Ergebnisse:

1. Die Bruttoproduktion des Maschinenbaues und der Metallbearbeitung der UdSSR betrug 55,1 Md. Rubel (in Preisen von 1965).

2. Der Vergleich des Produktionsumfangs im Maschinenbau der UdSSR und der USA ist von verschiedenen Organisationen und mit verschiedenen Methoden durchgeführt worden. Für 1963 betrug die Produktion des Maschinenbaues der UdSSR nach Berechnungen des Forschungsinstituts der Staatlichen Plankommission der UdSSR nach unserer Struktur im Mittel 55 bis 60 Prozent im Vergleich zum Maschinenbau der USA. Nach einer überschläglichen Bewertung im Institut für Ökonomie der Akademie der Wissenschaften der UdSSR betrug der Umfang des Maschinenbaus der UdSSR 1963 bis 1965 ebenfalls 55 bis 60 Prozent des amerikanischen. Nach Berechnungen des Forschungsinstituts des Maschinenbaus (NII maš) betrug die Bruttoproduktion des Maschinenbaues der UdSSR 1958 bis bis 1962 etwa 60 Prozent der Erzeugung des amerikanischen Maschinenbaues.

Auf der Grundlage der angegebenen Berechnungen und Schätzungen nehmen wir an, daß 1965 das Verhältnis der Bruttoproduktion des Maschinenbaues und der Metallbearbeitung der UdSSR zur Produktion des Maschinenbaues der USA sich in einem Intervall von 55 bis 60 Prozent bewegte oder im Mittel 57 Prozent betrug. Damit kann der Umfang der Bruttoproduktion des Maschinenbaues und der Metallbearbeitung der USA in vergleichbarer Form mit $\frac{55{,}1}{0{,}57} = 97$ Md. Rubel angesetzt werden.

3. Der Metallverbrauch ist nicht der Bruttoproduktion, sondern der sogenannten Finalproduktion proportional, die den Produktionsumfang des Maschinenbaues unter Abrechnung der wiederholten Berechnungen durch die Kooperation innerhalb des Zweiges berücksichtigt. Nach Ergebnissen einer Bilanz zwischen den Zweigen in der UdSSR betrug der Anteil wiederholter Berechnungen in der Bruttoproduktion des Maschinenbaues der UdSSR 1964 bis 1966 (festgestellt nach einer Methodik, die der methodologischen Berechnung der wiederholten Zählung im Maschinenbau der USA gegenübergestellt wurde), 21 bis 23 Prozent und der Anteil der Finalproduktion entsprechend 77 bis 79 Prozent (Faktor der wiederholten Zählung 1,3). Nach Ergebnissen der Bilanz zwischen den Zweigen in den

USA beträgt der Anteil wiederholter Zählungen an der Bruttoproduktion des Maschinenbaues 27 bis 28 Prozent und der Anteil der Finalproduktion des Maschinenbaues 72 bis 73 Prozent. Das entspricht einem Faktor der wiederholten Zählungen von 1,38.

Die Finalproduktion des Maschinenbaues der UdSSR ist $\frac{55,1}{1,3} = 42,5$ Md. Rubel und der USA $\frac{97}{1,38} = 70$ Md. Rubel.

4. Der Verbrauch des Maschinenbaues und der Metallbearbeitung der UdSSR an Metallerzeugnissen hatte 1965 folgende Höhe (in Mio Tonnen):

Walzmaterial einschließlich kalibrierten Metalls (Planfonds)	26,0
Halbzeuge	1,8
Stahlrohre	2,6
Schmiedestücke aus Blöcken	0,9
Stahlguß (einschließlich der Instandsetzungsabteilungen von Betrieben anderer Zweige)	4,1
Grauguß (aus der Gesamtproduktion an Grauguß sind Kokillen, Graugußrohe und Fittings ausgeschlossen worden)	10,5
Summe	45,9
Abzug für die Produktion von Tara	0,6
Insgesamt	45,3

5. Der Verbrauch (in Mio t), von Metallerzeugnissen (Walzmaterial, Halbzeuge ohne Vorrichtungen, Stahlrohre, Schmiedestücke aus Blöcken) im Maschinenbau und der Metallbearbeitung (ohne Produktion von Tara) betrug 1965 in den USA, nach Zweigen aufgegliedert, etwa 40 Mio t. Die genaue Verteilung ist aus der Aufstellung auf Seite 230 zu ersehen.
Außerdem muß man die Steigerung des Metallverbrauchs in den Zweigen des Maschinenbaues der USA durch die zusätzlichen Lieferungen aus Vorräten der Großhandels- und Lagergesellschaften berücksichtigen. Dadurch steigt der spezifische Anteil der einzelnen Zweige des Maschinenbaues am Gesamtmetallverbrauch der Volkswirtschaft im Mittel in folgender Weise (in Prozent): in der Automobilindustrie um 1,5, im Schiffbau um 0,2, im Flugzeugbau um 0,3, in der Produktion von Haushaltgegenständen um 1,5, in der Metallbearbeitung um 0,1, im Eisenbahnmaschinenbau um 0,2 im Landmaschinenbau um 0,2, im Elektromaschinenbau und übrigen Maschinenbau um 5,0, bei der Produktion von großen Schmiedestücken um 0,2. In der Summe wächst der spezifische Anteil des Maschinenbaues um 9,2 Prozent. In absoluten Größen ausgedrückt, beträgt die Steigerung des Verbrauchs von Metallerzeugnissen $84,1 \cdot 0,092 = 7,7$ Mio t (die

Automobilindustrie	18,2
Schiffbau	1,0
Flugzeugbau	0.1
Hauswirtschaftsartikel und Handelsausrüstungen	4,0
Metallbearbeitung	3,6
Eisenbahnmaschinenbau *	2,7
Landwirtschaftlicher Maschinenbau (Haupterzeugnisse) **	1,2
Elektromaschinenbau	2,7
Produktion großer Schmiedestücke	1,1
Maschinenbau (ohne die aufgezählten Zweige)	5,4
Summe	40,0

* In der amerikanischen Statistik ist der Gesamtmetallverbrauch des Eisenbahntransports einschließlich des Transportmaschinenbaues für die Eisenbahn angegeben. 1965 betrug er 3,5 Mio t. Nach Abzug der Gleise und der Befestigungen (0,5 Mio t) und des Metalls für die Instandsetzungszwecke des Eisenbahntransportwesens (0,3 Mio t) verbleiben für den Eisenbahntransportmaschinenbau selbst 2,7 Mio t.

** Vom Gesamtmetallverbrauch der Landwirtschaft (einschließlich des Hauptteils des Landmaschinenbaues) von 1,35 Mio t. Kettentraktoren werden nach der Statistik der USA den Baumaschinen zugerechnet.

gesamte Metallerzeugung in den USA ohne Guß betrug im untersuchten Jahr 84,1 Mio t). Am meisten steigt der Metallverbrauch (um 4,2 Mio t) in der Position „Maschinenbau" (ohne aufgezählte Zweige und in Mio t): $5{,}4 + 84{,}1 \cdot 0{,}05 = 9{,}6$.

Ferner muß man dem Gesamtverbrauch an Metall durch den Maschinenbau der USA, den Verbrauch an Grauguß für den Maschinenbau und die Sanitärtechnik in Höhe von 9,4 Mio t und den Verbrauch an Stahlguß in Höhe von 2 Mio t sowie den Verbrauch für die Maschinenbauvorrichtung in Höhe von 1 Mio t hinzurechnen. Der Gußverbrauch im Maschinenbau der USA ist unter Berücksichtigung der Erfordernisse in den Instandsetzungsabteilungen anderer Zweige angeführt worden.

Der Gesamtverbrauch an allen Arten von Metallerzeugnissen durch den Maschinenbau der USA betrug $40 + 7{,}7 + 9{,}4 + 2 + 1 = 60{,}1$ oder gerundet 60 Mio t.

6. Der spezifische Metallverbrauch im Maschinenbau und in der Metallbearbeitung der UdSSR:

$$\frac{45{,}3 \text{ Mio t}}{22{,}5 \text{ Md. Rubel}} = 1066 \text{ t je Mio Rubel Finalproduktion;}$$

im Maschinenbau und in der Metallbearbeitung der USA:

$$\frac{60 \text{ Mio t}}{70 \text{ Md. Rubel}} = 857 \text{ t je Mio Rubel Finalproduktion.}$$

Die spezifische Metallaufwendigkeit des Maschinenbaues der USA beträgt im Verhältnis zur UdSSR: $\frac{857}{1066} \cdot 100 = 80$ Prozent oder der UdSSR im Verhältnis zur USA: $\frac{1066}{857} \cdot 100 = 125$ Prozent.

7. Die gleiche Gegenüberstellung unter Berücksichtigung der Austauschprodukte für Schwarzmetalle (in 1000 t) ergibt folgendes:

	UdSSR	USA
Verbrauch im Maschinenbau, bei dem Schwarzmetalle ersetzt werden können		
Plaste	50	300*
Aluminiumwalzmaterial	—	500
Buntmetallguß	600	1580
Umgerechnet auf Schwarzmetalle		
Plaste (K-3)	150	900
Aluminiumwalzmaterial (K-2)	—	1000
Buntmetallguß (in Abhängigkeit von der Produktionsstruktur von Buntmetallegierungen für die UdSSR 1,85 und für die USA 2,1)	1100**	3400**
Summe	1250	5300

* Der Gesamtverbrauch an Plasten im Maschinenbau der USA beträgt 800 bis 900 kt.

** Einschließlich der Instandsetzungsabteilungen in Betrieben anderer Zweige.

Der spezifische Metallverbrauch im Maschinenbau der UdSSR beträgt unter Berücksichtigung der Austauschstoffe: $\frac{45{,}3 + 1{,}25}{42{,}5} + \frac{46{,}6}{42{,}5} = 1095$ t je Mio Rubel Finalproduktion. Das gleiche im Maschinenbau der USA: $\frac{60{,}0 + 5{,}3}{70} = \frac{65{,}3}{70} = 933$ t je Mio Rubel Finalproduktion. Das Verhältnis der UdSSR zu den USA: $\frac{1095}{933} \cdot 100 = 118$ Prozent.

Damit zeigt die sehr allgemeine „globale“ Gegenüberstellung, daß 1965 die spezifische Metallaufwendigkeit des Maschinenbaues der UdSSR um 25 Prozent höher war als die der USA, wenn man nur die Schwarzmetalle berücksichtigt, und um 18 Prozent höher, wenn man Austauschwerkstoffe einbezieht.

Die vorliegende Gegenüberstellung berücksichtigt die strukturellen Unterschiede des Maschinenbaues der UdSSR und der USA nicht. Eine solche Berechnung ist sehr kompliziert und erfordert große komplexe Untersuchungen im Querschnitt einzelner Zweige des Maschinenbaues. Diese Aufgabe geht über den Rahmen der vorliegenden Arbeit hinaus. Dennoch kann man überschläglich sagen, daß die strukturellen Unterschiede einander im gewissen Maße kompensieren. So ist auf der einen Seite im Maschinenbau der USA der Anteil solcher metallaufwendiger Erzeugnisse wie Kraftwagen und Kühlschränke viel höher. Auf der anderen Seite erzeugt die UdSSR solche vom Standpunkt der Metallaufwendigkeit wichtigen Produkte wie Traktoren, Diesellokomotiven, Elektrolokomotiven und Mähdrescher in wesentlich größerem Umfang. In der Produktionsstruktur der spanabhebenden Werkzeugmaschinen gibt es in der UdSSR wesentlich mehr schwere Aggregate für „gröbere" Arbeitsgänge (Drehmaschinen, Revolverdrehmaschinen; Hobel- und Stoßmaschinen).
Nach Berechnungen des amerikanischen Ökonomen M. Borecki, die sich auf 1958 beziehen, war der spezifische Metallverbrauch im sowjetischen Maschinenbau um 40 Prozent höher als im Maschinenbau der USA. Nach Durchführung notwendiger Korrekturen dieser Berechnung ergibt sich ein um 30 bis 35 Prozent höherer spezifischer Metallverbrauch. In den Jahren 1959 bis 1965 hat sich der Unterschied im Niveau der Metallaufwendigkeit des Maschinenbaues der UdSSR und der USA vermindert, wenngleich er noch erhalten blieb. Das spricht für die Notwendigkeit, alle bei uns noch vorhandenen Reserven zur Senkung der Metallaufwendigkeit forciert zu nutzen.
Bis zum Ende des Jahres 1970 ist geplant, den spezifischen Verbrauch von Walzmaterial im Mittel für den Maschinenbau der UdSSR gegenüber 1965 etwa um 20 Prozent zu senken (berechnet auf die Werteinheit der Erzeugung). Bis jetzt ist noch schwer zu sagen, wie sich die Metallaufwendigkeit des Maschinenbaues in diesen Jahren tatsächlich vermindert hat. In der nächsten Zukunft soll der spezifische Verbrauch von Walzmaterial etwa im gleichen Umfang weiter gesenkt werden.
Man kann erwarten, daß die Metallaufwendigkeit der Maschinenbauerzeugung der USA unter dem Einfluß der Forderungen der wissenschaftlich-technischen Revolution und des Konkurrenzkampfes in gewissen Grenzen weiter sinken wird (im Vergleich zum Stand von 1965). Dieser Prozeß, der dort nicht einer planmäßigen Steuerung unterliegt, kann heute kaum für die Perspektive quantitativ abgeschätzt werden. Außerdem sind die Reserven zur weiteren Senkung der Metallaufwendigkeit im Maschinenbau der USA wesentlich begrenzter als im sowjetischen Maschinenbau.

Die Sortimentstruktur der Verwendung von Walzmaterial aus Schwarzmetallen im Maschinenbau der UdSSR ist grob durch folgende Verhältnisse charakterisiert (im Mittel von 1961 bis 1965 in Prozent):
Walzmaterial insgesamt 100, darunter Blech 46, Profile 54, davon veredelter Stahl 43,4, Doppel-T- und U-Profile 4,6, Bandstahl 1, Räder und Reifen (einschließlich des Instandsetzungsbedarfs anderer Zweige) 3, Achsen und Schmiedehalbzeuge (einschließlich des Bedarfs anderer Zweige) 2.
Für 1970 wird erwartet, daß der spezifische Anteil von Blechen am Sortiment des Walzmaterialverbrauchs im Maschinenbau etwa 50 Prozent betragen wird. Im neuen Fünfjahrplan muß der Anteil von Blech bedeutend gesteigert werden. Das wird notwendig durch die beabsichtigte Entwicklung des Maschinenbaues (Automobilindustrie, Kühlschränke, Waschmaschinen, Staubsauger, Herstellung von Tara und dergleichen und von Zweigen, die viel Blech verbrauchen. Ferner ist es durch die breitere Einführung technologischer Prozesse, die vornehmlich auf der Blechverwendung beruhen (Kaltziehen, Schweißen), sowie durch den Austausch eines bestimmten Anteils von Gußteilen durch Halbzeuge aus Blech bedingt.
In bezug auf den jährlichen Produktionszyklus im Maschinenbau beeinflußt die Langelebigkeit neu hergestellter Maschinen den Umfang des Metallverbrauchs in dem Maße, wie sie mehr Metall oder metallverbesserte Qualität erfordert.
In den Grenzen eines Jahresproduktionszyklus wirkt die Langlebigkeit der Maschinen auch dadurch auf den Metallverbrauch, daß sie schon im gegebenen Jahr dazu zwingt, einen gesteigerten Ausstoß an Ersatzteilen für die neu hergestellten Maschinen vorzusehen. In den nachfolgenden Jahreszyklen führt die unzureichende Langlebigkeit der früher hergestellten Maschinen, die sich im Bestand der Grundfonds befinden, zu einer Steigerung des Metallbedarfs, und zwar wegen der notwendigen Ausweitung des Maschinenbauprogramms zur Kompensation der vorzeitig wegen häufiger Reparaturen aus den Grundfonds ausscheidenden Maschinen.
Dem Einfluß der Langlebigkeit auf die Einsatzkennziffern der Maschinen, insbesondere auf den Verbrauch von Metall für die Instandsetzung, sind spezielle Untersuchungen gewidmet. Deshalb wird diese Frage hier nicht betrachtet.
Der Investitionsbau als Volkswirtschaftszweig ist der Bedeutung nach der zweite Schwarzmetallverbraucher nach dem Maschinenbau. Er verbraucht ungefähr 20 Prozent des gesamten Walzmaterials.
Nach Werten für 1967 betrug die mittlere Verbrauchsnorm für Walzstahl im Investitionsbau 455 t je Mio Rubel Bau- und Montagearbeiten (in konkreten Stahlsorten) und 525 t je Mio Rubel Bau- und Montagearbeiten in der Umrechnung auf Stahl 3. Fügt man den Verbrauch an Draht und an

Moniergeflecht hinzu, dann steigt die Verbrauchsnorm im Bauwesen 1967 auf 485 t je Mio Rubel Bau- und Montagearbeiten (in konkreten Stahlsorten).
Die Struktur der Metallverbrauchsnorm im Bauwesen wird in den letzten Jahren durch folgende Werte charakterisiert (in Prozent):

Mittlere Verbrauchsnorm an Walzmaterial und Halbzeugen in natürlichen Einheiten, insgesamt	
darunter	100
Metallkonstruktionen	31,3
Stahlbetonkonstruktionen	55,4
sonstiger Verbrauch	13,3

Im laufenden Fünfjahrplan (1966–1970) verändern sich die Proportionen des Metallverbrauchs für den Stahlbeton für Metallkonstruktionen und für übrige Zwecke nur unbedeutend. Im neuen Fünfjahrplan behalten die Betonfertigteile ihre Bedeutung als Grundlage für die Industrialisierung des Bauwesens. Auf einer Reihe von Gebieten des Bauwesens finden monolithische Stahlbetonkonstruktionen weitere Verbreitung. In der Zukunft muß sich die Anwendung von Stahlkonstruktionen an Stelle von Stahlbeton weiter vergrößern: Karkassen von Produktionsgebäuden mit schwierigen Arbeitsbedingungen bei Verwendung von Kränen und unter Einwirkung von Hitze, Karkassen mehrstöckiger Wohngebäude, im Brückenbau mit Spannweiten über 30 m und für Kranbahnen. Die ökonomische Effektivität und die technische Zweckmäßigkeit des Übergangs zu Stahlkonstruktionen auf den genannten Gebieten sind gegenwärtig bereits erwiesen.
Zur Verbesserung der Metallausnutzung bei der Herstellung von Stahlkonstruktionen ist eine Reihe von Maßnahmen erforderlich. Es müssen neue Profile und Abmessungen von Walzwerkserzeugnissen hergestellt werden, wie U-Profile, Doppel-T-Profile, gleichschenklige und ungleichschenklige Winkeleisen, vor allem die wirtschaftlicheren dünnwandigen Profile und eine Reihe von Spezialprofilen. Die Produktion von universellem Breitbandstahl – besonders von niedrig legiertem Stahl zur Verwendung an Stelle von gewöhnlichem Blech – muß ausgeweitet, kaltgedrückte offene Profile für allgemeine Zwecke müssen in die Produktion eingeführt werden.
Eine wesentliche Metalleinsparung muß die Einführung von neuen Doppel-T-Profilen mit hohem Steg bringen, die man an Stelle eines Teils der weniger wirtschaftlichen Doppel-T-Balken, die nach den bestehenden GOST-Normen* gewalzt werden, vor allem als Säulenelement und als tragendes

* Staatliches Plankomitee beim Ministerrat der UdSSR (Anm. d. Red.).

Element für Kranbahnen einsetzen kann. Zu den wichtigsten Richtungen in der Vervollkommnung der Metallanwendung gehört die Einführung profilierter Stahlbeplankungen (mit Antikorrosionsüberzug) zum Eindecken von Industriebauten. Für diesen Zweck werden gegenwärtig Betonmontageteile verwendet, die eine bedeutende Masse haben, weshalb die tragenden Konstruktionen der Karkasse schwerer ausgeführt werden müssen.

Bei einer Spannweite von 24 m ist der Stahlverbrauch bei Abdeckung mit profilierten Stahlplatten etwas höher als bei Abdeckung mit Stahlbetonplatten. Die wesentliche Senkung der Gesamtmasse der Konstruktion bei Verwendung von Stahlabdeckungen überwiegt den gewissen Mehrbedarf an Stahl, so daß im Ergebnis die Gesamtkosten, der Arbeitsaufwand und die Bauzeit der Gebäude wesentlich geringer sind. Beim Übergang auf Spannweiten von 30 m wird der Stahlverbrauch der betrachteten Varianten praktisch gleich (bei Bedeckung mit Stahlplatten sogar etwas geringer).

Der Bedarf des Bauwesens an profilierten verzinkten Stahlplatten beträgt für die nächste Zeit ungefähr 300000 t im Jahr. Diese Platten werden zum Beispiel beim Aufbau des Wolga-Automobilwerkes in Togliatti verwendet.

Bedeutende Einsparungen an Metall verspricht die Anwendung von gedrückten und geschweißten geschlossenen Profilen und auch von geschweißten Profilen (geschweißte Doppel-T-Profile). Das Bauwesen braucht wärmebehandelte Bleche und Bleche mit engeren Toleranzen. Zum Aufbau von Behältern und Gaskesseln mit großem Fassungsvermögen werden Stahlbleche vergrößerter Abmessungen (Breite 2 bis 2,2 m, Länge 8 bis 10 m) gebraucht, durch deren Verwendung die Länge der Schweißnähte verkürzt werden kann.

Gegenwärtig werden niedrig legierte Stähle für Metallkonstruktionen in völlig unzureichendem Umfang angewandt. Praktisch gar nicht werden thermisch verfestigter Kohlenstoffstahl und hochfeste Stähle angewandt. Im Jahre 1966 wurden insgesamt 83 kt und 1967 etwa 150 kt niedrig legierte Stähle eingesetzt. Dabei sind diese Stähle sehr effektiv für Kranbahnen und Säulen, bei der Konstruktion von Behältern von Hochöfen und für Karkassen schwerer Industriegebäude. Durch das Vordringen der Bautätigkeit nach Osten wächst der Bedarf an niedrig legierten Stählen für Konstruktionen, die bei niedrigen Temperaturen genutzt werden.

Einen großen Effekt muß die Verwendung dünnwandiger elektrisch geschweißter Rohre bei Leichtbaukonstruktionen für Industriegebäude bringen. Berechnungen von Bauorganisationen zeigen, daß Rohre besonders günstig für Dachkonstruktionen sind.

Bei den Stahlbetonkonstruktionen, die 1967 über 52 Prozent des Metalls verbrauchten, das dem Bauwesen zugeführt wurde, sind die Einsparungsmöglichkeiten für Metallprodukte besonders groß.

Die Schwarzmetallurgie liefert bereits jetzt für die Stahlbetonproduktion eine Reihe effektiver Armierungen wie niedrig legierte Moniereisen mit periodischem Profil, kalt gezogenen kohlenstoffhaltigen Draht, hochfesten Stahldraht, Stahlseile und -taue und eine gewisse Menge thermisch verfestigter Armierungen. Es gibt jedoch immer noch ein Defizit bei einer Reihe von Armierungen. Niedrig legierter Bandstahl wird nicht hergestellt. Der niedrig legierte Stahl der Klasse A-IV (die Marken 20 Ch G 2C und 80 S) mit periodischem Profil als Hauptmoniereisen für Spannbetonkonstruktionen wird nur zu 60 bis 70 Prozent des Bedarfs und nur in geringen Sorten produziert. Die Qualität der gelieferten Drähte ist oft gering. In der Nomenklatur von Stabarmierungen sind wenig gut schweißbare Stähle, mit denen man zuverlässig bei niedrigen Temperaturen arbeiten kann, enthalten.

Unzureichend sind der Produktionsumfang und die Sortimententwicklung bei Armierungsseilen und -tauen und bei geschweißten Netzen. Zur Überwindung der genannten Unzulänglichkeiten muß die Produktion von heißgewalzten niedrig legierten Armierungsstählen mit periodischem Profil, darunter aus gut schweißbaren Stahlsorten, gesteigert werden. Das gleiche gilt für thermisch verfestigte Stähle, gewöhnlichen und hochfesten Draht, Seile, Taue und Netze.

Insgesamt würde die Einsparung bei den Stahlbeton- und Stahlkonstruktionen durch Einführung der aufgezählten Arten von Metallerzeugnissen 1970 nach überschläglichen Berechnungen über 2 Mio t (umgerechnet auf Stahl 3) im Vergleich zu 1965 betragen.

Durch Anwendung von mehr gedrückten Profilen, die Einführung von profilierten Dachplatten und die Verwendung von mehr Blech bei Stahlkonstruktionen muß sich der Anteil von Blechen am Gesamtsortiment des Walzmaterialverbrauchs im Investitionsbau von 1970 bis 1972 etwa auf 20 Prozent an Stelle von 16 bis 17 Prozent in den Jahren 1965 bis 1967 vergrößern. Nach 1970 wird die verstärkte Einführung von Metallkonstruktionen sich stark auf die Steigerung der Blechanwendung auswirken.

Der Einfluß der im neuen Fünfjahrplan zu erwartenden Fortschritte in der Zweigstruktur des Bauwesens ist jetzt nur schwer quantitativ zu erfassen. Man kann überzeugt sein, daß das im vor uns liegenden Jahrfünft vorgesehene hohe Wachstumstempo des Bauwesens auf dem Gebiet des Wohnungsbaues, des Baues kommunaler und kultureller Einrichtungen sowie von Einrichtungen des Gesundheitswesens und die Errichtung von Betrieben in den Industriezweigen der Gruppe B in bestimmtem Grade senkend auf die spezifische Metallaufwendigkeit des Bauwesens einwirken werden. Diese

Tendenz wird jedoch durch die parallel dazu beabsichtigte forcierte Errichtung von sehr metallaufwendigen Objekten in einer Reihe von Zweigen der Schwerindustrie gehemmt (Werke zur Herstellung von Baumaschinen, Förder- und Transportmaschinen, Bergbauausrüstungen und Landmaschinen usw.).

Im Eisenbahntransportwesen spielt das Metall bei der Schaffung der Grundfonds eine besonders große Rolle, weil es deren Hauptteil – die Eisenbahnlinien – darstellt. Der Metallverbrauch in dieser Sphäre hängt zusammen mit dem Lastentransport auf den Eisenbahnlinien (und entsprechend mit den notwendigen Instandsetzungen und dem Austausch verschlissener Gleise). Er wird ferner beeinflußt durch die Geschwindigkeiten der Züge (die Steigerung der Geschwindigkeit belastet die Gleise zusätzlich und erfordert schwerere und bessere Gleise), den Umfang des Neubaues von Transportwegen und durch den Grad der Elektrifizierung des Eisenbahnnetzes (bei der Elektrifizierung wird der Metallaufwand je km Gleis wegen der Errichtung stationärer Anlagen beträchtlich höher). Der absolute Umfang der Produktion von Eisenbahngleisen und deren spezifischer Anteil am Walzerzeugnissortiment der UdSSR ist bedeutend höher als im Ausland, was durch die spezifische Funktion des Eisenbahntransports in unserem Lande, vor allem durch die höhere Auslastung der Strecken und die ständige Ausweitung des Streckennetzes, bedingt ist. Dementsprechend müßte der Bedarf an Gleismaterial bedeutend steigen. Neben den genannten Faktoren, die zu einer Steigerung des Bedarfs führen, gibt es auch einige wichtige Faktoren, die in Richtung auf eine Verminderung des Bedarfs an Metall wirken. Hierzu gehören alle Maßnahmen zur Steigerung der Festigkeit und der Nutzungsdauer von Gleisen, zur Verbesserung des Gleisoberbaues und der Übergang zu langen Gleisen und zu stoßfreiem Gleisbau.

Erdöl- und Erdgasindustrie (einschließlich Rohrleitungsbau). Die sich weiter fortsetzenden Veränderungen in der Struktur der Brennstoffbilanz in Richtung auf die Steigerung des spezifischen Anteils von Erdöl und Erdgas ziehen ein Wachstum das Bedarfs an Stahlrohren nach sich. Der Hauptweg zur Senkung des Bedarfs an Rohmaterial der Erdöl- und Erdgasgewinnung bleiben im vor uns liegenden Fünfjahrplan die Steigerung der Metallqualität durch Anwendung hochfester Stähle und eine entsprechende Verminderung der Wanddicke von Rohren. Schon in der Gegenwart ist der Rohrleitungsbau einer der wichtigsten Verbraucher von Stahlrohren. Bei der Errichtung von Gas- und Erdölüberlandleitungen hängt der Metallbedarf in hohem Grade von konstruktiven Faktoren wie Durchmesser und Wanddicke der Rohre ab. Mit wachsendem Rohrdurchmesser sinkt der spezifische Metallbedarf für die übertragene Brennstoffmenge (bei sonst gleichen Bedingungen wie Arbeitsdruck in den Rohrleitungen und Festigkeit des Metalls).

Im neuen Fünfjahrplan müssen im Zusammenhang mit der Übertragung großer Ströme von Gas in den europäischen Teil der UdSSR aus den östlichen Gebieten grundlegende Veränderungen in der Entwicklung des Gasleitungsnetzes – bezüglich der Länge der Leitungen und ihrer Durchlaßfähigkeit – vonstatten gehen. Es ist der Bau einer ganzen Reihe von Ferngasleitungen aus geschweißten Rohren besonders großer Durchmesser notwendig. Die Berechnungen über den Gesamtbedarf an Rohren (und entsprechend an Walzmaterial und Stahl) für diese Leitungen sind gegenwärtig im Stadium der Präzisierung. Man kann jedoch schon sagen, daß das vorgesehene Bauprogramm besonders großer Gasleitungen eine der Hauptbedingungen für die allgemeine Steigerung des Metallbedarfs im vor uns liegenden Jahrfünft sein wird. Außerdem bringt dieses Programm eine Steigerung der Metallsättigung der Grundfonds und wesentliche Fortschritte in der Produktionsstruktur und im Verbrauch von Schwarzmetallen (eine bedeutende Steigerung des Verhältnisses von Stahlrohren zu Walzmaterial, eine Steigerung des spezifischen Anteils von Blech am Walzmaterialsortiment wegen der zusätzlichen Aufwendungen an Blech für die Herstellung von Gasleitungsrohren).
Damit zeigt die durchgeführte Analyse von Faktoren zur effektiven Nutzung des Metalls nach Wirtschaftszweigen, daß eine Senkung des spezifischen Metallaufwandes in der nächsten Perspektivperiode durch folgende Faktoren erzielt werden muß: Verbesserung der Qualität, Erweiterung des Sortiments, Veränderungen in der Artenzusammensetzung der Schwarzmetalle, die im Maschinenbau, Bauwesen und im Transportwesen verwendet werden, Verbesserungen konstruktiver und technologischer Art. Die strukturellen Fortschritte im Maschinenbau und im Investitionsbau werden im vor uns liegenden Jahrfünft kaum eine wesentliche Verringerung des Metallaufwandes mit sich bringen. Nach vorläufigen Berechnungen wird auch der Ersatz von Schwarzmetallen durch Austauschstoffe keinen merklichen Einfluß auf den Schwarzmetallverbrauch haben. Gleichzeitig erfordert das vorgesehene Programm zum Bau von Rohrleitungsmagistralen eine bessere Befriedigung der Bedürfnisse aller Zweige der Volkswirtschaft an Metall. Für Instandsetzungen und die weitere Anwendung von Stahlkonstruktionen im Bauwesen und für den erweiterten Verbrauch an Metallerzeugnissen ist mehr Metall erforderlich. Unter diesen Bedingungen erlangt die Verbesserung der Metallausnutzung als Faktor zur Steigerung der Effektivität der Produktionsfonds und zur Senkung des Gesamtbedarfs an Metallerzeugnissen besonders große Bedeutung. In diesem Zusammenhang können folgende konkrete Vorschläge und Empfehlungen gegeben werden (einige davon wurden unter Teilnahme von A. I. Celikov ausgearbeitet):

1. Das Sortiment der bei uns hergestellten Metallerzeugnisse muß nach Profilen und Abmessungen wesentlich erweitert werden. Das betrifft besonders die Herstellung der sogenannten ökonomischen Profile (periodische Profile, dünnwandige Profile, Sepzialprofile und andere, die nach Form und Konfiguration den fertigen Erzeugnissen und Teilen möglichst nahe kommen). Das wird der Verminderung des Verarbeitungsumfanges in den Maschinenbaubetrieben dienen, die, wie nachgewiesen wurde, sehr arbeitsaufwendig und teuer ist, und zwar durch Übertragung eines Teils der Funktionen der Maschinenbauproduktion an die Metallurgie.
2. Die Notwendigkeit zur Erhöhung des spezifischen Anteils von Blechen am Sortiment der Walzwerkerzeugnisse aus Schwarzmetallen stößt kaum auf Widerspruch. Der Anteil von Blech an den Walzwerkserzeugnissen muß für die Perspektivperiode jedoch methodisch richtig festgelegt werden (vor allem für den neuen Fünfjahrplan). Man muß den Anteil an Blechen zugrunde legen, der für den entsprechenden Umfang des Produktionsprogramms im Maschinenbau, im Bauwesen usw. nach den vorhandenen Normen berechnet wurde (zum Ende des laufenden Fünfjahrplans), und ihn unter Berücksichtigung der konkreten, strukturellen Fortschritte korrigieren: Entwicklung der blechverarbeitenden Zweige (Automobilindustrie, Produktion von Kühlschränken, Waschmaschinen, Staubsaugern, Verpackungsmaterial usw.), Steigerung der Produktion von Stahlrohren, Einführung von Metallbearbeitungsverfahren, die vornehmlich auf der Blechverwendung beruhen (Kaltverformen, Schweißen), Steigerung der Anwendung von Stahlkonstruktionen im Bauwesen, Austausch von Guß durch Blechwalzerzeugnisse.
3. Die Mehrheit der Spezialisten ist heute für eine bestimmte Kürzung des Zuwachstempos bei der Produktion von Schwarzmetallguß für die Zukunft (bei bestimmter Steigerung des absoluten Produktionsumfanges). Zur Vermeidung von Disproportionen bei der Versorgung der Wirtschaftszweige mit Metall muß die Senkung des Zuwachstempos der Produktion von Grau- und Stahlguß ermöglicht werden durch Versorgung mit Walzmaterial für alle Fälle der Substitution von Gußerzeugnissen, verbreitete Verwendung von Guß aus Buntmetallegierungen und Einsparung von Gußteilen durch Qualitätssteigerung.
In jedem Einzelfall des Austausches von Erzeugnissen aus einem Metall durch ein anderes müssen komplexe technisch-ökonomische Berechnungen durchgeführt werden, die die Effektivität des vorgesehenen Austausches nachweisen.

IV. TEIL

Reserven der Investitionstätigkeit

In der sozialistischen Wirtschaft sind die Investitionen die materiellen Mittel zur Veränderung der Proportionen in der gesellschaftlichen Produktion, zur Schaffung neuer moderner Zweige, zur Entwicklung der Produktionskapazitäten und der modernen Technik, zur Mechanisierung und Automatisierung der Arbeit. Im Zuge der erweiterten sozialistischen Reproduktion schaffen die Investitionen die Voraussetzungen für die Vollbeschäftigung der arbeitsfähigen Bevölkerung.

Gegenwärtig müssen die Investitionen weniger für die extenvise Entwicklung der Produktionskapazitäten und Betriebe als vielmehr für die Intensivierung des Investitionsbaues und für die besser organisierte und effektivere Durchführung des gesamten Investitionsprozesses eingesetzt werden. Hier gibt es bedeutende ungenutzte Reserven.

Große Verluste der Volkswirtschaft sind durch die langen Inbetriebnahmefristen für neue Produktionskapazitäten bedingt. Das bedeutet bei dem hohen Entwicklungstempo der modernen Technik, daß die Grundfonds noch vor ihrer Inbetriebnahme ökonomisch veralten. Die Verkürzung der Projektierungs- und Aufbauphase und der Inbetriebnahmezeit ist eine wichtige Reserve zur Steigerung der Effektivität von Investitionen.

Neben der Nutzung der vorhandenen Reserven kann man unter heutigen Bedingungen nicht ohne die Lösung der komplexen Aufgaben des Investitonsbaues auskommen. Diese dürfen nicht nur auf die laufenden Bedürfnisse ausgerichtet sein, sondern müssen auch die Ausgangsbasis für die Entwicklung neuer Zweige, neuer Zentren der Industrie und der Landwirtschaft, neuer Gebiete und neuer Transportsysteme schaffen.

Wissenschaftliche Prognosen für die Entwicklung der Technik und der Generalpläne für die Entwicklung und die geographische Anordnung der Zweige, der Industriekomplexe und dergleichen sind die Grundlage dafür, langfristige Investitionsprogramme für 10 bis 15 bis 20 Jahre durchdacht zu verwirklichen.

Bei der Zusammenstellung langfristiger Programme werden Methoden der Investitionsmodellierung unter Einschluß von Bilanzen zwischen

den Zweigen, von großen Systemen und der Netzwerkplanung angewendet.
Die Planung der Investitionen muß jederzeit die strategischen Investitionsaufgaben im Auge behalten und die notwendige Ordnung für die Entwicklung und Realisierung langfristiger Programme festlegen.

KAPITEL 13

Reserven bei den Investitionen im neuen Fünfjahrplan

In letzter Zeit sind umfangreiche Maßnahmen zur Vervollkommnung der Investitionsplanung und zur Durchführung der Wirtschaftsreform im Investitionsbau vorgesehen worden. In den nächsten Jahren geht das Bauwesen schrittweise auf das neue ökonomische System der Arbeit über und führt vollkommenere Kennziffern für die Bewertung der Wirtschaftstätigkeit ein. Gleichzeitig wird die Überprüfung der alten Planpreise zu Ende geführt und eine Umbewertung der Grundfonds vollzogen. Alle diese Maßnahmen sollen der besseren Leitung des Investitionsprozesses dienen. Es muß eine bessere Ausgewogenheit des Akkumulationsfonds und der Investitionsprogramme, eine Ausgewogenheit des Plans für die Bau- und Montagearbeiten und der Kapazitäten der entsprechenden Organisationen, der Ressourcen für die Baustoffindustrie und den Maschinenbau herbeigeführt werden. Es ist beabsichtigt, die notwendigen Proportionen zwischen der produktiven und der nichtproduktiven Akkumulation zugunsten der letzteren herauszustellen. Die Vorbereitungs- und Abschlußarbeiten auf den Baustellen werden mit beschleunigtem Tempo entwickelt.

Nach und nach werden die in den letzten Jahren entstandenen Preisdisproportionen im Investitionsbau und in der Investitionssphäre überwunden. Dabei handelt es sich um die Unterschiede in der Bewertung der wirksamen Grundfonds und der Neuinvestitionen, zwischen den Abschreibungen für die Amortisation und der materiell-technischen Realisierung des Austausches der Grundfonds. Ferner handelt es sich um das Preisniveau für die alte und die neue Technik, für Bauelemente und -ausrüstungen.

Auf diese Weise werden an der Schwelle des neuen Fünfjahrplans günstige ökonomische Bedingungen für den Ersatz und die Erneuerung des vorhandenen Produktionsapparates geschaffen. Diese werden gegenwärtig hin und wieder durch ungünstige Preisverhältnisse für alte und neue Produktionskapazitäten gestört, was den Betrieben Schwierigkeiten nach der Übernahme neuer Objekte macht. Damit werden die Bedingungen für die Steigerung der realen und nicht nur der rechnerischen Effektivität von Investitionen geschaffen.

Schließlich werden für einen wesentlichen Teil der Investitionen schrittweise die Bedingungen für die Rückzahlung und die Erstattung der bewilligten Mittel unter breiter Anwendung langfristiger und kurzfristiger Kredite geschaffen. Dadurch werden wahrscheinlich die ungerechtfertigt hohen Anforderungen an neue Investitionsmittel schrittweise verringert und eine bessere Nutzung der inneren Ressourcen und die Formierung eigener Akkumulationsquellen stimuliert werden.

Im Zusammenhang damit muß man mit Veränderungen in der Reproduktionsstruktur der Investitionen und mit einer Hebung der Rolle der „Selbstfinanzierung" der Zweige (ihrer Vereinigungen und Betriebe) im Investitionsbau rechnen. Das führt zur Steigerung des Anteils von Aufwendungen für den Ersatz, die Modernisierung und die technische Umrüstung vorhandener Betriebe. Das erfordert die Vorbereitung der Maschinenbaukapazitäten und eine Senkung der Preise für die Mechanisierungsmittel und für die Mittel der Automatisierung und Elektronik. Nach unserer Meinung muß sich auch der reale Anteil des aktiven Teils der Arbeitsmittel (Ausrüstungen) an den Investitionen erhöhen.

Die Fragen, die mit der vor uns liegenden Vervollkommnung der Planung und der Realisierung von Investitionen zusammenhängen, sind kompliziert und vielgestaltig.

Eine der Hauptaufgaben bei der Aufstellung eines realen Investitionsplanes besteht in der Bestimmung der Möglichkeiten, wirtschaftliche Maßnahmen zu verwirklichen und neue Entscheidungen zu treffen. Das erfordert wiederum die Festlegung eines Verknüpfungsgrades des Investitionsbaues mit den bereits begonnenen und den abgeschlossenen Entscheidungen.

Statistische Angaben zu diesen Fragen sind in Materialien der Zentralverwaltung für Statistik der UdSSR, der Baubank der UdSSR und anderer Organisationen beleuchtet worden. Nach diesen Angaben belasten die summarischen Plankosten des Investitionsbaues die Bauorganisationen etwa für 5,6 Jahre. Das beweist die Verbindung des Investitionsplanes der nächsten Jahre mit vorher getroffenen Investitionsentscheidungen und mit den Bauarbeiten an bereits im Bau befindlichen Objekten.

Zur Lösung des Problems ist es zweckmäßig, eine breite Dokumentation der zukünftigen Titellisten für den Investitionsbau zu untersuchen, die eine Vorstellung gibt über die Anzahl der Bauten und die veranschlagten Kosten der bereits begonnenen oder der beabsichtigten Bauten. Die genannten Daten beziehen sich auf die Bauten, die über das Limit hinausgehen, das heißt auf einen Teil der Investitionen. Dieser Teil stellt eine sehr bedeutende Größe dar. Für das Jahr 1966 betrugen die über das Limit hinausgehenden Investitionen 65 Prozent aller Investitionen der Industrie, darunter in der

Schwarzmetallurgie 90,6 Prozent, in der Buntmetallurgie 95,9 Prozent, in der chemischen Industrie 98,6 Prozent, in der Erdöl- und Erdgasindustrie 60 Prozent. In einigen Zweigen der Industrie ist deren Anteil geringer. In der Kohleindustrie beträgt er 57,8 Prozent, in der Lebensmittelindustrie 40,1 Prozent usw.[1] Neben einer Untersuchung der Titellisten der Bauobjekte ist die Untersuchung der Planziffern und der Forschungspläne zweckmäßig.

Zur Überprüfung der Schlußfolgerung über den realen Zusammenhang der Investitionen ist im Institut für Ökonomie der Akademie der Wissenschaften der UdSSR eine ökonomische Analyse der Titellisten einiger Industriezweige durchgeführt worden, die 989 Objekte mit projektierten Gesamtkosten von über 50 Md. Rubel erfassen. Im Ergebnis dieser Analyse trat zutage, daß in dem Investitionsvolumen, das noch während des Bestehens der Wirtschaftsräte gebildet wurde und jetzt durch die Ministerien realisiert wird, viele Objekte enthalten sind, deren ökonomische Effektivität in Zweifel steht und deren volkswirtschaftliche Bedeutung überprüft werden muß.

Nach unserer Meinung sind eine gleichzeitige Inventarisierung der Investitionsobjekte und eine ökonomische Klassifizierung nach der volkswirtschaftlichen Bedeutung und der Effektivität notwendig. Diese Maßnahmen müssen am Vorabend des neuen Fünfjahrplans durchgeführt werden. Veraltete Bauten, die unsere zukünftigen Entscheidungen behindern und unsere Manövrierfähigkeit einschränken, müssen dabei aus den vorhandenen Objekten und aus den Voranschlägen gestrichen werden.

Die Untersuchung der Titellisten und der veranschlagten Kosten für die Objekte der Schwarzmetallurgie zeigte, daß die veranschlagten Kosten der begonnenen 330 Bauten ungefähr 30 Md. Rubel betragen. Der Rest an veranschlagten Kosten, der über das Jahr 1970 hinausgeht, erreicht 8,2 Md. Rubel. Gegenwärtig sind zusätzliche Objekte für eine Summe von 4 Md. bestätigt. Außerdem steigt diese Summe im Zuge der Präzisierung und Korrektur der überschläglichen Kostenberechnungen gegenüber den früher bestätigten Bauten (das heißt 30 Md. Rubel) nach orientierenden Berechnungen des Ministeriums für Schwarzmetallurgie der UdSSR ungefähr um 4 Md. Rubel. Im Ergebnis erhöht sich der übertragene Rest an veranschlagten Kosten für die Bauten der Schwarzmetallurgie auf 16,2 Md. Rubel. Mit einer Korrektur für eine gewisse Verringerung der Investitionen in den Jahren 1960 bis 1970 beträgt dieser Rest ungefähr 16,7 Md. Rubel.

[1] 1967 wurde das äußerste Limit erhöht, und der Anteil der Investitionen über das Limit sank. Das widerspiegelt sich jedoch nicht in unseren Schlußfolgerungen, die auf repräsentativen Informationen von 1966 beruhen.

Wenn man den mittleren jährlichen Investitionsumfang in der Schwarzmetallurgie in der Perspektivplanperiode mit 3,5 Md. Rubel (gegenüber 3,15 Md. Rubel im Plan für 1970) annimmt, dann beträgt die Gesamtsumme der Investitionen für das Jahrfünft 18 Md. Rubel. Damit sind 92,7 Prozent der Investitionen gebunden. Es versteht sich, daß bei einem höheren Entwicklungstempo des Zweiges in der Zukunft ein geringerer Anteil gebunden sein wird.

Der Rest an „nichtgebundenen" Investitionen von 1,3 Md. Rubel kann für den Aufbau eines modernen metallurgischen Werkes (Leistung bis 6 Mio t Stahl im Jahr) oder für die Schaffung von Vorlauf für zwei neue metallurgische Werke verwendet werden.

Das Studium der Titellisten und der veranschlagten Kosten für Objekte der erdölverarbeitenden Industrie und der Petrolchemie zeigte, daß zum 1. Januar 1968 die summarischen Plankosten der Objekte dieses Zweiges 14,3 Md. Rubel betrugen. Bis zum 1. Januar 1966 waren Investitionen für 4,1 Md. Rubel getätigt. Bis zum Ende des Aufbaues verbleibt die Erledigung von Arbeiten im Wert von 10,2 Md. Rubel. Nach präzisierten Angaben beträgt das Investitionslimit für das Jahrfünft 4,95 Md. Rubel. Damit beträgt der Überhang (Rest) an Plankosten über das Jahr 1970 hinaus ungefähr 5,3 Md. Rubel.

Nimmt man das Jahresmittel der Investitionen in der erdölverarbeitenden Industrie und in der Petrolchemie in der Perspektive mit etwa 1,5 Md. Rubel an (im laufenden Fünfjahrplan betrugen die Investitionen im Jahresmittel etwa 1 Md. Rubel), kann man bestimmen, daß die Investitionstätigkeit des Zweiges mit vorhergegangenen Arbeiten und Entscheidungen über 1970 hinaus bis auf etwa 3,5 Jahre gebunden ist. Wenn das Volumen der Investitionen in der Perspektive genauso groß wird wie im laufenden Fünfjahrplan, dann sind 5 Jahre oder 100 Prozent gebunden. Zum Unterschied von den bereits betrachteten Zweigen ist für die erdölverarbeitende Industrie und die Petrolchemie ein großer Bauumfang an neuen Betrieben vorgesehen. In den Jahren 1966 bis 1970 wurde der Aufbau von 15 neuen Werken begonnen. Der gesamte Überhang an Plankosten beträgt für die untersuchten Zweige der Industrie ungefähr 27 Md. Rubel. Die mögliche jährliche Zuwendung ist mit 6,5 Md. Rubel festgelegt. Damit sind die Investitionen für ungefähr 4,2 Jahre gebunden.

Es entsteht die Frage, wie hoch muß der normale oder genaue normative Überhang an Objekten, Kapazitäten und Plankosten sein, der in das folgende Jahrfünft übergeht. Für diese Periode muß man die notwendigen Überhänge bestimmen und die Projekte und die erforderlichen Ausrüstungen schon während des Investitionsbaues im laufenden Fünfjahrplan vorbereiten.

Die notwendigen Plankosten der Bauten betragen nicht mehr als 72 Md. Rubel. Das geht aus Untersuchungen der Baubank der UdSSR hervor, denen Zahlen über die mittleren jährlichen Produktionsinvestitionen der Jahre 1968 bis 1970 zugrunde liegen, die in bestätigten Plänen – bei einer mittleren Bauzeit industrieller Objekte von 3 Jahren – vorgesehen sind. Die Summe von 72 Md. Rubel war um 51 Md. Rubel geringer als die wirkliche Summe.

Diese Berechnung gibt eine Vorstellung von der notwendigen Konzentration der Investitionstätigkeit. Sie zeigt, wie sie in einen rationallen Rahmen zu bringen ist, der durch die Finanzierung und durch Bauzeitnormen bestimmt wird.

Es gibt einen Beschluß des ZK der KPdSU und des Ministerrates der UdSSR „Über die Vervollkommnung der Investitionsplanung und über die Verstärkung der ökonomischen Stimulierung der Bauproduktion" vom 28. Mai 1969, Nr. 389. Darin wird festgestellt, daß bei der Planung und bei der Realisierung von Bauten nicht der notwendige Zusammenhang des Investitionsumfanges mit den finanziellen und materiell-technischen Ressourcen und mit den Kapazitäten der Bau- und Montageorganisationen gewahrt und eine Zersplitterung der Mittel auf eine Vielzahl von Objekten zugelassen wird.

Nicht selten werden die Bauten wegen des langsamen Bautempos nach bereits veralteten Projekten, nach rückständigen oder unrealistischen technologischen Schemata errichtet. Vom Standpunkt der formellen Forderungen, die an den Investitionsbau gestellt werden, entsprechen diese Bauten scheinbar allen Anforderungen: Sie fallen in die Rubrik der überhängenden Objekte, haben Projekte und Voranschläge und sind durch die Kapazitäten der Bauorganisationen gesichert. Aber der Zusammenhang der künftigen Werke mit den Zulieferern und Verbrauchern hat sich womöglich verändert. Deren Kapazität ist wahrscheinlich für eine andere Produktion berechnet, als sie gegenwärtig gefordert wird.

Welches Kriterium muß man bei der Konzentration der Investitionen anwenden? Die Ausrichtung der Investitionen, das notwendige Ausmaß beim Aufbau neuer Produktionskapazitäten und die Modernisierung vorhandener Grundfonds muß in Übereinstimmung gebracht werden mit den hauptsächlichen ökonomischen und Planaufgaben der heutigen Periode. Die notwendige Anzahl von Objekten und deren Gesamtkosten nach dem Voranschlag müssen mit den Möglichkeiten der jährlichen Finanzierung nach Zweigen und nach Bauzeitnormen übereinstimmen. Nur dann hat jeder Neubau einen realen Ablaufplan mit normaler Finanzierung und materiell-technischer Versorgung.

Nach vorhandenen Werten übersteigen die veranschlagten Kosten und die Anzahl gleichzeitg im Bau befindlicher Objekte die finanziellen Ressourcen

und die Normen der Bauzeit um des 1,5- bis 2fache. Diese Größe muß bei den Arbeiten zur Konzentration der Investitionen berücksichtigt werden. Im Ergebnis der Inventarisierung muß sie verschwinden.
Bedeutet aber der Vorschlag einer straffen Konzentration der Investitionen und einer Kürzung des Überhangs an Plankosten nicht gleichzeitig eine Verminderung des Tempos unserer ökonomischen Entwicklung? Die zeitweilige Konzentration von Bauarbeiten macht einen intensiveren Umlauf der Mittel im Investitionsbau und eine rasche Steigerung der Übernahme neuer Kapazitäten in die Produktion möglich und damit auch eine Steigerung der Produktion. Das ist keine Verringerung, sondern eine Steigerung des Tempos und der Effektivität der gesellschaftlichen Produktion. Was die Reserven für die nachfolgende Entwicklung angeht, so muß man sie ständig mit den vorhandenen Normativen in Übereinstimmung bringen. Analoge Forderungen muß man bei der Bewilligung von Mitteln für Neubauten stellen. Auch dabei ist es notwendig, die normative Bauzeit, die schnelle Übernahme der Objekte in die Produktion, die Einhaltung normativer Reserven usw. zu gewährleisten.
Die zweite große Frage, die untersucht werden muß, ist die Frage nach dem physischen Umfang der Investitionen. Aus den umfangreichen Zahlen über die Erhöhung der veranschlagten Kosten des Investitionsbaues müssen die richtigen ökonomischen Schlußfolgerungen gezogen werden.
Nach vorliegenden Zahlen stiegen die veranschlagten Baukosten nach der Planbestätigung im Jahre 1962 um 12,4 Md. Rubel, 1963 um 15,6 Md., 1964 um 14,6 Md,. 1965 um 21,6 Md., 1966 um 18,8 Md. und insgesamt in 5 Jahren ungefähr um 83 Md. Rubel. Das sind fast 21 Prozent im Vergleich zu der bestätigten Kostensumme, die in den Plan aufgenommen wurde.
Nach Materialien der Staatlichen Baukommission der UdSSR über die Ergebnisse einer Untersuchung der Ursachen für die Steigerung der veranschlagten Baukosten im Jahre 1966 wird darauf hingewiesen, daß im Bereich des Ministeriums für Energetik und Elektrifizierung (43 Bauten) diese Steigerung 47 Prozent betrug; im Bereich des Ministeriums für Melioration und für Wasserwirtschaft (17 Bauten) 77 Prozent, im Bereich des Ministeriums für chemische Industrie (33 Bauten) 39 Prozent, im Ministerium für Schwarzmetallurgie (13 Bauten) 39 Prozent, im Ministerium für Buntmetallurgie (15 Bauten) 20 Prozent, im Ministerium für Kohleindustrie (26 Bauten) 26 Prozent, im Ministerium für Holz-, Zellulose-, Papier- und Holzverarbeitungsindustrie (24 Bauten) 24 Prozent, im Ministerium für Leichtindustrie (23 Bauten) 22 Prozent, im Ministerium für Erdölverarbeitung und Petrolchemie (13 Bauten) 19 Prozent, im Ministerium für Automobilindustrie 27 Prozent, im Ministerium für Fleisch- und Milchindustrie 25 Prozent, im Ministerium für Schwer-, Energiemaschinen- und Transport-

maschinenbau 33 Prozent, im Ministerium für Landwirtschaft 33 Prozent, im Ministerium für Gasindustrie 76 Prozent usw. Insgesamt betrug die Steigerung in 369 Objekten von 44 Ministerien und Verwaltungen bei veranschlagten Gesamtkosten der Objekte von 5254,7 Mio Rubel 34 Prozent.

Die Ursachen für die Steigerung der Kosten nach der Planbestätigung bestehen in unzureichender Arbeit der Projektierungsorgane, in der Steigerung der Preise für Ausrüstungen, Baustoffe und anderes. Gegenwärtig hat die Abänderung der Voranschläge einen so bedeutenden Umfang angenommen, daß man sie als bestimmte ökonomische Erscheinung, als bestimmte Besonderheit des Investitionsprozesses ansehen muß. Sie erfordert operative Schlußfolgerungen und eine vorsichtigere Bewertung des realen Akkumulationsumfanges. Ferner erfordert sie die Berechnung der Investitionen nach den veränderlichen Plankosten und auch nach dem physischen Umfang, das heißt unter Berücksichtigung des Verteuerungsindexes.

Die Berechnung des physischen Investitionsumfanges ist um so wichtiger geworden, weil bereits über eine längere Zeit große Unterschiede zwischen der Erfüllung des Plans für die Inbetriebnahme neuer Kapazitäten und des Plans für die Realisierung von Investbauten beobachtet werden. Es ist bekannt, daß in den Jahren 1959 bis 1965 der Plan für die Nutzung der Investitionen in der Schwarzmetallurgie zu 92 Prozent erfüllt wurde. Der Plan der Inbetriebnahme von Kapazitäten für Gußstahl wurde zu 64 Prozent, für Stahl zu 73 Prozent und für Walzmaterial zu 67 Prozent erfüllt. In der Kohleindustrie wurden 92 Prozent der Investitionen in Betrieb genommen, die im Plan vorgesehen waren. Die Inbetriebnahme neuer Kapazitäten betrug 58 Prozent. Im Maschinenbau verhalten sich diese Zahlen wie 121 zu 50 bis 80 Prozent.[2]

In allen Leitungsdirektiven zur Vervollkommnung der Investitionsplanung wird die Inbetriebnahme von Produktionskapazitäten und Grundfonds als Hauptplanziffer vorgesehen und nicht der Mittelverbrauch nach dem Investitionsplan. Die Kennziffer für die Inbetriebnahme von Kapazitäten bezeichnet in Wirklichkeit auch den Übergang zur Planung des physischen Investitionsvolumens.

Unter den heutigen Bedingungen muß man die Planungsberechnungen folgerichtig nach Kennziffern des physischen Volumens der Investitionen, und zwar in erster Linie nach der Inbetriebnahme von Produktionskapazi-

[2] Diese Gegenüberstellung muß ergänzt werden durch einen Vergleich der genutzen Investitionen (im Vergleich zum Plan) mit der Erfüllung des Plans zur Inbetriebnahme von Grundfonds, was den Einfluß der unvollendeten Bauten ausschaltet.

täten, durchführen. Damit können die Planung und die Stimulierung des Bauprozesses über die Kennziffern der Warenproduktion statt über die Gesamtkosten erfolgen.

Außerdem muß man für die Zeit, bis die Zusammenstellung der Voranschläge nach den Investitionsobjekten vollständig in Ordnung gebracht ist und solange ungerechtfertigte Erhöhungen der veranschlagten Kosten vorkommen, Korrekturfaktoren (Indizes) für die Plankosten der Objekte vorschlagen, die in den Plan aufgenommen werden. Dadurch sollen rein wertmäßige Veränderungen ausgeschlossen und zur Berechnung und Planung von physischen Investitionsvolumina übergegangen werden. Der Übergang des Bauwesens zu neuen Voranschlagspreisen im Jahre 1969 erleichtert wahrscheinlich die Lösung der Aufgabe, wenn sie auch nicht zur Umrechnung auf neue einheitliche Bewertungen führt.

Wir haben bereits darauf hingewiesen, daß der Korrekturfaktor (Verhältnis der Fondskosten zu den Plankosten der Investitionen) ungefähr[3] 1,25 beträgt. Diese Korrektur ist charakteristisch für die Übergangszeit von den Bedingungen der Jahre 1956 bis 1960 (als die vorhandenen Grundfonds einheitlich in Preisen von 1955 bewertet wurden) zu den Bedingungen von 1961 bis 1965. Dabei haben sich gewissermaßen zwei Umstände summiert:

1. Zu Beginn des Jahres 1960 waren die Grundfonds im Minimum um 10 Prozent im Vergleich zu ihren Wiederbeschaffungskosten unterbewertet;
2. der Wert der Fonds, die unmittelbar nach der Generalinventur in die Nutzung übergeführt wurden, war im Minimum um 10 bis 15 Prozent höher.

Im Jahre 1963 wurde in der DDR eine Umbewertung der Fonds durchgeführt. Interessant ist, daß der Wert der Grundfonds nach der Umbewertung von 55,7 Md. auf 84,6 Md. Mark wuchs. Der Umbewertungsfaktor betrug 1,51 (für die Textilindustrie sogar 2,18). Die in der DDR durchgeführte Umbewertung der Grundmittel stimulierte die rationelle Nutzung der Grundfonds. Vor der Umbewertung war es für die Betriebe wegen des geringen Wertes der eingesetzten Fonds vorteilhaft, die alte Technik zu benutzen, obwohl die neue eine Steigerung der Produktion und der Arbeitsproduktivität ermöglichte. Gleichzeitig wurden die realen Aufwendungen unterbewertet, die für die einfache Reproduktion nötig waren. Die Amortisationsnormen waren zu gering, und die Investitionsstruktur wurde entstellt (der Anteil von Neubauten wuchs unbegründet).

Das Problem der richtigen Umbewertung ist nicht ein Berechnungsproblem und auch kein rein methodisches. Es ist das Problem der ökonomischen

[3] Kvaša, Ja., Krasovski, V., Kapitalnoe stroitelstvo i problema vozmeščenija [Der Investitionsbau und das Problem des Ersatzes], in: Voprosy ėkonomiki, 11/1964.

Orientierung des Investitionsprozesses, Solange die vorhandenen Fonds die alte Bewertung haben, die den Bedingungen ihrer Wiederherstellung und ihres Ersatzes nicht entspricht, so lange sind sie billiger und vorteilhafter als die neuen Fonds. So lange existiert die Tendenz zur Erhaltung und Instandsetzung. Die Wiederbeschaffungsbewertung der Fonds beseitigt die Unterschiede in der Messung der Investitionen und der Grundfonds. Sie schafft die Bedingungen für die ökonomische Vorteilhaftigkeit neuer Betriebe und neuer Technik. Deswegen sehen die ökonomischen Reformen, die in den sozialistischen Ländern durchgeführt werden, die Umbewertung der Grundfonds als wichtigste Voraussetzung für die Schaffung eines normalen ökonomischen Klimas in der Investitionssphäre vor.
In den Jahren 1966 bis 1968 stagnierte die Abkehr von der Basis der vergleichbaren Preise von 1955 etwas. Die Kontrolle über die örtlichen und vorläufigen Preise von seiten des Staatlichen Komitees für Preise bei der Staatlichen Plankommission der UdSSR wurde verstärkt. Am 1. Juli 1967 wurden jedoch neue Großhandelspreise für Industrieerzeugnisse und neue Tarife für den Transport eingeführt. Diese neuen Preise wurden wesentlich erhöht für Kraftstoffe, Metall, Holz, Baumaterial und Elektroenergie. Der Einfluß dieser Erhöhungen auf die Voranschlagspreise wird in den von der Staatlichen Baukommission der UdSSR vorbereiteten Übergangsfaktoren von den Voranschlagpreisen des Jahres 1955 zu den Preisen des Jahres 1969 widergespiegelt. Bereits jetzt sind vorläufige Gegenüberstellungen, neuer und alter Voranschlagpreise für viele Baustoffe, örtliche Materialien, Erzeugnisse und Konstruktionen, Rohre und Sanitärtechnik vorbereitet worden. Die Voranschlagpreise für solche Materialien wie Stahlbetonfertigteile und andere Erzeugnisse stiegen 1969 ungefähr um 21 Prozent. Dabei stiegen Ziegelsteine um 40 Prozent, Armierungen für monolitische Stahlbetonkonstruktionen um 72 Prozent, Stahlkonstruktionen um 51 Prozent, Schnittholz um 100 Prozent usw. Außerdem stiegen die Lohnkosten im Mittel ungefähr um 11 Prozent und die Einsatzkosten für Baumaschinen und Mechanismen um 15 Prozent. Insgesamt stiegen die Voranschlagkosten der übrigen Materialien nicht weniger als um 18 Prozent. Im ganzen wurde eine Steigerung der neuen Voranschlagspreise in den Grenzen von 18 bis 20 Prozent erwartet.
Genauere Ziffern erschienen unlängst durch Arbeiten zur Umrechnung der Plankosten von Objekten, die zum 1. Januar 1969 nicht erfüllt waren, nach neuen Plankosten, Großhandelspreisen und Tarifen. Diese Ergebnisse ergaben einen höheren Verteuerungsindex in der Größenordnung von 1,3.
In der Perspektivperiode werden die neuen Planpreise gültig sein. Für diese Periode kann man den Index 1,3 voraussetzen.

Zur Umrechnung der vorhandenen Daten des Investitionsumfangs auf eine einheitliche Planbewertung nach dem Niveau von 1956 bis 1960 muß man folgende Investitionsindizes verwenden (zu den Preisen von 1955):

	6. Fünfjahrplan	7. Fünfjahrplan	8. Fünfjahrplan	9. Fünfjahrplan
Index vergleichbarer Preise	1,0	1,25	1,40	1,55
% zur vorausgegangenen Periode	–	125	112	111

Nach unserer Ansicht ist die Höhe der Beispielsindizes minimal und dadurch gerechtfertigt, daß vorgesehen ist, sie bei der Bestimmung nicht nur der Produktionsinvestitionen, sondern der Investitionen in allen Sphären der Volkswirtschaft zu verwenden, wo die Angaben über die Dynamik der Voranschlagskosten weniger untersucht sind.
Neben der Aufstellung abgeleiteter volkswirtschaftlicher Indizes für die Investitionskosten ist es eine durchaus aktuelle Aufgabe, die Indizes nach Gebieten zu untersuchen (wobei man die großen Unterschiede auf dem riesigen Territorium der UdSSR beachten muß).
In der Sphäre der materiellen Produktion werden in den Jahren 1971 bis 1975 die reichen natürlichen Ressourcen der östlichen Gebiete der UdSSR erschlossen. In diesen Gebieten ist der Anteil von Zonen mit besonderen Baubedingungen hoch (die Zone des Nordens, die Zone der Erdbeben, die Zone der Wüsten und Halbwüsten und schließlich die Westsibirische Tiefebene). Nach Berechnungen eines Forschungsinstituts (NIIES) der Staatlichen Baukommission der UdSSR nimmt das Baugeschehen in den Gebieten mit besonderen Bedingungen etwa 20 Prozent des Gesamtumfangs in der Union ein.
Die gegenwärtig gültigen, nach Landeszonen gestaffelten Indizes für die Baupreise sind veraltet und müssen unter Berücksichtigung der neuen Planpreise und der bevorstehenden neuen Verteilung des Investitionsbaues überprüft werden. Insgesamt muß berücksichtigt werden, daß das neue Preissystem, das ab 1971 alle Sphären und Zweige der Volkswirtschaft erfassen wird, die früheren Preisverhältnisse sehr stark verändern wird. Die Proportionen der Unterabteilungen der gesellschaftlichen Produktion und ihrer einzelnen Zweige werden anders dargestellt werden. Man kann unterstellen, daß der Übergang zu neuen Preisen den Anteil der Landwirtschaft am Gesamtprodukt erhöht, das Verhältnis der Gruppen A und B der gewinnenden und der verarbeitenden Zweige der Industrie verändert und eine Veränderung des Anteils des Maschinenbaues und anderer Zweige nach sich zieht.

Die dritte Frage ist die Vervollkommnung der zentralisierten Investitionsplanung auf der Grundlage langfristiger komplexer Bauprogramme. In der letzten Zeit wurden in verschiedenen Zweigen der Volkswirtschaft und in deren großen Unterzweigen komplexe Programme des neuen Investitionsbaues für die langfristige Perspektive ausgearbeitet. Die Realisierung vieler dieser Programme erfordert wesentliche Investitionen.
Das Programm zur beschleunigten Entwicklung des Transportwesens und der Entwicklung des Transportnetzes sieht eine Steigerung des Anteils an Investitionen vor. Das Programm wasserwirtschaftlicher Maßnahmen, die im Generalschema zur Entwicklung der Wasserwirtschaft der UdSSR vorgesehen sind, erfordert sehr hohe Investitionen. Das Programm zur Entwicklung der erdölfördernden Industrie sieht eine wesentliche Steigerung der Erdölförderung und ein Wachstum der Investitionen vor.
Das Programm zur Entwicklung einer mächtigen Basis für die Produktion von Kupfer und Nickel in Norilsk ist verbunden mit neuen großen Eisenbahnbauten, mit der Entwicklung von Übertragungsnetzen für Elektroenergie und Gas und dergleichen mehr. Die Erweiterung des Bergbau- und metallurgischen Kombinats von Norilsk kann man in zwei Varianten projektieren: mit der komplexen Entwicklung aller Produktionszweige im äußeren Norden oder unter Verlagerung vieler Betriebe in die erschlossenen Gebiete Sibiriens mit hochentwickelter Energetik. Programme zur Entwicklung der Gasindustrie, der Exportindustrie, des Wohnungsbaues und anderer Zweige werden vorbereitet oder sind in Bearbeitung.
Die Verwirklichung der genannten großen Bauprogramme muß unter Berücksichtigung der Anspannung der Investitionsressourcen nach Etappen vonstatten gehen und die wichtigsten Arbeiten für das kommende Jahrfünft aussondern. Die langfristigen Investitionsprogramme müssen wegen ihrer volkswirtschaftlichen Bedeutung und der riesigen Aufwendungen im Fünfjahrplan als spezielle Plandokumente ausgefertigt werden. Sie dürfen nicht willkürlich zerstückelt oder verzerrt werden. Die Erfahrungen zeigen, daß bei großen Bauprogrammen der erforderliche Effekt nicht erzielt wird, wenn diese ihre Geschlossenheit verlieren. So wurde das Kraftwerk von Bratsk in Betrieb genommen, ohne daß gleichzeitig die Industrie energieaufwendiger Prozesse aufgebaut war.
Die unzureichende Koordinierung einzelner Investitionsprojekte führt manchmal zu großen Verlusten. Es ist zum Beispiel bekannt, daß sich ungefähr 300 km der Eisenbahnmagistrale Tajšet – Lena einschließlich einer neuen Brücke über die Angara im Überflutungsgebiet des Kraftwerkes Bratsk befanden.
Auch in der verarbeitenden Industrie ist die Notwendigkeit zur systematischen Planung der Investitionen unter Berücksichtigung der Entwick-

lung von Begleitzweigen (besonders für die Lieferung von Halbfabrikaten und Rohstoffen, der Beschaffung von Anlagen durch den Import, der Entwicklung von Forschungsarbeiten und ähnlichem) immer dringender fühlbar. So erwies sich zum Beispiel die Errichtung des großen Automobilwerkes in Togliatti wirklich als richtiges Investitionsprogramm. Es erfordert gleichzeitig die Entwicklung des Komplexes von zugehörigen Betrieben in der Gummiindustrie, in der Textilindustrie, in der Glasindustrie, in der metallurgischen, der chemischen und der elektrotechnischen Industrie und in anderen Industriezweigen. Es erfordert den Aufbau von Werken zur Produktion von Teilen und Halbfabrikaten, die Koordinierung der Arbeit von Projektierungsinstituten, der Lieferungen aus Italien und die Koordinierung der Tätigkeit einer riesigen Anzahl von Bau- und Montageorganisationen.

Das Programm zur Entwicklung der energetischen Systeme erfordert die Berücksichtigung der Kooperation der Kraftwerke, die notwendigen Verbindungen mit der Entwicklung der Brennstoffindustrie, des Transportwesens, der Atomenergetik usw. Beim Aufbau von Wasserkraftwerken müssen komplexe Probleme gelöst werden, die mit der Regulierung der Flüsse, mit der Binnenschiffahrt, mit der Fischwirtschaft, mit der Kompensierung der Verluste durch das Überfluten von Wäldern, Weiden und Ackerflächen usw. zusammenhängen.

Bei der Planung von Bauprogrammen müssen verknüpfte Ablaufpläne angewandt werden, die die Beziehungen der vielen Organisationen, die an der Ausführung komplexer Programme beteiligt sind, berücksichtigen (zum Beispiel die Abschlußtermine für die Voruntersuchungen, für die Versuchsarbeiten, die Termine für die Projekte in der erforderlichen Reihenfolge für die Bauzyklen nach deren Etappen, für die Lieferung der wichtigsten Ausrüstungen und dergleichen mehr). Bei der Projektierung komplexer verknüpfter Ablaufpläne muß die Netzwerkplanung angewandt werden.

Die operative Beobachtung, die Regulierung und die Kontrolle der wichtigsten Programme des Investitionsbaues, die in der Regel zwischenzweiglichen Charakter tragen, erfordern die Schaffung von Dispatcherstabsdiensten, die für jedes Programm verantwortlich sind und mit großen elektronischen Rechenmaschinen, Fernschreibern, Dokumentationen usw. ausgerüstet sind.

Wahrscheinlich kann ein wesentlicher Teil der Aufgaben, die von den gesamtstaatlichen großen Programmen gestellt werden, erfolgreich durch spezialisierte Bauministerien (zum Beispiel für den Aufbau von Kraftwerken, Brennstoff- und chemischen Fabriken, Leicht- und Lebensmittelindustrie, Transportbau, Landwirtschaftsbau usw.) erfüllt werden. In diesem Falle müssen die spezialisierten Ministerien jedoch so etwas wie die Funktion des Generalauftragnehmers gegenüber dem Staat übernehmen und die Arbeiten des gesamten Netzes von Organisationen verschiedener Unterstellungsverhältnisse, die mit der Realisierung des Investitionsprogramms zusammenhängen, leiten.

In den Fällen, in denen völlig neue Zweige und Richtungen der Technik aufgebaut oder besonders wichtige komplexe Aufgaben gelöst werden müssen, ist es möglicherweise notwendig, spezielle Organe zu schaffen. Als Prototyp dafür kann die Regierungskommission zur Wiederherstellung von Taškent oder die Kommission für den Fernen Osten dienen.

Neben der rationellen Organisation großer Neubauobjekte nach komplexen Programmen muß man sich auch auf die Erfüllung einer anderen Aufgabe vorbereiten. Es muß eine solche Veränderung im Profil der Werke des Maschinenbaues und der Bau- und Montageorganisationen vorgesehen werden, die nicht nur die Versorgung der großen Neubauten oder des ausgedehnten Wohnungsbaues durch diese Organisationen gewährleistet, sondern auch die immer größer werdenden Investitionsarbeiten zur Intensivierung, zum Ersatz, zur Umrüstung, zur Modernisierung des vorhandenen Produktionsapparates. Derartige Arbeiten erfordern wahrscheinlich einen wesentlichen Teil der Investitionen in der Perspektivperiode.

Gegenwärtig sind die Investitionen auf die Errichtung sehr großer Objekte orientiert. Dadurch ist die Schaffung mächtiger Betriebe für Montagekonstruktionen und Teile charakteristisch, die für große Gebäude, schwere Dächer und tiefe Fundamente und dergleichen ausgelegt sind. Für Arbeiten innerhalb tätiger Betriebe sind große Teile, die sich beim Einbau schlecht anpassen lassen, nicht notwendig. Erforderlich sind dagegen monolitischer Beton, Ziegelsteine, kleine Bauteile und Konstruktionen. Entsprechend sollten die Betriebe des Maschinenbaues auch auf die Herstellung von kleinen Maschinen und Anlagen ausgerichtet werden, die in arbeitenden Betrieben ohne deren völligen Abriß und Umbau eingesetzt werden können. Es entstehen analoge Forderungen an die Metallurgie.

Man kann noch weitergehen und die Frage nach den möglichen Wegen zur Entwicklung des Vertragsbauwesens stellen. Oft wird eine weitere vorbehaltlose Erweiterung der Rolle des Vertragsbaues gefordert und über das Vorhandensein des sogenannten Wirtschaftsbaues geklagt. Diese Frage verdient unter Berücksichtigung der neuen Bedingungen Beachtung. In einer Reihe von Zweigen entsteht immer mehr die Notwendigkeit, die wachsende Bedeutung spezifischer Montagearbeiten zu berücksichtigen, die mit neuen und orginellen technologischen Schemata zusammenhängen und spezielle Kenntnisse der Technologie und der Organisation der betreffenden Zweige erfordern.

In den USA haben viele große Industrie-, Transport- und Energiefirmen Bauabteilungen. Der Aufbau solcher Abteilungen hängt nicht nur mit der Spezifik der kapitalistischen Produktion zusammen, sondern hauptsächlich mit den Forderungen des wissenschaftlich-technischen Fortschritts. Unter modernen Bedingungen erfordern die Konstruktion und die Montage neuer Anlagen tiefgreifende Kenntnisse des Produktionsprozesses im neuen Zweig oder in der Produktion. Über diese Kenntnisse verfügen gewöhnlich die Spezialisten der Firmen, in deren Laboratorien und Betrieben die neuen technologischen Prozesse ausgearbeitet werden. Deshalb werden die Projektierungs- und nicht selten auch die Bau- und Montagearbeiten für die ersten Betriebe beim Auftauchen neuer Produktionsarten nicht durch spezialisierte Baufirmen, sondern durch die Firmen, die den neuen technologischen Prozeß ausgearbeitet haben, selbst durchgeführt. Den größten ökonomischen Effekt durch die Schaffung von Bauabteilungen haben in den USA die Firmen der Chemie, der Petrolchemie und des Raketenbaues sowie die Betriebe, die Baustoffe produzieren.
In der UdSSR gibt es eine Vereinigung der Produktion mit der Durchführung von Bau- und Montagearbeiten in der Energetik. Im Ministerium für Energetik und Elektrifizierung der UdSSR sind Planung und Leitung sowohl der Nutzung vorhandener Energiesysteme als auch des Neubaues konzentriert. Hier sind große Erfahrungen über den spezialisierten Bau und die Montage angesammelt worden. Analog wird die Frage auch im Ministerium für Gasindustrie der UdSSR gelöst. Die technologische Montage wird jedoch durch Organisationen des Ministeriums für Montage- und Spezialbauarbeiten durchgeführt. Das ist kaum rationell, wenn man die Vielfaltder Produktions- und apparativen Schemata in der analogen chemischen Produktion betrachtet. Wahrscheinlich ist es zweckmäßig, spezialisierte Montageorganisationen in den entsprechenden Zweigministerien zu schaffen, und zwar besonders dort, wo intensive Untersuchungen und Versuchsarbeiten zur Einführung neuer Prozesse und neuer Anlagen durchgeführt werden. Schließlich sollte man dort, wo die reinen Bauarbeiten und die Planung von Betriebsgelände und Abteilungen eng mit den Besonderheiten der neuen Produktionsschemata und der Kommunikation verbunden ist, den Zweigministerien nicht nur die Montagekapazität, sondern auch die entsprechenden Bauorganisationen übergeben.
Damit geht es durchaus nicht um die Wiederbelebung der alten Methoden des „Wirtschaftsbaues“. Unter den neuen Bedingungen der schnellen Erneuerung der Technik, der wachsenden Kompliziertheit technologischer Schemata und Kommunikationen und ihrer ständigen Vervollkommnung in Laboratorien und Versuchsanlagen wird die zentralisierte Form der Montage, die von der Spezifik und von der Forschungsarbeit der ent-

sprechenden Produktion weit entfernt ist, immer weniger effektiv. Eine Zentralisierung rechtfertigt sich nur bei technologisch einfacheren Zweigen und bei relativ stabilen technischen Lösungen.
Eine analoge Situation entsteht auch bei der Modernisierung der Betriebe. Die Investitionen für diese Zwecke erfordern eine spezifische materiell-technische Sicherstellung, weil sie im wesentlichen Maße mit dem Austausch und der Erneuerung der Anlagen zusammenhängen. Das wird von den Versorgungsorganen nicht berücksichtigt und führt zu unvollkommener Belieferung mit Ausrüstungen und technologischen Konstruktionen. Die Baudurchführung, die mit der Modernisierung verbunden ist, hat ihre Besonderheiten. Sie erinnert ihrem Charakter nach eher an Arbeiten zur Grundüberholung als an den Großbau wie auf unseren Großbaustellen. Im Zusammenhang damit ist es offenbar unzweckmäßig, die Durchführung derartiger Arbeiten den gleichen Bau- und Montageorganisationen zu übertragen, die auch die Neubauten errichten. Die Erfahrungen zeigen, daß bei einer solchen Vereinigung alle Ressourcen und Kräfte vorrangig auf die Durchführung der Großbauten gerichtet werden. Wahrscheinlich muß man in jedem Zweig spezialisierte Organisationen für die Arbeiten zur Modernisierung und zum Ersatz der ausgesonderten Fonds in laufenden Betrieben schaffen. Auch hier geht es nicht um eine Wiederbelebung des alten „Wirtschaftsbaues“, sondern um eine rationellere Organisation der Arbeiten, die auf dem Territorium tätiger Betriebe durchgeführt werden.

Die vollständige Inbetriebnahme neuer Grundfonds und neuer Produktionskapazitäten ist ein wichtiger Weg zur Mobilisierung großer Reserven unserer Wirtschaft und zur Senkung der Anforderungen an neue Investitionen. Gegenwärtig beträgt der Rückfluß neuer Fonds etwa 60 Prozent des Rückflusses alter Fonds. Kann man sagen, daß das dem Niveau der Inbetriebnahme neuer Fonds entspricht? Auf das genannte Verhältnis wirkten preisliche Unstimmigkeiten in der Bewertung der alten und der neuen Fonds. Der Unterschied von 40 Prozent im Fondsrücklauf ist wahrscheinlich nur zur Hälfte durch diese Unstimmigkeiten erklärbar. Außerdem muß man auch die Tendenzen der Investitionsaufwendigkeit in den Zweigen im Zusammenhang mit den modernen Fortschritten in ihrer Struktur und im technischen Profil kennen. Deshalb ist es nicht möglich, den Vergleich des Fondsrücklaufs unmittelbar zur Bestimmung des Inbetriebnahmeniveaus neuer Produktionskapazitäten zu verwenden.
Über das Inbetriebnahmeniveau kann man nach Angaben einer Reihe von ausgewählten Untersuchungen der Zentralverwaltung für Statistik der UdSSR, der Staatlichen Plankommission der RSFSR und des Instituts für

Ökonomie und Organisation der Industrieproduktion der Sibirischen Filiale der Akademie der Wissenschaften der UdSSR und auf der Grundlage anderer Untersuchungen urteilen. Von 547 Betrieben, die von der Zentralverwaltung für Statistik der UdSSR 1967 untersucht wurden, hatten 352 die projektierte Kapazität nicht in der festgelegten Frist erreicht, obwohl viele davon bereits 3 bis 8 Jahre in Betrieb waren. Ergebnisse des Instituts für Ökonomik der Akademie der Wissenschaften der UdSSR, die über 300 neue Industrieobjekte erfassen, sprechen davon, daß die mittleren tatsächlichen Fristen für die Inbetriebnahme der projektierten Kapazitäten von Werken, Aggregaten und Produktionsarbeiten im Maschinenbau zwischen 3 bis 5 Jahren, in der Eisenerzindustrie von 3 bis 6 Jahren, in der Schwarzmetallurgie von 2 bis 4 Jahren, in der chemischen Industrie von 3 bis 5 Jahren, bei Zementwerken von 3 bis 5 Jahren bei Zellulose- und Papierkombinaten von 3 bis 5 Jahren, bei Textilbetrieben von 3 bis 5 Jahren usw. betrugen.

Nach Ansicht von Spezialisten der Staatlichen Plankommission der RSFSR werden die Kennziffern des Produktionsumfanges relativ schnell erreicht und die qualitativen Kennziffern wie Arbeitsproduktivität und Selbstkosten langsamer, manchmal erst nach 5 bis 7 Jahren. Freilich sind die ausgewählten Untersuchungen nicht immer zuverlässig. In dieser Beziehung ist es richtiger, Ergebnisse von statistischen Totaluntersuchungen zu verwenden, besonders die Vergleiche der Inbetriebnahme von Produktionskapazitäten für Stahl, Walzmaterial, Zement, Kohle und Elektroenergie mit den entsprechenden Zuwachswerten der Produktion nach Jahren. Die von uns durchgeführten Gegenüberstellungen zeigen (im Maßstab ganzer Zweige), daß der Verlauf der Inbetriebnahme in vielen Fällen den Umfang der in Betrieb genommenen Produktionskapazitäten übersteigt.

In den traditionellen Zweigen, die bereits über erfahrene Projektierungskader, über spezialisierte Bauorganisationen und über einen großen Schatz an Einsatzerfahrungen vorhandener Betriebe verfügen, verläuft die Inbetriebnahme relativ normal. Erhebliche Abweichungen von der Norm werden gewöhnlich in neuen Zweigen mit noch nicht erprobten technologischen Schemata neuer komplizierter Ausrüstung usw. beobachtet. Natürlich sind auch in der ersten Gruppe von Zweigen Schwierigkeiten möglich. Diese erklären sich jedoch vor allem durch die Folgen eines nicht gut organisierten und langsamen Aufbaues mit häufigen Unterbrechungen, mangelnder Verknüpfung der Aufgaben, schlechter Qualität und dergleichen mehr.

Nach unserer Meinung sind die Hauptursachen für die schlechte Inbetriebnahme neuer Werke durch folgende Maßnahmen zu überwinden: Kon-

zentration des Investitionsbaues, seine Umorientierung auf den Plan der Warenproduktion in Gestalt fertiger Objekte und Produktionskapazitäten; die Finanzierung der Bauten nach Bauzeitnormen; Konzentration der Projektierungsarbeiten und größere Verantwortung der Projektierungsorgane für die Einhaltung der Einsatzkennziffern neuer Betriebe.
Man kann bestätigen, daß die Wurzeln der schlechten Inbetriebnahme von Produktionskapazitäten technisch gelöster und vorbereiteter Produktionsarten in der unzureichenden Organisation des Investitionsbaues liegen. Deshalb muß sich nach unserer Ansicht die Inbetriebnahme neuer Produktionskapazitäten verbessern, wenn man den Investitionsbau in Ordnung bringt. Der Investitionsbau hat besonders große Bedeutung in der Entwicklung der Volkswirtschaft der UdSSR. Für die Erweiterung und Vervollkommnung der Grundfonds in der Volkswirtschaft werden jährlich ungefähr 20 Prozent des Nationaleinkommens aufgewandt.
Bei dem riesigen Umfang der im Lande durchgeführten Investbaumaßnahmen hat die allseitige Verbesserung der Effektivität der Investitionen, die Verkürzung der Fristen für die Amortisation, die Nutzung jedes investierten Rubels mit höchstem Effekt besondere Bedeutung. In den letzten Entscheidungen der Regierung zu Fragen des Investitionsbaues wird festgestellt, daß die heute existierenden Formen und Methoden der Investitionsplanung und der Organisation der Bauproduktion in volle Übereinstimmung mit den Anforderungen der ständig wachsenden Wirtschaft des Landes und den wachsenden Maßstäben des Wohnungsbaues zu bringen sind. Vorhandene Unzulänglichkeiten müssen ausgeschaltet werden.

KAPITEL 14

Verkürzung der Anlaufzeiten neuer Kapazitäten

Neben der ständigen Steigerung des Investitionsumfangs hat die Verkürzung der Anlaufzeiten bereits in Betrieb genommener Kapazitäten immer größere volkswirtschaftliche Bedeutung. Das bedeutet eine allseitige Intensivierung der Produktionsprozesse und den schnellsten Rückfluß der Investitionen.

Das Anlauftempo neuer Produktionkapazitäten ist unmittelbar mit dem Problem der erweiterten sozialistischen Reproduktion und mit den Amortisationsfristen für die Investitionen verbunden. Je kürzer die Anlaufperiode, um so schneller erhält die Volkswirtschaft der UdSSR die Akkumulationsmittel, die für die erweiterte Reproduktion notwendig sind. Die Verkürzung der Dauer von Investbauten und der Anlaufzeiten neuer Industrieobjekte ist gleichbedeutend mit einem Wachstum der gesellschaftlichen Arbeitsproduktivität. Die Untersuchung einer beträchtlichen Anzahl neuer Industrieobjekte verschiedener Industriezweige und ökonomischer Gebiete durch das Institut für Ökonomik der Akademie der Wissenschaften der UdSSR zeigte, daß das Inbetriebnahmetempo der projektierten Kapazitäten wesentlich gestiegen ist.

Die Initiative eines Kollektivs des Westsibirischen Metallurgischen Werkes zum Wettbewerb um die schnellste Anlaufzeit der projektierten Kapazitäten hat einen wesentlichen ökonomischen Effekt gebracht.

Der Hochofen Nr. 2 wurde schon im zweiten Monat auf das projektierte Produktionsniveau gebracht. Das Kollektiv der Agglomeratfabrik erreichte die projektierte Kapazität in außerordentlich kurzer Frist. Die dritte und vierte Koksbatterie erreichten die projektierte Leistung 2- bis 3mal schneller, als die Normativzeit vorsah. Die projektierte Leistung der Konverter wurde bereits im 4. Monat erzielt und danach überschritten. Das Normativ sah dafür ein Jahr vor. Die Betriebe der Schwarzmetallurgie, die ihre Leistungen nicht erreichten und damit früher der Industrie viel Metall vorenthielten, erbrachten im zweiten Halbjahr 1968 und im ersten Halbjahr 1969 durch die bessere Inbetriebnahme der metallurgischen Aggregate 730000 t Gußstahl, 264000 t Stahl und 285000 t Walzmaterial

zusätzlich. Das Zementwerk in Nikolajev erreichte die projektierte Leistung ein Jahr vorfristig. Dadurch wurden Hunderttausende Tonnen besten Zements über den Plan geliefert.
Neben diesen positiven Erfahrungen gibt es nicht wenig neue Betriebe, die ihre projektierten Leistungen nur langsam erreichen. Für die beschleunigte Inbetriebnahme neuer Industriebetriebe kann man zwei Faktoren herausheben, die besonders wichtig sind:
Der erste Faktor ist die Verwirklichung des Prinzips der Komplexität in allen Stadien des Investitionszyklus;
der zweite ist die rechtzeitige Vorbereitung der Kader für das neue Industrieobjekt (System und Form der Vorbereitung des Bedienungspersonals, seine Berufsstruktur und Qualifizierung, die Schaffung eines Systems der materiellen Stimulierung und zur Verhinderung der Kaderfluktuation). Die Verwirklichung des Prinzips der Komplexität bedeutet die Proportionalität in der Wirtschaftsplanung, die vollständige Bilanzierung in den Plänen, die komplexe Entwicklung der Begleitzweige und der ökonomischen Gebiete sowie des Hinterlandes der Produktion, das Ausmerzen einzelner Disproportionen in der Volkswirtschaft und die Aktivierung der Mittel, die in brachliegende oder schlecht genutzte Grundfonds investiert wurden. Die wissenschaftliche Begründung der optimalen volkswirtschaftlichen Proportionen, der Auswahl von Bauplätzen und des rationellen Umfangs eines neuen Objekts, seine Rohstoff- und Brennstoffbasis, die Energieversorgung, die Transportverbindungen, die Bedingungen der Spezialisierung und der Kooperation, der Absatzgebiete für die Erzeugnisse, die Versorgung mit Arbeitskräfteressourcen: all das muß Gegenstand genauer Untersuchungen sein und im Komplex entschieden werden.
Eine der Hauptbedingungen für die rhythmische Arbeit neuer Betriebe, die deren vollständige Inbetriebnahme beschleunigt, ist die Herstellung streng begründeter Bindungen der Produktion und der Ökonomie schon während der Planung der Betriebe. Das ist besonders wichtig bei der Auswahl der Rohstoff- und Brennstoffbasen für neue Betriebe und auch bei der Auswahl der Absatzgebiete mit den Hauptverbrauchern der Erzeugnisse.
Von vielen neuen industriellen Objekten (740) der RSFSR erreichten mehr als 10 Prozent die projektierten Leistungen wegen des begrenzten Absatzes der Erzeugnisse nur langsam.
Die Praxis der getrennten Planung von Produktionsbauten und Wohn- und Kommunalbauten, und zwar besonders auf Baustellen, die von Städten und besiedelten Punkten weit entfernt sind, berücksichtigt das komplexe Herangehen nicht. Das erschwert die rechtzeitige Versorgung der neuen Betriebe mit Bedienungspersonal, begünstigt die Fluktuation und behindert damit das Anfahren der projektierten Leistungen.

Die Übereinstimmung der zweispezifischen und der territorialen Planung muß allseitig verstärkt werden.

Das komplexe Herangehen an die Lösung von Aufgaben des Investitionsbaues erfordert eine wesentliche Verstärkung der vorbereitenden Stadien der Planung und der Projektierung von Betrieben. Im Zusammenhang damit erhält die wissenschaftliche Ausarbeitung von zwei Generalschemata eine außerordentlich große Bedeutung: das Schema der komplexen Entwicklung der Produktivkräfte in großen ökonomischen Gebieten und Industrieknotenpunkten (Gebietsquerschnitt) und die Entwicklung der Hauptzweige der sozialistischen Produktion (Zweigquerschnitt). Unter diesen Bedingungen ermöglicht das komplexe Herangehen die ökonomisch optimale territoriale Anordnung.

Man muß ein wichtiges Verbindungsglied zwischen dem Forschungsinstitut und dem Projektierungsorgan schaffen, nämlich eine experimentelle Basis, in der neue technologische Prozesse ausgearbeitet und neue Anlagen erprobt werden können. Das liegt im Sinne der Komplexität bei der Lösung von Projektierungsaufgaben.

Bei der notwendigen wesentlichen Steigerung der Rolle und des Umfangs der experimentellen Erprobung neuer Technik und der Technologie von projektierten Objekten erscheint folgendes zweckmäßig:

1. Die Schaffung großer experimenteller Produktionsbasen für die Leitinstitute der Forschung. Der Aufbau der Versuchsproduktion vor allem dort, wo eine neue Technologie projektiert wurde, muß der Errichtung von Produktionskapazitäten der Hauptproduktion um 2 bis 3 Jahre vorauseilen. Dadurch können die industrielle Technologie und einzelne Varianten des technologischen Prozesses völlig ausgearbeitet werden.
2. Es ist notwendig, komplexe Forschungs- und Projektierungsinstitute zu schaffen, die über eine eigene entwickelte Experimentierbasis verfügen.
3. Im weiteren muß von komplexen Forschungs- und Projektierungsinstituten zur Errichtung von Firmen übergegangen werden, in denen die Hauptorganisation das Projektierungs-(Forschungs-)Institut ist. Diese sind gegenüber dem Auftraggeber für den ganzen Zyklus der Arbeiten bis zur Übergabe des laufenden Objektes an den Auftraggeber verantwortlich.

Die folgerichtige Verwirklichung des Prinzips der Komplexität im Stadium der Projektierung dient dazu, den Beschluß des ZK der KPdSU und des Ministerrates „Über die Verbesserung der Projektierungs- und Planungstätigkeit“ (1969)[1] durchzusetzen.

[1] Pravda, 22. Juni 1969.

Die Komplexität in der Bautätigkeit muß vor allem in der Proportionalität des geplanten Bau- und Montagevolumens, der Produktionsbasis der Bauorganisationen, der Produktionskapazitäten der Baustoffindustrie und der Zweige, die die technischen Ausrüstungen herstellen, bestehen.
Die Abstimmung der Kapazitäten der drei hauptsächlichen materiellen Elemente des Investitionsbaues betrifft die Bauproduktion selbst, die Baustoffindustrie und die Gruppe von Zweigen, die Ausrüstungen herstellen. Das ist eine der Hauptbedingungen für die Aktivierung der großen materiellen und finanziellen Ressourcen, die im Investitionsbau festliegen, und für die Senkung des Umfangs unvollendeter Bauproduktion. Das dient dazu, die Normative einzuhalten und die Effektivität der Investitionen zu steigern.
Die Wirtschaftspraxis zeigt, daß nicht jede Inbetriebnahme neuer Grundfonds deren schnellen Anlauf und die Effektivität der neuen Produktion sichert. Eine der Grundbedingungen für den erfolgreichen Anlauf neuer Kapazitäten ist die komplexe synchrone Inbetriebnahme aller verbundenen Glieder des neuen Betriebes, das heißt aller Elemente, die in einem Anlaufkomplex enthalten sind. Nach Untersuchungsergebnissen des Instituts für Ökonomik der Akademie der Wissenschaften der UdSSR besteht eine der ernstesten Ursachen, die das Anlauftempo neuer Produktionsobjekte hemmen, in der nicht komplexen Inbetriebnahme der verknüpften Kapazitäten verschiedener Abschnitte, Abteilungen und Produktionsteile. Eine solche Lage ergab sich zum Beispiel in der chemischen Industrie, wo jeder dritte neue Betrieb von 1959 bis 1965 keinen komplexen Produktionsanlauf hatte.
Die Effektivität der Investitionen und der Grundfonds sinkt merklich, wenn weniger Objekte in Betrieb genommen werden, als bestätigt wurden und als für die Erzielung der projektierten Leistungen des gegebenen Werkes oder der Produktionsanlagen notwendig sind. In der Schwarzmetallurgie zum Beispiel werden einzelne neue Martinöfen nicht mit Sauerstoff und Schrott versorgt, weil der Aufbau der entsprechenden Kapazitäten zurückblieb. Der nicht synchrone Anlauf einzelner Elemente eines Komplexes in der Martin-Stahl-Produktion komplizierte die Realisierung der projektierten Einsatzbedingungen in einigen metallurgischen Werken (Werk Čerepovieč, Kombinat Orsko-Chalinovsk, Il'ič-Werk Ždanov, Kombinate Magnitogorsk und Krivoirog).
Im metallurgischen Il'ič-Werk wurden große Hochöfen 1958, 1963 und 1965 in Betrieb genommen. Die erste Ausrüstung der Agglomerationsabteilung wurde 1966 gebaut.
Die Analyse einiger neuer Industrieobjekte zeigte, daß das Fehlen der projektierten Einsatzbedingungen eine der wichtigsten Ursachen dafür ist, daß

die projektierten Kennziffern nicht erreicht werden. In der Zementindustrie zum Beispiel wurden neue Betriebe eröffnet, ohne daß alle Elemente des Anlaufkomplexes vorhanden waren. So wurde das Schlacken-Portland-Zementwerk Magnitogorsk ohne die Abteilung für die Granulierung der Hochofenschlacke in Betrieb genommen. Das führte dazu, daß im Laufe von fast 5 Jahren die granulierten Schlacken aus anderen metallurgischen Werken des Ural nach Magnitogorsk gefahren wurden (unter anderem aus Serov, das sich in einer Entfernung von über 600 km befindet). Während der gleichen Zeit wurden die Hochofenschlacken des Magnitogorsker Metallurgischen Werkes auf Halden geschüttet. Die Transportkosten für die Schlacke überstiegen die veranschlagten Kosten für die Granulierungsabteilung, die aus dem Anlaufkomplex im Zuge einer „Präzisierung" gestrichen wurde.
Das Zementwerk Karaganda wurde in Betrieb genommen, als der Steinbruch noch nicht fertig war und die Zerkleinerungsfabrik fehlte, außerdem reichten die Leistung der Kessel und das Fassungsvermögen der Zementsilos nicht aus. Eine Vielzahl von Unvollkommenheiten wurde im Laufe von mehreren Jahren nicht beseitigt. Der Anlauf bis zur projektierten Leistung verzögerte sich durch die Störung der projektierten Einsatzbedingungen bis auf 5 Jahre.
Die Komplexität bei der Inbetriebnahme neuer Objekte, die Verknüpfung und die Proportionalität in der Entwicklung der Kapazitäten einzelner Produktionsabteilungen spielen eine wichtige Rolle beim Produktionsanlauf neuer Objekte der Maschinenbauindustrie. In einzelnen Maschinenbaubetrieben wird das Entwicklungstempo der Kapazitäten der Montageabteilungen und der vorbereitenden Produktion nicht beachtet, wodurch das Anlauftempo gegenüber den projektierten Werten gebremst wird.
Besonders fühlbar ist die Inbetriebnahme industrieller Betriebe ohne die projektierten Mittel zur Mechanisierung und Automatisierung. Diese bilden die Grundlage vieler moderner Anlaufkomplexe und ermöglichen die Intensivierung des Anlaufprozesses. Die unzureichende Verknüpfung bei der Inbetriebnahme macht es häufig notwendig, eine Ersatztechnologie anzuwenden.
Berücksichtigt man die entscheidende Bedeutung der komplexen Inbetriebnahme neuer Kapazitäten für das Anlauftempo, so ist es zweckmäßig, die Ursachen dafür zu analysieren, daß diese Bedingungen von einigen Betrieben nicht beachtet werden.
Die Störungen der Komplexität können in verschiedenen Formen auftreten. Es wäre nicht richtig, die Störung der Komplexität bei der Organisation einer neuen Produktion nur als Störung der projektierten Einsatzbedingungen anzusehen. Das Fehlen der produktionstechnischen Voraussetzungen

für den Anlauf (und besonders die Störung des Prinzips der Komplexität) kann das Resultat einer unzureichenden Lösung konkreter Aufgaben in einem beliebigen Stadium des Investitionszyklus sein.
Im Projektierungsprozeß werden zum Beispiel nicht selten die Voranschlagskosten der neuen Objekte schon im Stadium der Ausarbeitung der Projektierungsaufgaben untertrieben. Diese Praxis wirkt sich in der Folge ungünstig auf die Komplexität bei der Inbetriebnahme der für die normale Arbeit notwendigen Abteilungen, Abschnitte und und Aggregate aus.
Die im Stadium der Projektierungsaufgaben unbegründet untertriebenen Plankosten wachsen in der Mehrzahl der Fälle bei der weiteren Ausarbeitung der technischen Dokumentation. Unter den Bedingungen der natürlich begrenzten Mittel wird der Umfang der Bau- und Montagearbeiten dabei in der Regel zu Lasten der „zweitrangigen" Objekte gekürzt. Das führt dazu, daß die Komplexität der Einsatzbedingungen nicht beachtet wird. Die Hauptaggregate werden in Betrieb gesetzt, obwohl sie nicht vollständig durch Hilfs- und Bedienungsabteilungen und die entsprechende Produktion ergänzt sind. Infolgedessen dauert der Produktionsanlauf bis zur projektierten Kapazität lange. Der erfolgreiche Produktionsanlauf des Hochofens Nr. 2 im Westsibirischen Metallurgischen Werk erklärt sich vor allem dadurch, daß synchron dazu die neue Koksbatterie und die Agglomeratfabrik eingerichtet wurden. Die komplexe Inbetriebnahme der Aggregate gestattete es, den Hochofen vom ersten Tage an mit gutem Koks und mit Agglomerat zu versorgen.
Eine wichtige Seite der Komplexität ist die strenge Beachtung des Rhythmus und der geplanten technologischen Aufeinanderfolge beim Aufbau der Objekte, die zum Anlaufkomplex gehören.
Es muß vermerkt werden, daß das Zurückbleiben der Inbetriebnahme zu den Hauptaggregaten zugehöriger Hilfskapazitäten faktisch schon bei der Planbestätigung sanktioniert wird.
Auf den Ablauf des Baugeschehens und danach auf den Anlauf wirken häufige Veränderungen in der Zusammensetzung der Anlaufkomplexe schon in der Bauperiode selbst ein. In vielen Fällen wird die Zusammensetzung der Anlaufkomplexe gekürzt. Die Übereinstimmung der Anlaufkomplexe mit dem Projekt ist praktisch nicht zwingend. Die Anlaufkomplexe erleiden im Ergebnis der Bestätigung wesentliche Veränderungen nicht nur bezüglich des Umfangs und der Kosten für die Arbeiten, sondern – was besonders wichtig ist – auch bezüglich ihrer Struktur. Im Ergebnis dieser Veränderungen werden die Objekte in Betrieb genommen, obwohl die notwendigen materiellen Voraussetzungen für die Erzielung der projektierten Leistung nicht vorhanden sind.
Es geht nicht nur um bauliche Unzulänglichkeiten bei der Errichtung (was

an sich schon sehr wesentlich ist) als vielmehr um die strukturelle und qualitative Vollwertigkeit des in die Nutzung übernommenen Objektes. Diese ist die Grundlage für den erfolgreichen Produktionsanlauf und für eine hohe Wirtschaftlichkeit der neuen Produktion.
Die häufigen Veränderungen in der Zusammensetzung von Anlaufkomplexen bezüglich der Kosten und des Umfangs sowie der strukturellen Zusammensetzung müssen verboten werden. Ausnahmen von dieser Regel können nur auf Grund von ernsten Ursachen zugelassen werden, wie: Entscheidungen leitender Organe, große Fortschritte in der Technik und Technologie der Produktion usw.
Die Volkswirtschaft des Landes stellt an die Bauindustrie die Forderung, Gebrauchswerte zu schaffen, die eine rhythmische und koordinierte Inbetriebnahme aller verknüpften Elemente des Objektes, dessen erfolgreichen Anlauf, die Verkürzung der Amortisationsfristen und im Ergebnis dessen einen hohen Effekt der Investitionen und der Grundfonds gewährleisten.
Die entscheidende Bedingung dafür, daß diese Forderung erfüllt wird, ist die strenge Beachtung des Prinzips der Komplexität in allen Stadien des Investititonszyklus. Die vorhandenen Systeme der materiellen Stimulierung für die Mitarbeiter der Projektierungs- und Bauorganisationen berücksichtigen das komplexe Herangehen bei der Lösung der Aufgaben nicht als Hauptsache. Das komplexe Herangehen im Stadium der Projektierung muß sich letzten Endes in einer Steigerung der Qualität der Projekte zeigen. Die Hauptsumme an Prämien wird gegenwärtig für die Verkürzung der Planfristen bei der Ausarbeitung der Projekte gezahlt.
In den einzelnen Projektierungsinstituten, die Prämien für hohe Qualität der Projekte zahlten, waren diese Summen nicht wesentlich. Sie betrugen ungefähr 1 Prozent das jährlichen Lohnfonds. Die Rolle der Prämien für hohe Qualität der Projekte muß wesentlich verstärkt werden.
Gegenwärtig ist der Hauptkennwert für eine zusätzliche materielle Stimulierung im Bauwesen die rechtzeitige und vorfristige Inbetriebnahme neuer Kapazitäten. Deshalb sind die Prämien für die rechtzeitige und vorfristige Inbetriebnahme von Objekten bei der materiellen Interessiertheit der Bauschaffenden ein wichtiger Faktor zur Verkürzung der Fristen für den Investitionsbau und für dessen Intensivierung. Man muß jedoch die Inbetriebnahme der Objekte in vollständig ausgerüsteter komplexer Form stimulieren. Der Zeitfaktor muß sich im Investitionszyklus in der rechtzeitigen und in der komplexen Inbetriebnahme der Objekte ausdrücken. Deshalb wäre es zweckmäßig, als Kennwert für die materielle Stimulierung völlig fertige Objekte und deren rhythmische Inbetriebnahme mit allen verbundenen Abteilungen, Produktionsteilen und Hilfsdiensten – in Übereinstimmung mit dem im Projekt bestätigten Anlaufkomplex – zu verwenden

Eine Ursache für den unbefriedigenden Stand bei den erreichten ökonomischen Kennziffern, bei der Effektivität der Investitionen und der Grundfonds – sogar dann, wenn die projektierten Leistungen erreicht wurden – ist die Unterbewertung der qualitativen Seite des Problems. Es ist nicht richtig, ein neues Objekt als vollständig angelaufen zu betrachten, wie das derzeit üblich ist, wenn zwar dessen projektierte Leistung, aber nicht die ökonomischen Kennziffern, die Arbeitsproduktivität, die Selbstkosten der Produktion und die Rentabilität erreicht sind.
Diese Kennziffern haben erstrangige volkswirtschaftliche Bedeutung, weil es der Gesellschaft durchaus nicht gleichgültig ist, mit welchen materiellen und Arbeitsaufwendungen die Inbetriebnahme der projektierten Leistung erfolgt. Die neuen Industriebetriebe sollen nicht mit beliebigen, sondern mit minimalen Aufwendungen produzieren, die keinesfalls die projektierten Größen übersteigen. Deshalb muß man den Anlaufprozeß neuer Industriebetriebe aus volkswirtschaftlicher Sicht komplex verstehen und verwirklichen.
Neue Industriebetriebe kann man nur dann als vollständig in Betrieb genommen betrachten, wenn die projektierte Leistung und auch die projektierten ökonomischen Kennziffern erreicht sind. In der wirtschaftlichen Produktionstätigkeit ist das ein einheitlicher, sich wechselseitig bedingender Prozeß.
Der erfolgreiche Anlauf neuer Industrieobjekte hängt auch bei komplexer Inbetriebnahme letzten Endes von der rechtzeitigen Vorbereitung und vom Niveau der Allgemeinbildung der allgemein-technischen und der Spezialkenntnisse der Kader und von deren Beständigkeit ab. Es ist komplizierter, neue Industrieobjekte mit qualifizierten Kadern zu versorgen als alte bereits in Betrieb befindliche Betriebe.
Gegenwärtig erfolgt die Unterweisung für die Arbeit an neuen Ausrüstungen und mit neuen technologischen Methoden im wesentlichen unmittelbar im Anlaufprozeß der Produktion im neuen Objekt. Diese Organisation der Vorbereitung qualifizierter Arbeiter unter Bedingungen der Produktionstätigkeit kann man nicht als ökonomisch zweckmäßig ansehen, weil sie das Anlauftempo der neuen Kapazitäten hemmt.
Nur die rechtzeitige Vorbereitung der Kader für den Einsatz kann günstige Bedingungen für die rhythmische Arbeit der neuen Produktion und für die Verkürzung der Anlaufzeit bringen.
Eine der Hauptaufgaben der Planungs-, Wirtschafts- und Projektierungsorganisationen, die mit der Effektivitätssteigerung von Investitionen zusammenhängt, besteht in der Vorbereitung der Bedienungskräfte vor Inbetriebnahme der neuen Kapazität.
Schon im Stadium der Projektierungsaufgaben, im Prozeß der Zusammen-

stellung des Projektes für den zukünftigen Betrieb, müssen die Fragen, die mit der Anzahl, der Qualifikation und der Berufsstruktur der zukünftigen Kader zusammenhängen, allseitig untersucht werden. Es geht dabei um die Quellen für die Arbeitskräftegewinnung und um die Formen der Vorbereitung für das Objekt im ganzen und in jeder Teiletappe der Inbetriebnahme im besonderen. Es geht ferner um die Schaffung eines Systems der materiellen Stimulierung und um normale Lebensbedingungen sowie um das Seßhaftmachen der Arbeiter und des ingenieurtechnischen Personals.
In der UdSSR werden jährlich ungefähr 400 große Industriebetriebe in Betrieb genommen. Dafür müssen für den Inbetriebnahmemoment ungefähr 500000–600000 neue qualifizierte Arbeiter vorbereitet werden. Diese Aufgabe wird oft den Bauorganisationen übertragen, wobei Zielprämien in den finanziellen Voranschlägen vorgesehen werden; das Kaderproblem für neue Industriebetriebe wird dadurch praktisch nicht gelöst. Deshalb hatte man in einer Reihe neuer Objekte im Moment der Inbetriebnahme einen Mangel an Arbeitskräften.
Die Versorgung mit ingenieur-technischen Kadern ist etwas besser als mit Arbeitern. Bei der Inbetriebnahme des Chemiekombinats Navoinsk waren 78 Prozent der notwendigen Produktionsarbeiter vorhanden. Vom ingenieur-technischen Personal waren 90 Prozent vorhanden. Im Superphosphatwerk Sumgait betrugen diese Zahlen 26 Prozent und 92 Prozent und im Erdölverarbeitungswerk Nova-Ufa 90 und 100 Prozent.
Unter Berücksichtigung der Kaderprobleme und deren entscheidender Bedeutung für neue Industrieobjekte ist es zweckmäßig, ein System der gezielten Vorbereitung qualifizierter Arbeiter zu schaffen.
Nicht weniger wichtig ist das Problem der Qualität in der Vorbereitung der Arbeiter für neue Industriebetriebe. Dieser Fragenkreis hängt zusammen mit dem System, mit der Form der Vorbereitung, mit dem Niveau der Allgemeinbildung, der allgemein-technischen und Berufskenntnisse der vorbereiteten Arbeiter, ihrer Qualifikations- und Berufszusammensetzung usw.
Die grundsätzlichen wissenschaftlich-technischen Fortschritte in der modernen Produktion, deren hohe technisch-ökonomische Parameter, die breite Einführung der komplexen Mechanisierung und Automatisierung erfordern die Vorbereitung und Ausbildung eines neuen Typs von Arbeitern, der über eine hohe Allgemeinbildung, allgemein-technische und Berufsausbildung verfügt. Im Zusammenhang mit der Automatisierung und Mechanisierung verändert sich die Tätigkeit des Arbeiters wesentlich: Sie vereinfacht sich vom Standpunkt der handwerklichen Fertigkeiten und wird dafür um vieles komplizierter, was den Umfang der Kenntnisse angeht. Damit

nähert sie sich dem Typ nach immer mehr der ingenieur-technischen Arbeit an.

In einer Reihe von Arbeiterberufen in metallurgischen und Maschinenbaubetrieben nimmt der Arbeitsaufwand, der mit der Kontrolle, der Einstellung, mit analytischen Berechnungen und organisatorischen Funktionen zusammenhängt, gegenwärtig bereits ungefähr 60 Prozent der Schichtzeit ein.

Die heutige Etappe der wissenschaftlich-technischen Revolution ist durch wesentliche Veränderungen in der beruflichen Zusammensetzung der Arbeiter in der Industrie gekennzeichnet. Viele traditionelle Berufe sterben ab, und unter dem Einfluß der modernen Fortschritte in der Technik, Technologie und Produktionsorganisation entstehen neue.

Im Maschinenbau und in der Metallbearbeitung werden die Dreher, Fräser, Bohrer abgelöst durch Einrichter, Elektromonteure, Operateure für die Bedienungspulte, Programmierer und dergleichen. Das ist die Folge der Steigerung der Maschinen- und Automatenzeit und der Übertragung von Operationen der Bearbeitung und des Transports an Mechanismen.

Eine der wichtigsten Tendenzen, die den Einfluß des technischen Fortschritts auf das Qualifikationsniveau der Arbeiter charakterisieren, ist das Steigen des mittleren Qualifizierungsniveaus und des spezifischen Anteils von qualifizierten und hochqualifizierten Arbeitern.

Nach Berechnungen sowjetischer Ökonomen zieht eine Steigerung des Mechanisierungs- und Automatisierungsgrades um 20 Prozent im Maschinenbau ein Wachstum der Qualifikation der Arbeiter um 0,45 bis 0,55 Qualifikationsstufen nach sich. Bei einer Steigerung des technischen Niveaus um 50 Prozent muß die Qualifikation um 1,5 bis 2 Qualifikationsstufen steigen.

Im laufenden Fünfjahrplan (1966 bis 1970) wächst im Zusammenhang mit der schnellen Entwicklung der Technik und der Technologie der Industrieproduktion der Bedarf an Arbeitern mit hoher Qualifikation (5. bis 7. Qualifikationsstufe) in den Zweigen des Maschinenbaues ungefähr von 7 auf 25 Prozent, in der chemischen Industrie von 37 auf 48 Prozent. Diese stark steigende Tendenz wird sich mit noch größerer Bestimmtheit in den nächsten Jahren fortsetzen.

Für Industrieobjekte ist die Hypothese besonders von Bedeutung, daß das Qualifizierungsniveau der Arbeiter der mittleren Qualifikation der Arbeit entsprechen soll. Die hohen Forderungen an das Niveau der Berufsausbildung sind auch durch das systematische Wachstum der Fondsausrüstung der Arbeiter und durch die volkswirtschaftliche Bedeutung bedingt, die die Steigerung der Effektivität von Investitionen hat.

Jede neue Etappe bei der Entwicklung der technischen Basis der Produktion ruft neue gesteigerte Anforderungen an die allgemeinbildende und berufliche Ausbildung der Arbeiter hervor. Im Zusammenhang mit diesen Forderungen entstehen verschiedene Formen und Methoden der Ausbildung, die ttändig vervollkommnet werden. Sie unterscheiden sich nach der Höhe der spezifischen Aufwendungen, der Qualifikationsstruktur, der Vorbereitung der Schüler, der Ausbildungsdauer und dem ökonomischen Ergebnis der Ausbildung. Das ist besonders wichtig für den Anlauf neuer Technologien und neuer Betriebe. Die Auswahl der rationellsten Formen für die Vorbereitung qualifizierter Arbeiter, deren Bedarf für neue Industrieobjekte m vor uns liegenden Jahrfünft einige Millionen Personen beträgt, wurde zu einem großen volkswirtschaftlichen Problem.
Unserer Ansicht nach gibt es keinen Grund, diese Formen einander gegenüberzustellen. Im Gegenteil, sie müssen parallel entwickelt werden und sich gegenseitig ergänzen. Außerdem muß bei der Lösung des Problems eine rationelle und genaue Arbeitsteilung hergestellt werden. Die Ausbildung qualifizierter Arbeiter, einschließlich der Arbeiter mit breiter Ausbildung für Handarbeit, mechanisierte und automatisierte Arbeit, sollte man zweckmäßigerweise den Lehranstalten im System der Berufsausbildung übertragen. Die Arbeiter für Tätigkeiten mit geringer Qualifikation und Arbeiter mit enger Spezialisierung bildet man richtiger in der Produktion aus. Diese Arbeitsteilung erklärt sich dadurch, daß die Arbeiter der technologischen Grundberufe, die in den technischen Berufsschulen ausgebildet werden, über ein vergleichsweise hohes theoretisches Niveau und eine hohe Qualität der Grundausbildung verfügen.
Bis heute ist noch keine universelle Kennziffer für die Effektivität der verschiedenen Ausbildungsformen von Arbeitern festgelegt worden. Nimmt man jedoch an, daß diese Effektivität in allgemeiner Form durch die Dynamik des Wachstums der Qualifikations- und Tarifstufe ausgedrückt werden kann, dann sind die Vorteile der technischen Berufsschulen im Vergleich zur Ausbildung in der Produktion offensichtlich.
Im Lisičansker Chemiekombinat betrug zum Beispiel 1967 die mittlere Tarifstufe der arbeitenden Lehrlinge in der technischen Berufsschule 5,48. Um sie zu erreichen, waren 2,3 Jahre notwendig. Die mittlere Tarifstufe der Arbeiter, die im Kombinat ausgebildet wurden, war nur wenig geringer: 5,37. Um sie aber zu erreichen, waren im Mittel 3,5 Jahre erforderlich, oder das 1,5fache der Zeit. Etwa analoge Verhältnisse gelten für viele Zweige der Industrie.
Nach Angaben des Instituts für Ökonomie des Bauwesens bei der Staatlichen Baukommission der Ukrainischen SSR steigert die Erhöhung der mittleren Tarifstufe um nur 0,1 Prozent die Arbeitsproduktivität um etwa

0,3 Prozent. Sehr charakteristisch und einleuchtend sind die folgenden Verhältnisse: Der Einfluß des Alters auf die Lohnhöhe ist um ein Viertel geringer als der Einfluß der Berufserfahrung. Der Einfluß der Berufserfahrung ist fast um ein Zehntel geringer als der Einfluß der Qualifikation des Arbeiters.
Um die Bedingungen für die rhythmische Arbeit neuer Industriebetriebe zu schaffen, ist es wichtig, die Abhängigkeit der Fluktuation von Arbeitern vom Niveau der Berufsausbildung zu untersuchen. Im Ergebnis der Analyse wurde festgestellt, daß die Fluktuationsneigung mit zunehmender Qualifikation von Qualifikationsstufe zu Qualifikationsstufe abnimmt. Nach Angaben der Industrie ist die Fluktuation der Arbeiter, die eine technische Berufsschule besuchten und die 5. Qualifikationsstufe erhielten, um ein Drittel geringer als bei Arbeitern der zweiten Qualifikationsstufe.
Bei Arbeitern ohne technische Berufsausbildung ist sie um etwa 13 Prozent geringer. Sogar bei den Arbeitern mit hoher Qualifikation ist die Fluktuation der Kategorie, die von technischen Berufsschulen ausgebildet wurde, im Vergleich zu den in der Produktion ausgebildeten wesentlich geringer (etwas die Hälfte bis ein Drittel).
Aus der Analyse des Bestandes an qualifizierten Arbeitern neuer Industriebetriebe geht hervor, daß fast 80 Prozent in den kurzfristigen Lehrgängen der neuen Betriebe ausgebildet wurden, das heißt, daß für diese die Hauptform der Kadergewinnung die individuelle Aufnahme von Arbeitern und deren Ausbildung am Ort ist.
Die Anzahl der im System der technischen Berufsschulen ausgebildeten qualifizierten Arbeiter befriedigt die Bedürfnisse der neu gebauten Betriebe nicht vollständig. Die vorhandene Meinung, daß es ökonomisch vorteilhaft wäre, den neuen Arbeitern in kurzer Frist eine Anfangsqualifikation zu vermitteln, damit sie sie dann weiterentwickeln, während sie bereits in der Produktion tätig sind, ist nach unserer Ansicht unrealistisch. Die Erfahrungen zeigen überzeugend, daß die Formen der Ausbildung von Arbeitern unmittelbar in der Produktion, die ihnen eine Anfangsqualifikation geben, oft den ständig wachsenden Anforderungen an das Niveau des Wissens, die die moderne, sich schnell entwickelnde Industrieproduktion stellt, nicht entsprechen. Die niedrige Qualifikation der in der Produktion ausgebildeten Kader führt zu der Notwendigkeit, das Qualifikationsniveau der unzureichend ausgebildeten Arbeiter wiederholt und mehrfach zu steigern. Diese Praxis vergrößert die Kosten der Ausbildung um ein Vielfaches und wird letzten Endes teurer als eine längere Ausbildung von Arbeitern mit hoher Qualifikation in den technischen Berufsschulen.
Für die Ausbildung von Kadern in den Betrieben „für den Eigenbedarf“ wurden zu Beginn des jetzigen Fünfjahrplans jährlich über 1,5 Md. Rubel verausgabt.

Die Fluktuation von Arbeiterkadern erklärt sich zu etwa 50 Prozent aus der unzureichenden Berufsausbildung und dem infolgedessen verhältnismäßig geringen Arbeitslohn.
In einer Reihe von neu errichteten Industriebetrieben sinkt der Effekt aus der Einführung der neuen Technik und Technologie wegen des unzureichenden Qualifikationsniveaus der Mitarbeiter. Ferner werden das Anlauftempo neuer Kapazitäten und die Intensivierung der Produktion gehemmt.
Bei der Planung von Investitionen für den Aufbau neuer Industrieobjekte müssen die notwendigen Aufwendungen für den Aufbau von Lehranstalten zur technischen Berufsausbildung von qualifizierten Arbeitern berücksichtigt werden. Diese Lehranstalten müssen mit zeitlichem Vorlauf gebaut werden. Sie müssen so in Betrieb genommen werden, daß sie die rechtzeitige Ausbildung der Bauarbeiter und der Arbeiter für die technologischen Hauptprozesse für eine beständige Arbeit im neuen Objekt gewährleisten.
Von den Planungs- und Wirtschaftsorganen müssen Normativkosten für den Aufbau von technischen Berufsschulen in bestimmten Anteilen vom Gesamtumfang der Investitionen für die Entwicklung der Volkswirtschaftszweige ausgearbeitet werden.
Es müssen auch wissenschaftlich begründete Methoden für die Bestimmung der Anzahl neuer Arbeiter und Kostennormative für ihre Ausbildung nach Berufen geschaffen werden.
Sehr zweckmäßig ist es, den Umfang der Überführung von qualifizierten Arbeitern, Meistern und Spezialisten in neue Industrieobjekte aus anderen (mit analogem Profil) zu vergrößern. Dieses Kontingent erfahrener Arbeiter könnte sowohl für die Ausbildung neuer Arbeiter in den Betrieben als auch für die ständige Arbeit erfolgreich genutzt werden.
Der Übergang von qualifizierten Arbeitern, Meistern und erfahrenen Spezialisten aus alten Betrieben in neue muß materiell und moralisch stimuliert werden. Es ist zweckmäßig, das zusätzliche materielle Interesse durch erhöhte Anfangsgelder zu wecken und einen bestimmten Faktor (in Abhängigkeit vom Produktionszweig und dem Gebiet) zum Grundlohn einzusetzen, der es gestattet, im Laufe einer festgelegten Zeitperiode diesem Kontingent von Mitarbeitern einen höheren Arbeitslohn zu zahlen.
Zu den wichtigsten Problemen beim Einsatz qualifizierter Arbeiter in neu angelaufenen Betrieben gehört deren Beständigkeit.
Die Analyse von Materialien neu gebauter Betriebe zeugt von einer bestimmten Gesetzmäßigkeit: Je höher die Fluktuation der Arbeiter im neuen Betrieb ist, um so geringer ist das Anlaufniveau der projektierten Kennziffern und umgekehrt.
In diesem Zusammenhang entsteht die Frage nach der Notwendigkeit einer

ökonomischen Stimulierung für den erfolgreichen Anlauf der projektierten Kapazitäten, weil durch die spezifischen Bedingungen der ersten Nutzungsperiode der mittlere Arbeitslohn in neuen Betrieben oft hinter dem mittleren Arbeitslohn in analogen, aber bereits voll angelaufenen Betrieben zurückbleibt.

Eine ökonomische Stimulierung für die Mitarbeiter der Industrie, für den erfolgreichen Anlauf und das vorfristige Erreichen der projektierten Kapazität erfolgt nur in drei Industriezweigen, nämlich in der chemischen Industrie, in der Schwarz- und in der Buntmetallurgie.

Man sollte das vorhandene System der materiellen Stimulierung für den erfolgreichen Anlauf der projektierten Kapazitäten vervollkommnen und es auch in anderen Industriezweigen anwenden.

Netzwerkverfahren bei der Perspektivplanung von Industrieknotenpunkten und Investitionskomplexen

In Übereinstimmung mit den Beschlüssen des XXIII. Parteitages der KPdSU und dem Septemberplenum (1965) des ZK der PKdSU wird in unserem Land eine ökonomische Reform zur Vervollkommnung der Planung und zur verstärkten ökonomischen Stimulierung durchgeführt. Die erfolgreiche Durchführung der Wirtschaftsreform hat große Bedeutung für den weiteren Aufschwung der Volkswirtschaft unseres Landes auf dem Wege des kommunistischen Aufbaues.

Unter den Bedingungen der neuen ökonomischen Reform wächst die Rolle der wissenschaftlichen Begründung und der Ausarbeitung volkswirtschaftlicher Pläne.

V. I. Lenin wies auf die wichtige Rolle der Perspektivplanung hin: „Man kann nicht arbeiten, ohne einen Plan zu haben, der auf lange Zeit und ernste Erfolge berechnet ist.“[1] Die Leninsche These über die Notwendigkeit der Verbindung zwischen der laufenden und der Perspektivplanung für eine Reihe von Jahren wurde zum wichtigsten, prinzipiellen Ausgangspunkt unserer volkswirtschaftlichen Planung.

Den Perspektivplänen wird die führende Rolle beigemessen, die mit der Lösung der Aufgaben verbunden ist, die vor unserem Lande stehen.

Die Vervollkommnung der Planung ist unmöglich ohne prognostische Berechnungen und ohne Verbesserung der Qualität der Prognosen. In dem im September 1968 vom ZK der KPdSU und vom Ministerrat der UdSSR angenommenen Beschluß „Über Maßnahmen zur Steigerung der Effektivität in der Arbeit der wissenschaftlichen Organisationen und zur Beschleunigung der Nutzung von Errungenschaften von Wissenschaft und Technik in der Volkswirtschaft“ wird auf die Notwendigkeit zur Ausarbeitung von Prognosen für eine lange Periode von 10 bis 15 und mehr Jahren für die wichtigsten Probleme der Wirtschaftsentwicklung hingewiesen. Die Prognosen sollen die Grundtendenzen der Entwicklung ökonomischer Prozesse er-

[1] Lenin, Werke, Bd. 31, Berlin 1959, S. 508.

gründen und die effektivsten Wege der perspektivischen Entwicklung für die Volkswirtschaft bestimmen.
Die Notwendigkeit zur prognostischen Projektierung erklärt sich aus der stürmischen Entwicklung der Produktivkräfte und der Beschleunigung des wissenschaftlich-technischen Fortschritts. Die prognostischen Untersuchungen müssen viele Zweige der Industrie, des Transportwesens, der Landwirtschaft, der Nutzung von Arbeitskräfteressourcen, von natürlichen Reichtümern usw. erfassen. Die volle Inbetriebnahme von Investitionen und Produktionskapazitäten in einzelnen Zweigen, die komplexe Entwicklung der ökonomischen Gebiete und der Industrieknotenpunkte gehen über den Rahmen der Fünfjahrpläne hinaus. Die Prognosen für eine längere Perspektive müssen das Ineinandergreifen der Planaufgaben ermöglichen.
Die prognostischen Berechnungen für eine längere Periode haben bei der Schaffung komplizierter Komplexe, bei der Territorialplanung, die mit der Entwicklung einer ganzen Reihe von verknüpften Zweigen und mit der Lösung von Problemen zur rationellen Nutzung der Arbeitskräfteressourcen, der natürlichen und anderen Ressourcen zusammenhängen, eine große Bedeutung.
Eine wissenschaftlich ökonomische Analyse von Planprojekten für eine Region erfordert die Verwendung eines ganzen Komplexes von Planungsmethoden, die eine Hebung des Niveaus der Berechnungen und die Auswahl der besten Varianten möglich machen. Einen wichtigen Platz nehmen die ökonomisch-mathematischen Modelle unter diesen Methoden ein. Neben dem System ökonomisch-mathematischer Methoden (Modelle zwischen den Zweigen, zwischen Gebieten usw.), die es gestatten, eine optimale Entwicklung eines ökonomischen Gebietes, dessen Produktionsstruktur und die Auswahl von Varianten für die territoriale Anordnung der Produktion zu bestimmen, ist die Anwendung von Netzwerkmethoden der Planung und Leitung möglich.
Die Ausführung von territorialen Prognoseberechnungen für große Gebiete und Industrieknotenpunkte erfordert unter den modernen Bedingungen eine genaue Koordinierung der Tätigkeit einer Vielzahl von Organisationen und Verwaltungen. Diese müssen die Fragen der Projektierung und der Inbetriebnahme von Kapazitäten, der materiell-technischen Versorgung, der Transportversorgung, der rationellen Nutzung der Arbeitskräfteressourcen und eine ganze Reihe anderer komplizierter volkswirtschaftlicher Aufgaben lösen. Die Besonderheit der Netzwerkmethoden besteht darin, daß sie es gestatten, die Einheit der verschiedenen Zweige vom Standpunkt der Entwicklung des Gebietes unter Berücksichtigung seiner Spezialisierung, seiner Möglichkeiten und Erfordernisse zu betrachten.
Mit Hilfe von Netzwerkmodellen kann man nicht nur komplizierte und viel-

gestaltige ökonomische Abhängigkeiten berücksichtigen, sondern auch zukünftige Auswirkungen jeder wirtschaftlichen Maßnahme voraussehen.

Der vorliegende Abschnitt ist einigen methodologischen Fragen der Nutzung von Netzwerkmethoden bei der Territorialplanung der Investitionen gewidmet. Diese werden am Beispiel der Entwicklung des großen Industrieknotenpunktes im metallurgischen Komplex von Karaganda für 7 Jahre und einzelner verknüpfter Zweige des großen regionalen Gebietes Westsibiriens für 12 Jahre dargestellt.

Die durchgeführten Berechnungen haben gezeigt, daß der Aufbau ökonomischer Modelle eine wichtige qualitative Voraussetzung für die Vervollkommnung der Planberechnungen bei langfristigen Projektierungen ist. Sie gestatten es, die Koordinierung bei der Entwicklung verbundener Zweige sowohl im territorialen Querschnitt als auch für verschiedene Industrieknotenpunkte zu berücksichtigen. Diese Verfahren ermöglichen es, die notwendigen Investitionen, die erforderlichen Arbeitskräfteressourcen und die materiellen Ressourcen nach Kalenderperioden (nach einzelnen Jahren und Fünfjahrplänen) zu bestimmen.

Beim Aufstellen einer Planhypothese für eine lange Periode muß man die Entwicklungstendenzen berücksichtigen und die Hauptfaktoren bestimmen, von denen in erster Linie die Formierung der getroffenen Entscheidungen abhängt. Die Rangfolge der zu lösenden Aufgaben muß von der Entwicklung der führenden Zweige abhängen, auf die das Gebiet spezialisiert wird, und außerdem von der intensiven Nutzung der vorhandenen Ressourcen.

Beim Aufbau des Netzwerkmodells für die Errichtung des metallurgischen Komplexes von Karaganda wurde von dessen Bedeutung für die Befriedigung der Bedürfnisse der Volkswirtschaft an Metall ausgegangen. Der Aufbau dieses großen Industriekomplexes erfordert unausweichlich die Lösung einer ganzen Reihe von Nebenfragen: die Entwicklung der Baubasis, der Vertragsorganisationen, die Versorgung der Werktätigen des Betriebes und der Bauorganisationen mit Wohnraum und kommunalen Einrichtungen, die Lieferung der Ausrüstungen für das Werk durch die größten Maschinenbaubetriebe des Landes, die Durchführung von Maßnahmen zur Errichtung von Anschlußgleisen und Anschlußstraßen, die Vergrößerung des Waggonparks zur Versorgung mit Rohstoffen und zum Abtransport der Fertigerzeugnisse usw.

Das Netzwerkmodell wurde in zwei Etappen aufgestellt. In der ersten Etappe wurden die Arbeiten zum Aufbau und zum Ausbau des Kombinates selbst betrachtet (Errichtung der wichtigsten Objekte des Komplexes der Hochöfen, der Konverter, der Koksbatterien, der Walzstraße „1400“ für das Kaltwalzen, der innerbetriebliche Transport usw.). Es wurden die Para-

meter bestimmt, die es gestatten, diese Arbeiten qualitativ zu bewerten (Produktionskapazität, Kosten). In der zweiten Etappe wurden die Maßnahmen in den benachbarten Zweigen bestimmt und berechnet, die für die normale Funktion des Industrieknotenpunktes von Karaganda erforderlich sind (Bau der Gasleitung Tjumen–Karaganda, Errichtung der Erzbergbaubasis, Aufbau der Transportverbindungen usw.).
Jeder Aktivität des Netzwerkes entsprechen die Dauer der Ausführung und die Kosten. Die Berechnungen und die Analyse des zusammengestellten Modells gestatten es, verschiedene Varianten bezüglich des Endziels nach der Zeit (nach Jahren) und nach Kosten auszuwählen und vorher die möglichen potentiellen Erschwernisse, die bei jeder alternativen Lösung bestehen, zu berücksichtigen.
Für Westsibirien ist die Nutzung des Netzwerkmodells eine komplizierte Aufgabe, weil auf der Grundlage der erkundeten und neu erschlossenen Lagerstätten für Öl-, Gas- und andere Ressourcen ein großer Komplex aus vielen Zweigen errichtet werden muß. Dazu gehören gewinnende und verarbeitende Betriebe, neue Eisenbahn- und Straßenbauten, Erdölleitungen, Gasleitungen und Zweige der Infrastruktur usw. Die Gewinnung von Erdöl und Erdgas ist ein mächtiger Stimulator für die Entwicklung der Industrie und für die Verwandlung des Gebietes in einen großen volkswirtschaftlichen Komplex.
Um die Schaffung eines großen volkswirtschaftlichen Gebietes auf der Grundlage der dort erkundeten Lagerstätten von Erdöl und Erdgas und der Waldreichtümer im Modell widerzuspiegeln, ist es wichtig, ein genaues allseitiges Programm zur komplexen Nutzung der Rohstoffressourcen festzulegen. Dabei müssen die Reihenfolge der Inbetriebnahme und der Entwicklung einzelner Industrieknotenpunkte und Gebiete sowie die Proportionen bei der Entwicklung der begleitenden Zweige festgelegt werden. All diese Probleme müssen in den nächsten 10 bis 15 Jahren gelöst werden. Bei den Planberechnungen zur Entwicklung der Zweige in einem solchen spezifischen Gebiet ist eine sorgfältige wissenschaftliche Durcharbeitung aller Plan- und Normativzahlen erforderlich. Die Effektivität der Planung hängt in hohem Grade davon ab, wie vollständig das System der ökonomischen Verbindungen von ergänzenden Zweigen und die Notwendigkeiten und Möglichkeiten zur Versorgung mit Ressourcen berücksichtigt werden. Bei einem solchen Herangehen kann man sich bei den Planberechnungen nicht nur auf den Rahmen des einen Gebietes oder des Industrieknotenpunktes beschränken, für den das ökonomische Modell zusammengestellt wird, sondern muß auch die wichtigsten Verbraucher der Erzeugnisse bestimmen. Zur Berechnung für eine lange Periode wurde ein ökonomisches Netzplanmodell ausgewählt, das es gestattete, die Entwicklung der hauptsächlichen verknüpften Zweige in Westsibirien auf der Grundlage der führenden Zweige – nämlich der Erdöl

und Erdgas gewinnenden Industrie – im engen Zusammenhang darzustellen.

Der Aufstellung des ökonomischen Modells geht die vorbereitende Arbeit voraus, bei der der Kreis der hauptsächlichen Probleme oder Zweige geklärt werden muß. die in die Planprojektierung eingeschlossen werden. Dabei muß der Einfluß der vorhandenen Tendenzen zur geographischen Anordnung der Produktivkräfte für die zukünftige Entwicklung des Gebietes berücksichtigt werden. Außerdem sind die wichtigsten Faktoren zu klären, die in der Zukunft wirken werden (die Reihenfolge der Erschließung neuer Lagerstätten von Bodenschätzen, die Entwicklung der Industrie und des Transportwesens, die mit der Gewinnung und Verarbeitung der natürlichen Ressourcen zusammenhängen, der Umfang und die Struktur der Investitionen usw.). Außerdem muß die Information sorgfältig studiert werden (notwendige Angaben über die Entwicklung der Industrie, der Transportverbindungen, die Versorgung mit Arbeitskräfteressourcen usw.).

Die Grundlage für den Aufbau des Modells sind die Elemente des Netzwerkplanes. Der Begriff „Aktivität“ unterscheidet sich im ökonomischen Modell etwas von dem gewöhnlichen Inhalt des Begriffes Aktivität bei der Netzwerkplanung in der allgemein üblichen Bedeutung. Es schließt die Lösung eines einzelnen volkswirtschaftlichen Problems oder einer bestimmten Teilaufgabe ein. Das Hauptmaß für den Inhalt der Arbeiten ist entweder der Umfang der Investitionen für einzelne Zweige oder die Kosten, die mit der Lösung einer bestimmten Aufgabe verbunden sind, sowie die Bearbeitungsdauer (zum Beispiel der Aufbau des Erdölverarbeitungskomplexes Kireev, der Bau der Eisenbahnlinie Ivdel – Ob, die Kosten für die Entwicklung des Automobiltransports und dergleichen mehr). Dabei ist eine sorgfältige Formulierung der Bestimmung und des Inhalts der Arbeit unbedingt erforderlich. Das ist besonders wichtig, weil die Arbeit den verschiedenen ausführenden Organen zugewiesen werden muß (Ministerien und Verwaltungen). Jede Aktivität wird durch eine Reihe von Kennziffern (Wert- und Naturalkennziffern) charakterisiert. Je vollständiger der Kreis dieser Kennziffern, um so genauer wird die Begründung für die Planberechnungen gegeben werden können. Als Beispiel für die Kennziffern der Arbeit am Bau einer Erdölleitung dienen die Bauzeit in Jahren, die Länge in Kilometern, der Durchmesser der Leitung, der Metallverbrauch und die Investitionen. Für den Aufbau der Erdölverarbeitungswerke in Westsibirien werden die Produktionskapazität des Werkes, die Bauzeiten, das Jahr der Inbetriebnahme und die Investitionen angegeben.

Als Ereignis wird das Jahr der Vollendung einzelner Maßnahmen oder der Inbetriebnahme von Produktionskapazitäten genommen. Im Modell steht nach jedem Anfangsereignis einer bestimmten Aktivität das Jahr ihres Beginns.

Beim Aufbau des Modells ist es wichtig, die Endziele und die Zwischenziele zu fixieren. Zum Unterschied von den gewöhnlichen Netzwerken, die in der Produktion verwendet werden, ist der Inhalt der Zwischen- und Endziele im Netzplan eines ökonomischen Modells etwas anders.
Bei der Netzwerkplanung im Bauwesen versteht man unter dem Endziel die Inbetriebnahme eines Objektes und unter einem Zwischenziel die Vollendung einer bestimmten Arbeitsart (Montage der Fundamente, Vervollständigungsarbeiten). Im Ökonomie-Netzwerk wird als Endziel die Vollendung der Arbeiten oder Maßnahmen in einer ganz bestimmten Periode mit den vorgegebenen Kriterien (zum Beispiel mit minimalen Investitionen) verstanden. So wird das Endziel nach unseren Berechnungen in Westsibirien 1980 liegen, wenngleich einige Probleme erst nach 1980 endgültig gelöst werden können. Zwischenziele sind Termine für die Lösung volkswirtschaftlicher Probleme in bestimmten Etappen der Fünfjahrpläne.
Als Anfangsereignis wird das Jahr genommen, mit dem die Aufstellung des Modells beginnt. Zur erfolgreichen Verwendung des Modells ist eine große Vorbereitungsarbeit zur Sammlung und Analyse ökonomischer Informationen notwendig, die auch Planziffern und Abrechnungen und eine Basis von Normativen einschließt.
Die aggregativen Eigenschaften des Modells gestatten seine Ausarbeitung in einer bestimmten Folgerichtigkeit. Zur ersten Arbeitsetappe gehört die Sammlung, Bearbeitung und Analyse der Ausgangsinformationen, die für die Aufstellung des Modells erforderlich sind.
Während dieser Etappe, die am aufwendigsten an Arbeit und Zeit ist, muß die gesamte Ausgangsinformation zusammengetragen werden, die für die Lösung der gestellten Aufgabe notwendig ist. Die Ausgangsinformation muß vollständig und zuverlässig einen großen Kreis von Kennziffern erfassen, der für die Ausarbeitung des Netzwerkmodells notwendig ist. Wenn man den großen Umfang und die Vielgestaltigkeit der Information berücksichtigt, muß man ihrer Systematisierung, Bearbeitung und Darstellung große Bedeutung beimessen.
In Prognosen kann man Werte verwenden, die auf Hypothesen von Forschungs- und Projektierungsinstituten gegründet sind. Das Element der Unbestimmtheit wächst mit der Länge des Prognosezeitraumes. Das erklärt sich durch das Fehlen einer vollständigen Information über die Bedingungen zur Durchführung der Arbeit in der Zukunft.
Bei der Aufstellung des Modells für das metallurgische Kombinat Karaganda war eine ausreichende Ausgangsinformation vorhanden, weil die Entwicklungsperiode einen Fünfjahrplan erfaßt, was die Planberechnungen nach Jahren wesentlich erleichtert.
Als Grundlage für die Berechnungen für Westsibirien wurde folgende In-

formation genommen: die Grundtendenzen der Entwicklung des Gebietes in Übereinstimmung mit den Direktiven des XXIII. Parteitages der KPdSU, Schemata über die Anordnung der Industrie, die vorhandene ökonomische Struktur und die materiell-technische Basis des Gebietes, der Bedarf der Volkswirtschaft an Erdöl, Erdgas und Erdölverarbeitungsprodukten, die Hauptrichtungen der Entwicklung von Transportverbindungen (Leitungen, Eisenbahnen, Straßen, Transport zu Wasser und in der Luft), die Versorgung der erdöl- und gasliefernden Gebiete mit Elektroenergie, die Perspektiven zur Schaffung einer eigenen Bauindustrie, die Versorgung des Gebietes mit Arbeitskräfteressourcen. Dazu kamen berechnete Ausgangsmaterialien (wie Normative im Bauwesen, spezifische Investitionen für eine Tonne Erdölförderung oder auf 1000 m^3 Gas usw.).

Die gesamte Ausgangsinformation muß sorgfältig studiert und nach den Hauptperioden, die das Modell vorsieht, geordnet werden.

Eine große Bedeutung hat der Detaillierungsgrad der Arbeiten, von dem der richtige Aufbau der technisch-ökonomischen Abhängigkeiten abhängt. Der Bestimmungsgrad für den Arbeitsumfang ist durch die Endziele des gesamten Modells und durch die für seine Lösung gestellten einzelnen Probleme bestimmt und hängt ab vom Umfang und vom Vorhandensein von Ausgangsinformationen zum Zeitpunkt der Ausarbeitung des Modells. Es ist zweckmäßig, in Modellen, die eine Planhypothese für einen längeren Zeitraum vorsehen, wegen des Fehlens einer großen Anzahl genau vorausberechneter Werte allgemeinere Arbeiten zu verwenden.

Im Modell Westsibirien wurde die Detaillierung der Arbeiten durch die Aufgaben zur Entwicklung der einzelnen Zweige und die Dauer der Anlaufzeit von Produktionskapazitäten der wichtigsten volkswirtschaftlichen Objekte bestimmt – für den Komplex von Karaganda durch die Inbetriebnahmefristen der hauptsächlichen Objekte des metallurgischen Komplexes.

In der nächsten Etappe nach der Vorbereitung der Ausgangsdaten geht man zum Aufbau eines groben Netzmodells über, das die Verteilung der Investitionen in der Zeit und die Proportionen bei der Entwicklung der Zweige berücksichtigt. In Westsibirien, wo natürliche Ressourcen in Nutzung genommen werden sollen, hat die Herausarbeitung der führenden Zweige entscheidende Bedeutung beim Aufstellen des Netzmodells. Dabei geht es um Zweige wie die Erdöl- und Erdgasgewinnung und deren Verbindungen mit der erdölverarbeitenden und der chemischen Industrie, mit der Brennstoff- und Energiebasis, mit dem Transport, mit der nicht produktiven Sphäre und anderen Zweigen der Volkswirtschaft. In diesem Modell ist die Formierung langfristiger Investitionen nach Fünfjahrplanperioden widergespiegelt. Die volkswirtschaftlichen Bedürfnisse sind für solche wichtigen

Parameter wie Erdölgewinnung, Erdgasgewinnung, Produktionskapazitäten der Betriebe usw. vorgesehen.
In der dritten Etappe werden einzelne Teilmodelle ausgearbeitet, in denen die Aufgaben nach der Lage der Bodenschätze lokalisiert sind (die Lagerstätten in Surgut, Nišne-Vartovsk und andere). Ferner sind die Industrieknotenpunkte und die einzelnen Zweige berücksichtigt. In einem solchen lokalen Modell sind die chronologische Abfolge und der ökonomische Zusammenhang für die Entwicklung der territorialen Industrieeinheiten und Zweige vorgesehen. Lokale Modelle können zusammengestellt werden für die Lagerstätten von Erdöl und Erdgas, für die energetische Basis, die Transportverbindungen und die Zweige der nichtproduktiven Sphäre. Das Problem des Bedarfs und der Bestimmung der Ressourcen kann hier mit weitestgehender Detaillierung der Arbeit angegeben werden. Die Aufstellung von lokalen Netzwerkmodellen gestattet es, den notwendigen Umfang von Investitionen und Ressourcen und das Erreichen der bestimmten Entwicklungsziele nach den Jahren der Fünfjahrpläne miteinander zu verbinden.
Nach sorgfältiger Durcharbeitung und Auswahl der endgültigen Varianten bei den lokalen Netzwerkmodellen wird zum letzten Stadium der Arbeit übergegangen – zur Zusammenstellung eines einheitlichen, präzisierten ökonomischen Netzplanmodells.
Den Aufbau des Modells beginnt man mit einem Anfangsereignis. Dafür wird die Periode vom Beginn der Planberechnungen genommen. Das gesamte Netzplanmodell wird auf der Grundlage der lokalen Modelle nach dem Prinzip der ökonomischen Abhängigkeiten verknüpfter Zweige nach Jahren aufgestellt. So muß der Aufbau der Erdölleitungen zu der Zeit vollendet sein, zu der die Produktionskapazitäten der erdölverarbeitenden Werke in Betrieb genommen werden können und die Gewinnung von Erdöl im notwendigen Umfang aus den Lagerstätten gewährleistet ist.
Das Modell wird in erster Linie nach den Hauptarbeiten aufgestellt, die die Entwicklung der übrigen Zweige des Gebietes, von denen weiter oben die Rede war, bestimmen. Die Gewinnung von Erdöl und Erdgas muß den Terminen nach mit der Inbetriebnahme der Investitionen für den Aufbau von Leitungen und Erdölverarbeitungswerken abgestimmt werden. Das eine und auch das andere müssen durch die Brennstoff- und Energiebasis, durch die Maschinenbauproduktion usw. abgesichert werden. Das präzisierte Netzwerkmodell ist die Synthese aller lokalen Netzwerke, die ein ganzes System der territorialen und der zweigspezifischen Entwicklung darstellen.
Im ökonomischen Gesamtmodell entsprechen jeder Aktivität eine Dauer (Termine des Beginns und der Beendigung) und die Parameter, die es gestatten, ihre Erfüllung in einer bestimmten Zeitperiode zu bewerten (Investitionen).

Bezüglich des Arbeitsumfangs und des Umfangs der Investitionen war das Modell für Westsibirien sehr groß. Die Analyse und Berechnung der Arbeiten am Komplex von Karaganda stellten keine besondere Schwierigkeit dar, weil nur insgesamt 28 Aktivitäten vorhanden waren. Im Ergebnis der Analyse des westsibirischen Modells erwies sich, daß die Inbetriebnahmefristen der Investitionen für eine Reihe von Begleitzweigen nicht nach Jahren übereinstimmten. Um eine bessere Variante der Planberechnungen zu erhalten, wurden mehrere Modelle aufgestellt, von denen das mit der terminlich günstigsten Verknüpfung des Beginns und der Beendigung der Arbeiten die letzte Variante war. Im letzten Modell wurden die Arbeiten vollständiger berücksichtigt, die in den ersten Berechnungen fehlten (Bau von Rohrleitungen für Erdölprodukte, Schaffung der Bauindustrie, Entwicklung des Automobil- und Luftverkehrswesens, Aufbau einer Reihe von elektrischen Leitungen und Eisenbahnstrecken).
Das erste Modell hatte 119 Aktivitäten, das letzte 159. Weil die Dauer für die Realisierung der Aktivitäten lang genug war (von einem Jahr bis zu fünf Jahren), erforderte das Modell keine komplizierten Berechnungen zur Bestimmung des kritischen Weges und der Reserven – zum Unterschied von Netzwerken, die eine analoge Anzahl von Aktivitäten haben.
Nach der Durchrechnung in der ersten Variante ergaben sich 60 Aktivitäten auf dem kritischen Weg. Die letzte Variante, in der mehr Aktivitäten enthalten waren, war vom Standpunkt der Aktivitäten her, die auf dem kritischen Weg lagen, weniger angespannt, hatte aber geringere Zeitreserven für die Aktivitäten.
Bei der Berechnung und bei der Analyse zur Aufdeckung der günstigsten Variante für die Planberechnungen wurden mehrere Modelle mit einer ganzen Reihe von alternativen Varianten für den Verlauf der Erdöl- und Erdgasleitungen verschiedener Leistungsfähigkeit, für den Aufbau von Erdölverarbeitungsbetrieben, für die Aufeinanderfolge des Baues von Eisenbahnstrecken, Überlandleitungen usw. zusammengestellt. Der Vergleich einiger Varianten gestattet es, die Ursachen für die Abweichung zu analysieren und Korrekturen anzubringen, damit eine günstigere Variante gefunden wird. Im Prozeß der Berechnung von Parametern und der Auswahl von Varianten bezüglich des ausgewählten Kriteriums (zum Beispiel Minimum an Investitionen) können auf der EDVA vorhandene Wege der Optimierung nach Ressourcen in Netzwerkmethoden der Planung und Leitung zur Grundlage genommen werden.
Die Nutzung von Netzwerkmethoden in den Planberechnungen für längere Zeiträume gestattet es, komplex an die Entwicklung von Industrieknotenpunkten und Gebieten, an die Erschließung natürlicher Ressourcen unter Berücksichtigung aller ökonomischen Faktoren, die von der Erschließung

von Lagerstätten berührt werden, heranzugehen. Ferner lassen sich die Entwicklung der Zweige, der Umfang der Investitionen und die notwendigen Ressourcen für die Erfüllung der gestellten Aufgaben berücksichtigen. Das einheitliche Modell bietet die Möglichkeit, die Planung der Investitionen für einzelne Zweige nach den Jahren der Fünfjahrpläne darzustellen, die sich unter der Leitung verschiedener Ministerien und Verwaltungen befinden.

Mit der Lösung der Aufgabe, die Gesamtsumme der langfristigen Investitionen bis 1980 nach Fünfjahrplänen und Jahren zu bestimmen, entsteht die Notwendigkeit, die konkreten Verbraucher des Erdöls und des Erdgases aus Westsibirien und des Metalls aus dem Komplex von Karaganda zu bestimmen. Ferner lassen sich der Bau von erdölverarbeitenden Betrieben in Westsibirien, die Gestaltung der hauptsächlichen Güterströme und die Reihenfolge des Aufbaues von Eisenbahnlinien und dergleichen festlegen.

Man muß beachten, daß es die Aufstellung von Modellen für Gebiete gestattet, Schemata für die Entwicklung der Transportverbindungen (Wasserwege, Eisenbahntransport, Automobiltransport und Rohrleitungen) in ihrer gegenseitigen Verknüpfung zu bestimmen, unabhängig von den verschiedenen Unterstellungsverhältnissen. Das ermöglicht einen bedeutenden ökonomischen Effekt.

Die Anwendung ökonomischer Netzplanmodelle – zum Beispiel der Prognose für Westsibirien und den metallurgischen Komplex von Karaganda – zeigt deren Nützlichkeit bei der Begründung von Planberechnungen. Sie gestattet es, die Hauptkonzeption für die Entwicklung der Gebiete zu bestimmen und die Hauptkennziffern für die Planperioden festzulegen.

Die Möglichkeit der Zusammenstellung von einheitlichen Netzplanmodellen, die es gestatten, rationelle Wege zur Entwicklung großer Regionen, einzelner Gebiete und Industrieknotenpunkte zu bestimmen, schafft die Bedingungen für eine maximale Steigerung der Effektivität der gesellschaftlichen Produktion.

V. TEIL

Reserven der Bauproduktion

Im Investitionsbau liegen größere Möglichkeiten, die von der sozialistischen Produktion eröffnet werden, als in anderen Produktionszweigen. Das in der UdSSR erreichte Wachstumstempo der Investitionen ist um das Mehrfache höher als in solchen fortgeschrittenen kapitalistischen Ländern wie den USA, England und Frankreich. Während die Investitionen in der UdSSR 1967 gegenüber 1950 auf das 5,2fache stiegen, stiegen sie in den USA in der gleichen Zeit auf das 1,6fache, in England auf das 2,4fache und in Frankreich auf das 2,9fache. Das mittlere jährliche Wachstumstempo dieser Investitionen betrug in der UdSSR in der gleichen Zeit 10,2 Prozent, in den USA 2,7 Prozent, in England 5,3 Prozent und in Frankreich 6,5 Prozent.
Das hohe Wachstumstempo der Investitionen in der UdSSR ist durch ein beständiges Anwachsen der Investitionen gekennzeichnet. In den USA zum Beispiel beobachtete man von 1950 bis 1967 fünf Wendepunkte der Investitionskurve: 1954 gab es eine Senkung um 1 Prozent, 1957 um 1,6 Prozent, 1958 um 4,4 Prozent, 1960 und 1961 um 1 Prozent. Im Jahre 1967 hatten die Investitionen in den USA den gleichen Stand wie 1966.
Der Gesamtumfang der Investitionen in der UdSSR erreichte 71,1 Md. Rubel im Jahre 1969 und beträgt 76,5 Md. Rubel im Jahre 1970. Das verpflichtet dazu, diese großen Mittel für den Investitionsbau besser zu nutzen, um eine Steigerung ihrer Effektivität zu erzielen. Gerade darauf sind die Beschlüsse des ZK der KPdSU und des Ministerrats der UdSSR über das Bauwesen vom Mai 1969 gerichtet.

Die objektive Notwendigkeit zur Konzentration der Investitionen

Die hauptsächliche Unzulänglichkeit bei der Planung und Nutzung der Investitionen in der Gegenwart besteht in deren Zersplitterung auf viele Bauobjekte. Infolgedessen wachsen seit 1964 der absolute und der relative Umfang unvollendeter Bauten: von 27,1 Md. Rubel am Ende des Jahres 1964 oder 68 Prozent des Investitionsumfangs für dieses Jahr auf 29,6 Md.

Rubel im Jahre 1965 oder 69 Prozent auf 35,8 Md. Rubel oder 72 Prozent im Jahre 1967 und 41,1 Md. Rubel oder 77 Prozent im Jahre 1968.

Drei Hauptursachen rufen die in den letzten Jahren steigende Zersplitterung der Mittel für den Investitionsbau hervor.

Die erste Ursache besteht darin, daß die Kosten für die Bauobjekte, die in dem Projekt festgelegt wurden, im Laufe des Bauprozesses systematisch steigen. Im Bauprozeß dieser Objekte tritt oft zutage, daß der Voranschlag um 30 und 40 Prozent überzogen wird. Im Ergebnis dessen reichen die Mittel, die durch die Planungsorgane bewilligt wurden, nicht aus. Unter diesen Bedingungen ist es unmöglich, jede Baustelle mit den finanziellen, materiellen und personellen Ressourcen in dem Umfang zu versorgen, der für die Vollendung des Baues in den festgelegten Fristen erforderlich ist. Es wird notwendig, für neue Objekte Mittel zu bewilligen und gleichzeitig den bereits begonnenen und erschlossenen Baustellen nicht genügend Mittel zuzuteilen. Einige Ökonomen sind geneigt, für die vorhandene Lage vor allem die Projektanten verantwortlich zu machen. In einer Reihe von Fällen werden wirklich fehlerhafte Berechnungen in den Projekten oder auch eine Unterbewertung der Plankosten für den projektierten Betrieb beobachtet. Doch diese Fälle sind nicht sehr häufig. Auch wenn sich die Spezialisten streng an die Regeln für die Aufstellung eines Voranschlages halten, können sie doch nicht die Preisveränderungen für die technologischen, energetischen und Transport- und Förderausrüstungen vorausahnen, denen man bei der Verwirklichung der Projekte begegnet, besonders wenn neue Technik projektiert wird. Die Industrieabgabepreise dieser Ausrüstungen wachsen erheblich.

Aus der Reihe von Faktoren, die die Steigerung der Preise für Ausrüstungen bestimmen, muß man eine in der letzten Zeit verbreitete Hypothese ausgliedern, nach der die Preise für Ausrüstungen und für andere Arbeitsmittel einen Zuschlag einschließen müssen, der dem Teil des Effektes gleich ist, der beim Anwender auftritt. Wenn die Preiserhöhung für neue Arbeitsmittel bedeutend ist und einen beständigen Charakter hat, dann erschwert das die Einführung neuer Arbeitsmittel und schafft ein künstliches Treibhausklima für die Betriebe des Maschinenbaues. Schlägt man vor, die Preise für neue Ausrüstungen so festzusetzen, daß sie die gesellschaftlichen Aufwendungen für deren Produktion übersteigen, läßt man sich von der Zweckmäßigkeit einer Preisspanne für neue und alte Arten von Ausrüstungen leiten, um damit die Herstellung progressiver Technik ökonomisch zu stimulieren. Doch diese Spanne, die wirklich notwendig und objektiv begründet ist, kann letzten Endes nicht durch eine Erhöhung der Preise für neue Muster der Technik erreicht werden, sondern durch Senkung der Preise für alte Ausrüstungen als Folge ihres moralischen Verschleißes.

Die Technik veraltet deshalb, weil neue moderne Technik auf den Markt kommt.
Die Spanne, die sich durch eine solche Preissenkung für die in Betrieb befindliche Technik, deren moralische Amortisation beginnt, bildet, ist nur dann gerechtfertigt, wenn die neuen Arbeitsmittel eine ausreichend weite Verbreitung finden. Bis dahin, das heißt in der Anfangsperiode der Einführung neuer Muster fortgeschrittener Technik, kann eine gewisse Überhöhung der Preise über den Wert für progressive Arbeitsmittel als ökonomisch begründet anerkannt werden.
Die zweite Ursache für die Zersplitterung der Mittel auf viele Bauobjekte besteht in der Störung der Forderungen des Gesetzes der planmäßigen proportionalen Entwicklung der sozialistischen Wirtschaft. In diesem Gesetz selbst liegen die ihm eigenen inneren Widersprüche, deren Lösung eine komplizierte, aber äußerst wichtige Aufgabe ist. Einerseits erfordert dieses Gesetz die Entwicklung der Volkswirtschaft, das heißt die grundsätzliche Veränderung der heranwachsenden Proportionen zwischen den Zweigen der sozialistischen Wirtschaft, zwischen ihren Gebieten und einzelnen Betrieben. Auf der anderen Seite müssen solche Veränderungen unter Beachtung der ständigen Proportionalität der Entwicklung aller Teile der Volkswirtschaft vonstatten gehen.
Um das zu erreichen, muß man sich von einer solchen wissenschaftlich begründeten Strategie des Investitionsbaues leiten lassen, bei der die mitunter langandauernde evolutionäre Bauvorbereitung in Raum und Zeit sorfältig mit dem in kürzester Frist durchzuführenden Bauprozeß selbst in Übereinstimmung gebracht wird.
Wie die Erfahrungen zeigen, führen Versuche zur Veränderung des technischen Niveaus der Produktion und ihrer Technologie, zum Aufbau der Produktion moderner Erzeugnisse oder zur Anordnung von Betrieben in den neuen Gebieten des Landes ohne vorherige Schaffung aller für diese Veränderung notwendigen Bedingungen zwingend zur Störung der geplanten Bauzeit dieser Objekte, das heißt zur Zersplitterung der Mittel.
Die Strategie des Investitionsbaues muß auf eine Konzentration der Mittel auf die entscheidenden Glieder der Volkswirtschaft und auf die Realisierung eines allseitig vorbereiteten und verhältnismäßig bestimmten Kreises von Bauobjekten in kürzester Frist gerichtet sein. Das erfordert die Schaffung von Reserven für die Überwindung zeitweiliger und teilweiser Disproportionen, die in der Regel bei einer so komplizierten – aber einzig richtigen – revolutionären Form der erweiterten Reproduktion der Grundfonds in der Industrie und in den anderen Zweigen der Volkswirtschaft entstehen.
Die dritte Ursache ist auf Unzulänglichkeiten zurückzuführen, die in der Bauproduktion selbst vorhanden sind, und zwar in deren technischem

Niveau, der Organisation und Leitung, in der Unvollkommenheit der Formen zur ökonomischen Stimulierung der Erfüllung von Bauprogrammen und in den Perspektivplänen zur Entwicklung der Volkswirtschaft enthalten sind. Letzten Endes besteht die Aufgabe darin, im Bauwesen jene organisatorischen Formen und Methoden der Planung und Leitung der Produktion und ihrer ökonomischen Stimulierung einzuführen, die in allen anderen Zweigen der Industrie Anerkennung gefunden haben, und zwar unter Berücksichtigung der Besonderheiten der Bauproduktion.
Dabei hat die, wie es scheint, rein terminologische Frage, ob das Bauwesen ein Industriezweig ist, eine große praktische Bedeutung, weil von deren Lösung in vieler Beziehung die konkreten Wege zur weiteren Entwicklung der Bauproduktion und die Überwindung ihrer Unzulänglichkeiten abhängen.[1]
Bei der Untersuchung der Entstehung und der Entwicklung der Bauindustrie im vorrevolutionären Rußland ergründete V. I. Lenin den Hauptinhalt dieses Prozesses, indem er zeigte, daß der Verwandlung des Bauwesens in einen Industriezweig die gleichen Züge eigen sind wie der Entwicklungsgeschichte anderer Industriezweige: von Hausarbeit der Bauern über das Handwerk zur kapitalistischen Produktion. Die Entwicklung des Bauwesens betrachtete V. I. Lenin als eines der Glieder des gesamten Wachstumsprozesses der Großindustrie: „Eine der notwendigen Vorbedingungen für das Wachstum der maschinellen Großindustrie (und außerordentlich charakteristische Begleiterscheinung ihres Wachstums) ist die Entwicklung der Brenn- und Baustoffe liefernden Industrie sowie des Baugewerbes.“[1a]
Auf diese Weise hat V. I. Lenin, als er die Entwicklung der maschinellen Industrie studierte, auf die Bildung eines neuen Industriezweiges hingewiesen – auf die Bauindustrie – und auch auf die damit verbundene und von ihr abgeleitete Baustoffindustrie.
An der Produktion neuer Arbeitsmittel beteiligen sich unmittelbar eine Reihe von Industriezweigen und in erster Linie der Maschinenbau. Aber so vollkommen deren Erzeugnisse auch sind und so komplex sie den im Bau oder in Rekonstruktion befindlichen Werken zur Verfügung gestellt werden, kann diese Produktion die ihr zugedachte Funktion als Arbeitsmittel ohne Zugabe von Arbeit der Bauschaffenden nicht erfüllen.

[1] Die Frage nach der Stellung des Bauwesens in der Zweigstruktur der materiellen Produktion ist Gegenstand einer langen Diskussion unter den Spezialisten für die Ökonomik des Bauwesens. Die Vorstellungen G. I. Levins sind von ihm selbst als Fragestellung dargelegt. (Der verantwortliche Redakteur der sowjetischen Ausgabe.)
[1a] Lenin, Werke, Bd. 3, Berlin 1956, S. 540.

Alle Anlagen, außer den selbstfahrenden Arbeitsmitteln, verwandeln sich aus der Fertigproduktion des Maschinenbaues in Arbeitsmittel, die nur dann produktiv funktionieren können, wenn sie auf Fundamenten befestigt werden und vom äußeren Medium durch Wände und Dächer abgegrenzt und mit allen ingenieurtechnischen Kommunikationen versehen werden. Damit ist das Bauwesen die externe Abteilung der Schwerindustrie. Es ist ein Zweig, dessen produktive Tätigkeit die vollendende Etappe eines komplizierten und von vielen Zweigen durchgeführten Prozesses zur Schaffung von Arbeitsmitteln darstellt. Die wichtigste Besonderheit der Bauindustrie besteht in der Verbundenheit ihrer Produktion mit dem Boden. Eben dadurch und hauptsächlich dadurch unterscheidet sich das Bauwesen von solchen Industriezweigen, wie es der Automobilbau, der Flugzeugbau, der Lokomotivbau und der Schiffbau sind, die bewegliche Arbeitsmittel für die Volkswirtschaft herstellen. Diese Besonderheit bleibt vollständig auf allen Entwicklungsetappen des Bauens erhalten. Früher, beim handwerklichen Bauen, rief dieser Umstand die Mobilität der Bauleute hervor, die sich von einem Bauplatz zum anderen bewegten. Infolge der Industrialisierung des Bauwesens wurde es zu einer genauso stabilen Produktion, die ständig in einem bestimmten ökonomischen Gebiet oder an einem gegebenen Bauknotenpunkt arbeitet wie die Produktion anderer Arten von Industrieerzeugnissen. Eine zweitweilige Ausnahme, die diese These nur unterstreicht, ist der Aufbau von Überland-Anlagen, wie Eisenbahnlinien, Autostraßen, elektrischen Fernleitungen, Rohrleitungen und Kanälen.
Die Verbundenheit mit dem Boden ist eine Eigenschaft aller Arten von Bauproduktion. Gleichzeitig wird diese Produktion in zwei Hauptgruppen unterteilt: Arbeitsmittel, das heißt neue Produktionskapazitäten, und Gebrauchsgüter für die Bevölkerung (Wohnhäuser, Kultur- und Gesellschaftsbauten und andere Anlagen). Der wesentliche Unterschied zwischen diesen Gruppen der Bauproduktion besteht hauptsächlich darin, daß die in Betrieb genommenen Objekte für Produktionszwecke unmittelbar an der Produktion teilnehmen. Die Objekte der zweiten Gruppe hingegen werden im Lebensprozeß verbraucht und dienen damit der Schaffung materiellen Wohlstandes.
Die Vermischung verschiedener Sphären des Einsatzes der Mittel, die für das Bauwesen aufgewendet werden, ist das Ergebnis einer unkritischen Übertragung ökonomischer Begriffe des Kapitalismus auf die sozialistische Produktion. Im Kapitalismus sind die Mittel, die von den Eigentümern zum Aufbau von nicht produktionsgebundenen Gebäuden und Anlagen aufgewendet werden, wirkliche Kapitalanlagen. Die Nutzung von Gebäuden und Anlagen, die der Gesellschaft kein Mehrprodukt geben, bringt

einzelnen Kapitalisten Profit. Im Sozialismus jedoch werden Wohnbauten, Kulturbauten und gesellschaftliche Gebäude nicht des Profits wegen, sondern zur Befriedigung der Lebensbedürfnisse des Volkes gebaut.
Die Vermischung der Investitionen für den Produktionsbau mit den Zuwendungen für den Aufbau von Gebäuden und Anlagen, die nicht unmittelbar an der Produktion des Mehrproduktes teilnehmen, verfälscht die Kennziffern der Produktivität der gesellschaftlichen Arbeit und der Gesamteffektivität der Investitionen und kompliziert deren Planung.
Es muß unterstrichen werden, daß auch die umfassendste Realisierung der Hauptbedingungen dafür, daß die Zersplitterung der Investitionen durch deren Konzentration auf die Hauptbauobjekte verhindert wird, keine praktischen Sofortergebnisse bringen kann. Über den Perspektivplan zur weiteren Entwicklung des Bauwesens besteht die Bindung großer Mittel für den Bau vorher begonnener Objekte. Die Inbetriebnahme dieser Objekte und deren normale Nutzung bestimmt die Verteilung der Investitionen nach Wirtschaftszweigen der Volkswirtschaft der UdSSR und nach deren ökonomischen Gebieten und einzelnen Betrieben weitgehend voraus.
Der 9. Fünfjahrplan (1971 bis 1975) muß zur entscheidenden Etappe für den Übergang des Bauwesens zu einer modernen industriellen Produktion werden.
Je objektiver die Überwindung von Folgen bestimmter Unzulänglichkeiten, die in der Vergangenheit aufgetreten waren, begründet ist, um so wichtiger ist die unverzügliche Durchführung von Maßnahmen zur Normalisierung der Bauproduktion, in erster Linie die Nutzung von Reserven dieses Industriezweiges.

Hauptwege zur Nutzung von Reserven der Bauproduktion

Der Entwicklungsstand der Bauproduktion wird vor allem durch das Wachstum der Arbeitsproduktivität charakterisiert.
Die Arbeitsproduktivität wuchs im Bauwesen von 1940 bis 1968 auf das 4,1fache. In der Zeit von 1955 bis 1959 betrug das Wachstumstempo 9 bis 11 Prozent im Jahr und sank 1960 auf 8 Prozent und 1963 auf 3 Prozent. In den folgenden Jahren schwankte es zwischen 4 und 7 Prozent.
Die Bedeutung dieser Kennziffern geht über den Rahmen des betrachteten Zweiges hinaus, weil der Anteil von Arbeitern und Angestellten im Bauwesen, gemessen an der Gesamtzahl der Werktätigen in der Volkswirtschaft der UdSSR, von 4,8 Prozent im Jahre 1940 auf 7,3 Prozent im Jahre 1967

anwuchs. Infolgedessen hat die Veränderung der Arbeitsproduktivität im Bauwesen eine immer größere Einwirkung auf das mittlere Niveau der Arbeitsproduktivität im Lande.
Die mechanische Ausrüstung der Arbeit im Bauwesen wuchs im Vergleich zur Vorkriegsperiode auf das Achtfache. In den letzten Jahren wuchs der Grad der komplexen Mechanisierung einzelner Bauarbeiten auf den Baustellen: für Erdarbeiten von 90,3 Prozent im Jahre 1960 auf 96,5 Prozent im Jahre 1967, bei der Montage von Beton- und Stahlbetonkonstruktionen von 86,6 auf 97 Prozent, bei der Mörtelbereitung von 61,5 auf 62,6 Prozent, bei Beton- und Stahlbetonarbeiten von 72,1 auf 85,4 Prozent. Auf dieser Grundlage stieg der Anteil von Ausgaben für die Nutzung von Maschinen und Mechanismen von 3,1 Prozent im Jahre 1950 auf 8,4 Prozent im Jahre 1968, gemessen an der gesamten Kostenstruktur für Bau- und Montagearbeiten.
Bei Fortsetzung der Ausrüstung der Bau- und Montageorganisationen mit Produktionsgrundfonds muß man alle Reserven für deren Nutzung erschließen. Diese Reserven sind sehr bedeutsam. Davon zeugen Angaben über eine höhere Rückführung von den Produktionsgrundfonds der Betriebe und Organisationen, die den Ministerien und Verwaltungen der Union der Sozialistischen Sowjetrepubliken unterstehen, im Vergleich zur Fondsrückführung von Betrieben und Organisationen, die den Ministerräten der Unionsrepubliken zugeordnet sind. Im Jahre 1968 lag der Umfang der ausgeführten Bau- und Montagearbeiten (auf einen Rubel Produktionsgrundfonds) in der ersten Gruppe von Betrieben und Organisationen bei 3,5 Rubel und in der zweiten Gruppe nur bei 2,9 Rubel, das heißt um 17 Prozent darunter. Wichtig ist festzustellen, daß in der ersten Gruppe die Tendenz zur Steigerung der Fondsrückführung (um 30 Prozent im Jahre 1968 im Vergleich zu 1960) und in der zweiten Gruppe die Tendenz zur Senkung (um 31 Prozent für den gleichen Zeitraum) vorliegt.
Die Hebung des technischen Niveaus der Produktion und die bessere Ausnutzung der Arbeitsmittel in der Bauproduktion ist die wichtigste Grundlage für das weitere Wachstum der Arbeitsproduktivität.
Man kann drei progressive Tendenzen feststellen, die sich in der Entwicklung der Bauindustrie unseres Landes deutlich abzeichnen.
Die erste objektive Tendenz besteht in der Vereinigung der Hauptglieder des technologischen Prozesses in den industriell entwickelten Baubetrieben.
Der Prozeß der Kombination in der Bauproduktion zeigte sich auf verschiedenen Entwicklungsetappen der Bautätigkeit im Maße ihrer Industrialisierung.
Eine grundlegende Maßnahme der Sowjetmacht zur Entwicklung der Bauproduktion war die Stärkung des Systems der vertragsgebundenen

Bauorganisationen. Gegenwärtig werden auf dem Vertragswege über 90 Prozent aller Bau- und Montagearbeiten durchgeführt. Dieses Verfahren schuf die Möglichkeit, große Bauorganisationen mit beständigen Kadern zu schaffen und die Technik auf den Baustellen zu entwickeln und zu vervollkommnen.

Die Praxis zeigte jedoch, daß die Aufgabe, das Bauwesen zu industrialisieren, es aus einem Handwerk zu einer fabrikartigen maschinellen Produktion zu verwandeln, auf diesem Weg noch nicht gelöst werden konnte. Damit eine wirklich moderne Bauindustrie entstehen konnte, war es notwendig, Maschinen in die Bauproduktion einzuführen. Diese ermöglichen es, zuerst einzelne und dann alle Bauarbeitsgänge außer den Erdarbeiten und der Montage von Fertigteilen der Gebäude und Produktionsausrüstungen vom Bauplatz weg in Industriebetriebe des Bauwesens zu verlagern.

Die ersten Maschinen für die Bauproduktion kamen auf den Baustellen bei der Errichtung von Gebäuden aus monolitischem Stahlbeton zum Einsatz. Das sind Steinbrecher, Sortieranlagen, Waschanlagen, Betonmischer, Antriebsanlagen und die Förder- und Transportanlagen. Jedoch konnte auf diesem Wege auch bei einer gewissen Steigerung des Montageanteils durch die Herstellung von Stahlbetonplatten, Dächern, Balken und Säulen auf besonderen Plätzen neben den Baustellen eine vollständige Industrialisierung des Bauwesens nicht erreicht werden.

Es begann die intensive Suche nach Möglichkeiten zur Produktion von Montagekonstruktionen in Betrieben.

Eine besonders stürmische Entwicklung nahm die Produktion von Stahlbetonfertigteilen (Tabelle 1).

Die Anwendung von Montagekonstruktionen und Teilen aus Stahlbeton führt zur Senkung des Arbeitsaufwandes im Bauwesen und folglich zur Steigerung der Arbeitsproduktivität der Bauschaffenden. Sie führt weiter zur Verlagerung von Grundarbeitsgängen in Betriebe und zur Aufhebung der Saisongebundenheit im Bauwesen, zur Verwandlung des Bauplatzes in einen Montageplatz. Das beschleunigt die Fertigstellung der Gebäude und Anlagen, bringt eine höhere Festigkeit und Feuerbeständigkeit, senkt das Gewicht der Gebäude und die Kosten für die Bauproduktion.

Auf dem Wege dieser objektiven Tendenzen für die Entwicklung der Bauproduktion stehen jedoch organisatorische und theoretische Barrieren, die deren weitere Entwicklung stören.

Die Bauorganisationen, sogar die größten, haben keine eigene technische Basis für die Herstellung von Montagekonstruktionen und -teilen. Die Metallkonstruktionen des Bauwesens wurden zuerst in Maschinenbaubetrieben hergestellt. Erst wesentlich später entstanden Werke für Metall-

Tabelle 1

Die Verwendung von Stahlbetonfertigteilen nach in Betrieb genommenen Objekten (in m³)

Jahr	Stahlbeton-Montagekonstruktionen und Teile			Große Wandplatten und Blöcke		
	Im Industriebau auf 1000 m² Produktionsfläche	Im Wohnungsbau auf 1000 m² Wohnungsfläche in Häusern aus Ziegeln und Steinen	Im Zivilbau auf 1000 m² nutzbare Fläche	Im Industriebau auf 1000 m² Produktionsfläche	Im Wohnungsbau auf 1000 m² Wohnfläche in Häusern aus Ziegeln und Steinen	Im Zivilbau auf 1000 m² nutzbare Fläche
1960	227	437	245	19	126	38
1961	229	426	264	21	151	32
1962	229	433	271	20	180	42
1963	257	442	281	26	214	41
1964	268	430	297	36	233	46
1965	312	430	298	43	256	54
1966	307	447	316	44	266	45
1967	327	453	335	54	265	66
1968	347	464	348	62	291	59

konstruktionen im System der Bauproduktion selbst. Das gleiche konnte auch bei der Herstellung von Stahlbetonfertigteilen beobachtet werden. Zunächst beschäftigte sich damit die Baustoffindustrie, die die technische Basis und die Erfahrungen der maschinellen Produktion hatte. Die Erfinder der ersten Kassettenversuchsanlage für die Herstellung von Wandplatten unter Chefkonstrukteur M. Soldatov waren nicht Bauschaffende, sondern Metallurgen und Spezialisten der Metallbearbeitung. So vereinigten sich bei der Produktion von Stahlbetonfertigteilen die Erfahrungen der Maschinenbauproduktion und der Produktion von Baustoffen mit den Produktionserfahrungen für Stahlbaukonstruktionen. Im Zusammenhang damit sah die Übertragung der Produktion von Teilen für Gebäude und Anlagen von den Baustellen oder von deren Fertigungsplätzen in der Nähe der Baustelle in Stahlbetonproduktionsbetriebe so aus, als wäre es etwas völlig anderes als die Bauproduktion.

Das gab den Anlaß dazu, die Abtrennung der Produktion von Stahlbetonfertigteilen von den Bauorganisationen und deren Eingliederung in die Baustoffindustrie theoretisch zu begründen. Bei den Ökonomen des Fachgebietes Bauwirtschaft entstand sogar der neue Terminus „Industrie für Baustoffe und Konstruktionen".

Dabei sind die Baustoffe als Erzeugnisse der Baustoffindustrie oder anderer Industriezweige vom Standpunkt der Bauschaffenden immer abstrakt und nicht unmittelbar mit der Bauproduktion verbunden. Sie gehören weder der Form noch den Abmessungen, noch der Fraktur nach zu den Dingen, die durch die architektonischen Projekte bestimmt werden. Gewöhnlich ist das Warenproduktion: Zement, Glas, Ziegelsteine, Kalk, Dachpappe, keramische und andere Platten, Linoleum, Metall, Bauholz und auch Stückgüter wie Stahlbetonschwellen, Stempel, Masten und dergleichen.

Was jedoch die Baukonstruktionen und die Bauteile angeht, so sind sie ebenfalls, wie auch die Fertigteile oder Sektionen von Gebäuden und Anlagen, aus verschiedenen Baustoffen hergestellt und durch ihre Form, ihre Abmessung und ihre Fraktur organisch mit der Bauproduktion verbunden, und zwar mit dem Bau, der Form, den Abmessungen und der Fraktur der zukünftigen Gebäude und Anlagen. Das sind Halbfabrikate der Bauproduktion. Gegenwärtig werden im Wohnungsbau bereits fertige große Zimmer mit Balkon, Dielen, Küchen, Sanitärzellen, Treppenhäuser mit 2 Aufgängen und Plattformen usw. verwendet. Derartige Erzeugnisse werden seit 1967 vom Wohnungsbaukombinat Nr. 1 in Krasnodar und anderen Betrieben hergestellt. In der Praxis entwickelt sich die Produktion von Stahlbetonfertigteilen im Rahmen der Bauindustrie ständig weiter. Gegenwärtig befinden sich ungefähr zwei Drittel der Produktion aller Stahlbetonfertigteile unter der Leitung der Bauministerien.

Es verbessert sich auch die Lage in dem in dieser Beziehung am meisten zurückgebliebenen Landwirtschaftsbau. Der Minister für Landwirtschaftsbau der UdSSR, S. Chitrov, schrieb: „Gegenwärtig sind wir im Niveau des Montagebaues mehr als zweimal hinter dem Industrie- und Städtebau zurückgeblieben. Die Lösung dieser Aufgabe erfordert die allseitige Entwicklung von Betrieben zur Herstellung montierbarer Stahlbetonkonstruktionen. Gegenwärtig befriedigt deren Kapazität unsere Bedürfnisse bei weitem nicht. Das Ministerium hat Maßnahmen zur Überwindung dieses Rückstandes festgelegt. Im vergangenen Jahr wurden für die Entwicklung der eigenen Basis 430 Mio Rubel ausgegeben. Damit konnte der Plan zur Inbetriebnahme von Produktionskapazitäten übererfüllt werden. Es wurden Werke zur Produktion von Stahlbeton für 772000 m^3 in Betrieb genommen ... Gegenwärtig läuft die Vorbereitung für den großen Wohnungsbau."[2]

[2] Industria selskich stroek [Industrie der ländlichen Bauten], in: Pravda, 5. März 1969.

All das steht in schreiendem Widerspruch zur existierenden Theorie und zur Statistik über das Bauwesen. Bekanntlich sind die Selbstkosten der grundlegende konkrete Geldausdruck für das Niveau aller Arbeitsaufwendungen bei der Herstellung der Fertigerzeugnisse. Es ist verständlich, daß bei sich weiterentwickelnder Industrialisierung des Bauwesens die Selbstkosten der Bauproduktion systematisch und beständig sinken müssen. Aber erstens wird die vergangene Arbeit der Bauschaffenden, die von ihnen für die Produktion von Baukonstruktionen und großen Elementen in den Betrieben der Bauindustrie geleistet wurde, von der Arbeit der Bauschaffenden auf den Baustellen abgetrennt. Sie wird den Bauschaffenden der Baustoffindustrie übergeben, deren Anteil am Gesamtumfang der Aufwendungen für die fertige Bauproduktion sich von 53, 6 Prozent im Jahre 1950 auf 57,9 Prozent im Jahre 1968 erhöht hat. Und zweitens ist das jährliche Tempo der Selbstkostensenkung bei den Bau- und Montagearbeiten, die ebenfalls künstlich von der Gesamtsumme der Arbeit von Bauschaffenden abgetrennt wird und wozu nur deren Arbeit auf den Baustellen gehört, offenbar unzureichend. Dieses Tempo (in Preisen der entsprechenden Jahre) war, begonnen mit dem fünften Fünfjahrplan, wie folgt (in Prozent): 1956 bis 1960 1 bis 2 Prozent; 1961 bis 1965 von 0,4 bis 0,1 Prozent (dabei gab es im Jahre 1961 sogar eine Steigerung der Selbstkosten um 0,8 Prozent); 1966 0,4; 1967 und 1968 0,3 Prozent.
Das ist völlig gesetzmäßig, weil man andere Kennziffern gar nicht erhalten kann, da auf einer modernen Baustelle im wesentlichen noch die Handarbeit der Bauschaffenden verblieben ist. Die Steigerung der Arbeitsproduktivität im Bauwesen erfolgt gegenwärtig vor allem durch die Industrialisierung des Bauens, durch die Übertragung von Handarbeit der Bauschaffenden von den Baustellen in die Betriebe der Bauindustrie: die Werke für Betonfertigteile, die Häuserbaukombinate und Werke für den Industrie-Montagebau. Doch die Theorie und die Berechnung der Bauproduktion ignorieren diesen Umstand, indem sie die Produktion der Halbfabrikate für das Bauwesen von der Bauproduktion trennen und die Bauindustrie in Teile zerreißen.
Bei der Senkung der Aufwendungen für Baustoffe gibt es drei Hauptrichtungen:
1. Senkung der Verluste beim Baumaterialeinsatz sowohl auf der Baustelle selbst – besonders beim Bau mit Ziegeln und mit monolitischen Stahlbeton – als auch in den Betrieben der Bauindustrie bei der Herstellung von Montagekonstruktionen und bei großen Bauelementen für Gebäude und Anlagen;
2. Einführung moderner Projektierungslösungen in das Bauwesen, die neue Typen von Gebäuden und Anlagen und dazu neue konstruktive

Elemente und Baugruppen vorsehen, mit denen Baumaterial eingespart werden kann;
3. Verwendung solcher Baustoffe, die je nach Anwendungsgebiet den größten Effekt bringen können.

Leider wird die erste Möglichkeit zur Senkung der Aufwendungen an Baustoffen durch die ökonomische Wissenschaft über das Bauwesen nicht ausgearbeitet. Wird sie ausgearbeitet, dann nur bezüglich des Verbrauchs von Baukonstruktionen und großen Elementen durch die Bauschaffenden und nicht vom Standpunkt ihrer Produktion her. Infolgedessen ist die Perspektive in dieser Beziehung nicht beruhigend.

Nach Werten des Forschungsinstituts für Ökonomie des Bauwesens bei der Staatlichen Baukommission der UdSSR könnte durch erweiterte Anwendung von Stahlkonstruktionen bei Karkassen und bei tragenden Konstruktionselementen für Dächer – in erster Linie im Zusammenwirken mit leichten Wandelementen – in der nächsten Perspektivperiode ein Effekt von 260 Mio Rubel erzielt werden. Bei baulichen Anlagen (Stützen, Gerüsten für Rohrleitungen, Brücken usw.) könnte die Einsparung 20 Mio Rubel betragen. Der Effekt einer erweiterten Anwendung von monolitischem Stahlbeton bei unterirdischen Konstruktionen der Gebäude und Anlagen, bei Karkassen und bei Dächern mehretagiger Gebäude wird für den gleichen Zeitraum mit 100 Mio Rubel angegeben. Die Einsparung an Holz für Dächer, Stützen, Masten und Verschalungen für Stahlbetonbrücken beträgt ungefähr 20 Mio Rubel. Nach Angaben des gleichen Instituts verändert sich die Verbrauchsstruktur von Stahlbetonfertigteilen etwas: Am Gesamtumfang sinkt der Anteil von Bedeckungen um 10 Prozent, während der Anteil an Wandplatten (um 6 Punkte), von Karkassenelementen (um 2 Punkte), von Rohren, Stützen und Schwellen und anderen Spezialkonstruktionen (um 2 Punkte) steigt. Der Anteil der übrigen Konstruktionen und der großen Elemente an der Gesamtproduktion von Stahlbetonfertigteilen bleibt unverändert.

Die Wirklichkeit geht viel weiter als solche Prognosen. Der Kern der Sache besteht darin, die Rolle der Bauschaffenden als Produzenten von Halbfabrikaten für das Bauwesen und nicht nur als deren Verbraucher zu untersuchen. Gerade darin liegt eine bedeutende ökonomische Reserve der sozialistischen Bauproduktion. Die Entwicklung der Produktion von Stahlbetonfertigteilen, von Montagekonstruktionen und von Fertigteilen für Gebäude und Anlagen aus den verschiedensten Baustoffen und deren immer breitere Einführung in das Bauwesen wurden zur Grundlage für den Aufbau neuer Betriebe der Bauindustrie.

Durch das Leben selbst ist die moderne Organisationsform der Bauindustrie geschaffen worden, die in einem Betrieb die Ausführung der

Bau- und Montagearbeiten mit der Produktion von Bauteilen und Konstruktionen und fertiger großer Teile für Gebäude und bauliche Anlagen vereinigt. Das sind die Wohnungs- und Industriebaukombinate, die eine breite Anerkennung als vollkommenster und zukunftsträchtigster Betriebstyp der Bauindustrie gefunden haben.
Die Wohnungsbaukombinate, deren es gegenwärtig bereits über hundert gibt, haben mit der traditionellen zurückgebliebenen Technologie der Bauarbeiten auf den Baustellen Schluß gemacht. Der Ausbau der Gebäude, sowohl der Innenausbau als auch der Außenausbau, das Legen der Elektro-, Wasser- und Gasleitungen, die Ausrüstung der Küchen und Sanitärzellen erfolgen jetzt im Wohnungsbaukombinat selbst. Jetzt fertigt das Wohnungsbaukombinat – wie andere Zweige der gesellschaftlichen Produktion auch – selbst seine Halbfabrikate: Bauteile und Konstruktionen, fertige Häuserelemente und Elemente für bauliche Anlagen. Das Kombinat schafft sich eine Lagerreserve und beliefert die Baustellen, wie es benötigt wird. Die Entlohnung der Arbeiter, Brigaden und Abteilungen des industriellen Baubetriebes oder Kombinates erfolgt nach den gleichen Entlohnungsmethoden wie in anderen Zweigen der Industrie. Die Arbeit wird nach dem physischen Umfang der Bauproduktion unter Berücksichtigung besonderer Qualität entlohnt.
Die Wohnungsbaukombinate führen alle Berechnungen mit den Auftraggebern für die Endproduktion der für den Einzug der Mieter vorbereiteten Gebäude durch. Viele solche Kombinate haben überhaupt keine spezialisierten Nachauftragnehmer oder haben sie in sehr begrenztem Umfang. Die Tendenz der Mehrzahl der Wohnungsbaukombinate geht dahin, überhaupt keine Nachauftragnehmer zu haben, sondern alle Arbeiten durch spezialisierte Brigaden des eigenen Kombinats auszuführen. Einige besonders weitsichtige Leiter von Baukombinaten erheben bereits die Frage nach dem Aufbau (oder Unterstellung) von eigenen Projektierungs- und Architekturbüros. Es gibt solche Wohnungsbaukombinate, die die Vereinigung von Projektanten und Produzenten im Wohnungsbau und im Städtebau bereits praktisch gelöst haben. Das Wohnungsbaukombinat Vilnjus produziert zum Beispiel einige Typen von Großplattenbauten mit verschiedenen Fassaden. Das Stadtbild wurde dadurch in den letzten Jahren vielgestaltig und interessant. Typenprojekte verwandeln sich in Kunsterzeugnisse. Ausgehend von der fortgeschrittenen Praxis der Bauschaffenden, haben das ZK der KPdSU und der Ministerrat der UdSSR in ihrem Beschluß „Über Maßnahmen zur Verbesserung der Qualität des Wohn- und Zivilbaues“ folgendes festgelegt:
„Es wird der weiteren Entwicklung der Industrialisierung des Wohn- und Zivilbaues, der Vervollkommnung des kompletten Häuserbaues und

der Hebung des architektonischen Niveaus und der Qualität des Wohnungsbaues besondere Bedeutung beigemessen. Dabei wird es für zweckmäßig gehalten, die Wohnungsbaubetriebe auf eine neue Technologie umzustellen, damit die Herstellung von Bauteil-Sätzen für den Bau von Wohnhäusern verschiedener Länge und verschiedener Höhe in verschiedenen Varianten architektonischer Lösungen und äußerer Gestaltung gewährleistet wird. Dazu wird die Möglichkeit zur schnellen Umstellung der technologischen Ausrüstung zur Produktion von neuen Typenteilen vorgesehen."[3]

Die Bauschaffenden, die Wissenschaftler, die Vertreter der technischen Wissenschaft im Bauwesen und viele örtliche Parteiorganisationen verstehen die Vorteile der Vereinigung des technologischen Prozesses in der Bauproduktion in Gestalt industrieller Betriebe sehr gut. Sie unterstützen die Entwicklung von Wohnungsbaukombinaten in jeder Weise und fordern die weitere Nutzung dieser wichtigen Reserve für die Steigerung der Arbeitsproduktivität und der Effektivität der Investitionen. In diesem Zusammenhang sollen nur zwei Beispiele genannt werden.

Der Held der sozialistischen Arbeit, Brigadier der Vereinigung Mosstroi Nr. 1, V. Zatvornitzki, sagte unlängst: „Wir sind manchmal neidisch, wenn wir darauf schauen, wie schnell die Etagen bei den Monteuren des Wohnungsbaukombinats wachsen, und das nur deshalb, weil die Arbeitsproduktivität bei uns nur einen Bruchteil so groß ist wie beim Wohnungsbaukombinat. Doch die Selbstkosten eines Quadratmeters Wohnfläche sind viel höher. Wir stehen jedoch den Brigaden des Wohnungsbaukombinates nicht in der Fertigkeit und in der Erfahrung nach." Aber „im Kombinat baut man mit einem Turmdrehkran 23000 m^3 Wohnfläche und bei uns 8000 bis 9000 m^2. Die Vereinigung Mos-Fundamentstroi Nr. 2 baut bereits seit langem den Nulltakt nach einem Stundenplan ‚auf den Rädern'. Heizstationen werden aus Groß- oder aus Verbundelementen gefertigt."[4]

Der Sekretär des Bezirkskomitees von Lipeck, M. Čerkassov, stellt fest: „Der Komplex von Novo-Lipeck ist ein wichtiges Bauvorhaben. Es bauen daran sechs spezialisierte Organisationen. Der Bauumfang wächst von Jahr zu Jahr, und die Kapazität der Organisationen bleibt fast auf dem gleichen Stand. Die Schwierigkeit besteht darin, daß alle Organisationen zersplittert sind. Unlängst hat das Ministerium für den Aufbau von Betrieben der Schwerindustrie der UdSSR eine Produktions- und Versorgungsleitung geschaffen. Das erfolgt wohl vor allem der Form halber. In

[3] Pravda, 21. Juni 1969.
[4] Večernaja Moskva, 18. März 1969.

dieser Leitung sind nur acht Mitarbeiter. Sie sind nicht imstande, die komplizierten Fragen zu lösen und die Tätigkeit der Bauschaffenden zu koordinieren und zu lenken. Man könnte die Organisationen ohne besondere Anstrengungen, ohne Vergrößerung des administrativen Leistungsapparates zu einem einheitlichen Baukombinat vereinigen. Die Sache würde dadurch gewinnen."[5]
Ein gutes Beispiel für die Nutzung dieser objektiven Reserve der Bauproduktion zeigt die Parteiorganisation des Gebietes Gorki, wo „zum Ende des Fünfjahrplans die Kapazität der häuserbauenden Werke zum Beispiel im Gebiet nicht auf 500000, wie vorgesehen, sondern auf 600000 bis 620000 m^2 gesteigert wird"[6].
Der objektive Charakter dieser Tendenz in der Bauproduktion wird dadurch unterstrichen, daß sie sich nicht nur in der UdSSR zeigt, sondern auch in anderen Ländern des sozialistischen Lagers.
So wurde am Ende des Jahres 1965 in Budapest das erste Kombinat für den Großplattenhäuserbau errichtet. Es folgten das zweite und das dritte Wohnungsbaukombinat. Solche Kombinate gibt es in Ungarn nicht nur in Budapest, sondern auch in Györ und Nickolc. Häuserbautaktstraßen werden in den industriellen Baubetrieben in Szeged und in Debrecen eingeführt.
Jedoch auch auf dem Wege der Nutzung dieses mächtigen Hebels zur Steigerung der Arbeitsproduktivität in der Bauproduktion entstehen wesentliche Hindernisse.
Einige Ökonomen aus dem Baufach sind der Ansicht, daß die Wohnungsbaukombinate „die beste Form der Versorgung der Bauorganisationen mit Bauteilen und Konstruktionen" oder „spezialisierten Bauorganisationen" sind. Sie umgehen es, diese als industrielle Baubetriebe zu betrachten, die eine der wichtigsten Formen zur Kombination der Bauproduktion darstellen. Gleichzeitig richten die Wissenschaftler, die den technischen Gedanken in der Bauproduktion vertreten, ihre Anstrengungen auf die weitere Entwicklung großer industrieller Betriebe im Bauwesen, besonders der Baukombinate. Es ist bezeichnend, daß die vom Forschungsinstitut der Bauproduktion der Staatlichen Baukommission der Ukrainischen Sozialistischen Sowjetrepublik in den Jahren 1963 bis 1965 ausgearbeiteten „Technisch-ökonomischen Begründungen für die Organisation eines Industriebaukombinats in Brovary im Gebiet Kiev" und die Vorschläge zur Automatisierung der Kontrolle und der Programmsteuerung in einigen Produktionsprozessen, in Industriebaukombinaten und besonders im

[5] Pravda, 11. Nov. 1969.
[6] Pravda, 6. März 1969.

Industriebaukombinat Donezk keine große Unterstützung und Verbreitung erfuhren.
Mehr noch: Nach der unlängst durchgeführten Reorganisation des Industriebaukombinats in Brovary wurde dieses in einen gewöhnlichen Baubetrieb verwandelt. Die Industriebaukombinate Baku und Sumgait, die bedeutende Erfolge erzielt hatten, wurden liquidiert. Die Aufgabe besteht jedoch darin, diese progressivste Form der Baubetriebe für die Errichtung von Gebäuden aus Konstruktionen eigener Fertigung und für die Montage der technologischen, der energetischen und der Transport- und Fördereinrichtungen mit allen ingenieurtechnischen Verbindungen in breitem Umfang einzuführen.
Die Kombination der Hauptglieder des einheitlichen technologischen Prozesses im industriellen Bauen erfordert die Vergrößerung des Umfangs der Bauproduktion. Gleichzeitig ist sie eine der wichtigsten Voraussetzungen für die weitere Industrialisierung des Bauwesens. Der Zusammenhang dieser Prozesse zeigt sich darin, daß das Aufkommen und die Festigung der ersten kurz charakterisierten Tendenz zusammenfallen mit der *zweiten objektiven Tendenz* zur Entwicklung der Bauindustrie: der Konzentration der Bauproduktion.
Die spezialisierten Bau- und Montageorganisationen, die für den Aufbau von Betrieben eines bestimmten Industriezweiges geschaffen worden waren (zum Beispiel von Wasserkraftwerken), verwandeln sich in Produktionsabteilungen der Bauindustrie. Sie verrichten einen großen Komplex von Arbeiten, der weit über die verhältnismäßig engen Grenzen des Betriebes hinausgeht, für dessen Aufbau die Bau- und Montageorganisation geschaffen worden war. Die Bau- und Montageorganisation zum Beispiel, die das Kraftwerk von Kuibišev gebaut hat, baute das Autowerk in Togliatti und eine Reihe von anderen, weniger großen Betrieben. Die Organisation „Sakmetallurgstroi" errichtete neben dem metallurgischen Werk in Rustavi eine Wasserleitung für Tbilissi, ein Zementwerk, ein Sanatorium in Cchaltubo und viele andere Objekte (einschließlich Wohnbauten und eines Komplexes von Gebäuden für die kulturellen und kommunalen Organisationen und Einrichtungen in der Stadt der grusinischen Metallurgen). Ein analoger Sachverhalt wird in Bratsk, Kusneck, Čerpovec und Lipeck und in fast allen anderen Zentren des großen Industriebaues beobachtet.
Diese Tendenz zur Universalisierung des Produktionsprozesses, der durch die großen Betriebe der Bauindustrie verwirklicht wird, die Tendenz, die mit der zweigspezifischen engen Spezialisierung der Baubetriebe zur Errichtung von Objekten eines bestimmten Industriezweiges bricht, muß man als völlig gesetzmäßig, lebensnah und fruchtbar ansehen. Vor allem ist diese

Tendenz durch die Konzentration der Bauproduktion begründet. Es gibt keine Notwendigkeit, kleine Baubetriebe für die Realisierung von Investitionen in den vielen kleinen Betrieben zu schaffen, wo bereits eine große Bau- und Montageorganisation besteht. Die Hauptsache besteht jedoch darin, daß das Erfassen der vielgestaltigen Arbeitsarten, die auf den verschiedenen Bauobjekten anfallen, die im gleichen ökonomischen Gebiet gelegen sind, es ermöglicht, einen der Grundwidersprüche zu lösen, der sich aus den Besonderheiten der Bauproduktion ergibt und ihnen organisch eigen ist.

Einerseits werden die Arbeitsumfänge in jedem einzelnen Bauobjekt durch ihre zeitliche Ungleichmäßigkeit charakterisiert: Das Anwachsen des Umfangs der Investitionen führt zu einem oberen Wendepunkt und verändert sich dann gesetzmäßig zu einer Verminderung, die schließlich im Moment der Vollendung des Baues oder des einzelnen Objektes zu Null wird. Andererseits ist es eine unbedingte Notwendigkeit für die normale Produktionstätigkeit eines Baubetriebes – wie auch anderer industrieller Betriebe eines beliebigen Zweiges der Volkswirtschaft –, daß sich die Produktion von Jahr zu Jahr gleichmäßig und beständig steigert. Diesen Widerspruch kann man nur erfolgreich lösen, wenn ein Betrieb der Bauindustrie gleichzeitig in einer Reihe von Bauobjekten arbeitet, die in einem Gebiet gelegen sind, sich jedoch in verschiedenen Baustadien befinden. Bei Beachtung dieser Bedingungen wird es möglich, den Abfall im Arbeitsumfang bei den einen Objekten mit den „Spitzen" der Arbeit in anderen Objekten zeitlich in Einklang zu bringen. Damit gewährleistet man eine gleichmäßige rhythmische Arbeit des ganzen Baubetriebes. So wird es möglich, die Bauarbeiten einer Bau- und Montageorganisation, die in einer Reihe von Objekten gleichzeitig vonstatten gehen und die den Charakter einer parabolischen Kurve der Bauarbeiten für jedes Objekt haben, gewissermaßen mit einer gewissen zeitlichen Verschiebung aneinanderzulegen und damit eine stetig steigende Kurve des gesamten Arbeitsumfanges, der von der Bau- und Montageorganisation geleistet wird, zu erreichen.

Dem widerspricht die Verlangsamung der Konzentration in der Bauproduktion, die in den letzten Jahren beobachtet wird. Bis zu einer gewissen Zeit stieg im Bauwesen der Anteil großer (über 1 Mio Rubel im Jahr) Bau- und Montageorganisationen am Gesamtumfang der Arbeit, der von allen Bauorganisationen mit eigenen Kräften ausgeführt wurde, von 13 Prozent im Jahre 1955, auf 36 Prozent im Jahre 1960 und 81 Prozent im Jahre 1965. Danach zeigte sich eine ungünstige Tendenz zu einer gewissen Verkleinerung dieser Organisationen. Im Jahre 1968 war der Anteil der Organisationen, die ein Jahresvolumen von 1 bis 2 Mio Rubel ausführten, von 42 Prozent im Jahre 1965 auf 40 Prozent gesunken und die mit einem

Jahresumfang von 2 Mio Rubel und mehr von 39 Prozent auf 32 Prozent. Charakteristisch ist, daß der Konzentrationsgrad der Bau- und Montagearbeiten dabei wenig von der natürlichen und geographischen und von den nationalen Besonderheiten der Baubezirke abhängt. Der größte Prozentsatz von Bau- und Montageorganisationen (41 Prozent) mit einem Jahresumfang der Arbeiten von 2 Mio Rubel und mehr ist in der Lettischen SSR und in der Tadshikischen SSR (38 Prozent) registriert. Im gleichen Jahr (1968) war der geringste Prozentsatz solcher Organisationen in Grusinien (19 Prozent), in Armenien (16 Prozent), in Turkmenistan (28 Prozent), in Usbekistan (25 Prozent) und in Kasachstan (26 Prozent) registriert. Damit geht es nicht um irgendwelche bezirklichen Besonderheiten des Bauwesens, sondern vielmehr um dessen rationelle Organisation. Die Vergrößerung der Betriebe, die in Abhängigkeit von deren Konzentrationsniveau vonstatten geht, bringt selbst einen wesentlichen ökonomischen Effekt. Gleichzeitig wird es auf der Grundlage dieses Prozesse möglich, die zentrale Planung der Produktionstätigkeit des Betriebes zu verstärken und zu festigen. Es ist leichter, weniger als 100 große Betriebe als Hunderte oder sogar Tausende kleiner Betriebe aus einem einheitlichen Zentrum zu leiten. In Übereinstimmung damit kann die wirtschaftliche Selbständigkeit jedes der vergrößerten Betriebe erweitert werden. Ihm kann ein weites Feld für die Disposition mit seinen Produktionsabteilungen in den Grenzen der vom einheitlichen Zentrum vorgegebenen Planaufgaben nach einem eingegrenzten Kreis von Hauptkennziffern eingeräumt werden.
Die objektive Notwendigkeit des organischen Zusammenhanges zwischen der Kombination der Bauproduktion und ihrer Konzentration erkennt man in aller Deutlichkeit, wenn man die Perspektiven für die Entwicklung der Bauindustrie und die Perspektiven ihrer Ausrüstung mit neuen Produktionskapazitäten, besonders mit Produktionsfonds betrachtet.
Wenn man den Bauprozeß nur auf die Ausführung der Bau- und Montagearbeiten eingrenzt und dementsprechend die Herstellung der Teile, Konstruktionen, Bauelemente und Ausrüstungen der Tätigkeit eines anderen Zweiges der Baustoffindustrie zuordnet, führt die Industrialisierung des Bauwesens folgerichtig zur Verwandlung ihrer Vereinigungen in Dispatcherzentralen, die die Montage der Teile und die Konstruktion der Gebäude und baulichen Anlagen sowie die Montage von Anlagen in Betrieben und Betriebsabteilungen leiten.
Wenn man auf diese Weise unter der Bauproduktion nur die Bau- und Montagearbeiten auf den Baustellen versteht, dann gehören zur Technik des Bauwesens in der Hauptsache nur die Förder- und Transportausrüstung und die Maschinen für die Erdarbeiten. Als Betriebe der Bauproduktion zählen dann nur die kleinen Asphaltierungs- und Betonierungswerke und

die Reparaturwerkstätten. Die moderne industrielle Technik und die größten Betriebe für Stahlbetonfertigteile und verschiedene Kombinate mit ihrer maschinellen Technik werden aus der Bauindustrie ausgeschlossen. Das heißt, je höher die Industrialisierung des Bauwesens, um so weniger Technik gibt es auf den Baustellen. Das führt zu unrichtigen Vorstellungen über den Umfang der Produktionsgrundfonds des Bauwesens und über die Fondsrückführung. Die Sache stände ganz anders, wenn man die gesamte Bauproduktion als ganzes betrachtete. Deshalb besteht die Notwendigkeit zur organisatorischen Vereinigung der Baubetriebe, die aus Baustoffen Halbfabrikate für die Bauindustrie herstellen, zu großen Betrieben der Bauindustrie, die alle Objekte, die in ihrem Tätigkeitsbereich liegen, errichten.
Als Hauptweg für die Schaffung normaler Bedingungen in der Bauproduktion ist in Übereinstimmung mit dem Mai-Beschluß (1969) des ZK der KPdSU und des Ministerrates der UdSSR vorzusehen, mobile Bau- und Montageabteilungen zu schaffen, die mit modernen Mitteln der Bautechnik ausgerüstet und imstande sind, in kurzen Fristen Bauten in Bezirken auszuführen, die von den stationären Einrichtungen der Bauindustrie weit entfernt sind.
Hieraus entsteht die *dritte objektive Tendenz* für die Entwicklung der Bauproduktion, die nur der sozialistischen Wirtschaft eigen ist. Diese besteht in der weiteren Festigung der staatlichen Leitung des Zweiges.
Das Bauwesen wird durch eine Reihe von Ministerien geleitet. Außerdem haben viele Ministerien und Verwaltungen eigene Leitungen oder Abteilungen für den Investitionsbau, die einen großen Einfluß auf die Bauproduktion als Verteiler von Investitionen im Bauwesen haben. Darin besteht eine der Ursachen dafür, daß es nicht gelingt, die Baupläne hinreichend mit den finanziellen Ressourcen, mit der materiell-technischen Versorgung des Bauwesens und mit der Entwicklung der Kapazitäten der Bauindustrie selbst abzustimmen.
Die Kompliziertheit dieser Aufgabe kann man sich sehr gut vorstellen, wenn man den Beschluß des ZK der KPdSU und des Ministerrates von Mai 1969 liest, in dem gesagt wird:
„Zur besseren Koordinierung des Plans für den Investitionsbau mit anderen Teilen des Volkswirtschaftsplanes und zur zuverlässigen Versorgung der im Bau befindlichen Objekte mit Anlagen, Baustoffen, Mechanismen, Arbeitskräften und finanziellen Mitteln werden die Staatliche Plankommission der UdSSR, die Staatliche Versorgungskommission der UdSSR, die Ministerien und Leitungen der UdSSR und die Ministerräte der Unionsrepubliken bei der Ausarbeitung der Planprojekte verpflichtet:
beginnend mit dem Jahre 1971 den Gesamtumfang der Investitionen unter Berücksichtigung aller Finanzierungsquellen (einschließlich der Mittel der

Kolchose) mit den materiellen, den Arbeitskräfte- und Finanzressourcen und den Kapazitäten der Bau- und Montageorganisationen bilanziert zu bestimmen;
Bilanzen der Produktionskapazitäten der Ausrüstungen in Natural- und in Wertform und der Materialien für den Investitionsbau zu erarbeiten;
Berechnungen der Kapazitäten für die staatlichen und zwischengenossenschaftlichen Bau- und Montageorganisationen nach Unionsrepubliken, Gebieten und Kreisen konzentrierter Bautätigkeit auszuarbeiten und diese bei der Erarbeitung und Präzisierung der Investitionspläne zu verwenden."[7]
Doch das ist noch nicht alles. Gegenwärtig ist nicht ein Bauministerium in der Lage, selbständig den von ihm bestätigten Bauplan zu realisieren. Es kommt nicht ohne die sogenannten Nachauftragnehmer aus, was eine Reihe von Unzulänglichkeiten hervorruft, die in unserer Presse bereits ihre Widerspiegelung gefunden haben. „Nicht nur die Projektierung, die Herstellung des Materials, der Baugruppen, der Teile und der Ausrüstungen, sondern auch die schließliche Montage des Objektes wird gleichzeitig von einer Anzahl (oft bis zu 30) Bau- und Montageleitungen durchgeführt. Jede davon hat ihre Administration, ihren Plan, ihre Bilanz, ihre Buchhaltung. Sie sind verschiedenen Oragnisationen und sogar verschiedenen Ministerien unterstellt.
Die operative Leitung der Arbeiten, an denen Tausende Menschen beschäftigt sind, und deren Koordinierung erfolgen mit Hilfe von Planberatungen, Sitzungen, abgestimmten Protokollen und Entscheidungen anstelle von verwendbaren Ablaufplänen. All das schluckt eine Unmenge von Zeit und Kraft. Der Bauleiter – meistens ist er ein leitender Vertreter des Generalauftragnehmers – spielt hier gewöhnlich die Rolle des Vorsitzenden, des Vereinigers der „Standpunkte". Er verfügt gegenüber dem Auftraggeber und den Nachauftragnehmern weder über administrative noch über ausreichend starke ökonomische Mittel der Einwirkung.
Die Verletzung der Vertragspflichten der abgestimmten Ablaufpläne und der Entscheidungen verläuft nicht selten . . . für die Partner, die auf dem Bau beschäftigt sind, ungestraft. Der Auftraggeber beruft sich auf die Projektanten und die Lieferanten der Ausrüstungen. Die Bauschaffenden berufen sich auf die Auftraggeber und auf die Monteure, die Monteure auf die Bauschaffenden und den Auftraggeber. Jeder beschwert sich über seine Leitung und erbittet deren Hilfe. Die Streitfragen müssen oft auf der Ebene der Ministerien ausgetragen werden."[8]

[7] Pravda, 20. Juni 1969.
[8] Baibakov, S., Danikov, V., Krainov, L., Kto zdes staršoj [Wer ist hier der Älteste], in: Pravda, 21. April 1968.

Ein besonders großes Problem sind die Baukader. Die Bauorganisationen für Landwirtschaftsbauten haben über lange Zeit einen großen Arbeitskräftemangel. Auf einigen Baustellen wechselt die Zusammensetzung der Brigaden in einem Jahr fast vollständig.
Die Bildung einer Vielzahl von Bauministerien war offensichtlich die Folge einer mechanischen Übertragung von Leitungsformen aus den Zweigen der Volkswirtschaft, für die das Bauwesen neue Betriebe und Objekte baute, auf das Bauwesen selbst. Die wichtigste unterscheidende Besonderheit der Bauproduktion ist, wie bereits festgestellt wurde, die Unbeweglichkeit ihrer Endproduktion, ihre Ortsbeständigkeit, die das Primat des territorialen Prinzips für die Organisation des Bauwesens bestimmt. Wenn auch in jedem Gebiet die im Bau befindlichen Objekte in der Regel verschiedenen Industriezweigen und Zweigen der Volkswirtschaft gehören, gibt es keinerlei Notwendigkeit dafür, die Leitung des Bauwesens nach der zweiglichen Zugehörigkeit der Bauobjekte zu differenzieren. Deshalb wäre es zweckmäßig, daß in der vergrößerten Bauproduktion des Gebietes Wohnungsbau- und Industriebaukombinate arbeiten, von denen jedes den Gesamtumfang der Bauten auf seinem Territorium ausführt. Die Kombinate müssen Abteilungen für das allgemeine Bauwesen und auch spezialisierte Unterabteilungen und Betriebe zur Herstellung von Baukonstruktionen und Teilen und von Fertigteilen für Gebäude und Anlagen aus verschiedenen Baustoffen haben. Diese neuen Organisationsformen der Bauproduktion setzen die Vereinigung der Leitungen des gesamten Zweiges der Bauproduktion in den Unionsrepubliken und in der ganzen Sowjetunion voraus.[9] Die Hauptaufgabe eines einheitlichen Leitungsorgans muß die Entwicklung und die Vervollkommnung des modernen technologischen Prozesses im industrialisierten Bauwesen sein, und zwar:
der maschinellen Fabrikproduktion von Bauteilen, Konstruktionen und fertigen Teilen für Gebäude und Anlagen unter Spezialisierung einzelner Betriebe der Bauindustrie;
der mechanisierten Zulieferung von Bauhalbfabrikaten von den Betrieben der Bauindustrie auf die Baustellen mit Hilfe modernster Transportmittel;
der mechanisierten Montage von Gebäuden und baulichen Anlagen aus Halbfabrikaten und der mechanisierten Montage von technologischen und energetischen Ausrüstungen und von Ausrüstungen für das Transportwesen und für den Lebensbereich sowie der ingenieurtechnischen Netze auf den Baustellen;

9 Die Vorschläge des Autors zu den Fragen der Leitung des Investitionsbaues wurden als Fragen aufgeworfen. (Der verantwortliche Redakteur der sowjetischen Ausgabe.)

der kombinierten Bauptoduktion hauptsächlich in Form der Wohnungs- und Industriebaukombinate.
Es versteht sich, daß die neue Struktur der Bauindustrie und der Form der staatlichen Leitung einer tieferen und mehr ins einzelne gehenden Ausarbeitung bedarf und nicht auf eine sofortige Realisierung reflektiert. Wir haben nur die objektive Tendenz der Bauproduktion in dieser Beziehung untersucht. Die Formen zu deren Realisierung müssen und können schrittweise verwirklicht werden. Dadurch kann man sich im vor uns liegenden Fünfjahrplan von 1971 bis 1975 an eine Leitungsform annähern, die mit den Leitungsformen aller anderen Zweige der Industrie übereinstimmt und gleichzeitig die wichtigste Besonderheit des Bauwesens – das Primat des Territorialprinzips seiner Organisation – berücksichtigt. Zusammen mit einer Verstärkung der Hebel für die ökonomische Stimulierung ergibt sich damit die Möglichkeit, die vorhandenen Reserven zur Steigerung der Arbeitsproduktivität der Bauschaffenden maximal zu nutzen.

VI. TEIL

Reserven zur Steigerung der Effektivität bei der territorialen Anordnung der Produktion[1]

Die Steigerung der ökonomischen Effektivität der gesellschaftlichen Produktion ist unlösbar verbunden mit der Veränderung der territorialen Anordnung der Produktivkräftc das Landes. Die Fortschritte bei der Anordnung der Produktion vollziehen sich in direkter Abhängigkeit von der Umgestaltung der Zweigstruktur der Volkswirtschaft unter dem Einfluß des technischen Fortschritts und des Wachstums der Produktion und des volkswirtschaftlichen Bedarfs an materiellen Ressourcen.

Das Problem der weiteren Steigerung der ökonomischen Effektivität bei der regionalen Entwicklung und bei der Anordnung der Produktivkräfte der UdSSR ist organisch verbunden mit der Intensität bei der Nutzung der ökonomischen Ressourcen. Ferner hängt es zusammen mit der Einbeziehung neuer reicher und hocheffektiver Rohstoffquellen, vornehmlich der östlichen und der nördlichen Gebiete, in den volkswirtschaftlichen Kreislauf.

Bei der Bestimmung der weiteren Entwicklungsrichtungen der Wirtschaft im Osten und im Westen des Landes muß die Spezifik dieser Zonen berücksichtigt werden. Dabei handelt es sich um deren Versorgung mit natürlichen und Arbeitskräfteressourcen, um das Lebensniveau der Werktätigen, um die Unterschiede im Umfang der Investitionen und der laufenden Produktionsaufwendungen für die gleichen Produktionsarten und um den Erschließungsgrad der Gebiete als Ganzes.

Bisher besteht noch ein großer Unterschied zwischen dem Produktionsumfang in den westlichen und in den östlichen Landesteilen und bei der Anordnung der natürlichen Ressourcen. Der absolute Produktionsumfang ist in den westlichen Zonen des Landes fünfmal so hoch wie in den östlichen. Der Umfang je Kopf der Bevölkerung ist im Westen 1,5mal so hoch wie im Osten des Landes. Der Umfang der Vorräte an vielen natürlichen Ressour-

1 In diesem Teil wurde teilweise Material des Sektors Effektivität der Anordnung der Produktion des Instituts für Ökonomie der Akademie der Wissenschaften der UdSSR verwandt.

cen besonders an Brennstoff- und Energieressourcen, an Holz, an Buntmetallerzen und an anderen ist dagegen in den westlichen Gebieten bedeutend geringer. In einer Reihe von Fällen sind diese Ressourcen weniger effektiv für die Ausbeutung als in den östlichen Gebieten. Infolgedessen wird der Bedarf der westlichen Zone an Brennstoff nur zu 90 Prozent aus eigener Förderung gedeckt. In der Zukunft wird das Brennstoffdefizit auf etwa 25 Prozent des Bedarfs anwachsen. Außerdem wächst der Import an Holz und anderen Rohstoffen. Viele Gebiete, besonders die dicht besiedelten Gebiete im europäischen Teil des Landes, sind nicht in hinreichendem Umfang mit Wasser für die Industrie versorgt. Hier gibt es auch Schwierigkeiten bei der Auswahl von Baugrund für neue Betriebe.

In den östlichen Gebieten ist ein bedeutender – oder sogar der überwiegende – Teil einer Reihe wichtiger natürlicher Ressourcen konzentriert: 63 Prozent der industriellen Vorräte an Brennstoffen, 64 Prozent der verkokungsfähigen Kohle, über 80 Prozent der Hydroenergieressourcen, der überwiegende Teil der Buntmetallerze, 77 Prozent der Gesamtvorräte an Holz und anderem. Außerdem gibt es in der östlichen Zone insgesamt (mit Ausnahme von Mittelasien und einzelnen Gebieten Kasachstans) besonders in Sibirien kein Wasserdefizit und in der Regel auch große Möglichkeiten zur Auswahl von Flächen für Neubauten.

In den östlichen Gebieten, besonders in Ostsibirien und im Fernen Osten, gibt es eine Disproportion zwischen dem zweckmäßigen Umfang der Erschließung effektiver natürlicher Ressourcen und der Versorgung mit Arbeitskräfteressourcen. Das Defizit an Arbeitskräfteressourcen ist eine der wichtigsten Ursachen für die zu langsame Entwicklung der Wirtschaft in den östlichen Gebieten. Ungeachtet des allgemeinen Arbeitskräftedefizits ist der Beschäftigungsgrad (mit Ausnahme von Mittelasien) der Bevölkerung im arbeitsfähigen Alter in der gesellschaftlichen Produktion in den östlichen Gebieten wesentlich geringer als im Landesmittel: Nach Angaben für 1966 beträgt der Beschäftigungsgrad im Fernen Osten und in Kasachstan etwa 84 Prozent, in Ostsibirien 86 Prozent, gegenüber 92 Prozent im Mittel der Union und 95 Prozent im zentralen Gebiet. Das erklärt sich in bedeutendem Umfang durch die mangelnde Übereinstimmung zwischen der Zweigstruktur der industriellen Komplexe und der geschlechtlichen Zusammensetzung der Arbeitskräfteressourcen in den östlichen Gebieten. Die unzureichende Versorgung der Mehrzal östlicher Gebiete mit Arbeitskräfteressourcen wird durch die Bevölkerungsabwanderung aus diesen Gebieten in die Gebiete des europäischen Teils der UdSSR verstärkt, die in den letzten Jahren die Zuwanderung übersteigt. Das erklärt sich hauptsächlich durch die Unterschiede im Lebensniveau der Bevölkerung in den östlichen Gebieten und im europäischen Teil des Landes. Ungeachtet dessen, daß der

mittlere Arbeitslohn in den östlichen Gebieten insgesamt höher ist als im europäischen Teil, kompensiert der Unterschied im Arbeitslohn nicht die erhöhten Anforderungen an die Reproduktion der Arbeitskraft und die höheren Lebenshaltungskosten in diesen Gebieten.
Am Ende des Jahres 1969 wurden durch einen Beschluß des ZK der KPdSU und des Ministerrates der UdSSR die Tariflöhne für viele Kategorien von Werktätigen in Westsibirien und im Fernen Osten höher eingestuft als im europäischen Teil des Landes. Der Umfang des Warenumlaufs, bezogen auf einen Einwohner des Fernen Ostens und Sibiriens, ist höher als im Mittel der UdSSR. Die Bevölkerung der nördlichen und östlichen Gebiete ist jedoch mit einem weniger breiten Sortiment von Waren des täglichen Bedarfs versorgt als die Bevölkerung der zentralen und südlichen Gebiete des Landes. Die Qualität der Erzeugnisse ist in der östlichen Zone in vielen Fällen geringer als in den westlichen Gebieten.
In den östlichen Gebieten bleiben die Wohnbedingungen und die Ausstattung der Städte noch in vielen Dingen hinter den Städten des europäischen Teils zurück. Die Versorgung mit Wohnraum ist hier niedriger als das Niveau im Landesmittel. Der Umfang der Dienstleistungen je Kopf der Bevölkerung ist ebenfalls niedriger als in vielen Gebieten des europäischen Teils.
In der östlichen Zone des Landes sind die spezifischen Größen vieler Elemente der Investitionen und der Einsatzkosten höher. Das ist eine der Hauptursachen für die geringere Effektivität bei der Entwicklung einer Reihe von Produktionsarten im Vergleich zur westlichen Zone.
Die Baukosten sind im Mittel in den östlichen Gebieten um 10 bis 30 Prozent und mehr höher, darunter in Westsibirien, Kasachstan, Mittelasien ungefähr um 10 Prozent, in Ostsibirien um 20 Prozent, im Fernen Osten um 30 Prozent, in den nördlichen und nordöstlichen Gebieten dieser Bezirke um 50 Prozent und mehr. Die Baukosten sind im Ural im Vergleich zum ersten Gürtel (das heißt zu den meisten Gebieten der westlichen Zone) um 10 Prozent höher. Das hängt zusammen mit den höheren Tariflöhnen der Bauschaffenden, mit den höheren Großhandelspreisen für Baustoffe, mit dem höheren spezifischen Baustoffbedarf (im Zusammenhang mit den strengen klimatischen Bedingungen im ewigen Frostboden und der verstärkten Erdbebenneigung) sowie mit den größeren Transportentfernungen für industrielle Ausrüstungen.
In der nächsten Perspektive können die relativen Baukosten in einzelnen Gebieten der östlichen Zone im Zusammenhang mit einer Steigerung der Großhandelspreise für Baustoffe und der Tariflöhne für die Bauschaffenden steigen.
In den östlichen Gebieten, vor allem in ihren nördlichen Teilen, sind die spezifischen Arbeitsaufwendungen für Arbeiten, die in freier Luft durchge-

führt werden, höher (im Bauwesen, in der Holzgewinnung, bei den Belade- und Entladearbeiten, bei der Gewinnung von Roh- und Brennstoffen im Tagebau und bei anderem).

Nach den vorhandenen bezirklichen Koeffizienten sind die Aufwendungen für Arbeitslohn in den östlichen Gebieten um 10 bis 30 Prozent und im äußersten Norden um 40 bis 100 Prozent höher. Der Umfang der Amortisationen in den östlichen Gebieten ist ebenfalls höher infolge der höheren spezifischen Kosten einer Einheit Grundfonds.

In der Regel sind in den östlichen Gebieten die Beförderungskosten für die Mehrzahl der Erzeugnisse zu Industriebetrieben infolge der großen Transportentfernungen, der unzureichenden Entwicklung des Transportnetzes und der höheren Selbstkosten dieser Transporte höher.

Im Jahre 1965 betrug der Anteil der Transportkosten an den Produktionskosten der Industrie und der Landwirtschaft im Mittel der UdSSR 3,8 Prozent, darunter im europäischen Teil 7,1 Prozent und in den östlichen Gebieten 13,5 Prozent. Auch die Spesen sind in den östlichen Gebieten höher.

In einer Reihe von Industriezweigen (Brennstoff- und Energieerzeugung, Holzgewinnung und Holzbearbeitung, Metallurgie, Lebensmittelindustrie, Leichtindustrie und anderem) werden die aufgezählten zusätzlichen Kosten durch Einsparung bei der Verwendung effektiverer natürlicher Ressourcen oder auch durch die billigere Lieferung örtlicher Erzeugnisse – im Vergleich zu den eingeführten – überdeckt. Ungeachtet der Verteuerung einzelner Kostenelemente sind die summarischen vergleichbaren Kosten für diese Erzeugung (einschließlich der Kosten für die Lieferung der Erzeugnisse zum Verbraucher) in den östlichen Gebieten um vieles geringer als in der westlichen Landeszone. Bei den anderen Zweigen jedoch (besonders bei vielen Arten des Maschinenbaues, der Leichtindustrie und anderen) sind die summarischen vergleichbaren Kosten in den Gebieten des Verbrauchs um 10 Prozent und mehr höher, wenn man die Produktion in der Mehrzahl der östlichen Gebiete organisiert.

In den unerschlossenen und schwach erschlossenen Teilen der östlichen Gebiete sind die spezifischen summarischen Aufwendungen um vieles höher als die genannten, weil hier bedeutende Mittel für die Schaffung von Objekten mit bezirklichem Charakter (neue Transportnetze, Bauindustrie, nicht produktive Fonds usw.) geschaffen werden müssen. In den übrigen, schon lange erschlossenen Gebieten des Ostens, wie im Steinkohlengebiet von Kusneck, im Gebiet Novosibirsk, im Gebiet Barnaul und in anderen Gebieten, sind die summarischen Kosten etwas geringer. Deswegen ist die Entwicklung einer Reihe von Zweigen der bearbeitenden Industrie (Maschinenbau, Leichtindustrie und andere Industrien) hier effektiver als in anderen Gebieten der östlichen Zone.

Im Zusammenhang damit muß vermerkt werden, daß die höheren spezifischen Aufwendungen für die Entwicklung der Produktion in einer Reihe von östlichen Gebieten sich nicht nur durch die Besonderheiten in den natürlichen und klimatischen Bedingungen erklären läßt, sondern auch durch das Fehlen des Transportnetzes und der Baubasis. Die Dichte des Eisenbahnnetzes (sogar in den erschlossenen Gebieten – ohne das Territorium des äußersten Nordens) ist in den östlichen Gebieten nur wenig mehr als halb so hoch wie im Mittel der Union und nur ein Sechstel so dicht wie in den westlichen Gebieten. Die Dichte des Netzes von Autostraßen mit festem Belag beträgt nur ungefähr 53 Prozent (im Vergleich zum Mittel der UdSSR) bzw. rund 19 Prozent (im Vergleich zu den Westgebieten). Ungünstig steht es im Osten des Landes auch mit dem Verhältnis zwischen den Hauptstrecken und den Nebenstrecken im Transportwesen.
Die Spezifik der ökonomischen Entwicklung beider Zonen erfordert eine gründliche Berücksichtigung der bestehenden Bedingungen für die Weiterentwicklung der Wirtschaft in diesen Zonen, damit sowohl eine Unterbewertung der Schwierigkeiten in der Entwicklung jeder Zone als auch eine Überbewertung dieser Schwierigkeiten vermieden werden. Die Hauptschwierigkeiten für die weitere Entwicklung der Wirtschaft in der Westzone bestehen in den unzureichenden Vorräten an Brennstoff- und Energieressourcen und dem geringen Effekt ihrer Gewinnung.
Die forcierte Entwicklung und die Anordnung der Produktion in der östlichen Zone ermöglichen die Einbeziehung neuer und sehr wirtschaftlicher ökonomischer Ressourcen in die volkswirtschaftliche Reproduktion. Die Entwicklung einer Reihe von Zweigen, besonders der Brennstoff- und Energieerzeugung, kann die Intensivierung der Produktion unseres Landes insgesamt steigern.
Die Entwicklung der Wirtschaft in der östlichen Zone wird jedoch durch eine Reihe von ungünstigen Bedingungen gehemmt. Das betrifft vor allem die unzureichende Versorgung mit Arbeitskräfteressourcen durch die in der Regel verhältnismäßig hohen spezifischen Aufwendungen an Investitionsmitteln und Einsatzkosten und das geringere Lebensniveau der Bevölkerung im Vergleich zur westlichen Zone. Das ist in bedeutendem Maße das Ergebnis der geringeren Erschließung der östlichen Gebiete. In Zukunft werden die spezifischen Aufwendungen für die Entwicklung der Industrie schrittweise geringer werden, und zwar im Zusammenhang mit der Erweiterung der Wirtschaftskomplexe in diesen Gebieten und der Schaffung der notwendigen Objekte mit allgemeinem Charakter (Transportwesen, Baubasis usw.). Die weitere Intensivierung der Produktion macht es erforderlich, schon im Laufe des nächsten Fünfjahrplanes die erforderlichen Maßnahmen für die Aufhebung oder für die Milderung der vorhandenen Disproportionen in der

industriellen Entwicklung der östlichen und der westlichen Zone der UdSSR zu schaffen.

Die Überwindung der grundsätzlichen Disproportionen, und zwar solcher wie der mangelnden Übereinstimmung der Brennstoff- und Energiebasis mit dem Produktionsniveau, erfordern eine längere Periode und sind verbunden mit der Lösung von Kardinalproblemen für die weitere Entwicklung der Wirtschaft in beiden Zonen des Landes. Das ist hauptsächlich eine Frage der weiteren Steigerung der Effektivität und der Vergrößerung des Wirtschaftskomplexes in den östlichen Gebieten. Diese Aufgabe kann nur gelöst werden auf der Grundlage einer breiteren Nutzung der neuesten Errungenschaften von Wissenschaft und Technik in der Industrie des Ostens und durch Gewinnung von Arbeitskräfteressourcen aus dem europäischen Teil der UdSSR.

Zur erfolgreichen Entwicklung und zur Steigerung der Effektivität der Wirtschaft in der westlichen Zone haben die richtige Auswahl der rationellsten Spezialisierung und eine breitere Nutzung der Brennstoff- und Energieressourcen der östlichen Gebiete eine besonders große Bedeutung.

Im europäischen Teil ist es beim Aufbau neuer Industrieobjekte (Betriebe, Abteilungen, Komplexe) notwendig, die Anordnung energieaufwendiger Produktionsarten und solcher, die schlecht transportfähige Rohstoffe aus den östlichen Gebieten verarbeiten (Holz und dergleichen), auf ein Minimum zu begrenzen. Die arbeitsaufwendigen Zweige, besonders jene wie die elektronische Industrie, der Präzisionsmaschinenbau und die Leichtindustrie, die hohe Aufwendungen an qualifizierter Arbeit erfordern, sind entschieden zu bevorzugen.

Die Entwicklung von energieaufwendigen Zweigen (gerechnet je Tonne Erzeugnis) im östlichen Teil kann nur dann gerechtfertigt werden, wenn diese Zweige sich auf die Verarbeitung von praktisch nicht transportfähigen oder wenig transportfähigen Rohstoffen gründen (zum Beispiel die Industrie für synthetischen Kautschuk und eine Reihe von Zweigen der chemischen Industrie). Ferner gilt das für Zweige, die nicht nur energieaufwendig, sondern auch arbeitsaufwendig sind (zum Beispiel die Produktion von Viskose- und Capronseide und anderen Chemiefasern).

Im europäischen Teil müssen all die Zweige entwickelt werden, die die hier hergestellten Rohstoffe verarbeiten und ihre Erzeugnisse vollständig oder vornehmlich in die Gebiete der gleichen Zone liefern.

In den alten Textilindustriegebieten ist eine Spezialisierung der Leichtindustrie vor allem auf ein qualitativ hochwertiges Sortiment zweckmäßig.

Im europäischen Teil ist die Entwicklung einer Reihe von Zweigen der gewinnenden Industrie und der Primärbearbeitung von Rohstoffen effektiv, wie es die Erdölindustrie, die Erdgasindustrie, die Kohleindustrie, die Bergbauchemie sowie die Gewinnung von Eisen- und Manganerzen, Bauxit, die

Verarbeitung von Nephelin und andere sind. In einer Reihe von Gebieten der westlichen Zone des Landes sind die Gewinnung und Verarbeitung dieser Rohstoffe und die Verarbeitung landwirtschaftlicher Rohstoffe eine notwendige Bedingung für die weitere rationelle Entwicklung der Produktion dieser Zone, die es gestattet, die örtlichen natürlichen Bedingungen und die demographischen Besonderheiten der europäischen Gebiete des Landes zu berücksichtigen.

Die weitere Intensivierung der Produktion erfordert die Einbeziehung der Arbeitskräfteressourcen des Südwestgebietes, Belorußlands, Transkaukasiens, des Nord-Kaukasusgebietes und einer Reihe anderer Bezirke des europäischen Teils in die Produktion. Nach groben Berechnungen des Instituts für Ökonomik der Akademie der Wissenschaften der Ukrainischen Sozialistischen Sowjetrepublik beträgt die mögliche Steigerung des Nationaleinkommens durch Einbeziehung von 1000 Personen in die Produktion 1 bis 1,2 Mio Rubel. Dadurch wird es möglich, in diese Gebiete zusätzlich über 6 Mio Rubel Investitionen zu geben.

Die Intensivierung der Produktion und die Planung der Industrieverteilung in den östlichen Gebieten für die nächste Perspektivperiode erfordern die Berücksichtigung der möglichen Kostensenkung bei der Nutzung der billigeren Rohstoff- und Brennstoffressourcen dieser Gebiete und auch aller verteuernden Faktoren, die oben genannt wurden.

Vorläufige Berechnungen zeigen, daß die ökonomische Effektivität der gesamten Industrieproduktion der UdSSR bei Entwicklung der östlichen Gebiete wesentlich gesteigert werden kann:

der Zweige der gewinnenden Industrie, für die die natürlichen Ressourcen zur Entwicklung in der westlichen Zone in unzureichender Menge oder gar nicht vorhanden sind, sowie der Zweige der gewinnenden Industrie, bei denen die Aufwendungen für die Produktion in den östlichen Gebieten niedriger sind als in den westlichen;

der Zweige zur Rohstoffverarbeitung, die von den obengenannten Zweigen der gewinnenden Industrie und von der Landwirtschaft beliefert werden, wenn diese Verarbeitung vorteilhafter ist als der Transport der unbearbeiteten Rohstoffe und Brennstoffe in den europäischen Teil des Landes;

der energieaufwendigen Zweige der bearbeitenden Industrie sowohl auf der Basis örtlicher als auch zugeführter Rohstoffe, bei denen die Einsparung durch Verwendung billiger Energieträger die zusätzlichen Aufwendungen für den Bau, die Arbeitskräfte, den Rohstofftransport und den Transport der Fertigwaren (wenn diese teurer sind) übersteigt.

Alle diese Zweige muß man als spezialisierte Zweige nicht nur einzelner Gebiete, sondern der gesamten östlichen Zone als Ganzes entwickeln. Daneben muß man in den östlichen Bezirken die Zweige entwickeln, deren Erzeugnisse vollständig oder hauptsächlich in diesen Gebieten verbraucht werden. Man kann zwei Gruppen von Zweigen unterscheiden, die sich vor allem durch die Effektivität der territorialen Konzentration der Produktion voneinander abheben:

Zweige, die durch ihre Erzeugnisse die Wirtschaft der östlichen Zone insgesamt versorgen und die Gegenstand der Spezialisierung einzelner ökonomischer Gebiete der Zone sind;

Zweige, die der komplexen Entwicklung der Wirtschaft jedes ökonomischen Gebietes und in bestimmten Fällen auch jeder Republik, jedes Bezirkes, jedes Gebietes, jedes Mikrorayons und der Industrieknotenpunkte und Städte dienen.

In allen Zweigen müssen die Betriebe die optimale Kapazität und die erforderliche Zusammensetzung der Produktion haben. Nachstehend wird eine kurze Charakteristik und Motivierung für die Entwicklung jeder der genannten Gruppen von Zweigen gegeben.

Gewinnung und Verarbeitung der wirtschaftlichen Rohstoffarten

In der vorangegangenen Periode und besonders in den Jahren des Großen Vaterländischen Krieges und in den Nachkriegsjahren war das Wachstum des Bedarfs der Volkswirtschaft an Roh- und Brennstoffen durch eine Ausweitung der Gewinnung und der Produktion in den östlichen Gebieten des Landes begleitet.

Der spezifische Anteil der östlichen Gebiete an der Gewinnung und Lieferung von Brennstoffen und Rohstoffen wird auch in der Perspektivperiode wachsen.

Es wird angenommen, daß der Anteil dieser Gebiete an der Gesamtgewinnung von Brennstoffressourcen in der nächsten Perspektive auf 41 bis 43 Prozent gegenüber 27,8 Prozent im Jahre 1965 anwächst. Es wird auch ein Anwachsen der Lieferung von Konzentrat für die Verkokung auf 27 bis 28 Mio t Einheitsbrennstoff gegenüber 20 Mio t im Jahre 1965 vorgesehen. Der hauptsächliche Zuwachs in der Brennstofflieferung aus den östlichen Gebieten wird jedoch bei Erdgas und Erdöl vonstatten gehen. Die Erschließung kolossaler Vorräte an Erdgas in den Gebieten Tjumen und Tomsk führt zu einem noch schnelleren Wachstum des Anteils der östlichen Gebiete an der Gasgewinnung.

Analoge Veränderungen werden auch in der Verteilung der Erdölindustrie erwartet, bei der die östlichen Gebiete bis zur Gegenwart auch eine geringe Rolle spielen. Es wird erwartet, daß die Erdölgewinnung in der nächsten Perspektive um das 2- bis 3fache wächst. Große Lagerstätten von Erdöl und

Erdgas sind auf der Halbinsel Mangyšlak und in Turkmenien ergründet worden. Infolge der außerordentlich günstigen geologischen Bedingungen für die Brennstoffgewinnung wird die Entwicklung der Brennstoffindustrie in den östlichen Gebieten einen großen volkswirtschaftlichen Effekt bringen.
Nach Projektierungswerten werden die Aufwendungen für die Gewinnung von Erdgas in den gewaltigen Vorräten des Gebietes Tjumen etwas weniger als die Hälfte der Aufwendungen in den Lagerstätten des europäischen Teils des Landes betragen. Die vergleichbaren Kosten für die Gewinnung von Erdöl auf der Halbinsel Mangyšlak und im Gebiet Tjumen sind so hoch wie im Wolgagebiet und etwa ein Drittel geringer als in Azerbajdžan.
An energetischen Brennstoffen sollen aus den östlichen Gebieten in den europäischen Teil der UdSSR und in den Ural in der nächsten Perspektive ungefähr 250 Mio t Einheitsbrennstoff, darunter nicht weniger als 200 Mio t Erdgas, ungefähr 35 Mio t Kohle und 7 Mio t Elektroenergie (in Tonnen Einheitsbrennstoff) geliefert werden. Die orientierenden Berechnungen zeigen, daß der Austausch der Kohle aus dem Donezgebiet und aus den Gebieten des Ural durch diese billigen Brennstoffe bei einem Effektivitätskoeffizienten der Investitionen von 0,15 eine jährliche Einsparung an vergleichbaren Kosten von 1,8 bis 1,9 Md. Rubel bringen kann. Unter Berücksichtigung des geringsten Effektes durch den Austausch von Kohle durch Gas sind das etwa 2,3 bis 2,5 Md. Rubel.
Außerdem bringt die Einbeziehung der zusätzlich beabsichtigten Gewinnung von Erdöl aus Westsibirien und Kasachstan in den volkswirtschaftlichen Kreislauf die Möglichkeit mit sich, die Gewinnung von teurer Kohle (im besonderen aus dem Donezgebiet) relativ zu vermindern und dadurch (einschließlich des Effekts beim Verbraucher) eine Einsparung von nicht weniger als 700 Mio Rubel im Jahr zu erzielen.
Die ökonomische Effektivität der Entwicklung anderer Zweige der gewinnenden Industrie ist in den östlichen Gebieten in der Regel nicht so hoch wie bei der Erdöl- und Erdgasindustrie. Unter Berücksichtigung des Effekts beim Verbraucher amortisieren sich jedoch auch die zusätzlichen Aufwendungen (einschließlich der bezirklichen) für die Entwicklung dieser Zweige in kurzer Frist. Das betrifft vor allem die Holzindustrie, die Buntmetallurgie (Gewinnung und Anreicherung von Buntmetallerzen) sowie die Nutzung von Eisenerzen für die metallurgischen Werke des Ural (Lagerstätten von Sokolovsk und Sabajsk).
Die intensivere Nutzung von Naturreichtümern der östlichen Gebiete schließt auch die Erweiterung des Fischfanges in den offenen Ozeanen ein. Das erfordert ein weiteres Wachstum der Fischindustrie des Fernen Ostens.
Es muß unterstrichen werden, daß die Einbeziehung vieler Arten von Rohstoffen der östlichen Gebiete in den Wirtschaftskreislauf nur bei deren mehr

oder weniger weitgehender Verarbeitung in den Gebieten ihrer Gewinnung ökonomisch zweckmäßig ist.
Zum Beispiel ist der billigste Brennstoff, der in unserem Lande gewonnen wird, die Kohle von Kansk-Ačinsk, wegen ihres hohen Ascheanteils nicht transportfähig und nur zum Verbrennen in großen Kraftwerken im Gebiet ihrer Gewinnung verwendbar. Die Überführung dieses billigen Brennstoffs in die Brennstoffbilanz anderer Gebiete ist nur in verarbeiteter Form (angereichert) oder in Gestalt von Elektroenergie möglich. Die Verarbeitung der Kohle von Kansk-Ačinsk zu getrocknetem Staub, zu geteertem Halbkoks und in zu Stücken verarbeitetem Halbkoks führt zur Steigerung der vergleichbaren Kosten auf 4,2, 4,3 bzw. 4,5 Rubel für eine Tonne Einheitsbrennstoff, das heißt auf mehr als das Doppelte. Es erhöht jedoch den Heizwert des Brennstoffs auf das 1,5fache (getrockneten Staubs auf das 1,9fache) und verhindert die Zerkleinerung und Selbstentzündung beim Transport und bei der Lagerung. Ökonomisch gerechtfertigt kann in der Perspektive auch die Übertragung von Elektroenergie in die europäischen Bezirke sein, die mit Hilfe der Kohle von Kansk-Ačinsk im Gebiet iherer Gewinnung erzeugt wird (in Gestalt von Gleichstrom mit einer Spannung von 1500 bis 2200 kV).
Die chemische Verarbeitung von Kohlenwasserstoffen, die aus den Begleitgasen der Erdölindustrie Westsibiriens gewonnen werden, ist – wie Berechnungen gezeigt haben – in den Gewinnungsgebieten des Öls nicht zweckmäßig. Günstig ist sie hingegen im südlichen Teil dieses Gebietes, wo günstigere Bedingungen für den Aufbau und für die Versorgung chemischer Werke mit Ressourcen billiger Brennstoffe und mit Arbeitskräften vorhanden sind.
Die Kohlenwasserstoffe Sibiriens und Kasachstans kann man ökonomisch zweckmäßig für die Herstellung der energieaufwendigsten polymeren Werkstoffe nutzen, die sowohl in den Grenzen der östlichen Zone verbraucht als auch in die westliche Zone ausgeführt werden können. Nach Errichtung der Gasleitung aus dem Gebiet Tomsk in den Kusbass wird es zweckmäßig sein, hier die weitere Entwicklung der Stickstoffindustrie und der energieaufwendigen Produktion auf der Grundlage des Ammoniaks sowie die Produktion von chlor-organischen Produkten vorzusehen.
Die zusätzlichen Investitionen für die Nutzung der Kohlenwasserstoffe, die mit der Anordnung der Produktion von Polymerprodukten und von Rohstoffen für Chemiefasern in Westsibirien verbunden sind, können sich in 2 bis 4 Jahren amortisieren. In Ostsibirien beträgt die Amortisationsfrist 2 bis 5 Jahre.
In den östlichen Gebieten ist in der Perspektivperiode die weitere Entwicklung der Buntmetallurgie durchaus effektiv. Das betrifft nicht nur die Gewinnung und Anreicherung der Erze, sondern auch das Erschmelzen der

Metalle. Außerdem erfahren die chemische Grundstoffindustrie, die komplexe Nutzung von Buntmetallerzen und besonders die Produktion von Schwefelsäure und anderen Erzeugnissen eine weitere Entwicklung.
Die östlichen Gebiete – hauptsächlich Ostsibirien – sind am günstigsten für die Anordnung der Aluminiumproduktion. Die Aluminiumrohstoffe treten in Sibirien vor allem als Nepheline auf. Deren komplexe Verarbeitung gestattet es, neben der Tonerde auch kalzinierte Soda, Pottasche und Zement zu gewinnen. Dieser Umstand hat sehr große Bedeutung für die Entwicklung der Sodaindustrie. Im europäischen Teil des Landes wird sie wegen der Schwierigkeiten bei der Ableitung von Abwässern, die in großer Menge bei der Ammoniakmethode der Sodaproduktion anfallen, gehemmt.
Bedeutende Einsparungen an gesellschaftlicher Arbeit kann man durch Entwicklung aller Arten der Holzverarbeitung in Sibirien und im Fernen Osten erzielen (Sägewerke, Zellulose- und Papierindustrie, Hydrolyseindustrie, Produktion von Holzplatten und anderes).
Bei Anordnung von Schnittholzindustrie in Ostsibirien beträgt die Einsparung im Vergleich zum Aufbau dieser Industrie in den Verbrauchsgebieten je m^3 Schnittholz (nach vergleichbaren Kosten) bei der Lieferung in die zentralen Gebiete 2,5 Rubel, bei Lieferung ins Wolgagebiet 1,7 Rubel. Die Produktion von Halbfabrikaten für Möbel, für den Automobilbau, für den Waggonbau und den Landmaschinenbau macht es möglich, die Einsparungen entsprechend auf 5,7 und 2,5 Rubel je Kubikmeter zu erhöhen. Die Lieferung von Schnittholz anstelle von Baumstämmen kann überschläglich eine Einsparung von 10 bis 12 Mio Rubel und die Lieferung von Halbfabrikaten eine Einsparung von 14 bis 20 Mio Rubel erbringen.
Sehr effektiv ist in Sibirien die Anordnung von Zellulosekombinaten mit einer Kapazität von 500000 t im Jahr in den Gebieten der Holzgewinnung (Ostsibirien) für die Herstellung von gebleichter Sulfitzellulose.
Nach angenäherten Berechnungen kann das eine jährliche Einsparung an vergleichbaren Kosten von mehr als 12 Mio Rubel im Vergleich zur Anordnung dieser Industrie in den Verbrauchsgebieten (Zentrum) und von annähernd 6 Mio Rubel im Vergleich zur Anordnung im Wolgagebiet ergeben. Bei den Berechnungen wurde berücksichtigt, daß die Zellulose bei Lieferung aus Sibirien in den europäischen Teil getrocknet werden muß und im Zentrum oder im Wolgagebiet direkt in roher Form in die Papierproduktion gehen kann.
Bei der Anordnung der Produktion von Verpackungskarton in Ostsibirien mit einer Kapazität von 250000 t im Jahr belief sich die analoge Einsparung auf 9 Mio Rubel im Jahr im Vergleich zur Anordnung dieser Industrie im Zentrum und auf ungefähr 5 Mio Rubel im Vergleich zur Anordnung im Wolgagebiet.

Die durchgeführte Analyse zeigt, daß das in der westlichen Zone gewonnene Holz zweckmäßigerweise sowohl zu einer weitgehenden Verarbeitung als auch zur Verwendung in nichtbearbeiteter Form herangezogen werden kann.
Zur Verminderung des Defizits an Rohholzressourcen im europäischen Teil der UdSSR, in Kasachstan und in Mittelasien muß hier das weitere Anwachsen der Kapazitäten der holzverarbeitenden und besonders der Sägewerksindustrie unterbunden werden.
Zur Steigerung der ökonomischen Effektivität der Sägewerks- und Holzverarbeitungsindustrie des Landes in den waldarmen Gebieten des europäischen Teils der UdSSR, Kasachstans und Mittelasiens muß dafür gesorgt werden, daß die kleinen, moralisch verschlissenen und wenig effektiven Sägewerke, die herantransportiertes Holz verarbeiten, liquidiert werden. Man muß große Holzbetriebe spezialisieren, die – mit modernen Ausrüstungen versehen – die Produktion von Möbeln, Bauteilen, Verpackungsmaterial usw. ausführen können.
Der effektivste Weg der Überwindung des Defizits an Holzmaterial im europäischen Teil der UdSSR, in Kasachstan und in Mittelasien kann die Lieferung von Holz, das bereits bearbeitet wurde (Schnittholz, Holzplatten, Furniere, Halbfabrikate für die Möbelindustrie), aus Ost- und Westsibirien sein. Dort ist es zweckmäßig, im nächsten Fünfjahrplan eine beschleunigte Entwicklung der holzbearbeitenden Industrie vorzusehen.
Im weiteren ist es effektiv, einzelne Bezirke der östlichen Zone auf die Produktion energieaufwendiger Erzeugnisse zu spezialisieren. Die Anordnung energieaufwendiger Produktion in Ostsibirien, in der Nähe der billigen Energieressourcen (Kohlevorkommen von Kansk-Ačinsk und Ekibastuzsk und die mächtigen Wasserkraftwerke am Jenisej), wird dadurch diktiert, daß in der Aufwandsstruktur dieser Erzeugung der höchste spezifische Anteil auf Energiekosten entfällt. Die Kosten für Brennstoff und Elektroenergie betragen im Mittel der gesamten Industrie der UdSSR annähernd 5 Prozent aller Produktionskosten. Sie machen in den energieaufwendigen Zweigen 30 bis 65 Prozent aus. Man muß auch die wachsende Bedeutung berücksichtigen, die die rationellste Nutzung der vorhandenen Brennstoffvorräte hat. Diese dienen nicht nur zur Energiegewinnung, sondern sind auch wertvolle chemische Rohstoffe. Es muß auch berücksichtigt werden, daß die territoriale Ungleichmäßigkeit in der Anordnung der Brennstoffressourcen der UdSSR den Transport von Brennstoff und Elektroenergie über weite Entfernungen (über 1000 km) notwendig macht.
Die Schaffung und Entwicklung energieaufwendiger Zweige der Industrie in den östlichen Gebieten müssen zum Hauptweg für die Einbeziehung der billigen – aber nicht transportfähigen – Brennstoffarten und der Hydroenergie der Ostgebiete in die Wirtschaftsreproduktion werden.

Unter den energieaufwendigen Produktionsarten, deren Entwicklung in Sibirien am effektivsten ist, nimmt die Produktion von leichten Buntmetallen, vor allem von Aluminium, den ersten Platz ein. Für die Elektrolyse von einer Tonne werden 17000 bis 18000 Std. Elektroenergie und nur 1,5 Arbeitstage lebendiger Arbeit verbraucht.

Überschlägliche Berechnungen zeigen, daß die Produktion von Aluminium in Ostsibirien (aus örtlichen Rohstoffen) zum Transport in den europäischen Teil eine Einsparung an vergleichbaren Kosten von 45 bis 60 Rubel je Tonne erbringen kann. Etwas geringer, jedoch auch bedeutend kann die Einsparung bei der Verarbeitung des Rohstoffes (Tonerde) in Sibirien sein, der aus dem europäischen Teil des Landes und aus dem Ural geliefert wird. Neben der Aluminiumproduktion ist es zweckmäßig, in den östlichen Gebieten auch andere Zweige der Buntmetallurgie zu entwickeln, darunter solche, wie die Produktion von Magnesiumrohstoff, metallischem Titan und metallischem Nickel, so daß neben den örtlichen Konzentraten auch Rohstoffe verwendet werden können, die aus anderen Gebieten des Landes herangeschafft wurden.

Die Anordnung einer Reihe von energieaufwendigen (aber relativ wenig arbeitsaufwendigen) chemischen Produktionszweigen in Zentralsibirien für die Lieferung der Produkte in den europäischen Teil der Union kann im Vergleich zur Produktion in den Verbrauchsgebieten eine Einsparung an gesellschaftlicher Arbeit bringen, die der Einsparung bei der Produktion von Aluminium nur wenig nachsteht. Nach Orientierungsrechnungen kann diese Einsparung bei der Produktion von Acetylzellulose, nicht arbeitsaufwendigen Chemiefasern und Caprolactam 20 bis 50 Rubel je Tonne betragen.

Neben der Entwicklung energieaufwendiger Produktionszweige in den östlichen Gebieten des Landes muß man die Möglichkeit im Auge behalten, große Mengen von Elektroenergie aus dem Osten in den Westen zu leiten.

Die Intensivierung der Produktion und die rationelle Nutzung der Energieressourcen des Landes erfordern eine Gegenüberstellung der Aufwendungen mit dem erreichten ökonomischen Effekt durch die Gewinnung der Primärenergieressourcen und deren Transport bis zum Verbraucher, das heißt die Berechnungen des vollständigen volkswirtschaftlichen Effekts.

Zur Optimierung der Entwicklung und Nutzung von Energieressourcen müssen deren energie-ökonomische Charakteristika bestimmt werden. Das betrifft den Umfang der Energieressourcen und die geologischen Bedingungen für deren Gewinnung, deren qualitative Charakteristika und die ökonomischen Kennwerte der Gewinnung, des Transports und der Nutzung.

Wenn einer der angeführten Kennwerte nicht berücksichtigt wird, kann das zur fehlerhaften Auswahl der Entwicklungsvariante und der Anordnung der Brennstoffenergiezweige und der Energieverbraucher führen (vor allem der energieaufwendigen Produktion). Die bezirklichen energie-ökonomischen Charakteristika ermöglichen es, prinzipielle Fragen der Nutzung von Energieressourcen richtig zu lösen, wie die Auswahl der für die Nutzung wichtigsten Ressourcen, die Bestimmung der Art des Energietransports, den Vergleich der Vorteile bei der Nutzung örtlicher Ressourcen oder der Zufuhr aus anderen Gebieten.

Die ukrainische Braunkohle, die im Tagebau gewonnen wird, ist zum Beispiel billiger als alle anderen Brennstoffe für Kraftwerke, die in der Nähe der Tagebaue gelegen sind. Deren geringer Heizwert (1300 bis 1800 kcal je kg) im Vergleich zur Kohle aus dem Donezgebiet (6000 kcal je kg) und der hohe Gehalt an Schwefel führen zur Verteuerung beim Aufbau von Kraftwerken um 15 bis 20 Prozent. Die Zersplitterung der Lagerstätten erlaubt die Errichtung von Kraftwerken mit großer Leistung (1000 MW und höher) ohne Brennstofftransport aus vielen Lagerstätten nicht. Der letzte Faktor verteuert die Elektroenergiegewinnung wesentlich. Dadurch erweist sich die Braunkohle gegenüber der Donezkohle als nicht konkurrenzfähig. Die Kosten für den Kohletransport, die von deren Qualität, der Menge, der Entfernung und der gewählten Transportvariante abhängen, haben wesentlichen Einfluß auf die Ökonomik ihrer Nutzung.

Man kann zum Beispiel für die Bedingungen der UdSSR bei Gegenüberstellung der spezifischen vergleichbaren Kosten schlußfolgern, daß die Übertragung von Elektroenergie nur dann vorteilhafter als der Transport von Gaskohle und Anthrazit wird, wenn die Spannungen in den Überlandleitungen erhöht werden. Die Gegenüberstellung aller Kosten der Varianten der Elektroenergieerzeugung im Donez-Dnepr-Gebiet auf der Basis der örtlichen Kohle mit der Variante der Elektroenergieübertragung aus dem Osten der UdSSR über Gleichstromleitungen (auf eine Entfernung von 4000 km) zeigt, daß die mit billiger Kohle arbeitenden Kraftwerke die Elektroenergie um 20 bis 30 Prozent billiger erzeugen als mit Donezkohle. Gegenwärtig werden solche Leitungen für die Übertragung von 40 bis 90 Md. KWh im Jahr projektiert.

Nach ökonomischen Kennziffern sind elektrische Leitungen von 500 KV (mit einer Durchlaßfähigkeit bis 1 Mio KW) gegenüber dem Eisenbahntransport energiereicher Kohle mit einer Verbrennungswärme von mehr als 3500 kcal je kg (Kohle aus Doneck, Kuzneck, Ekibastuzsk) unterlegen. Nach überschläglichen Berechnungen verbessern sich die vorhandenen Verhältnisse bei den ökonomischen Kennwerten zwischen dem Eisenbahntransport der Kohle und der Elektroenergieübertragung zugunsten des elektronischen Transports durch höhere Spannungen bei Wechselstromnetzen von 750 KV und mehr. Die Manövrierfähigkeit bei der Nutzung von Primärenergieressourcen verschiedener ökonomischer Gebiete und die rationelle Anordnung der Energieverbraucher ermöglicht eine maximale Befriedigung der Bedürfnisse der Volkswirtschaft an Brennstoff- und Energieressourcen bei geringsten Aufwendungen an gesellschaftlicher Arbeit, das heißt eine hohe Effektivität der gesellschaftlichen Produktion.

Einen großen ökonomischen Effekt bringt die weitere Erschließung der unikalen Kohle von Kansk-Ačinsk. Die realen Reserven für die Erschließung im Becken von Kansk-Ačinsk werden mit 350 Md. t bewertet. Nach überschläglichen Berechnungen kann die Anlage von ungefähr 50 Tagebauen im Becken mit einer jährlichen Gewinnung von 1000 Mill. t oder 540 Mill. t Einheitsbrennstoff (mit einem Heizwert von über 3000 kcal je kg) effektiv sein. Gegenwärtig betragen die Selbstkosten der Kohle bei beschränkter Gewinnung hier ungefähr einen Rubel je Tonne. Bei weiterem Anwachsen der Förderung und bei effektiver Mechanisierung können die Selbstkosten der Kohle auf 40 bis 50 Kopeken je Tonne (in Naturalform) sinken.

Die großen Vorräte, die niedrigen Selbstkosten, der geringe Schwefelgehalt und die ausreichende Wärmelieferung der Kohle von Kansk-Ačinsk machen es möglich, sie in der großen Energetik Sibiriens in breitem Umfang zu nutzen. Gegenwärtig verwenden viele Kraftwerke des Gebietes Krasnojarsk Kohle aus den Lagerstätten von Nazarovsk und Irša-Borodin aus dem Kansk-Ačinsker Becken. In den nächsten Jahren ist der Aufbau von 10 großen Kraftwerken mit einer mittleren Leistung von je 4000 MW, die Kohle aus den Lagerstätten von Berezovsk verwenden sollen, und von vier Kraftwerken der gleichen Leistung im Gebiet der Lagerstätten von Abakan vorgesehen. Die Selbstkosten der Elektroenergie werden in diesen Kraftwerken in Übereinstimmung mit den projektierten Werten bei 0,12 bis 0,15 Kopeken je KWh liegen, das heißt ein Fünftel bis ein Sechstel weniger als das Mittel der gegenwärtig im Einsatz befindlichen Kraftwerke. Die spezifischen Kosten für die Elektroenergie, die im europäischen Teil des Landes verbraucht und von den großen Kraftwerken, die mit Kohle von Kansk-Ačinsk arbeiten (Kraftwerke von Itatsk), geliefert wird, betragen 9 Rubel und die aus den Kraftwerken von Ekibastuzsk 7 bis 8 Rubel (bei Spannungen in den Übertragungsleitungen von $\pm$ 750 KV).

Zweige, die die komplexe Entwicklung der Wirtschaft in der östlichen Zone gewährleisten

Zu den Zweigen, deren Entwicklung durch die Bedürfnisse der Wirtschaft der östlichen Zone als Ganzes bestimmt wird und auf die die einzelnen Gebiete dieser Zone spezialisiert werden, gehören vor allem die Schwarzmetallurgie, die Metallbearbeitung und der Maschinenbau.

Gegenwärtig werden die Bedürfnisse des Industrie-, Transport- und des Wohnungsbaues und einer Reihe von Zweigen der Schwerindustrie in den östlichen Gebieten nur zu 40 Prozent durch eigene Produktion befriedigt.
Der gegenwärtige und der zukünftige Metallverbrauch der östlichen Zone, dessen Großteil auf Sibirien entfällt (1966 58,5 Prozent des Verbrauchs von Walzwerkerzeugnissen der östlichen Gebiete), und die Rohstoff- und Brennstoffressourcen dieses Gebietes erfordern den Bau eines neuen metallurgischen Werkes in Sibirien.
Die Berechnung von Projektierungsorganen zeigt, daß die Kosten für die Produktion von Roheisen in einer Reihe neuer metallurgischer Betriebe, die in der östlichen Zone gebaut werden sollen, sich auf dem Niveau der besten neuen Betriebe der westlichen Zone befinden werden, die auf der Eisenerzbasis der Kursker Magnetanomalie errichtet werden sollen. Bestimmte Vorteile wird auch der Bau der weiteren Verarbeitungsstufe im westsibirischen Werk und im Werk von Karaganda bringen. Es ist jedoch unbestritten, daß die Orientierung der östlichen Gebiete auf die Koks-Kohle und auf das Erz aus Jakutien und aus anderen Gebieten des Fernen Ostens sowie auf die kasachischen Erze von Ajatsk, die verhältnismäßig geringe technisch-ökonomische Kennziffern haben, zu einer wesentlichen Verteuerung der Schwarzmetalle führen würde.
Die Anzahl der konkurrierenden Stätten für die Errichtung neuer Werke kann man auf drei oder sogar auf zwei zurückführen. Das sind Werke in Taišet oder in Krasnojarsk auf der einen Seite und in Barnaul auf der anderen.
Nach Projektierungswerten ist die Roheisenproduktion in Taišet und in Krasnojarsk etwas billiger als in Barnaul. Man muß jedoch auch im Auge behalten, daß ein Werk in Barnaul in einem besser erschlossenen Gebiet liegt und deswegen geringere Kosten für Objekte mit bezirklicher Bedeutung und für die Versorgung mit Arbeitskräften verursachen würde. Die Orientierung eines Werkes in Barnaul auf die Verarbeitung von Phosphoriterzen der Lagerstätten von Lisakovks hat große volkswirtschaftliche Bedeutung, weil die Phosphatschlacke bei der Verarbeitung des phosphorhaltigen Roheisens das Defizit an Phosphordüngemitteln in den östlichen Gebieten mildern kann. Ferner brauchten dadurch weniger Düngemittel durch die teure elektrothermische Sublimation der Phosphorite von Karatau hergestellt werden. Wenn über den Aufbau des Werkes in Barnaul eine negative Entscheidung fällt, muß man die Verarbeitung der Erze von Lisakovsk in dem Werk in Karaganda (zweite Verarbeitungsstufe) oder in dem westsibirischen metallurgischen Werk vorsehen.

Auf der Grundlage von örtlichem Schrott kann in späterer Zeit in den östlichen Gebieten auch die Entwicklung der umschmelzenden Metallurgie effektiv sein.
Die Entwicklung der Schwarzmetallurgie in der östlichen Zone muß mit der weiteren Entwicklung der Metallbearbeitung und des Maschinenbaues koordiniert werden.
Das Wachstum des Bedarfs an Maschinen, Mechanismen und Metallerzeugnissen macht es ökonomisch zweckmäßig, in dieser Zone eine Reihe von Zweigen des Maschinenbaues und der Metallbearbeitung zu entwickeln. Dabei handelt es sich vornehmlich um metallaufwendige und relativ arbeitsarme Zweige. Unter Berücksichtigung des Bedarfs und bei einem entsprechenden Entwicklungsstand der Metallurgie ist es im Fernen Osten zweckmäßig, den Schiffbau und die Schiffinstandsetzung für die Ozeanflotte zu entwickeln. Dazu gehören ferner die Produktion von Schiffsteilen, Ausrüstungen und Ausstattungen für die Fischindustrie, für die Buntmetallurgie, die Maschineninstandsetzung und auch die Herstellung von Schmiedeteilen, Stanzteilen und Halbzeugen.
Noch günstiger sind die Bedingungen für die Entwicklung des Maschinenbaues und der Metallbearbeitung in Westsibirien. Dort wirken die verteuernden Faktoren weniger stark als in Ostsibirien und im Fernen Osten, und die Absatzbedingungen für die Erzeugnisse sind günstiger. Der Kreis von Zweigen, deren Entwicklung in Westsibirien zweckmäßig ist (einschließlich der angrenzenden Gebiete Kasachstans), ist breiter als in Ostsibirien und im Fernen Osten. Nach überschläglichen Berechnungen ist es in Westsibirien zweckmäßig, den Kesselbau und die Produktion aller Arten von Kesselzubehör, den Elektromaschinenbau, den metallaufwendigen Werkzeugmaschinenbau, den Schwermaschinenbau (Ausrüstungen für die metallurgische, die Erdöl- und die Bergwerksindustrie), den Armaturenbau, den Baumaschinenbau und den Anlagenbau für die Baustoffindustrie zu entwickeln.
Ökonomisch uneffektiv ist hier die Entwicklung solcher arbeitsaufwendigen Zweige wie der Radioelektronik und des Gerätebaues, des Turbinen- und Werkzeugmaschinenbaues, einer Reihe von Zweigen der Elektrotechnik usw. Unter Berücksichtigung dieser Einschränkungen kann Westsibirien in der Zukunft zum Zentrum des Maschinenbaues für die gesamte östliche Zone des Landes werden. Wesentliche Bedeutung dabei wird die Produktion von relativ billigem Metall in West- und Ostsibirien haben. Vorläufige Berechnungen zeigen, daß es in Mittelasien und im Süden Kasachstans ökonomisch zweckmäßig ist, die Produktion von Schmiedeteilen, Stanzteilen, Halbzeugen, Landmaschinen für den bewässerten Ackerbau, Dampfkesseln, arbeitsaufwendigen elektrotechnischen Erzeugnissen, Transformatoren und Hochspannungsapparaturen, von Kabeln usw. zu entwickeln.

Gegenwärtig sind die Anordnung und die Spezialisierung des Maschinenbaues der östlichen und der westlichen Zonen nicht rationell aufgebaut. Die Produktion von Maschinen ist in den östlichen Gebieten wesentlich teurer als in den westlichen, und die Ausfuhr dieser Produktion in die westliche Zone ist unzweckmäßig. Ungeachtet dessen wird ein großer Teil der Maschinen, die in den östlichen Landesteilen hergestellt werden, in den europäischen Teil geliefert. Diese Lage führt zu großen zusätzlichen Kosten nicht nur für die Produktion und den Transport, sondern auch für den Einsatz der Maschinen.

Es erscheint äußerst zweckmäßig, den Maschinenbau der östlichen Zone auf die Produktion solcher Maschinen zu spezialisieren, die für den Einsatz der Zone selbst notwendig und diesem Einsatz angepaßt sind. Im Osten des Landes muß man auch die in dem notwendigen Umfang spezialisierte Herstellung von Ersatzgruppen, Ersatzteilen und Einzelteilen für die entsprechenden Maschinen und Anlagen aufbauen. In den Anwendungsgebieten der Maschinen muß man spezialisierte Reparaturbetriebe errichten.

In der chemischen Industrie der östlichen Zone gibt es eine bedeutende Gruppe von Zweigen, für die es zweckmäßig ist, ihre Entwicklung auf die Bedürfnisse der östlichen Zone zu beschränken (für den gesamten Ostteil des Landes). Darunter muß man an erster Stelle die Phosphordüngemittelindustrie nennen. Die Anwendung von Phosphordüngemitteln ist in allen Gebieten der östlichen Zone effektiv. Große Gebiete Sibiriens, des Fernen Ostens und des nördlichen Teils von Kasachstan haben gegenwärtig keine eigene Produktion dieser Düngemittel.

Die Frage nach der Versorgung der Phosphordüngemittelindustrie der östlichen Zone mit Phosphatrohstoff und die Befriedigung der gesamten Volkswirtschaft des Landes mit diesen Rohstoffen muß gesondert untersucht werden. Die Phosphorite der kasachischen Lagerstätten (Karatau, Aktjubinsk) sind von geringer Qualität und schwer anzureichern. Ihre Verarbeitung durch Extraktion, die für Apatitkonzentrate sehr vorteilhaft ist, erfordert eine größere Menge an Schwefelsäure. Die elektro-thermische Verarbeitung wird dadurch erschwert, daß der Verbrauch an Elektroenergie bis jetzt relativ hoch ist. Eine ökonomisch effektive Lösung dieses Problems wird nach weiteren Untersuchungen der unlängst entdeckten Phosphoritlagerstätten Sibiriens möglich sein. Eine bestimmte Rolle kann die Verarbeitung von phosphorithaltigen Eisenerzen, von denen weiter oben die Rede war, bei der Entwicklung der Phosphatdüngemittelindustrie der östlichen Zone spielen. Berücksichtigt man die ungleichmäßige Verteilung der Rohstoff- und der Energieressourcen, dann können die Schwefelsäureindustrie Kasachstans, die Produktion von kaustischen Soda- und Chlor-

produkten in West- und Ost- (Zentral-) Sibirien und einer Reihe anderer Zweige ihre Bedeutung in der östlichen Zone behalten.
Die Entwicklung des Automobiltransports und der Landwirtschaft und die günstigen Bedingungen für die Produktion von synthetischen Kautschuk, synthetischem Caproncord und Ruß schaffen die Voraussetzungen für die weitere Entwicklung der Gummiindustrie in der östlichen Zone, und zwar besonders für die Produktion von Reifen. Neben der Vergrößerung der Produktion in den Reifenwerken Omsk, Barnaul und Krasnojarsk ist es offenbar zweckmäßig, ein Reifenwerk in Mittelasien zu errichten.
Eine überbezirkliche Bedeutung können auch einzelne Zweige der Leicht- und Lebensmittelindustrie in der östlichen Zone haben.
In Mittelasien, in Kasachstan und im südlichen Teil von Westsibirien ist eine weitere Entwicklung der Baumwoll-, Seiden- und Wollindustrie unter Berücksichtigung der Befriedigung örtlicher Bedürfnisse und auch der Bedürfnisse anderer östlicher Gebiete an den Erzeugnissen dieser Zweige richtig. Der Entwicklungsumfang der Lebensmittelindustrie muß durch den Produktionsumfang landwirtschaftlicher Rohstoffe bestimmt werden.
Als Verbraucher der Erzeugnisse der Leichtindustrie und der Mehrzahl von Zweigen der Lebensmittelindustrie müssen die östlichen Gebiete als Ganzes betrachtet werden, ohne daß man die westlichen Gebiete berücksichtigt, in die die Lieferung von Erzeugnissen dieser Industriezweige ökonomisch unzweckmäßig ist.
Einer der wichtigsten Zweige, deren Entwicklung in den östlichen Gebieten durch die Erfordernisse der komplexen Entwicklung der Wirtschaft dieser Gebiete bestimmt wird, ist die Erdölverarbeitungsindustrie.
Weil die Kosten für den Transport von Erdölprodukten größer sind als die Kosten für den Rohöltransport durch Rohrleitungen, ist es zweckmäßig, das Erdöl in den Gebieten zu bearbeiten, in denen die klaren Erdölprodukte verbraucht werden. In den östlichen Gebieten ist der Aufbau von neuen, großen Erdölbearbeitungswerken vorgesehen, und zwar in erster Linie im Fernen Osten und in Ostsibirien (Gebiet Krasnojarsk). Zwei große Erdölverarbeitungswerke sind in Kasachstan und eines in Mittelasien geplant. Alle – außer dem mittelasiatischen – sollen sibirisches Erdöl verarbeiten.
In den an billigen Brennstoffen reichen Gebieten des Ostens ist es gewiß zweckmäßig, eine weitgehende Verarbeitung des Erdöls mit einem großen Anteil der Gewinnung klarer Erdölprodukte und Rohstoffe für die chemische Industrie vorzusehen. Die Errichtung neuer Erdölverarbeitungswerke dient als Grundlage für die Schaffung großer Ressourcen an petrolchemischen Rohstoffen und folglich auch für die Entwicklung der petrolchemischen Industrie.

Das riesige Ausmaß der Bautätigkeit erfordert die Entwicklung der Baustoffindustrie in der östlichen Zone. Nach überschläglichen Berechnungen läßt es der Bedarf an schweren Erzeugnissen (Stahlbetonkonstruktionen und Teilen, Wandmaterial, nichterzhaltigen Baustoffen, Kalk) zweckmäßig erscheinen, diesen Bedarf nicht nur in jedem ökonomischen Gebiet, sondern auch in den Zentren des konzentrierten Großbaues aus der eigenen Produktion zu decken. Der Bedarf an Zement, Asbestplatten, sanitären Bauteilen und keramischen Erzeugnissen kann durch die oben aufgezählte Produktion in 2 bis 4 Betrieben in jedem ökonomischen Gebiet befriedigt werden. Dabei muß man die Möglichkeit und die Zweckmäßigkeit der Produktion von Zement auf der Grundlage der komplexen Verarbeitung von Nephelinen im großen Umfang berücksichtigen.
Eine große sozialökonomische Bedeutung hat die Entwicklung der Zweige der Leicht- und Lebensmittelindustrie in den östlichen Gebieten. Die Notwendigkeit zur Entwicklung der Zweige der Lebensmittelindustrie, die leichtverderbliche Erzeugnisse und andere Produkte des Massenbedarfs herstellen, die durch die Konzentration der Bevölkerung notwendig sind, ist in den Städten und Gebieten der östlichen Zone völlig offensichtlich. Das betrifft die Backwarenindustrie, die Milchverarbeitung, die Produktion von Bier und alkoholfreien Getränken, die Fleischindustrie und andere Industriezweige, deren Betriebe man rationellerweise in jeder Stadt haben muß. Betriebe der Mühlenindustrie, des Konditoreiwesens, der Nudelindustrie, der Likör- und Spirituosenindustrie, der Weinverarbeitung (Betriebe der sekundären Verarbeitung) und einige andere Zweige der Lebensmittelindustrie muß man in jedem Gebiet haben. Die breite Entwicklung der aufgezählten Zweige der Lebensmittelindustrie in der östlichen Zone wird der Verbesserung der Lebensbedingungen der Bevölkerung und folglich deren Seßhaftigkeit dienen.
Zur Gewinnung weiblicher Arbeitskräfte in diesen Gebieten ist es zweckmäßig, neben den oben aufgezählten Zweigen der Lebensmittelindustrie vor allem die Konfektions- und die Trikotagenindustrie zu entwickeln. Dabei sind die Investitionen für die Schaffung eines Arbeitsplatzes in den genannten Zweigen relativ geringer als in anderen Zweigen der Leichtindustrie.
Bei der langfristigen Entwicklungsplanung für die Wirtschaft der östlichen Zone muß man, um eine Zersplitterung der Investitionen zu vermeiden, in erster Linie die reichen Lagerstätten an Erdgas und Erdöl in Westsibirien, Kasachstan und Mittelasien, die Hydroenergieressourcen, die billige Kohle Ostsibiriens und Kasachstans und die Waldressourcen West- und Ostsibiriens erschließen.
Die in der Perspektive wachsenden Maßstäbe der Erschließung von Brennstoff-, Energie- und Rohstoffressourcen der östlichen und der nördlichen

Landesteile erfordern im Vergleich zur analogen Erschließung und Entwicklung dieser Ressourcen in zentralen und wesentlichen Gebieten relativ hohe Anfangsinvestitionen. Diese Kosten amortisieren sich jedoch, wie vorläufige Berechnungen zeigen, in den Normativzeiten oder noch schneller. Die erfolgreiche Lösung der genannten Aufgaben ermöglicht es, die Unzulänglichkeiten in der Anordnung der Produktion in den östlichen und den westlichen Zonen des Landes zu überwinden.

Die Analyse zeigt, daß bezüglich der natürlichen und der Arbeitskräfteressourcen und in bezug auf das erreichte Niveau der wirtschaftlichen Entwicklung gegenwärtig der Süden Westsibiriens mit den angrenzenden Gebieten Ostsibiriens und Kasachstans das günstigste Territorium für den Aufbau von Betrieben der Schwarzmetallurgie, des Maschinenbaus und einer Reihe von Zweigen der Lebensmittel-, der Leicht- und der chemischen Industrie ist. Dieses Territorium, das die Becken von Kusneck, Ekibastuzsk, Kans-Ačinsk und Minosinsk umfaßt, verfügt nicht nur über kollossale Ressourcen billiger Kohle, Hydroenergie und Rohstoffe für die Schwarz- und die Buntmetallurgie, sondern auch über ein relativ günstiges Klima. Hier gibt es eine ausreichende Bevölkerungsdichte, ein verhältnismäßig gut entwickeltes Eisenbahnnetz und eine entwickelte Landwirtschaft. Die Hervorhebung dieses Territoriums als erstrangiges Gebiet schließt jedoch die beschleunigte Entwicklung der Volkswirtschaft des Fernen Ostens nicht aus.

Für die Steigerung der Effektivität der volkswirtschaftlichen Entwicklung in den östlichen Gebieten hat die Abstimmung der Pläne und der Bautermine aller mit einander verbundenen Zweige der Volkswirtschaft nach dem Entwicklungsumfang und nach den Inbetriebnahmeterminen große Bedeutung.

Wenn diese Forderungen ignoriert oder nicht berücksichtigt werden, führt das entweder zur Verlängerung der Inbetriebnahmefristen der Produktionskapazitäten oder zu einer Minderauslastung, das heißt zum Einfrieren neu geschaffener Kapazitäten. Im Ergebnis dessen hat die Volkswirtschaft große Verluste. Deshalb ist die wissenschaftlich begründete Auswahl der Zusammensetzung und der Kapazitäten von Betrieben, die im Osten (und natürlich auch im Westen) gebaut werden sollen, besonders wichtig.

Die Lösung der oben betrachteten Probleme bei der Entwicklung der Wirtschaft der westlichen und der östlichen Zone des Landes erfordert zur Steigerung der Gesamteffektivität der Produktion die Schaffung bestimmter ökonomischer Voraussetzungen. In dieser Beziehung hat die Versorgung der östlichen Landesteile mit Arbeitskräften eine erstrangige Bedeutung.

Eine der wichtigsten Maßnahmen bei der Versorgung der östlichen Gebiete mit Arbeitskräften ist die verstärkte Einführung der modernen Technik.

Die weitgehende Elektrifizierung, Automatisierung und Anwendung neuer technologischer Methoden der Produktion können in den östlichen Gebieten mit einem Defizit in der Arbeitskräftebilanz (Sibirien, Ferner Osten, Kasachstan) einen wesentlich höheren ökonomischen Effekt bringen als in den westlichen Gebieten. Dieser Effekt ist von doppelter Art: Erstens wird eine große Einsparung an Arbeitslohn erreicht, zweitens wird das Defizit der Arbeitskräfteressourcen gemildert, und es werden die Aufwendungen für die Gewinnung von Arbeitskräften aus anderen Gebieten verringert.
Berechnungen zeigen zum Beispiel, daß die Entlohnung in Sibirien um 0,1 Rubel je Stunde höher ist als im europäischen Teil des Landes. Besonders effektiv ist ein hoher Mechanisierungsgrad in den östlichen Gebieten bei den arbeitsaufwendigen Tätigkeiten und bei den Hilfsarbeiten in der Industrie und im Transportwesen. Die breite Durchsetzung der Elektrifizierung und der Automatisierung der Produktion ermöglicht es auch, den Kreis der Zweige des Maschinenbaues wesentlich zu erweitern, der in Sibirien zweckmäßig zu entwickeln ist. Gegenwärtig ist der Mechanisierungsgrad einer Reihe von Produktionsarten und Arbeitsgängen besonders im Bauwesen, bei Verlade- und Transportarbeiten und bei anderen in einer Reihe von Fällen in den östlichen Gebieten geringer als in den westlichen. Daraus folgt, daß in den Betrieben der östlichen Gebiete eine höhere technische Ausstattung zur Schaffung der Voraussetzungen für ein schnelleres Wachstum der Arbeitsproduktivität erforderlich ist als im Landesdurchschnitt.
Außerdem müssen in den östlichen Gebieten progressive Formen der gegesellschaftlichen Organisation der Produktion aktiv eingeführt werden: die Erzeugnisgruppenspezialisierung und die Kooperation von Betrieben des Maschinenbaus, ein hoher Konzentrations- und Kombinationsgrad der Produktion in der Holz-, der Metall-, der Erdöl-, der chemischen Industrie und in anderen Zweigen der Schwerindustrie.
Für die Steigerung der ökonomischen Effektivität bei der Entwicklung der Produktion in den östlichen Gebieten hat die Verbesserung der Ausbildung örtlicher Arbeiter und ingenieurtechnischer Kader eine große Bedeutung. Eine der Ursachen für das Defizit und für die Fluktuation der qualifizierten Kader, von Arbeitern und ingenieurtechnischen Mitarbeitern in den östlichen Gebieten ist der Mangel an höheren und mittleren Spezial- und Berufslehranstalten für die Ausbildung dieser Kader aus der örtlichen Bevölkerung – besonders in den Republiken Mittelasiens. Zur Lösung dieser Frage ist es notwendig, in den östlichen Gebieten ein verzweigtes Netz von höheren und mittleren Lehranstalten, Schulen und Spezialkursen für die Ausbildung qualifizierter Kader zu schaffen. Diese müssen in erster Linie aus der Bevölkerung der ortsansässigen Nationalitäten gewonnen werden,

deren spezifischer Anteil an der Gesamtzahl des industriellen Produktionspersonals bisher relativ gering ist. Ein analoges Problem muß in Transkaukasien gelöst werden.

In der westlichen Zone, wo die Ressourcen an Arbeitskräften das Entwicklungstempo der Wirtschaft nicht limitieren, besteht das Grundproblem in der nächsten Perspektive darin, den Beschäftigungsgrad der möglichen Arbeitskräftereserven in der gesellschaftlichen Produktion zu erhöhen. Neben der Verbesserung ihres Einsatzes am Ort (darunter auch durch Umsetzung innerhalb der Gebiete und Zonen) müssen Maßnahmen durchgeführt werden, um sie in die östlichen Gebiete zu leiten.

Gleichzeitig müssen Maßnahmen getroffen werden, um das Lebensniveau der Bevölkerung und die Seßhaftigkeit der Kader in den östlichen Gebieten zu verbessern. Eine Analyse des tatsächlichen Lebensniveaus in beiden Landeszonen zeigt, daß die Gewinnung neuer Arbeitskräfteressourcen für die östlichen Gebiete und deren Seßhaftmachung ohne die Durchführung einer Reihe von Maßnahmen zur Verbesserung des Lebensniveaus der Bevölkerung und zur wesentlichen Steigerung der materiellen Interessiertheit an der Umsiedlung in die östlichen Gebiete nicht möglich ist.

Die Ausarbeitung solcher Maßnahmen muß in zwei Richtungen vonstatten gehen. Durch Festlegung eines entsprechenden Lohnniveaus und durch Schaffung der notwendigen sozialen und kulturellen Lebensdedingungen.

Außerdem ist erforderlich, dafür zu sorgen, daß die Bevölkerung der östlichen Gebiete die Möglichkeit hat, ihre Geldeinkünfte am Ort zu realisieren. Sonst kann der hohe Arbeitslohn nur in Geldform angehäuft werden und dient nicht als Mittel dazu, die Kader für eine längere Periode seßhaft zu machen.

Die Steigerung der Effektivität bei der Verteilung der Produktivkräfte erfordert eine Vervollkommnung der Preise für industrielle Rohstoffe und für Brennstoff- und Energieressourcen und für die daraus gewonnenen Erzeugnisse, besonders die Erzeugnisse der Primärverarbeitung von Rohstoffen. Gegenwärtig gibt es Preise, die nach Gürteln (Rohstoffbecken und dergleichen) geordnet sind, für Rohstoffe, Brennstoffe (besonders gegeneinander austauschbare Arten) und für andere Arten industrieller Erzeugnisse. Die Verbraucher eines bestimmten Gebietes (oder sogar eines bestimmten Ortes) beziehen gleichartige (oder gegeneinander austauschbare) Rohstoffe von verschiedenen Lieferanten zu verschiedenen Preisen. Im Zusammenhang damit ist es unmöglich, die wirklichen volkswirtschaftlichen Aufwendungen für die Herstellung entsprechender Arten von Industrieerzeugnissen richtig zu bestimmen.

Es ist zweckmäßig, einheitliche Preise für alle Verbraucher jeder Produktion und Verbrauchszone für gleiche oder austauschbare Rohstoff- und

Brennstoffarten zu schaffen. Solche Preise kann man nach zwei Methoden festlegen: erstens auf der Grundlage (im Mittel des Bezirks oder im Mittel der Produktions- und Verbrauchszone) der Selbstkosten und, zweitens, nach den Kosten für die teuerste Rohstoffart (Brennstoff), deren Gewinnung und Verbrauch im gegebenen Gebiet nach den Vorstellungen der Bilanz erforderlich sind.

Die Festlegung einheitlicher Preise für alle Verbraucher jeder Zone (oder für Gruppen benachbarter Gebiete) für die Produktion und den Verbrauch gleicher oder austauschbarer Roh- und Brennstoffarten würde der besseren Stimulierung einer höheren Effektivität der Verteilung der Produktion dienen.

Zur Überwindung der Unterschiede in der Arbeit der wirtschaftlichen, wissenschaftlichen und Projektierungsorganisationen und zur Steigerung des Genauigkeitsgrades ökonomischer Bewertungen für die Effektivität der Investitionen ist es erforderlich, eine Reihe von Fragen zu bearbeiten. Dazu gehört ein einheitliches und für alle Organisationen bindendes wissenschaftlich begründetes System von Normativen und bezirklichen Korrekturkoeffizienten für alle Arten von Investitionsaufwendungen. Dazu gehört ferner ein nach einheitlicher Methodik ausgearbeitetes Kataster der wichtigsten Bauplätze und der Mikrorayons, nach dem vergleichende Berechnungen für Baustellen ausgeführt werden können. Ferner muß eine Berechnung der faktischen Kosten für den Aufbau von Objekten für die Produktion und für nicht produktive Objekte eingeführt werden, mit deren Hilfe die vergleichbare ökonomische Effektivität der Errichtung in verschiedenen Gebieten des Landes bestimmt werden kann.

Erweiterung des Baues von Transportwegen

Die Entwicklung der Wirtschaft in den östlichen Landesteilen führte objektiv dazu, daß die Transportentfernungen und der Güterumschlag im Transportwesen gesteigert werden.

In den Jahren des sozialistischen Aufbaues vergrößerte sich das Netz der Eisenbahnstrecken insgesamt auf das 1,8fache und der Gütertransport auf das 25fache. Im Automobiltransport stieg der Gütertransport jährlich um 7 bis 10 Prozent, wobei der Automobilpark im Mittel um 2,5 bis 3,9 Prozent wuchs. Auch in der Binnenschiffahrt gibt es Rückstände bei der Entwicklung der Grundfonds gegenüber dem Wachstum des Gütertransports.

Das unzureichende Entwicklungstempo der Grundfonds im Transportwesen führt dazu, daß dessen Leistungsumfang hinter dem ständig steigenden Umfang des Gütertransports zurückbleibt. Eine der hauptsächlichen Unzulänglichkeiten des vorhandenen Transportnetzes ist die mangelnde Übereinstimmung im Entwicklungsniveau der örtlichen Netze gegenüber der technischen Ausstattung und den Arbeitsbedingungen der Überlandstrecken. Das Territorium des Landes ist ungleichmäßig mit Transporteinrichtungen versorgt. Die riesigen Flächen der östlichen Gebiete haben kein regulär arbeitendes Transportwesen zu Lande, das fähig wäre, einen großen Transportumfang zu bewältigen. In einer Reihe der wichtigsten Transportrichtungen sind die Reserven zur Steigerung der Durchlaßfähigkeit des Transportnetzes praktisch erschöpft. Die Inbetriebnahme zweiter Gleise im Eisenbahntransport beträgt im laufenden Fünfjahrplan insgesamt 300 km im Jahr gegenüber 500 bis 900 km in den vorausgegangenen Nachkriegsfünfjahrplänen. Der spezifische Anteil der Transportkosten an den Produktionskosten sinkt fast nicht.

Zur Optimierung der gesellschaftlichen Produktion in der Perspektivplanperiode haben die Entwicklung aller Arten des Transportwesens und die Verbesserung ihrer technischen Ausstattung sehr wesentliche Bedeutung. Besonders große Bedeutung hat die Entwicklung des Baues neuer Transporteinrichtungen in den östlichen Teilen der UdSSR sowohl für die Steigerung der Effektivität der gesellschaftlichen Produktion insgesamt als auch der Effektivität der Investitionen.

Die geringe Ausstattung des Territoriums in den östlichen Gebieten mit Transportmitteln zu Lande ist eines der Haupthindernisse für die schnellere Entwicklung der Produktivkräfte in diesen Gebieten. Das Zurückbleiben des Transportnetzes hemmt die Erschließung vieler Lagerstätten ökonomisch effektiver Naturreichtümer in den östlichen Gebieten (Erdöl, Erdgas, Erze, Wald, Hydroenergie) und begrenzt die Möglichkeiten zur Auswahl von Baustellen für große Komplexe der Schwerindustrie (zum Beispiel der Erdölverarbeitung, der Petrolchemie, Schwarzmetallurgie und dergleichen). Deswegen muß im vor uns liegenden Jahrfünft besondere Aufmerksamkeit der Ausarbeitung und Verwirklichung eines Planes für den Aufbau des Transportwesens in den östlichen Gebieten geschenkt werden.

Angesichts dessen, daß in den östlichen Gebieten die zwischenbezirklichen breiten Ströme von Massengütern überwiegen und die Transportentfernungen sehr groß sind, hat hier die Weiterentwicklung des Eisenbahn- und des Pipelinetransports erstrangige Bedeutung. Den Automobiltransport muß man zweckmäßigerweise für lange Transportentfernungen bei verhältnismäßig geringem Umfang des Transportgüterstromes sowie für kurze Transportstrecken in landwirtschaftlichen Gebieten und in Industrieknotenpunkten des erschlossenen Teils der östlichen Zone entwickeln.

In erster Linie ist es notwendig, eine neue sibirische Magistrale nördlich der vorhandenen zu errichten, die durch die Gebiete West- und Ostsibiriens und des Fernen Ostens, die mit großen Vorräten an Bodenschätzen versehen sind, verläuft. Die zweite Magistrale nimmt einen Teil der Güter von der sibirischen Hauptmagistrale auf, was die Effektivität ihrer Errichtung noch steigert. In den nächsten Jahren ist es zweckmäßig, die laufenden Arbeiten zum Eisenbahnbau in Sibirien zu beschleunigen und neue Objekte dieser Art in Angriff zu nehmen (im Gebiet Tjumen, im Süden des Gebietes Tomsk und im Gebiet Krasnojarsk). Diese Eisenbahnlinie geht als Bestandteil in die zweite sibirische Magistrale ein oder wird als Zubringer dazu dienen. Zu den erstrangigen Aufgaben gehört die Errichtung einer Erdölleitung in das Kuzneskbecken und ferner die Errichtung von Gasleitungen aus dem Norden des Gebietes Tjumen ins Zentrum und aus Mittelasien ins Zentrum zur Überwindung des Defizits in der Brennstoffbilanz des Westens.

Zur Entwicklung aller Wirtschaftszweige der östlichen Zone muß ein umfangreicher Autostraßenbau begonnen werden. Das betrifft in erster Linie die Errichtung von großen Magistralen zur Verbindung mit den entfernten Gebieten, die keine anderen Transportadern haben, und die Autostraßen örtlicher Bedeutung in den industriellen und landwirtschaftlichen Gebieten. Diese Straßen werden nicht nur der Vereinigung der Wirtschaft in den entsprechenden Gebieten zu einem einheitlichen Komplex und dadurch der steigenden Effektivität dienen, sondern auch der Verbesserung der Lebensbedingungen der Bevölkerung in den östlichen Gebieten.

Die Binnenschiffahrt muß sich hier sowohl als Fernschiffahrt als auch für örtliche Bedürfnisse zum Transport von Massengütern und für die Passagierschiffahrt entwickeln. In der Binnenschiffahrt müssen die Arbeiten zur Verbesserung und Erweiterung des schiffbaren Netzes und zur Ausrüstung mit Schiffen hoher Tragfähigkeit bis 10000 und 12000 t in den östlichen Teilen des Landes vollendet werden. Für die östlichen Gebiete hat auch die Entwicklung des Lufttransportes große Bedeutung, und zwar für die Befriedigung der Bedürfnisse der Bevölkerung in den Siedlungspunkten entfernter und schwer zugänglicher Gebiete, wo die Luftfahrt effektiver ist als alle anderen Transportarten.

Die Erhöhung der Dichte des Transportnetzes und des technischen Niveaus der vorhandenen Transportarten in den östlichen Gebieten und die richtigere Verteilung des Güterumlaufs zwischen ihnen kann die Selbstkosten senken und dessen Effektivität erhöhen, und zwar für das Transportsystem selbst und für die gesamte Produktion dieser Zone.

VII. TEIL

Erfahrungen der Mitgliedsländer des RGW bei der Steigerung der Effektivität von Investitionen

Das Problem der Effektivitätssteigerung von Investitionen steht in den letzten Jahren, besonders in Verbindung mit der Durchführung von Wirtschaftsreformen, im Zentrum der Aufmerksamkeit der Planungs- und Finanzorgane, der Bauorganisationen, einzelner Betriebe sowie der Wissenschaftler auf dem Gebiet der Ökonomie in allen Mitgliedsländern des RGW.

Die Suche nach Maßnahmen, die der Effektivitätssteigerung sowohl der zentralen als auch der dezentralen Investitionen dienen, erfolgt auf dem Wege der Vervollkommnung von Planung und Finanzierung des Investitionsbaues und bei der Inbetriebnahme neuer Betriebe und Kapazitäten, die im Zuge des Investitionsprozesses geschaffen werden. Dabei werden in Abhängigkeit von den konkreten Bedingungen der Wirtschaftsentwicklung jedes Landes diese oder jene Maßnahmen in den Vordergrund gerückt. Im ganzen muß man die für alle Mitgliedsländer des RGW charakteristische Bestrebung festhalten, komplexe Maßnahmen zu verwirklichen, die auf die Steigerung der Effektivität der Investitionen gerichtet sind.

In einer Reihe von Fällen ist es noch nicht möglich, den Effekt der eingeleiteten Maßnahmen zu bestimmen, weil sie noch nicht lange genug wirksam sind (1 bis 2 Jahre). Das Kennenlernen der Erfahrungen der Mitgliedsländer des RGW ist jedoch von unbestreitbarem Interesse.

Die Mitgliedsländer des RGW ergreifen zur Bilanzierung der Investitionen mit den materiell-technischen Ressourcen hauptsächlich Maßnahmen ökonomischen Charakters. Deren Grundlage ist die Regelung der Finanzierungsquellen für die Investitionen. Außerdem wird auch nach Methoden zur effektiven ökonomischen Stimulierung auf dem Gebiet der Investitionsnutzung gesucht.

In der Volksrepublik Bulgarien werden Experimente zur Ausarbeitung von Methoden zur Stimulierung der ökonomischen Interessiertheit des Leitungspersonals an der Einhaltung der geplanten Baufristen für Objekte und Betriebe und zur materiellen Verantwortlichkeit für Schäden, die

dem Staat entstehen, wenn diese Termine nicht eingehalten werden, durchgeführt.
Die Bauzeitnormative werden zur Bestimmung der Inbetriebnahmefristen von Produktionskapazitäten und Objekten und für die Verteilung der Investitionen nach Baujahren herangezogen. Ferner verwendet man sie zur Bestimmung des Umfangs der unvollendeten Bauproduktion, für die Planung der materiell-technischen Versorgung der Bau- und Montageorganisation und für die Ausarbeitung von Projekten für die Arbeitsorganisation. Seit 1969 werden diese Methoden im breiten Umfang angewendet.
Bei der Durchführung der staatlichen Investitionspolitik und für die effektivste Nutzung der Investitionen wird großer Wert auf die bessere technisch-ökonomische Begründung der vorgesehenen Investitionen gelegt. Dabei dient die Rückflußdauer als synthetisierende Kennziffer für die Bewertung und die Variantenauswahl bei Investitionen.
Normative für die Rückflußdauer und für die Effektivitätskoeffizienten sind nach dem Gewinn für die Gesamt- und Zusatzinvestitionen, differenziert nach Zweigen der Wirtschaft und der Industrie, festgelegt worden. Die Differenzierungsspanne dieser Normative wird durch eine maximale Rückflußdauer (15 Jahre für Gesamtinvestitionen und 10 Jahre für zusätzliche Investitionen) für die Hydroenergetik (bei maximaler Auslastung) und eine minimale Rückflußdauer (ein Jahr für Gesamtinvestitionen, 0,5 Jahre für Zusatzinvestitionen) für die Konfektionsindustrie charakterisiert. Im Mittel der Volkswirtschaft gilt für Gesamtinvestitionen eine Rückflußdauer von 5 Jahren und ein Effektivitätsfaktor von 0,2 und für Zusatzinvestitionen eine Rückflußdauer von 4 Jahren und ein Faktor von 0,25.
Eine der vielen Maßnahmen Bulgariens, die auf die Steigerung der Grundfondseffektivität der Industrie gerichtet sind, ist die Einführung zwingender Fristen für das Anfahren der projektierten Kapazitäten und von technisch-ökonomischen Kennziffern. Es wurde vorgeschlagen, diese Fristen in den Projekten festzulegen. Als Beispiele gelten folgende normativen Fristen: für die Elektro- und Wärmeenergieproduktion 12 Monate, für die Schwarzmetallurgie 24 Monate, für die Kohleindustrie 36 Monate, für die chemische und Kautschukindustrie 12 Monate, für den Maschinenbau 24 Monate, für die Lebens- und Genußmittelindustrie 12 Monate und für die Textilindustrie 9 Monate.
Die tatsächlichen Inbetriebnahmefristen und die technisch-ökonomischen Kennziffern werden mit dem Bestätigungsdatum des Protokolls für die Inbetriebnahme der neuen Kapazitäten abgerechnet. Die Einhaltung der normativen Fristen und der technisch-ökonomischen Kennziffern, darunter

auch der Rückflußdauer der Gesamtinvestitionen für neu in Betrieb genommene Objekte und Betriebe, wird durch ein entsprechendes System der Interessiertheit und der Sanktionen mit kollektivem und individuellem Charakter stimuliert. Die Kontrolle über die Erfüllung dieser Normative liegt bei der Bank. Die Bank beendet die Kontrolle, sobald die projektierten Kapazitäten und technisch-ökonomischen Kennziffern erreicht sind, und ist verpflichtet, von neuem zu beginnen, wenn diese Kennziffern sich verschlechtern.

In der Volksrepublik Bulgarien werden die Investitionsprogramme nicht nur nach dem Investitionsumfang bewertet, sondern auch nach der Inbetriebnahme von Produktionsgrundfonds. Deshalb werden in der Planung spezifische Kennziffern für die Investitionen und für die Produktionsgrundfonds verwendet.

Die letzteren werden im Maßstab der Volkswirtschaft für Erzeugnisgruppen und für einzelne Betriebe bei der Planung, Prognostik sowie für die Begründung des ökonomischen Wachstumstempos, des Umfangs und der Effektivität der Investitionen und der Ausnutzung der Fonds angewandt.

In der *Ungarischen Volksrepublik* gibt es kein obligatorisches, streng einzuhaltendes System von Normativen und technisch-ökonomischen Kennziffern. Die Vervollkommnung der Investitionsplanung erfolgt durch die Schaffung und Verstärkung eines Systems ökonomischer Hebel, das die Nachfrage nach Investitionen und die Steigerung der ökonomischen Effektivität bei ihrer Nutzung reguliert.

Die vorhandenen Normen für spezifische Investitionen widerspiegeln im wesentlichen nur die Bauarbeiten und sind nur für die zentralen staatlichen Investitionen bindend (ungefähr 40 Prozent). Für die Investitionen, die durch die Betriebe selbst und durch Kredite gedeckt werden, haben diese Normen informativen und teilweise Kontrollcharakter. Die Normen für die Bauzeiten sind allgemeingültig (sie sind in Abhängigkeit von den Voranschlagskosten aufgestellt) und nach Meinung der ungarischen Spezialisten nicht genau genug. Sie sind nicht streng obligatorisch. Die Staatliche Plankommission berücksichtigt diese Normen nur bei der Planung großer zentraler staatlicher Investitionen. Bei den übrigen Investitionen werden die Normen für die Bauzeiten durch die entsprechenden Ministerien und Leitungen berücksichtigt und auch durch die Bank bei der Ausgabe von Krediten. Es erfolgt keine systematische Kontrolle über die Einhaltung dieser Normen. Bei Verletzung der Baufristen, die im Vertrag enthalten sind, hat der Auftragnehmer dem Auftraggeber bis zu 11 Prozent der veranschlagten Kosten der Bau- und Montagearbeiten als Vertragsstrafe zu zahlen.

Staatliche Normative für die Effektivität sind in der Ungarischen Volksrepublik nicht aufgestellt worden. Die Auswahl der Varianten für die Investitionen aus staatlichen Mitteln zur Lösung der festgelegten Aufgaben erfolgt jedoch nach der höchsten Rentabilität. Für Investitionen über Kredit ist das geringste Rentabilitätsniveau durch die Zinsen für den Kredit (7 Prozent) und durch Zahlungen für die Fonds (5 Prozent) bestimmt. Die Summe ist nicht geringer als 12 Prozent.

Für viele Produktionszweige sind Kreditlimits festgelegt, in deren Rahmen die Auswahl von Varianten durch Wettbewerb erfolgt.

In der VRU hat das Bestreben der Betriebe, Investitionen zu realisieren, zu einem gewissen Ansteigen der Baupreise geführt (ungefähr um 6 Prozent). Dagegen wurde im Jahre 1969 eine Reihe ökonomischer Maßnahmen zur Senkung des Investitionsumfangs durchgeführt.

Die termingerechte Erfüllung der geplanten Bauprogramme für einzelne Objekte oder Investitionsvorhaben sucht der Staat vor allem dadurch zu gewährleisten, daß er den an der Realisierung dieser Investitionen beteiligten Organisationen unmittelbar Forderungen bezüglich der Vollendung der Arbeiten in den vorgesehenen Fristen stellt. In einzelnen Fällen wird die zeitgerechte Erfüllung der Programme durch verschiedene ökonomische Hebel (Zuschläge) stimuliert. Die hauptsächlichen ökonomischen Maßnahmen zur Steuerung der Investitionen der Betriebe vollziehen sich jedoch über die Kreditpolitik und durch Stimulierung der Einlagen der Betriebe bei der Bank aus dem Entwicklungsfonds.

Eine der Hauptideen der ungarischen Investitionsreform sind die Senkung der Ausgaben für Investitionen aus dem Staatshaushalt und der Einsatz von Mitteln aus den Betrieben in großem Umfang sowie die bessere Nutzung der Entwicklungsfonds und die Steigerung der Effektivität von Investitionskrediten. Die Kreditpolitik auf dem Gebiet der Investitionen ist vor allem dadurch gekennzeichnet, daß Kredite vorzugsweise für schnell zurückfließende Investitionen gegeben werden.

Im Zusammenhang mit der ökonomischen Reform haben sich die Rolle und die Bedeutung der Investitionsbank des Landes sehr verstärkt, die gemeinsam mit der Staatlichen Plankommission der VRU die rationelle Bereitstellung und Umverteilung der Investitionsmittel gewährleistet. Nach der Meinung der ungarischen Spezialisten gibt die Bank den Willen des Staates in der Sprache des Geldes an die Betriebe weiter.

Im Verlauf der Reform wurde in der VRU das Verhältnis zwischen den zentralen und den nicht zentralen Finanzierungsquellen für Investitionen verändert. Im Jahre 1968 erreichten die dezentralen Investitionen etwa 50 bis 55 Prozent gegenüber 16 Prozent in den vorausgegangenen Jahren (zu diesen Investitionen zählen auch die Bankkredite). Die Entwicklungsfonds der Betriebe, die ein wichtiger Teil der dezentralisierten Investitionen sind, werden zu 30 Prozent aus dem Gewinn und zu 60 Prozent aus den Amortisationen gebildet. Von 1968 an gehen ungefähr 40 Prozent des Gewinns der Betriebe in den Entwicklungsfonds und 60 Prozent in den Reservefonds. Der Rest der Amortisationen (40 Prozent) wird blockiert und über das Kreditsystem umverteilt.

In der VRU werden bis zu 60 Prozent der Amortisationen, die in der Verfügung der Betriebe bleiben (die Abführungen für die Erneuerungen betragen 6 Prozent und sollen in Zukunft auf 5,5 Prozent gesenkt werden), gegenwärtig nicht direkt eingesetzt, und es entsteht die Gefahr, daß der Staat in 5 bis 6 Jahren große Investitionen für den Ersatz und die Modernisierung der Ausrüstungen ausgeben muß. Im Zusammenhang damit erfolgt in der VRU eine Konzentration der Amortisationen in der Investitionsbank, wobei den Betrieben von diesen Einlagen Zinsen gezahlt werden. Das macht es möglich, die freien Mittel der Betriebe für effektive Zwecke einzusetzen. Ab 1969 wurde der Zinssatz für die Einlagen der Betriebe wesentlich erhöht: für Einlagen auf ein halbes Jahr 3 Prozent, auf ein Jahr 5 Prozent, auf eineinhalbes Jahr 6 Prozent und für Einlagen auf mehr als zwei Jahre 7 Prozent.

Wenn der Betrieb genügend eigene Mittel hat, kann ihm eine Staatsanleihe gewährt werden, die sich von einem gewöhnlichen Kredit durch eine längere Laufzeit (10 Jahre), durch geringe Zinsen und andere Vergünstigungen unterscheidet.

Die Kreditpolitik der VRU ist auf eine Steigerung der Effektivität der Investitionen, auf eine Erhöhung der Anforderungen an die Kreditierungspraxis und auf eine intensivere Auswahl von Kreditobjekten gerichtet.

Der größte Anteil an Krediten haben mittelfristige Kredite, deren maximale Laufzeit 36 Monate beträgt. Lanfristige Kredite gibt die Bank nur für Vorzugsobjekte und bevorzugte Investitionsrichtungen. Dabei wird die Forderung nach mindestens 7 Forint Gewinn für 100 Forint Investitionen erhoben. In Übereinstimmung mit den vorhandenen Direktiven können für Vorzugsobjekte 8-, 10- und 12jährige Kredite bei 6 Prozent Zinsen gegeben werden. Ähnliche Vorzugskredite für 8 Jahre werden zur Schaffung der notwendigen Arbeitsschutzbedingungen oder der sozialen Bedingungen in der Produktion erteilt. Zu Vorzugszinsen werden auch Kredite für Investitionen gegeben, die auf die Überwindung von Disproportionen in der Entwicklung der Industrie oder zur Verbesserung der Zahlungsbilanz des Landes dienen.

Die Rückzahlungen für Kredite sind in Ungarn sehr hoch. Sie betragen 7 Prozent, wobei für die Umlaufmittel außerdem 5 Prozent Steuern entrichtet werden müssen, auch dann, wenn sie kreditiert sind. Auf diese Weise bezahlt der Betrieb, wenn er die Umlaufmittel kreditieren läßt, für Materialvorräte 7 Prozent für den Kredit (für die Passiva der Bilanz) und darüber hinaus 5 Prozent für die faktisch vorhandenen Umlaufmittel (für die Aktiva der Bilanz).

Die ungarischen Spezialisten sind der Ansicht, daß eine Bewertung der Wirksamkeit des neuen Systems der Wirtschaftsleitung im Lande, und zwar besonders auf dem Gebiet der Investitionen, wo noch im höchsten Grade Entscheidungen der vorangegangenen Periode wirksam sind, gegenwärtig nur in groben Zügen möglich ist. Schon heute muß man jedoch das Bestreben der Betriebe vermerken, eigene Investitionen zu realisieren. Dazu diente die Schaffung entsprechender Fonds der Betriebe in einem Ausmaß, das die anfänglichen Vorstellungen übersteigt. Angesichts dessen ist beabsichtigt, in den folgenden Jahren der Frage nach der Bilanziertheit der Investitionen größere Aufmerksamkeit zu schenken.

In der *Deutschen Demokratischen Republik* wird bei Entscheidungen über Investitionen die Hauptaufmerksamkeit auf die Effektivität bei der Nutzung der vorhandenen Grundfonds gelegt. Dieser Umstand ist entscheidend bei der Gewährung von Krediten für die Finanzierung von Investitionen. Fehlen Dokumente, die die finanzielle Absicherung der Bauten bestätigen, werden Vorschläge über Investitionen im Büro zur Bewertung von Investitionen nicht behandelt. Ohne Beschluß des letzteren können sie nicht in der Staatlichen Plankommission der DDR behandelt werden.

Im Investitionsbüro werden die vorgeschlagenen Varianten von Investitionen unter Berücksichtigung folgender Momente beraten:

Bedarf an den Erzeugnissen, für deren Produktionserweiterung die Investitionen vorgesehen sind;

Möglichkeiten zur Erzeugung dieser Produkte durch bessere Nutzung von vorhandenen Kapazitäten;

Progressivität der vorgeschlagenen technologischen Varianten;

günstigster Umfang des geplanten Betriebes und seiner Anordnung im Vergleich zum Neubau;

Progressivität des Bauprojekts und seiner Termine;

Versorgung des zukünftigen Betriebes mit materiell-technischen Ressourcen und Arbeitskräften;

Bedarf an Begleitinvestitionen usw.

Die Schlußetappe der Bewertung und der Variantenauswahl besteht in der Beratung der ökonomischen Effektivität, für die als summarischer Kennwert der Rückfluß der Investitionen nach einem einheitlichen finanziellen Resultat – nämlich der Gewinnsumme des Betriebes und des Außenhandelsgewinns – dient.

Das zentrale Organ – das staatliche Investitionsbüro – trägt die Verantwortung für die Bewertung der für die Struktur der Volkswirtschaft der Republik wichtigsten Investitionen, die in Übereinstimmung mit den Beschlüssen des Ministerrates geplant werden. Für die Bewertung der anderen Investitionen tragen die entsprechenden Büros bei den zentralen und den örtlichen Staatsorganen und den Wirtschaftsorganen die Verantwortung.

Zur Stimulierung einer effektiven Nutzung von Krediten für Investitionen sind für die Republik differenzierte, in Abhängigkeit von der Laufzeit der Kredite gestaffelte Zinssätze festgelegt worden, deren Höhe bei überzogenen Krediten auf 5 bis 7 Prozent steigt. Interessant sind die Erfahrungen der DDR bei der Verbesserung der Investitionsstruktur. Der spezifische Anteil von Bau- und Montagearbeiten, der 1950 56 Prozent betrug, wurde in den letzten Jahren auf 37 Prozent gesenkt. Für Produktionsbauten konnte er auf 24,7 Prozent gesenkt werden.

Große Aufmerksamkeit wird in der DDR den Investitionen für die Intensivierung der Produktion und für die Modernisierung der vorhandenen Betriebe geschenkt. Der Anteil von Investitionen dieser Gruppe stieg von 35 auf 50 Prozent und mehr. Als wichtig ist festzustellen, daß im Investitionsplan die Investitionen für die Rationalisierung und die Intensivierung der Produktion in gesonderten Zeilen ausgewiesen sind.

Die Grundlage für die Vervollkommnung der Investitionsplanung in der *Polnischen Volksrepublik* sind die Rekonstruktions- und Entwicklungsprogramme für einzelne Zweige und Unterzweige der Industrie und die Entwicklungsprogramme der ökonomischen Gebiete. Die konkreten Wege zur Vervollkommnung der Investitionsplanung unter den Bedingungen der Wirtschaftsreform sehen die polnischen Spezialisten in der weiteren Vervollkommnung der Prinzipien der zentralisierten Planung unter den Bedingungen der ökonomischen Reform.

In der VRP wird eine Reihe von Maßnahmen ergriffen, die auf eine Verkürzung des Investitionszyklus und besonders auf eine Vereinfachung der Projektierungs- und Voranschlagsdokumentation, auf eine bessere Koordinierung der Fristen für die Ausführung der projektierten Arbeiten, auf ein engeres Zusammenwirken mit den Arbeitsplänen der Generalauftragnehmer auf eine bessere Planung der Bestellungen für Maschinen und Anlagen mit langem Produktionszyklus und auf eine Verstärkung der normativen Begründung für die Pläne zur Realisierung von Investitionen gerichtet sind. Große Bedeutung wird dabei dem System der Zweijahresplanung beigemessen, das nicht nur die Kennziffern und die Aufgaben für das Planjahr, sondern auch vorläufige Kennziffern für das kommende Jahr enthält.

Die polnischen Spezialisten messen der normativen Regelung der Pläne für die Realisierung der Investitionen große Bedeutung bei. Nach ihrer Ansicht darf der unvollendete Bauanteil im Prinzip das Jahresvolumen an Investitionen im Plan nicht übersteigen. Der Rest an Plankosten für überhängende Bauten soll nicht höher sein als die geplanten Investitionen für 2 Jahre. Das bedeutet, daß der Fertigstellungsgrad der überhängenden Bauten im Mittel wenigstens 33 Prozent betragen muß. Für die Bewertung des Konzentrationsgrades der Investitionen werden in der VRP schon gegenwärtig eine Reihe von nachfolgend genannten verallgemeinernden Kennziffern in der Praxis der Planberechnungen geprüft, die für die Ebene der Vereinigungen, Zweige und Ministerien gelten:
der Anteil von Investitionen für überhängende Bauten am Gesamtumfang der Investitionen in der gegebenen Zeitspanne;
die mittlere Dauer der Realisierung von Investitionen;
die Festlegung von Investitionen in unvollendeten Bauten;
die Übernahme von Investitionen für die Zukunft, worunter der Investitionsumfang verstanden wird, der für die Vollendung begonnener Bauten notwendig ist.
Bei der Planung der Investitionen und des Investitionsbaues werden Bauzeitnormen zugrunde gelegt, die für die Planperiode bestätigt werden und eine ungefähre Verteilung der Investitionen nach Jahren enthalten. Die Überschreitung der Bauzeiten gegenüber der Norm betrug von 1966 bis 1968 im Mittel 8 Prozent. Gegenwärtig werden neue Bauzeitnormen für 1971 bis 1975 ausgearbeitet, die im Mittel um etwa 17 Prozent niedriger sein werden als die geltenden und um 25 Prozent niedriger als die faktischen Bauzeiten in den Jahren 1966 bis 1968.
Die Bauzeitnormen bildeten die Grundlage für die Zusammenstellung der für die Ausführung obligatorischen „Bauzeitdirektiven", die gemeinsam mit der Projektaufgabe bestätigt wird und für die gesamte Zeit der Realisierung des Objektes erhalten bleibt. Sie kann im Vergleich zur Bauzeitnorm bis zu 20 Prozent erhöht werden, jedoch nicht länger als für 6 Monate.
Zur Steigerung der ökonomischen Effektivität der Investitionen ist in der VRP vorgesehen, eine neue Ordnung der technisch-ökonomischen Begründung von Investitionen im Rahmen der bestätigten Zweiglimite festzulegen. Diese soll gleichzeitig der Präzisierung der Planung von Investitionen für die Zweige dienen. Als Kennziffer für die Berechnung des Investitionsbedarfs wird die Produktivität der Grundfonds (Fondsrückführung) genommen. Alle Investitionsmaßnahmen müssen nach ihrer Effektivität in fünf Gruppen geteilt werden, und zwar in Übereinstimmung mit den für diese festgelegten Kennziffern, die den Effektivitätsgrad der Produktion

und der Investitionen widerspiegeln. Maßnahmen mit einer Effektivität, die geringer ist als die Kennziffern, die für die fünfte Gruppe festgelegt sind, dürfen nicht realisiert werden.
Die Überschreitung der Plankosten im Laufe des Bauprozesses oder der Inbetriebnahmetermine für die Bauobjekte zieht Strafzinsen bis zu 8 Prozent nach sich, die aus den eigenen Mitteln der Vereinigungen oder Betriebe gezahlt werden müssen.
Bei der Analyse und der Bewertung der ökonomischen Effektivität der Investitionen im Maßstab der Zweige und Unterzweige der Produktion werden Kennziffern für den mittleren Investitionsaufwand des Zuwachses an Produktionskapazität und Kennziffern über die Investitionsaufwendigkeit des Zuwachses an Nettoprodukt oder Effektivitätskoeffizienten nach dem Nettoprodukt verwendet.
Bei der Planung der Investititionen und des Investbaues werden in der VRP ebenfalls Normen für die Inbetriebnahme der projektierten Kapazitäten verwendet, die nach Zweigen und in Abhängigkeit von der Kapazität der Objekte und Betriebe differenziert sind. Die polnischen Spezialisten unterstreichen, daß die Ergebnisse, die bei der Anwendung dieser Normen erzielt wurden, deren Nützlichkeit und Zweckmäßigkeit in der Praxis bestätigen.
Zur Gewährleistung der erforderlichen technisch-ökonomischen Begründung der Investitionen ist in der *Sozialistischen Republik Rumänien* eine Ordnung festgelegt worden, bei der der Ministerrat die hauptsächlichen technisch-ökonomischen Kennziffern (Bezeichnung der Arbeiten, Lage, Profil und Kapazität, Gesamtkosten der Investitionen und Importvolumen, Selbstkosten und Arbeitsproduktivität) für die Investitionen bestätigt:
in der Industrie, im Bauwesen, in der Holzwirtschaft, im Transportwesen und im Kommunikationswesen, in der Landwirtschaft und in der Wasserwirtschaft bei Gesamtkosten von über 50 Mio Lei;
für den Wohnungsbau (einschließlich Gesellschafts-, Kultur- und Handelsbauten), für die Arbeiten in der Kommunalwirtschaft und andere angrenzende Arbeiten mit einem Wert von über 25 Mio Lei;
für Arbeiten im Handel und in der gesellschaftlichen Speiseversorgung, in der Bildung und im Gesundheitswesen bei einem Wert von über 20 Mio Lei;
für Arbeiten in anderen Zweigen (Wissenschaft, Kultur, Sport und anderes) bei einem Wert von über 10 Mio Lei.
Die technisch-ökonomischen Kennziffern und die notwendige ökonomische Dokumentation für die Arbeiten mit geringeren Kosten werden durch die entsprechenden Leitungen bestätigt. Zur allseitigen Analyse der Effektivität und der technisch-ökonomischen Begründung neu begonnener Bauten und Investitionspläne ist in der Sozialistischen Republik Rumänien ein System

von 18 Bestätigungs- und Berechnungskennziffern eingeführt worden. Diese Kennziffern müssen mit analogen Kennziffern in entsprechenden modernen Betrieben und mit dem mittleren Niveau dieser Kennziffern, das in allen arbeitenden Betrieben des Ministeriums, die analoge Erzeugnisse herstellen, verglichen werden. Die Höhe der Kennziffern für das projektierte Objekt darf nicht geringer sein als die in den Objekten, mit denen verglichen wird.
In Übereinstimmung mit den Instruktionen der Staatlichen Plankommission und des Ministeriums der Finanzen der Republik wird die Amortisationsdauer für die gesamten Investitionen berechnet. Die Normative für diese Kennziffer werden nach Zweigen und nach einzelnen Produkten differenziert ausgearbeitet und müssen sowohl nach dem Gewinn als auch nach dem Mehrprodukt berechnet werden (unter Berücksichtigung der Steuern aus dem Umlauffonds). In der Sozialistischen Republik Rumänien gibt es Normen für die Erreichung des projektierten Niveaus der technisch-ökonomischen Kennziffern für neu in Betrieb genommene Betriebe und Kapazitäten. Diese Normen sind ebenfalls nach Zweigen differenziert und dürfen 24 Monate nicht übersteigen. In der SRR wurde eine straffe Konzentration des Investitionsbaues auf eine begrenzte Anzahl großer Baustellen durchgesetzt, für die große finanzielle und materielle Ressourcen bewilligt wurden. Die Hauptaufmerksamkeit wurde auf die Verkürzung der Fristen für die Ausführung neuer ökonomischer Objekte gelegt. Im Jahre 1968 war bei einem Wachstum des Investitionsvolumens von 11 Prozent die Anzahl neuer Objekte um 22 Prozent geringer als im vorangegangenen Jahr. Der mittlere Umfang der Investitionen für ein Bauvorhaben und für jedes Objekt stieg sehr stark an, wodurch günstige Bedingungen für die Beschleunigung des Aufbaues und für die rechtzeitige Inbetriebnahme neuer Kapazitäten geschaffen wurden.
Für Bauten der Leichtindustrie übersteigen die Errichtungsfristen ein Jahr nicht und für Bauten der Schwerindustrie betragen sie 2 bis 3 Jahre.
Im Investitionsbau Rumäniens ist eine erhebliche Erhöhung des spezifischen Anteils der Investitionen, die im ersten Quartal realisiert wurden, erreicht worden. Er betrug 1968 etwa 20 Prozent gegenüber 15 bis 16 Prozent im Jahre 1965.
In der *Tschechoslowakischen Sozialistischen Republik* erfolgt die Regulierung der Investitionen gegenwärtig durch Auswahl der Objekte durch zentrale Organe im Rahmen eines Investitionslimits nach Zweigen (festgelegt ausgehend von den Aufgaben zur Vervollkommnung der Volkswirtschaftsstruktur, vom Zustand der Grundfonds des Zweiges und von der Effektivität ihrer Nutzung). Die Auswahl erfolgt durch Wettbewerbe um den Bankkredit. Der Auswahl dienen außerdem das System der Bankzinsen, darunter auch für Einlagen der Betriebe bei der Bank, und eine differenzierte Preis-

politik (die Festlegung von drei Preiskategorien: feste Preise, Limitpreise, freie Preise) usw. Unter Berücksichtigung der bereits gesammelten Erfahrungen bei der Realisierung von Investitionen unter den Bedingungen der durchgeführten Wirtschaftsreform ist für die Folgezeit (ab 1970) eine Vereinfachung des Systems ökonomischer Hebel vorgesehen, die dazu dienen soll, präzisere Bedingungen für die Realisierung von Investitionen in den Betrieben zu schaffen.

Gegenwärtig ist die Umbewertung der Grundmittel besonders wichtig, die für die UdSSR im Zusammenhang mit der von der Zentralverwaltung für Statistik der UdSSR vorbereiteten Generalinventur der Fonds im Jahre 1970 vorgenommen wird. In dieser Beziehung sind die Erfahrungen bei der Umbewertung, die in der DDR (1963), in der SRR (1965) und in der VRU (1968) durchgeführt wurden, sehr interessant.

Die Umbewertung der Fonds erfolgte in der VRU in zwei Etappen: Zunächst wurden die Abweichungen der Grundfondswerte von den Preisen am 31. Januar 1965, die als Basis genommen wurden, festgestellt. Die Korrekturen betrugen ungefähr 5 Prozent zum Anfangswert der Produktionsgrundfonds. Deren Bewertung wurde entsprechend erhöht. Weiter wurde eine Umrechnung des Wertes der Fonds in Preisen des 1. Januar 1968 durchgeführt, was zu einer weiteren Erhöhung des Wertes um 3 Prozent führte. Der Wertzuwachs der Grundfonds betrug in der Landwirtschaft, in der Wald- und Wasserwirtschaft 5 Md. Forint, im Maschinenbau 3 Md., im Handel 1,5 Md. Forint. Der Wert von Importmaschinen und -Anlagen und auch für Anlagen ungarischer Produktion der letzten Jahre stieg. Der Wert für Grundfonds des Handwerks, des Handels und des Bauwesens sank.

Es ist bekannt, daß in der DDR der Wert der Grundfonds nach der Umbewertung von 55,7 Md. auf 84,6 Md. Mark gestiegen ist und der Umrechnungskoeffizient etwa 1,6 betrug (für die Textilindustrie sogar 2,2). Die in der DDR durchgeführte Umbewertung stimulierte die rationelle Nutzung der Produktionsfonds. Vorher war es wegen des geringen Wertes der vorhandenen Fonds für die Betriebe vorteilhaft, mit alter Technik zu arbeiten, auch wenn die neue den Produktionsausstoß und auch die Arbeitsproduktivität steigerte.

Die Bewertung der Fonds nach den Wiederbeschaffungskosten schafft die Veränderung der Investitionen und der Grundfonds auf der Grundlage verschiedener Baupreise ab und macht neue Technik und neue Betriebe ökonomisch vorteilhaft. Nicht zufällig betrachten die ökonomischen Reformen, die in den sozialistischen Ländern durchgeführt wurden, die Umbewertung der Grundfonds als wesentliche Voraussetzung für die Schaffung normaler Bedingungen für die Ökonomik des Investitionsbaues.

Interessant sind die Erfahrungen einzelner Länder bei der Reglementierung der Baustellengröße. In der SRR wurde ein Normativ für die Flächen ausgearbeitet und in Kraft gesetzt, die für Bauzwecke verwendet und der landwirtschaftlichen Nutzung entzogen werden.

In der VRU wird seit dem 1. Januar 1968 der Bodenwert in die Gesamtsumme der Investitionen eingeschlossen. Dieser beträgt in den Städten von 100 bis 500 Forint je m^2 (1 Mio bis 5 Mio Forint für einen Hektar).

Außerdem ist für Produktionsobjekte eine Zahlung für die Fonds von 5 Prozent vom „Kaufpreis" des Bodens festgesetzt worden. Sowohl der einmalige Bodenpreis als auch die jährlichen Abgaben kommen in die Verfügungsgewalt der örtlichen Organe und werden durch diese in den allgemeinen Kosten ohne besondere Zweckbestimmung verwendet. Der Boden wird mit seiner Bewertung zu den Produktionsgrundfonds gerechnet und erscheint in der Bilanz des Betriebes. Der „Kauf" des Bodens und die 5 Prozent Abführungen für die Fonds werden nur für neue Betriebe praktiziert, was diese in ungleiche Bedingungen zu den bereits bestehenden bringt.

Bei Entzug von Boden für Bauzwecke in ländlichen Gegenden erhalten die Genossenschaften oder andere Bodennutzer eine Entschädigung. Der Umfang der Entschädigung wird durch Berechnungen auf der Basis der Katasterwerte bestimmt, die noch aus der Zeit Österreich-Ungarns erhalten sind und in Goldkronen ausgedrückt werden. Die Bodenbewertung wird unter modernen Bedingungen von den ungarischen Spezialisten als recht komplizierte Frage angesehen. Bisher wird jedoch die Entschädigung auf dem genannten Wege errechnet. Sie beträgt 80000 bis 100000 Forint für einen Hektar, was nur ein Zehntel bis ein Zwölftel des minimalen städtischen Bodenpreises ausmacht.

In der VRP ist die Frage des richtigen Bodenwertes in der Diskussion. Davon zeugt auch das Material der Konferenz über dieses Problem („Der Bodenpreis in ökonomischen Berechnungen"), die von der Hochschule für Ökonomie und Planung in Warschau im Mai 1969 durchgeführt wurde. Eine rechtliche Besonderheit der Polnischen Volksrepublik ist die Nationalisierung des städtischen Bodens in den alten Grenzen der Hauptstadt Warschau. Die neuen Stadtgrenzen schließen schon Bodenflächen von Privateigentümern ein. Bei Verwendung dieser Flächen als Baugrund vollzieht sich ein Kaufakt zu einem Preis bis zu 40 Zloty für $1 m^2$ (bis 400000 Zl für einen Hektar), zu dem noch der Wert der Gärten, Gebäude usw. hinzugerechnet wird. In verschiedenen Stadtbezirken Warschaus wird bei Verwendung von Boden als Baugrund vom Investitionsträger eine einmalige Abgabe für den Boden gefordert (deren Höhe ist nach Stadtbezirken differenziert). Nach Meinung der polnischen Spezialisten sind diese Zahlungen gering und nicht geeignet, ein sorgsames und ökonomisches Verhältnis zum Boden zu stimulieren.

Nach Ansicht der Teilnehmer einer Beratung der Mitgliedsländer des RGW sind, die Nutzung des Bodens und anderer natürlicher Ressourcen und deren wertmäßige Erfassung, die in ökonomische Berechnungen eingeht, eines der kompliziertesten Probleme für die Ausarbeitung und Anwendung von Teilen des Gesamtsystems von Maßnahmen, die der Steigerung der Effektivität des Investitionsbaues dienen.
In der VRU sind in einem 1967 angenommenen Gesetz „Über den Schutz der Wasserressourcen“ Normen für die zulässige Verschmutzung von Gewässern festgelegt worden, die nach Zweigen differenziert sind. In 12 territorialen Direktionen der Wasserwirtschaftsverwaltung beim Ministerrat der Ungarischen Volksrepublik gibt es Labore, die einem zentralen Organ zur Beobachtung der Wasserqualität unterstellt sind. Diese Labore messen den Verschmutzungsgrad und verhängen über Betrieb bei Überschreitung der Norm Strafen nach festgelegten progressiven Tarifen. Im Jahre 1968 zahlten die Betriebe aus dem Gewinn 63 Mio Forint an solchen Strafen. Das führt dazu, daß es für die Betriebe vorteilhafter ist, die Technologie zu vervollkommnen oder Reinigungsanlagen zu errichten, als Strafen zu zahlen. Die Summen, die durch diese Strafen eingenommen werden, gehen in einen zentralen Fonds der Wasserwirtschaft und werden für die Betriebe ausgegeben, die bei Vorhandensein bestimmter eigener Mittel den Bau von Reinigungsanlagen beginnen.
Die zweite Einnahmequelle für den Fonds der Wasserwirtschaft sind die Gebühren für die Entnahme von reinem Wasser. Die Kommunalwirtschaft zahlt im Landesmittel 0,5 Forint für einen Kubikmeter Wasser. Die Betriebe, die eigene Wasserversorgungssysteme haben, werden von der Bezahlung des Wassers auch nicht ausgenommen. Sie zahlen 0,02 bis 0,18 Forint für einen Kubikmeter Wasser in Abhängigkeit vom Defizit an Wasserressourcen im betreffenden Gebiet. Betriebe, die das Wasser verunreinigen, müssen neben den Strafen, von denen oben die Rede war, auch noch für das saubere Wasser mehr bezahlen als andere Betriebe. Zur Differenzierung der Bezahlung für das Wasser sind 4 Kategorien von Gebieten und 6 Kategorien von Betrieben festgelegt worden. Die Wassergebühren geht in die Selbstkosten der Produktion von Industriebetrieben ein. In der Chemie beträgt sie insgesamt 3 bis 4 Prozent von den Selbstkosten der Produktion und erreicht bei der Gewinnung von Bauxit 50 bis 60 Prozent. Die Wasserentnahme für die Bewässerung wird mit 0,03 bis 0,06 Forint je m^3 berechnet, was etwa 20 Prozent der Ausgaben der Wasserwirtschaft für den Betrieb der Bewässerungsanlagen deckt. Die Gebühren für das Wasser und die Zuwendungen aus dem Staatshaushalt werden für die Entwicklung der Wasserwirtschaft verwandt. Außerdem werden für die Entwicklung der Wasserwirtschaft Investitionen der Betriebe und der Bevölkerung einge-

setzt. Von der Gesamtsumme der wasserwirtschaftlichen Investitionen werden 57 Prozent für die Entwicklung der Wasserversorgung der Städte, der ländlichen Ortschaften und der Industriebetriebe, 22 Prozent für die Entwicklung der landwirtschaftlichen Melioration und 21 Prozent für den Kampf gegen Überschwemmungen und für Arbeiten zur Flußregulierung sowie für spezialisierte Mechanisierung der wasserwirtschaftlichen Arbeiten aufgewandt. Die Einsatzkosten des Staatshaushaltes für die Wasserwirtschaft betragen ungefähr 800 Mio Forint im Jahr. Sie werden dem Gesamtfonds der Wasserwirtschaft zugeführt, der neben den Gebühren für sauberes Wasser und den Strafen für die Wasserverschmutzung auch durch Einnahmen aus der Nutzung der wasserhaltenden Wälder und anderes ergänzt wird.
Das Studium der großen ökonomischen Arbeit in den Mitgliedsländern des RGW auf dem Gebiet des Investitionsbaues erscheint besonders wichtig im Lichte der Beschlüsse der XXIII. außerordentlichen und der XXIV. Sitzung des Rates für gegenseitige Wirtschaftshilfe. Bekanntlich stellen diese Beschlüsse die Aufgabe, die Wirtschaftsintegration der Mitgliedsländer des RGW zu entwickeln und zu vertiefen, angefangen von der Ausarbeitung gemeinsamer Pläne bis zum gemeinsamen Aufbau und der gemeinsamen Nutzung einzelner Betriebe.
Das Zusammenwirken der sozialistischen Länder besonders auf dem Gebiet des Investitionsbaues wird zu einem wesentlichen Faktor, der bei jeder beliebigen Investitionsentscheidung berücksichtigt werden muß. Gerade dadurch wird die Bedeutung bestimmt, die das gegenseitige Studium der Erfahrungen bei der Steigerung der Effektivität der Investitionen hat, die im Laufe der Wirtschaftsreformen in den Mitgliedsländern des RGW gewonnen werden.

Personenregister

Baibakov, S. 304
Brežnev, L. I. 66
Brodov, A. A. 216
Bychover, N. A. 32

Cheinman, S. A. 166
Chimič, G. 227

Danikov, V. 304

Engels, F. 160

Filinov, N. P. 83

Glotov, V. V. 80, 81, 85
Gokun, V. B. 226
Golubkov, K. 227
Grigorev, A. A. 134

Ivanov, E. A. 170
Ivanov, G. 22

Jarmola, I. S. 93, 94

Kazancev, N. 22
Klimenko, K. I. 224
Krainov, L. 304
Krupicki, B. B. 122
Krasovski, V. 250
Kvasa, Ja. B. 27, 166, 187, 189, 250

Leksin, V. N. 44
Lenin, V. I. 274
Levanov, V. E. 82, 84, 85
Lvov, D. S. 210

Mareev, V. S. 84
Marx, K. 160
Maslov, B. W. 67
Medvedev, N. A. 80
Mošonkin, N. P. 80

Nesterov, E. A. 67

Oziranskij, S. 77

Pavlov, I. 22
Perepečin, B. W. 83
Procenko, O. D. 166
Prokopovič, A. E. 209

Rjumin, V. I. 80

Šelest, V. A. 83
Senčurov, K. T. 86
Simaková, G. P. 166
Škatov, V. K. 88
Sklokin, N. F. 216
Skoblov, D. A. 98
Strokova, V. I. 126, 128, 129
Strumilin, S. G. 16, 17

Tokareva, A. G. 44
Tureckij, Š. Ja. 27, 28

Vasilev, P. V. 88
Vinogradov, K. 224

Želudkov, A. G. 94

Sachregister

Akkumulationsfonds 159, 178, 243
Amortisationen 130, 146, 287, 337
Analyse, vergleichende ökonomische 21, 275, 318
– der chemischen Industrie 180
– der Kennziffern 167
– der Investitionsstruktur 164
– der Projekte von Industriezweigen 172
– der Tendenzen 56
– neuer Industrieobjekte 263
– von Faktoren zur effektiven Nutzung von Metall 238
– von Planprojekten 244
Arbeit, akkumulierte 18
–, gesellschaftliche 37, 118, 134
–, lebendige 56
–, vergegenständlichte 37, 56, 159
Arbeitsaufwand 20, 102, 292
–, gesellschaftlich notwendiger 17, 21
–, individueller 17
Arbeitsbedingungen 29, 138, 185
Arbeitsgegenstand 35
Arbeitskräfteeinsatz 267
Arbeitslöhne 16, 130, 273, 328
Arbeitsmittel 18
Arbeitsorganisation 72, 177
Arbeitsplätze 106, 107 f.
Arbeitsproduktivität 18, 104 ff., 128, 147, 267, 290, 299
Arbeitsteilung
–, gesellschaftliche 33
–, rationelle 270
Arbeitszeit 7, 189
Aufwendungen
–, Arbeits- 295
–, gesellschaftlich notwendige 21, 135
–, laufende 17, 21
–, Produktions- 23
Aussonderung alter Fonds 183
Aus- und Weiterbildung 270
Automatisierung 97, 104 f., 299

Bauzeit (-) 71
– normative 259, 334
Bedürfnisse
–, gesellschaftliche 18
–, örtliche 325
–, volkswirtschaftliche 31, 60
Begrenztheit
– der natürlichen Ressourcen 11
– der natürlichen Werkstoffe 35
– der Wasserressourcen 60
Berufsstruktur 268
Bilanz
– Energie- 113
– -methode 51
– für mineralische Rohstoffe 48
– der Produktionskapazitäten 188, 304
Bilanzierung 261
Bodenschätze 11, 15, 23, 40
Brennstoffindustrie 29, 34, 36, 80, 113, 314
Bruttoproduktion 26 ff., 161, 163, 184

Chemisierung 51 f., 139, 145, 168 ff.

Dienstleistungen 183, 309
Disproportionen 70, 313

–, zweigliche 167
Dokumentation 154, 157, 181

Effektivität (s)
– der Arbeit 123, 160
– der gesellschaftlichen Produktion 39ff., 160, 328
– der Investitionen 263, 333
– der Materialverwendungen 218
– der Produktionsfonds 215
–, sinkende ökonomische 67
– steigerung 60, 136
– bei der Verarbeitung mineralischer Rohstoffe 51
– der Volkswirtschaft 50
Einsparung
– gesellschaftlicher Arbeit 37, 97
– von Rohstoffen und Material 37
Elektrifizierung 97, 112, 118
elektronische Datenverarbeitung 97, 109ff.
Erdölindustrie 26, 39
erdölverarbeitende Industrie 120ff., 145, 191, 246, 325
extensive Tendenzen 171, 175

Faktoren 43, 99, 276
–, ökonomische 149
– des ökonomischen Wachstums 7
– zur Steigerung der Ausnutzungskoeffizienten von Metallen 218
–, technisch-ökonomische 108, 134
–, zweigspezifische 56
Finalproduktion 33
Fluktuation 261, 271, 328
Fondsauslastung 36, 159, 195
Fondsausstattung der Arbeit 28
Fondsersatz 28
Fondsintensität 12, 26, 76, 160ff.
Fondsrentabilität 67
Forschung und Entwicklung 153
Freisetzung von Arbeitskräften 45

Gebrauchswert 37
Gesetz der planmäßigen proportionalen Entwicklung 287
Großindustrie 34, 138, 288
Grundfonds 28, 77, 169, 196, 215f., 247f., 257, 291, 338f.

Handarbeit 106, 107, 108f., 118
Haupt- und Hilfsprozesse 106
Holzindustrie 79f.

Industrie 26, 31, 38
–, extraktive 14, 26, 33, 36ff.
–, verarbeitende 26, 138
Interessen, ökonomische 41
– der Betriebe 158
Interessiertheit, materielle 149, 152
—, unzureichende 154, 158
—, der Betriebe 54f.
Investitionen
–, Gesamtumfang 21, 285ff.
– für die Holzproduktion 82
– für die Kohleindustrie 164
–, notwendige 276
–, Planung der 253
–, Reserven 243
– in der Rohstoffbasis 48
–, Verteilung 53
– für Wärmekraftwerke 112
– für die Wasserwirtschaft 64

Kennziffern(-) 37, 166, 182, 249
–, identische 198
– für die Inbetriebnahme von Kapazitäten 249
–, ökonomische 30, 74, 267, 335
–, synthetisierende 160, 334
– system 72
– Wert- und Natural 278
Kohleindustrie 26, 95, 173
Konstruktion 135, 139, 152
Konsumtionsfonds 159
Kontinuität 35, 109
Konzentration
– der Gase 49
– der Investitionen 247, 285, 287
– der Produktion 55, 103

Kooperation 52, 54, 56
Kreditierung 41, 149
Kybernetik 104

Lebensniveau der Werktätigen 307, 329
Landwirtschaft 139, 163
Leichtbau 184, 216, 235
Leicht- und Lebensmittelindustrie 26, 326

Maschinenarbeit 107
Maschinensystem 188
Massenproduktion 110, 182 ff.
Materialintensität 171
Mechanisierung 97, 106
Mehrprodukt 160
Mehrschichtarbeit 198
Melioration 65–71, 74
Mobilität der Bauleute 289
Modelle
–, mathematisch-ökonomische 275
–, Netzwerk- 275
–, ökonomische 278 ff.

Nationaleinkommen
– Anteil 163
– Struktur 163
–, wachsendes 36, 42
Nationalreichtum 22
Normative 156, 248
–, dynamische 158
–, Effektivitäts- 21, 23
–, System von 330
Netzwerkverfahren 38, 274–283
Nutzung
–, effektive 181
–, komplexe 36, 52 f.
–, ökonomische 82
– von Rohstoffen 51 f.
– von Rückständen 54

Organisation
– des Bauwesens 73
– der Produktion 19, 52, 74, 107, 177, 193, 197

Petrolchemie 120, 132, 246
Prämiierung 57, 158
Preis 21, 249, 286, 329
– bildung 16, 57 f.
– disproportionen 243
– niveau 243
– politik 149
– system 179
Produkt 22 f.
Produktion 7, 33 ff.
Produktionsfonds 57, 159, 215
Produktionskapazitäten 99, 159, 187, 198, 247, 257, 260 f., 289, 304
Produktionsmittel 20, 166
Produktionsstruktur, materielle 101, 275
– der UdSSR 142
Produktionsverfahren 21
Produktionsverluste 118
Produktionsvorbereitung 155
Produktionszyklus 54 f., 75, 182, 215, 233
Produktivkräfte 11, 105, 275, 307, 329, 331
Prognose
– der ökonomischen Entwicklung 42
–, wissenschaftliche 241
Projektierung 139, 148
– der Atomtechnik 148
– konkreter Varianten 148
–, Planung der 70
– von Wasserkraftwerken 15, 54
Proportionalität 26, 102, 262, 265, 277, 287
Prozeß, technologischer 103, 262

Qualifikation 18, 155, 268 ff.
Qualifizierung 102, 261, 269 f.
Qualität
–, gesteigerte 144, 179
– der Kraftstoffe 120
– der Materialien 107
– der Projektoren 149
–, Verbesserung der 184

Rat für Gegenseitige Wirtschaftshilfe 333–346
Rationalisierung 192
Reineinkommen 19 f., 64
Rekonstruktion der Betriebe 48, 52, 126, 172 ff.
Rentabilität 13, 74, 150
Rentabilitätsgrad 20
Rente
–, absolute 16
–, Boden- 16
–, Differential- 16, 21, 87
–, jährliche 16
–, mittlere 23
Reproduktion 24 ff.
–, einfache 28
–, erweiterte 77, 287
Reproduktionsprozeß 171
–, volkswirtschaftlicher 42, 99
Ressourcen
–, Arbeitskräfte- 92
–, Boden- 22
–, finanzielle 247, 263
–, materielle 55, 243, 263, 307
–, materiell-technische 333
–, mineralische 21, 42
–, natürliche 11, 14, 21, 252, 282, 307
Rohstoff(e) 13, 120
–, chemische 325
–, mineralische 36, 39, 42, 45, 120 ff., 131, 325
– quellen 307
–, unbearbeitete 313

Selbstkosten 49, 58
– für Brennholz 82, 89 f.
– der Gewinnung von Bodenschätzen 23
– für Holzgewinnung 89 f.
– der petrolchemischen Produkte 130
– der Produktion 137, 267
–, Senkung der 154 f.
Serienproduktion 100, 153, 157
Sortiment 182, 184, 239
Spezialisierung 275
– der Betriebe 20, 55, 182, 324
Substitution
– von Metallen durch Plaste 133
– traditioneller Werkstoffe durch neue 97, 239
Substitutionskoeffizienten 133
Schichtzeitkoeffizient 187, 199 ff., 212
Schwerindustrie 29 ff.
Stillstandzeiten 19, 200, 206 f., 211
Stimulierung
–, materielle 55, 59, 158, 161, 268
–, ökonomische 40, 149, 247, 273, 288

Technologie
–, Einführung fortschrittlicher 38, 113, 144, 149, 298
–, industrielle 262
–, mangelnde Abstimmung der 100
–, Niveau der 40, 46
–, Produktions- 118, 187, 223
Territorialplanung 275
Typisierung 151, 156, 297
Typenprojekt 155, 297

Überleitung neuer Technik 153, 158
Umbewertung der Fonds 250
Umverteilung 61
Umweltschutz 180
Unifizierung 156, 300

Varianten 15, 148
–, Investitions- 21
Verschleiß 103, 286
Volkseigentum 76
Volkswirtschaftsplan 20, 177
Vollbeschäftigung 241

Wachstum(s)
– der Produktion, notwendiges 21
– tempo 34, 104, 285
Warenproduktion 35, 54, 250
Weltwirtschaft 30
Wasserwirtschaft 62 ff.
Wert der Arbeit 16 f.

wirtschaftliche Rechnungsführung 13, 22, 26, 38, 41, 56
Wirtschaftsreform 15, 158, 247, 343, 346
Wissenschaft und Technik 36, 150, 274, 312
wissenschaftlich-technischer Fortschritt 33, 97, 268
–, Aufgaben des 118ff.
–, Beschleunigung des 166, 275
–, Errungenschaften des 57
– in der Elektroenergetik 112
–, ökonomische Basis des 77
–, Stimulierung des 149
– bei der Verarbeitung mineralischer Rohstoffe 52
wissenschaftlich-technische Revolution 118, 120, 232, 269
Wohlstand
–, materieller 289
–, materiell-kultureller 136
–, Volks- 159

Zeitfaktor 23
Zentralisierung 112
Zweigstruktur 160, 167, 186

Kolibri 360 GmbH
Ferdinand-Jühlke-Straße 7
99095 Erfurt, Deutschland
produktsicherheit@kolibri360.de